北京大学预防医学核心教材
普通高等教育本科规划教材

供公共卫生与预防医学类及相关专业用

# 卫生事业管理教程

主　审　郭　岩

主　编　简伟研

编　委　（按姓名汉语拼音排序）
　　　　冯星淋　傅虹桥　管晓东
　　　　简伟研　罗文丽　王　佳
　　　　王志锋　张耀光

北京大学医学出版社

WEISHENG SHIYE GUANLI JIAOCHENG

图书在版编目（CIP）数据

卫生事业管理教程 / 简伟研主编. —北京：北京大学医学出版社，2021.11
ISBN 978-7-5659-2510-8

Ⅰ. ①卫… Ⅱ. ①简… Ⅲ. ①卫生管理学-教材 Ⅳ. ①R19

中国版本图书馆 CIP 数据核字（2021）第 199704 号

### 卫生事业管理教程

主　　编：简伟研
出版发行：北京大学医学出版社
地　　址：（100191）北京市海淀区学院路 38 号　北京大学医学部院内
电　　话：发行部 010-82802230；图书邮购 010-82802495
网　　址：http://www.pumpress.com.cn
E-mail：booksale@bjmu.edu.cn
印　　刷：北京瑞达方舟印务有限公司
经　　销：新华书店
责任编辑：杨　杰　　　责任校对：靳新强　　　责任印制：李　啸
开　　本：850 mm×1168 mm　1/16　　印张：14.25　　字数：404 千字
版　　次：2021 年 11 月第 1 版　　2021 年 11 月第 1 次印刷
书　　号：ISBN 978-7-5659-2510-8
定　　价：38.00 元
版权所有，违者必究
（凡属质量问题请与本社发行部联系退换）

北京大学预防医学核心教材编审委员会

主 任 委 员：孟庆跃

副主任委员：王志锋　郝卫东

委　　　员：（按姓名汉语拼音排序）

　　　　　　崔富强　郭新彪　贾　光　刘建蒙　马冠生

　　　　　　马　军　王海俊　王培玉　吴　明　许雅君

　　　　　　詹思延　郑志杰　周晓华

秘　　　书：魏雪涛

# 前言

卫生事业管理是人们在建立完善卫生系统过程中所形成的学科。随着人们不断地运用管理的思维剖析卫生系统中的各种复杂问题，通过管理手段努力提升卫生系统绩效，学习和研究卫生事业管理的人也越来越多，这门学科也不断地丰富、发展，逐渐成熟起来。目前，许多大学都开设了卫生事业管理课程，并且这门课程已成为公共卫生与预防医学专业的必修课和其他相关专业的选修课。

卫生和管理是这门课程的核心。我们曾经尝试用不同的方式组织课程内容，持续听取学生和教学督导专家的意见。结果发现，各方的意见大部分集中在如何把管理和卫生密切关联起来，谈论卫生问题时要从管理的视角，讲述管理原理时不要离开卫生系统的实际问题。在长期的教学和研究过程中，我们不断体会卫生事业管理这门学科的特点，把研究的成果融入教学内容当中，由此逐渐形成了以卫生系统的框架组织教学内容、以掌握卫生系统基本运行规律为教学目标的模式。本教材就是在这样的基础上形成的。全书主要讲述卫生系统的形成、组织构架和运行机制。而将卫生体系的这些特点抽象出来，进行系统的分析、研究，本身就是管理思维的体现。我们希望通过这样的方式，可以把卫生和管理紧密相连，进而融合、共通。

卫生事业管理是一门与时俱进的学科。社会经济的发展、民众健康观念和卫生服务诉求的改变，都使人们对卫生系统形成新的认知。加之卫生系统改革实践的不断推进，又使得这些认知持续深化。而卫生事业管理的课堂需要反映这样的动态变化。因此，本教材一方面按照卫生系统的基本要素组织各章节内容；另一方面把管理科学的基本原理贯穿于全书。同时，在介绍卫生管理实务，尤其是卫生政策相关内容时，紧扣当前卫生改革的进程。

卫生系统的故事是精彩的。编者希望从多个角度呈现卫生系统的面貌，于是在内容组织上加入了长期授课过程中积累的案例资料和阅读材料。同时，为了保持简洁的行文风格，将简短的案例放到正文中的阅读框内，便于读者查阅。

感谢北京大学医学出版基金对本教材的出版资助。鉴于编者经验和水平有限，书中难免存在不足和缺点，恳请广大读者批评、斧正。

主　编

# 目录

| 第一章 | 绪论 ········· 1 |
|---|---|
| 第一节 | 卫生事业管理及其研究范畴 ··· 1 |
| 第二节 | 卫生事业管理的研究对象 ··· 4 |
| 第三节 | 内容架构和研习方法 ········ 8 |

| 第二章 | 卫生组织 ············ 11 |
|---|---|
| 第一节 | 组织的基本理论 ········ 11 |
| 第二节 | 卫生组织的架构和类别 ····· 16 |
| 第三节 | 卫生服务体系的组织变革 ··· 22 |

| 第三章 | 卫生政策 ············ 32 |
|---|---|
| 第一节 | 概述 ············ 32 |
| 第二节 | 卫生政策分析理论与方法 ······· 37 |
| 第三节 | 我国卫生政策的变迁 ········ 46 |

| 第四章 | 卫生计划 ············ 53 |
|---|---|
| 第一节 | 概述 ············ 53 |
| 第二节 | 制订卫生计划的原则和步骤 ······· 56 |
| 第三节 | 区域卫生规划 ········ 64 |

| 第五章 | 卫生评价 ············ 70 |
|---|---|
| 第一节 | 卫生评价的基础 ········ 70 |
| 第二节 | 卫生评价的基本程序 ········ 74 |
| 第三节 | 卫生评价的类型及方法 ····· 78 |

| 第六章 | 卫生资金管理 ········ 87 |
|---|---|
| 第一节 | 概述 ············ 87 |
| 第二节 | 卫生资金筹集管理 ········ 90 |
| 第三节 | 卫生资金支付管理 ········ 97 |
| 第四节 | 卫生资金监督管理 ········ 100 |

| 第七章 | 卫生人力资源管理 ········ 104 |
|---|---|
| 第一节 | 概述 ············ 104 |
| 第二节 | 卫生人力的规划 ········ 109 |
| 第三节 | 卫生人力的培养 ········ 113 |
| 第四节 | 卫生人力的激励 ········ 119 |

| 第八章 | 药品和卫生技术管制 ········ 124 |
|---|---|
| 第一节 | 药品监督管理 ········ 124 |
| 第二节 | 国家药物政策和基本药物制度 ········ 129 |
| 第三节 | 医疗器械监督管理 ········ 132 |

| 第九章 | 卫生信息管理 ········ 136 |
|---|---|
| 第一节 | 信息管理基础 ········ 136 |
| 第二节 | 卫生健康统计信息管理 ····· 140 |
| 第三节 | 信息化和健康信息管理 ····· 146 |

| 第十章 | 公共卫生管理 ········ 154 |
|---|---|
| 第一节 | 概述 ············ 154 |
| 第二节 | 疾病控制与管理 ········ 156 |
| 第三节 | 卫生应急管理 ········ 162 |
| 第四节 | 卫生监督管理 ········ 168 |

## 第十一章 妇幼卫生管理…… 176
 第一节 概述 …………………… 176
 第二节 妇幼卫生行政和业务管理 … 179
 第三节 妇幼卫生工作的法律管理 … 183
 第四节 妇幼卫生工作的信息管理 … 184

## 第十二章 医疗服务管理…… 189
 第一节 医疗服务的特征和管理任务
  ………………………………… 189
 第二节 医疗准入管理 ………… 191
 第三节 医疗服务价格管理 ……… 194
 第四节 医疗质量管理 …………… 198

## 第十三章 卫生系统的国际比较
 ……………………………… 202
 第一节 英国的卫生系统 ………… 202
 第二节 德国的卫生系统 ………… 205
 第三节 美国的卫生系统 ………… 209
 第四节 国内、外卫生系统的比较
  ………………………………… 213

## 主要参考文献…………… 218

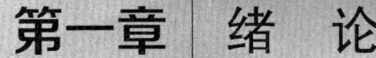

# 第一章 绪 论

## 第一节 卫生事业管理及其研究范畴

### 一、基本概念

**1. 管理** 管理是人们在处理复杂问题过程中所积累的方式和方法。所谓复杂问题,涉及面广、头绪多,一般是一个人难以独立完成的任务,需要动员其他人参与,这样便形成团队,甚至规模更大、层级更多的组织。在一个组织中,每个成员都有自己独立的目标。管理者需要想办法把各组织成员的个人目标和组织目标协同起来,并影响团队成员的活动,让团队成员一同为实现既定的目标而努力。这是最为常见的管理场景。

在长期的管理实践中,产生了各种各样提升管理效能的理论和方法,经过历代学者不断将之体系化,形成了一门独立的学科,即管理学。作为一种知识体系,管理学是管理思想、管理原理、管理方法和管理技能的综合,用于指导人们开展各种管理活动。管理学通常把管理的过程分为计划、组织、人员配备和控制等环节,当应对复杂问题时,先分析和拆解复杂问题,形成若干相对简单的子问题;针对这些简单问题制订应对措施,形成若干工作任务;针对工作任务物色能够胜任这些工作的人员,并动员他们加入;为了让每个人都能够按照既定计划完成工作任务,需要对团队成员进行引导和激励。经历上述过程后,通常都能找到处理复杂问题的路径,并取得良好的效果。制订计划、协调组织、配备人力和控制进度等,也就成为了管理者必备的技能。

**2. 卫生事业** 事业是人们所从事的,具有一定目标、规模和系统的,对社会发展有影响的经常性活动。卫生事业是国家和社会在防治疾病、维护和增进居民健康方面所采取的综合性行动。卫生事业的综合性很大程度取决于健康问题的复杂性。健康是躯体、心理、社会多维度的概念,伴随人的终生。健康的影响因素广泛而复杂,既有先天(遗传性)因素,又有后天因素;既有生理因素,又有心理因素;不仅涉及卫生服务体系,还受到社会制度、经济基础、文化背景、人口状况、科技发展水平、生态环境等各方面因素的影响。这种复杂性使得健康需求往往不容易清晰地呈现,甚至难以准确测量。因此,要恰当而科学地满足健康需求也是相当困难的。

健康的内涵非常丰富,除了其生物属性外,还有深刻的社会属性,甚至被认为是一种基本人权。人们不仅关注个体健康水平的高低,还关注健康水平在不同社会阶层的分布。公众健康不仅是居民的躯体和精神问题,还被认为是社会发展、文明程度的重要标志。应对健康问题,已经不仅局限于技术问题的讨论,还被赋予了浓重的人文色彩。

因此,世界各国的卫生事业,都不仅是卫生服务供需双方的响应和博弈,而且是政府与社会广泛参与的庞大体系（图1-1）。政府通过行政、税收、投资等手段影响不同阶层民众健康需求的表达，也影响供给方的组织架构和服务提供者的行为。社会力量通过参与服务供给、建立社会行为规范、形成舆论等方式，也对卫生服务供需双方产生影响。另外，政府和社会之间也可能相互影响，如果分工得当，两者彼此配合，整个卫生系统运转起来就能够比较顺畅，系统的绩效也会良好。

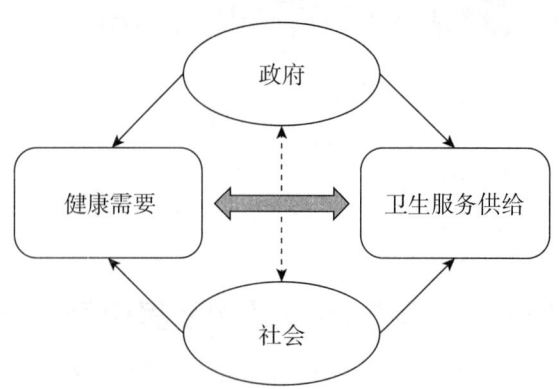

图1-1　卫生事业的综合性

**3．卫生事业管理**　卫生事业管理学是应用管理学的理论和方法，研究卫生事业发展规律的一门学科。卫生事业管理以提高卫生系统绩效、推进卫生事业良性发展为目标，融入管理学处理复杂问题的基本手段，着重研究如何进行卫生规划、如何构建高效的卫生组织、如何管理卫生人才、如何建立有效的激励制度引导卫生服务机构提供适宜的服务。

由于卫生事业有深刻的社会属性，卫生系统的绩效目标不仅是提高效率，还包括卫生公平及民众满意度。因此，卫生事业管理特别关注如何科学制定宏观卫生政策及其对卫生系统的影响，甚至从治理的视角分析推动卫生事业发展的动力和阻力。由于卫生事业庞大而复杂，卫生事业管理还把研究视野扩展到各式各类健康的社会决定因素。可以看出，卫生事业管理涉及的学科不仅是医学和管理学，还包括政策学、经济学、社会学等众多学科门类，因此它是一门具有综合性、交叉性特点的学科。

## 二、重要的管理学原理

管理学中有若干通用的原理，在各行各业的管理实践中屡试不爽。把握好这些原理并恰当运用，对于卫生领域的宏观管理和微观管理都十分重要。在后面的章节中，这些原理会在卫生事业管理的不同情境下反复出现。

**1．系统原理**　管理是由问题触发、以目标为导向、由多人协作而完成的过程，是一个有机整体。因此，以系统的视角理解管理并落实管理工作，往往能够取得良好的效果，尤其是能够把握事物之全貌（系统的整体性）、注意事物的动态变化（系统的动态性）、认清外界形势和环境的影响（系统的开放性），并及时调整以适应变化（系统的环境适应性）。

**2．整—分—合原理**　有效的管理离不开整—分—合的过程，即管理者对如何完成整体工作有深入的了解，在此基础上将总体任务分解为各个基本组成单位，进行明确分工，建立责任制，然后进行组织统合，产生合力。整分合原理的内容表现为管理过程的三个环节，即整体把握、科学分解、组织综合。

**3．闭环原理**　管理学认为，所有的管理手段都需要在"收"与"放"之间形成闭合回路，才能发挥作用。决策者发出指令后，需要部署的响应，响应的结果需要反馈给决策者。只有这样，指令才会有收效。计划形成以后，需要加以执行，执行的结果也需要反馈给计划制订者。

否则，计划就会变成空文。

**4．弹性原理** 管理需要留有余地，才能及时根据客观事物的变化做出调整，避免僵化，实时优化，这就是弹性原理。弹性原理既包括"局部弹性"（关键管理环节上保持可调节性，如任务弹性、时间弹性等），也包括"整体弹性"（整个管理系统的可塑性或适应能力，如组织结构弹性等）。

**5．能级原理** 每个组织中都有一定的层级划分，每一层级的管理者都有各自的管理范围和管理影响力。组织的设计者和领导者需要根据每一层级的特性，给予不同能级相对应的责、权、利，并保证各层级人员的能力与其权责要求相适应，才能保证组织运行顺畅，这就是"能级原理"。

**6．主观能动原理** 人是管理活动的主体，一切管理活动都要以充分调动和发挥人的主观能动性为中心，以保证管理目标的实现。管理活动是由人力、财力、物力、时间、信息等基本要素相互作用的过程，在这些要素中，人是第一要素，也是最重要、起主导和决定作用的要素，发挥人的主观能动性是管理的核心问题。

**7．动力原理** 能推动管理系统运行和发展的动力，称为管理动力。管理动力一般包括物质动力（如奖金）、精神动力（如表彰）和信息动力（如准确的信息）三种类型。管理者在管理活动中需要协调并运用好这三种动力，使各种管理要素有效地发挥作用，产生强大的合力，确保管理活动持续而有效地进行。

### 知识链接

#### 泰勒与科学管理

20世纪90年代后期，美国工业出现前所未有的资本积累和工业技术进步。但是，工业企业内部计划、组织、控制等环节十分无序，严重阻碍了生产效率的提高。美国著名管理学家弗雷德里克·温斯洛·泰勒（Frederick Winslow Taylor，1856—1915年）致力于通过探寻管理规律、提升管理水平来改善生产效率。他强调，管理要科学化、标准化，并且认为只有用标准化管理方法替代传统的经验管理，才能实现工作效率的最大化。他把多种自然科学的研究方法应用于管理研究，又把研究成果充分地应用到管理实践中。

泰勒说："诸多要素——不是个别要素的结合，构成了科学管理。它可以概括为：科学，不是单凭经验的方法。协调，不是不与他人合作，不是个人主义。应当以最高的产量取代有限的产量。发挥每个人最高的效率，实现最大化的富裕"。这不仅阐述了泰勒对科学管理的理解，也综合反映了他的管理思维。泰勒管理理论直到目前依然对管理有指导意义。尽管也有学者指出泰勒理论存在局限性，但这并不影响泰勒作为现代管理学一代宗师的地位。泰勒提出科学管理以后，管理就不再只是经验主义，而成为了一门科学。泰勒也被后人尊称为"科学管理之父"。

### 三、卫生事业管理的学科特点

#### （一）多学科融合

卫生事业是政府和社会为促进民众健康所开展的综合性行动。作为专门研究卫生事业发展规律的学科，卫生事业管理的综合性不言而喻。这门学科综合性的突出表现是融合了自然科学和社会科学的视角与方法。卫生事业管理以提升卫生系统绩效为依归，以民众健康为着眼点，因此，卫生事业管理需要遵循医学规律。管理学的原则是卫生事业管理这门学科重要的方法学基础，如何规划和组织卫生活动、如何动员卫生人力、如何建立激励机制等重要内容，都借鉴了管理学的思维和路径。卫生事业管理着眼于公众健康，因而流行病学和统计学的基础知识不可或缺。另外，卫生事业管理还关注卫生系统的治理，需要政治学的思维；关注卫生政策的制定及其所造成的影响，离不开政策学的分析方法；关注健康的社会决定因素，需要社会医学甚至社会学的视角和知识；关注卫生筹资和医疗费用的支付等问题，与经济学有很多的交集。

#### （二）在变革中不断深化

人们对健康的认识是逐步深化的，尤其是近30年来，关于健康及其影响因素研究的深入程度和成果之多都远远超过以往。在社会科学方面，近年来最为活跃的莫过于对公共领域相关问题的研究，尤其是对于政府、社会、个人三者关系的分析，并且涌现出许多新观点、新理论。卫生事业管理这门学科正是其中的交汇点之一，在新知识洪流的冲击中不断被打磨。更重要的是，卫生改革本身就是世界各国推进社会变革的重要领域，是世界之难题，也是世界之热点。世界各国的卫生系统在不断的改革实践中衍生出新的经验。这些新经验不仅对传统理论提出挑战，又与新理论在碰撞中产生新的证据。另外，随着新技术的不断发展和应用，各种新业态、新的服务模式和管理方法也随之出现。这些都极大地推动了卫生事业管理研究的发展。

#### （三）科学与艺术交汇

管理是一门实践科学。卫生事业管理也不例外，深入的理论分析和实证研究，最终目的仍然是指引推进卫生事业发展的实际行动。卫生事业管理一方面注重思维、理论、数据和分析技术；另一方面注重以实际问题为导向，处理和应对多种情景、各个利益相关者的多种诉求。卫生管理者离不开科学研究形成的理念和原则，又必须因地制宜、灵活运用，这要求卫生管理者对卫生系统的运行规律有深刻的理解，在实践中把握好刚与柔、变与不变的度，掌握好进退与应对的时机，控制好实际工作的节奏。卫生事业管理是科学与艺术的交汇，这也是这门学科独特的魅力所在。

## 第二节　卫生事业管理的研究对象

卫生事业管理研究如何通过政府和社会的综合性行动，科学、有效地响应公众的健康需要，以达到提升健康绩效的目的。如果把政府和社会作为主体，公众的健康需求作为客体，主体与客体间的互动形成的健康结果作为产出，就形成一个闭合的、可自行运转的体系，称为卫生系统。从这个角度来看，卫生事业管理是研究卫生系统运转规律、旨在提升卫生系统绩效的学科。本节从卫生服务需求的响应入手，对卫生系统进行初步介绍。

### 一、卫生系统

患者有卫生保健服务的需求，保健服务提供者识别出患者的需求，向他们提供服务；卫生服务需求方接受服务后又给予供给方相应的报酬，这样，卫生服务供需双方就有了互动。一个社会中既存在多个卫生服务需求者，也存在多个卫生服务供给方，当他们把需求的表达和供给的渠道逐步固定下来形成一种社会活动（而不是偶然事件）时，卫生系统就逐渐形成了。在这个系统中，核心的角色有两个，即卫生服务需求方和卫生服务供给方。

随着社会的发展，某些国家和地区的卫生系统发生了显著的变化，在结构层面增加了一个第三方负责卫生费用的筹集和支付，卫生系统的核心角色从两个增加为三个，即卫生服务的需求方、提供方和支付方。系统结构改变带来的是运行机制的变化，核心角色之间的联动从原来的"供给方服务、需求方付费"变为"需求方把未来所需费用事先集中到支付方，当需求方需要服务时提供方予以响应，然后由支付方给提供方支付费用"。

从"双角色"体系转变为"三角色"体系（图1-2），最大的进步是引入了风险管理的理念，这样，健康问题不再是个体层面"不可预测"的危机，而变成了群体层面共同应对的风险。这种转变是历史发展的必然，也是卫生系统发展的规律。事实上，包括我国在内，全球绝大多数国家建立的都是以第三方付费为基础的卫生体系。

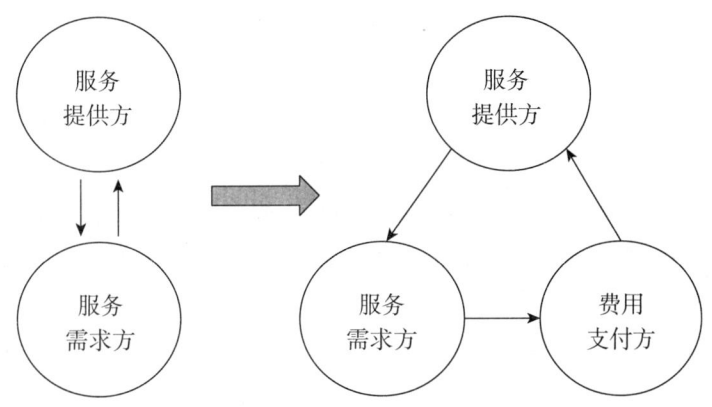

图1-2 卫生系统核心角色的变迁

## 二、描述卫生系统的模型

对于卫生系统的分析，不同的学者提出不同的分析框架。本节主要介绍分别由世界卫生组织（WHO）和世界银行提出的模型。两个模型存在共同点，也有不同之处。通过比较分析，可以总结归纳出卫生事业管理的主要研究内容。

（一）"卫生系统六大基石"模型

世界卫生组织（WHO）提出的"卫生系统六大基石"模型备受关注。如图1-3所示，该模型认为，如果将卫生系统比作一栋大厦，那么它有六个支撑柱石，分别为领导和治理、卫生保健筹资、卫生人力、医疗产品和技术、信息和研究、卫生服务。这六个组成部分也可以认为是卫生系统的不同方面。其中，某些组成部分（如领导和治理、信息和研究）贯穿卫生系统的各领域，为其他组成部分的总体政策和管理提供了基础。某些组成部分（卫生保健筹资和卫生人力）反映的是卫生系统的关键投入。另外，还有一些组成部分（医疗产品和技术、卫生服务）反映了卫生系统的直接产出，即医疗服务的提供和分配。

上述六个组成部分的运转影响到卫生系统两个重要方面的"中间绩效"，即卫生服务的可及性和质量安全。这两个中间绩效可以视为这栋大厦的两根横梁，把大厦顶部（即卫生系统的目标产出）支撑起来。在该模型中，卫生系统的目标和最终产出被定义为四个方面：健康改善程度（包括平均水平和公平性）、卫生系统的反应性、对民众进行财务风险控制（降低疾病经济负担）的能力和卫生系统的效率改善。

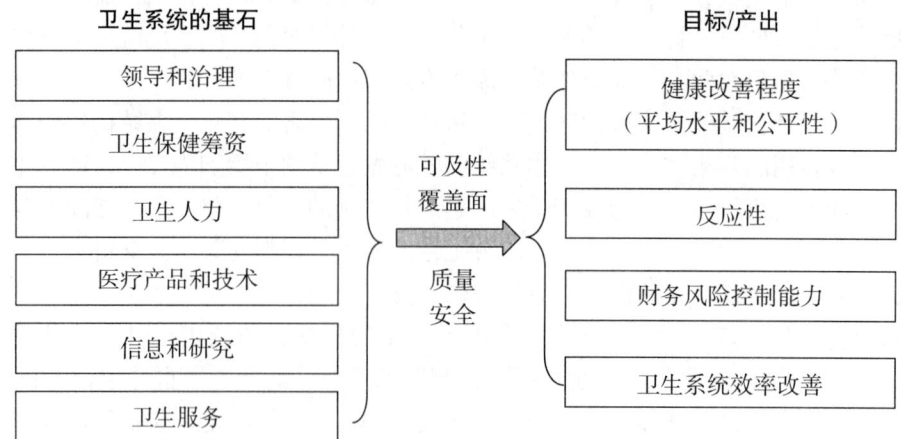

图1-3 世界卫生组织提出的"卫生系统六大基石"模型

### 知识链接

**卫生系统的反应性**

卫生系统反应性是WHO在2000年公布的卫生报告中提出来的，用于测量卫生系统对人们卫生服务合理需求和期望做出的反应，是指卫生系统在多大程度上满足了人群对"非健康"方面普遍的、合理的期望。这个概念主要强调"非健康（non-health aspects）"领域和"普遍的、合理的期望"两个方面，不是指对个人期望的反应，而是对公众普遍的合理期望的反应。

卫生系统的反应性是卫生系统的产出之一，是卫生系统的内在目标。卫生系统中的反应性目标有两个方面，一方面是提高卫生系统反应性的平均水平，另一方面是降低卫生系统反应性的不公平性。好的反应性是吸引消费者的手段之一，也与保护患者的权利和为患者提供适当、及时的服务有关。目前，WHO提出的卫生系统的反应性主要由以下两方面非医疗因素组成：

(1) 尊重患者：对患者的尊重、信息保密性、患者的自主性。

(2) 以患者为中心：卫生服务的及时性、就医环境整洁与舒适、社会支持、卫生服务的选择性。

(二)"卫生系统五个控制柄"模型

另一个卫生系统模型是由世界银行和哈佛大学提出的"卫生系统五个控制柄"模型。与WHO提出的"卫生系统六大基石"模型相比，"卫生系统五个控制柄"模型更多着眼于卫生系统的动态变化。该模型认为，影响卫生系统绩效的要素有五个，即：筹资（动员卫生资源）、支付（建立对服务提供者的经济激励机制）、组织（定位不同服务提供者的功能并协调相互关系，建立合作机制）、规制（建立对各个利益相关者的制度约束）和行为（引导不同卫生服务供需双方的行为）。通过（同时）调节这五个要素，使卫生系统的效率、质量和可及性发生变化，最终影响人群的健康状况、满意度和财务风险。如果把卫生系统想象成一个仪表，上述五个要素就是表盘上的五个控制旋钮（图1-4）。调节相应的旋钮，以效率、质量、可及性作为中间指标，则指针会发生摆动；以健康状况、满意度和财务风险作为结果指标，指针也会随之摆动。

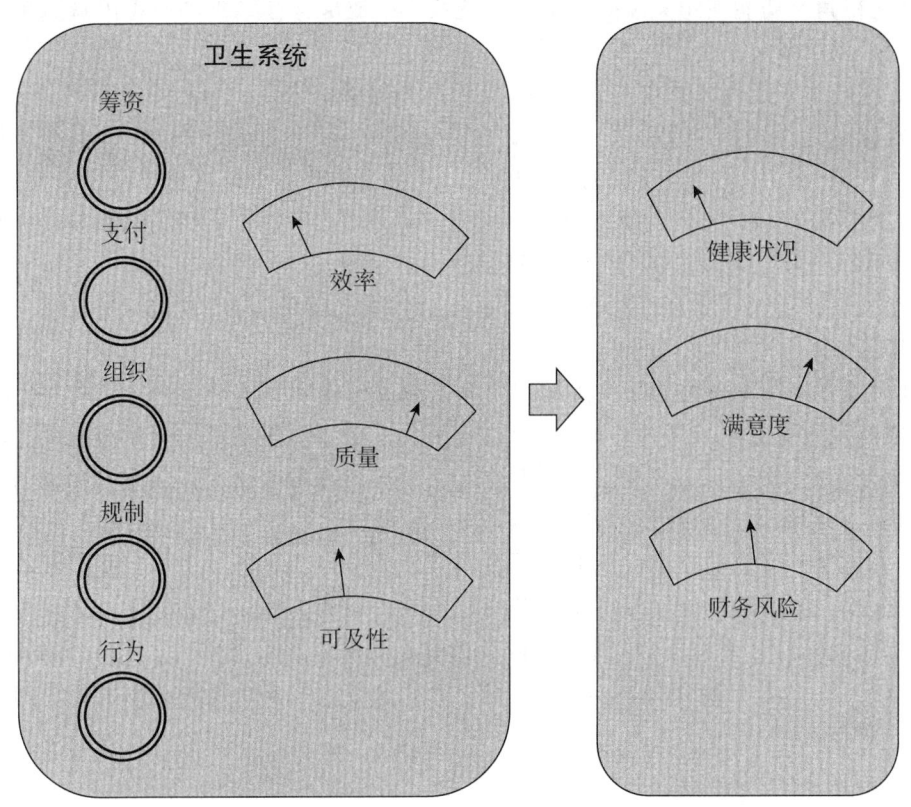

图1-4 世界银行和哈佛大学提出的"卫生系统五个控制柄"模型示意图

"卫生系统六大基石"模型强调了卫生系统的架构；"卫生系统五个控制柄"模型则强调了卫生政策的制定者和管理者可以调控的手段。两个模型的中间指标和结果指标内涵很接近，这意味着关于测量卫生系统绩效的指标的共识度是比较高的。这两个模型侧重于关注卫生部门的行动，没有涉及社会和经济决定因素。在复杂的研究中，研究者可能会引入其他更为复杂的模型，或者引入需要研究的因素，以丰富这两个模型的表达。

### 三、深入研究卫生系统的规律

只有掌握卫生系统的运行和发展规律，才能在卫生管理实务中切实、有效地推动卫生事业的良性发展。因此，深入研究卫生系统的规律，是卫生事业管理这门学科的基本定位。对于卫生系统的研究，可以从不同角度入手，如结构视角、功能视角和动力视角等。在不同的视角下，卫生系统呈现不同的侧面。卫生系统各个侧面之间也不是绝对独立的，而是彼此关联和相互交叉的。研究者不能忽视这些关联和交叉，而且更需要适时转换视角，从而更为全面地理解卫生系统的内涵。

**1. 结构视角** 研究卫生系统的结构，需要关注卫生系统包含的主体以及这些主体之间的相互关系。可以想象，纳入的主体类别和数量的不同、他们之间互动的方式不同，必定会影响系统的绩效。从结构视角出发，将重点研究卫生系统的组织体系。在宏观层面，需要关注各式各类的卫生组织如何形成有机的系统，也需要研究卫生行政组织、服务组织、社会组织之间的关系，甚至各类组织内部不同单位之间的关系。在此基础上，通过比较组织结构不同的卫生系统在绩效上的差异，可以探索怎样构建效率更高、产出效果更好的卫生系统。在微观层面，需

要关注如何为不同的卫生组织设立目标、建立制度、构建文化,从而使这些组织的行为更切实地响应民众的健康需求。

**2. 功能视角**　功能视角关注的是卫生系统及其组成部分在维护和改善民众健康福祉方面发挥的作用,以及如何才能更好地发挥作用。在这个视角下,研究者需要分析卫生系统提供了哪些服务,这些服务是否与民众的健康需求相匹配。另外,研究还会延伸至不同卫生服务提供者的功能定位问题。卫生筹资是另一个重要的研究领域。研究者需要分析卫生系统筹集资金的渠道、方式和能力,并且比较不同的筹资模式对民众疾病经济负担甚至社会经济发展的影响。另外,研究者还需要分析不同的医疗费用支付方式对卫生服务提供者行为的影响,进而延伸到卫生服务效率、质量、可及性的分析,或者是激励机制的设计。另外,还有一些研究需要把卫生系统的功能拓展到健康行为的规范性,即研究卫生系统如何引导民众培养健康素养,科学保健,预防疾病。

**3. 动力视角**　动力视角的关注点是卫生系统通过哪些动力运转起来。其中,政府和市场是两个长期被关注的要素。卫生事业管理相关研究中,关于卫生政策的分析占很大比重,这也表明业界十分重视政府在卫生领域发挥的作用。另外,既往很多研究关注政府和市场这两种力量作用的边界(例如通过识别公共产品来划分),或是比较市场"看不见的手"和政府"看得见的手",究竟哪一方效率更高,从而又衍生出"公平"与"效率"之争。近年来,关于这个视角的研究逐渐上升到"治理"的层面,即如何安排好政府力量、社会力量(除政府和市场以外,社会力量越来越显著且不可忽视)、市场力量,既要发挥市场活力,又不能使政府缺位;既不容强权泛滥,又不任资本横行。这种变化,使得关于卫生系统研究的出发点回到了民众健康福祉这一初心。

## 第三节　内容架构和研习方法

### 一、内容架构

本书在内容上兼具管理本身的框架和卫生系统模型的相关内容。同时,考虑到卫生政策对卫生系统产生的深远影响,本书对卫生政策进行了较为详细的介绍。为深化读者对上述内容的理解,本书除总体阐述管理手段和公共政策在卫生系统中如何应用外,还有针对性地介绍卫生系统不同亚领域中的管理问题。另外,本书涵盖不同国家卫生系统比较的内容,有助于读者深入了解不同的组织方式和制度建设对卫生系统运转及其绩效的影响。

**1. 卫生管理的基本职能**　为展现管理学的基本思维在卫生系统中的应用,本书设置了卫生计划、卫生组织和卫生评价三部分的内容。在卫生组织相关章节中,介绍了卫生系统的架构、组织分析的基本方法,阐述了卫生组织的结构和功能实现之间的关系。计划是管理的先导,本书在第四章中系统介绍了卫生计划制订的原则和方法,并从计划引出应对卫生问题的系统思维。而卫生评价作为重要的方法,相关章节重点介绍了各种评价的技术、不同评价方式的应用场景,同时介绍了卫生系统的绩效指标及其测量方法,介绍卫生评价对推动卫生工作顺利开展的重要意义。

**2. 卫生系统的基石**　本书设置了卫生筹资、卫生人力、卫生信息、药品和技术等内容,介绍了卫生系统的财力支持、人力支持、信息支持和技术支持,体现卫生系统的基石。在阐述每个部分的内容时,结合其本身的特点,介绍了各个领域独特的研究方式和分析方法。例如,在卫生筹资相关内容中,介绍了对不同筹资渠道的经济分析和卫生总费用的核算方法;在卫生人力相关内容中,融入了组织行为学的视角和知识;对卫生信息的相关介绍涉及信息学的概念和信息系统的内容;药品和技术的相关内容中介绍了药品和医用耗材的监管。此外,本书还相应介绍了卫生领域的政府和市场,这是从"治理"的角度分析卫生系统,体现了卫生系统中的另一个基石。

**3. 卫生政策**　卫生政策是卫生事业管理的重要内容。本书设置了独立的章节系统阐述卫生政策的特点和卫生政策制定的过程。在介绍政策分析基本方法的基础上,着重阐明政策分析方法在卫生政策分析中的应用。同时,在介绍卫生筹资、卫生人力等内容时,分别讲述了这些领域中的重要卫生政策。一方面让读者体会卫生政策对卫生系统影响之深入和广泛,另一方面也让读者从不同角度认识和理解卫生政策的特性。

**4. 特定领域的卫生管理**　本书根据卫生服务的类别来划分卫生系统的亚领域,分别介绍了公共卫生管理、妇幼卫生管理和医疗服务管理。在阐述这些亚领域的卫生管理时,首先介绍每个亚领域的独特性以及由此产生的独特的管理需求。在此基础上,阐述如何运用不同的管理手段以切合独特的管理需求;如何根据管理需求,筑牢卫生系统的基石。一方面呈现理论分析思路和过程,另一方面则分析管理实践中的举措,理论联系实际,进一步使读者理解人类如何应对管理实践中的实际问题。

**5. 卫生系统的比较**　比较不同类型的卫生系统,对于深入理解卫生系统的运转规律十分重要。本书对美国、英国和德国的卫生系统进行了介绍,并与中国的卫生系统进行了比较。美国、英国、德国的卫生系统是世界上三类不同卫生体系的典型代表:美国卫生系统注重个人选择和市场调节;英国医疗系统的主体是政府统管的国家医疗服务体系(national health delivery system,NHS);德国卫生系统则采用社会医疗保险体系。介绍这三个典型国家的卫生系统,可以以点带面地使读者放眼多种卫生系统的设计与运转。通过卫生系统之间宏观、中观到微观层面的比较,引导读者从分析中体悟卫生体系的运转规律,了解其他国家卫生系统的特点以及值得我国借鉴的经验。

## 二、章节设置

本书共分为十三章。第一章主要介绍卫生事业管理涉及的核心概念、卫生系统框架,并介绍了本书的内容设计。第二章是卫生组织,讲述承载卫生系统功能、实现卫生系统价值的组织体系,在概述的基础上,分别介绍了卫生行政组织、卫生服务组织和社会卫生组织的情况。第三章主要讲述卫生政策。卫生政策是推动卫生系统运转的重要动力,更承担着风向标,甚至是舵手的功能。这一章在介绍卫生政策基本特性的基础上,引入了"市场与政府"的内容,比较了通过市场或政府配置卫生资源的异同。这一章也梳理了我国卫生政策的变迁,并在此基础上介绍了政策分析的基本理论和方法。

第四章和第五章分别介绍卫生计划与卫生评价,这是科学管理的两个基本手段,是本书重要的方法学内容。第四章讲述了卫生计划对管理过程的重要意义,随后把重点放在制订卫生计划的基本过程。然后,以区域卫生规划为对象,介绍如何把制订计划的相关理论应用到具体的规划任务中。第五章也按照理论与实践结合的模式展开,先介绍卫生评价的基本理论和操作方法,然后把重点放在评价实务(即卫生项目的监测和效果评价)。

第六至第九章分别介绍卫生筹资、卫生人力资源管理、药品和卫生技术管制,以及卫生信息管理,即卫生系统的重要基石。第六章简要介绍了筹资的基本概念,分析了卫生系统筹资与绩效的关系,然后列举并分别介绍了常见的六种卫生筹资方式。在此基础上,对卫生总费用核算进行了专题介绍。第七章对卫生人力的特点和国内外卫生人力的发展趋势进行了分析,然后着重讲述卫生人力的规划、管制、培养和激励的相关问题。第八章从药品监管的理论出发,介绍了WHO倡导的基本药物制度,分析了我国的药品政策,对医用耗材和医疗设备的管制也进行了相应阐述。最后介绍了与药品及耗材管理密切相关的卫生技术评估。第九章先对信息和信息管理进行了简要介绍,然后着重讲述了卫生信息体系和健康信息管理。

前九章内容属于总论部分。接下来的第十至第十二章分别是疾病控制管理、妇幼卫生管理和医疗服务管理的分论部分。第十章首先陈述了疾病控制的目标和意义,然后分别介绍了传染病管理、慢性病管理、卫生应急管理和卫生监督。第十一章首先简要分析了妇幼卫生的特点和相应的管理策略,然后介绍了妇幼卫生组织结构、各类组织功能、管理制度和妇幼卫生相关法律法规。第十二章首先介绍了医疗服务的特点和管理任务,然后分别介绍了医疗准入政策、价格管理和质量管理。

本书最后一章即第十三章介绍了国际卫生系统比较,首先介绍了英国、美国和德国三个典型的卫生系统。然后,从筹资、服务、医生培养及准入、医疗服务提供者之间的关系、医疗服务价格规则等各个方面,比较了我国和这三个国家的卫生体系。

### 三、研习方法

#### (一) 系统思维

卫生事业管理的研究对象是卫生系统。学习这门学科首先需要树立对卫生系统的宏观认识。每一位研习者,都可以而且有必要思考以下问题:为什么存在卫生系统或卫生系统的存在是为了应对人类社会的什么问题?为实现这样的功能,卫生系统应当具备怎样的结构?卫生系统运行靠什么力量推动……这些问题既是卫生事业管理这门学科形成的起点,也贯穿整个学习内容的始终。这些问题不容易回答,但带着这些问题来学习,不仅有助于理解课程内容,更有助于将不同的知识点串联起来,以达到对学习内容的整体把握。卫生事业管理涉及的学科众多,融合了多个学科的各类知识甚至不同的思维。这就更加要求研习者建立起一个包容多学科知识和思路的框架,有条不紊地梳理这些不同的思路和知识,并因地制宜地灵活运用。

#### (二) 理论联系实际

管理属于实践科学。学习卫生事业管理,需要在了解学科的基本要义后,迅速加以运用。本书在内容安排上遵循理论联系实际的原则,几乎所有章节都是在对理论及知识点进行梳理和阐述后,即展开对具体问题的分析。读者可以在了解理论知识点后体会这些理论在具体场景中的运用,以深化对理论知识的理解。另外,研习者还应该多关注卫生系统的实际问题和改革举措,通过观察甚至参与卫生管理实务,加深对卫生系统运转过程的体悟。在此过程中,需要多思考卫生系统出现问题的根源和解决问题的路径。只有这样,才能通过反复"练习"逐步掌握卫生系统的规律,逐步修正对卫生系统的认识,逐步学会解释卫生系统的现象、分析卫生系统的问题、设计改进卫生系统绩效的方案。

#### (三) 归纳法和演绎法并重

卫生事业管理是自然科学与社会科学融合的学科,研习时需要兼具正向思维和逆向思维。在认识卫生系统的规律时,往往需要从各种不同的现象、各类不同的案例中抽丝剥茧,发现其中的共性,然后归纳、提炼、抽象找到其规律。而在应用场景中(如在实施某项具体政策前),需要对政策影响及风险进行预估,这就需要从卫生系统的基本规律出发,理解该政策干预对卫生系统各个利益相关者行为动机的影响,对卫生系统运转过程的影响,以及对卫生系统绩效的影响。卫生事业管理的研习者需要根据课题的特性灵活地转换思维,既要学而思,也要思而学,积极观察事物,静心思考问题。如果能够做到这样,便会在研习这门学科的过程中体会到掌握规律和运用规律的极大乐趣。

(简伟研)

# 第二章 卫生组织

## 第一节 组织的基本理论

### 一、概述

（一）组织的形成

在现实生活中，有很多事情是需要集合多个人的力量来完成的。为了一定的目标，将不同人力和资源有机地结合起来，往往会产生组织，这个产生组织的过程便是组织工作。由此可见，组织具有动词性和名词性。其动词性是指组织工作的过程，而其名词性则是组织工作的结果，即形成结构性的组织。管理行为是在组织中发生的，因此，组织是管理的载体。

从管理过程看，组织形成的基本动力是为了完成既定的远大目标。由于目标远大，需要对其进行分析，可以逐步将其分解成为若干个可操作的具体任务，这些具体任务可以理解为岗位。接下来，需要给每个岗位配备相应人力、物力等资源，这便是组织架构。然后，为确保这个架构能够自行运转，需要构建相应的制度以及文化氛围，这便是组织的运转机制。至此便形成一个有机的、能够自行运转的岗位体系，即组织（图2-1）。

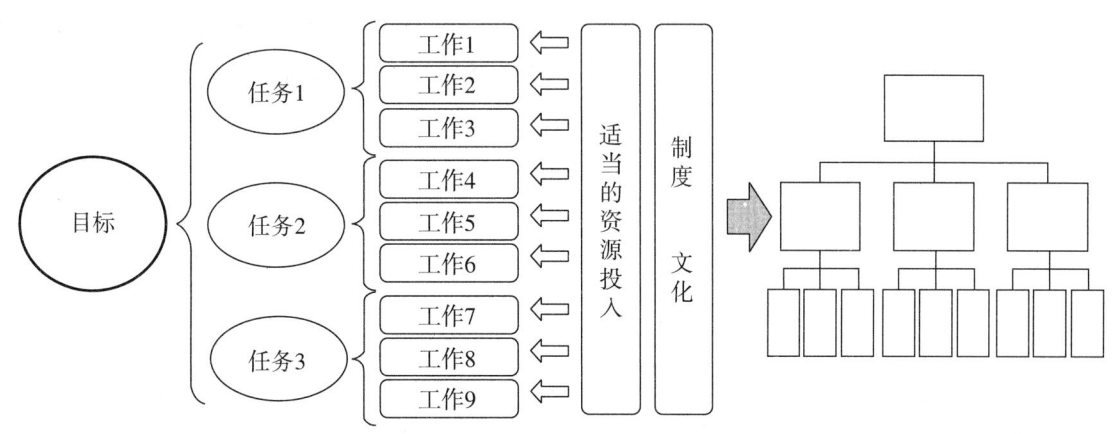

图 2-1 组织的形成过程

可以看出，组织工作的过程很大程度上是拆解组织目标的过程（如果组织为了一个远大的目标长期存在，则这个远大的目标往往称为使命甚至愿景），因此，组织工作也可以看成是组织目标的"解码"。相同的组织目标可以有若干种不同的"解码"方法，具体的环境和条件不

同,则需要不同的"解码"方法与之相适应,于是便出现了形形色色的组织。很多组织的目标相近,组织形态却迥异。

组织是为了实现组织目标而存在的。高端的组织目标被分解成为具体的工作后,便形成若干个岗位,每一个岗位都有相应的工作职责。不同的岗位分工合作,为达成共同的目标而努力。由此可见,每个组织都有自己的结构,每个构成部分又具有特定的功能。结构则是这些功能得以实现的物质基础;功能是组织目标的方法和手段。

### 知识链接

**组织愿景和组织使命**

组织愿景(vision)是指针对组织外部的变迁及组织成员的期望,由组织内部的成员所制订,并在组织内部达成共识,凝聚共同意识,形成组织所有成员愿意为之努力的未来方向,进而激发自身潜能,以达到组织变革和发展的目的。组织愿景的关键在于由领导者发起形成,引导组织成员接受并内化为共同的未来意向描绘的过程。与组织目标不同,愿景往往不是基于现有环境、资源下的具体工作目标,而是值得长期追求的一种思想理念,同时兼具梦想和方向的性质,可随外部环境发生变化。

组织使命(mission)是指组织在社会中所处的地位、发挥的作用以及承担的义务与责任。组织使命反映了组织存在的意义和根本目的,体现了社会对组织的要求以及组织领导者的个人抱负。如果说愿景描绘的是组织未来的方向,那么使命反映的则是眼前的道路,是可以指导组织确定目标、规划战略和实施行动的强有力原则,是构建组织成员行动和价值观一致性的基础,是资源调配、利用和绩效评价的衡量标准。

#### (二)组织的特征

组织和群都包含多个人,但二者有着本质的区别。组织的特征源于其特定目标。组织目标是组织的特征之一。

解码组织目标后,可产生若干个一线工作岗位。为了统合这些不同工作岗位的人们在一起工作,形成了组织的层级。图2-2展示了层级形成的过程。组织目标经过分解后,形成9个一线工作岗位。假定每个岗位配置1个人,每个主管的管理幅度为3个人,那么至少需要3个主

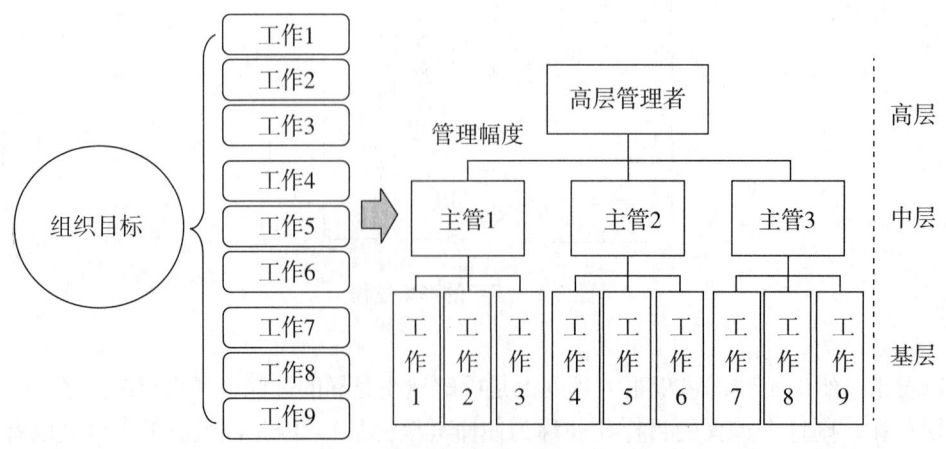

图2-2 组织的层级

管。如果高层级管理者的管理幅度也是 3 个人，那么，这个组织至少分为三个层级，即 1 个高层管理者、3 个中层主管和 9 个基层员工。层级分工是组织的第二个特征。

有了层级，自然就会出现"上下级"，上级发出指令、下级执行并向上级报告执行情况的这样一种互动关系，称为命令 - 报告关系，这是组织的第三个特征。命令 - 报告关系是推动组织活动的重要力量，也是组织结构形成的基础。

组织的第四个特征是组织行为。组织行为是指组织中的个体、群体或组织本身对组织内部和外部的刺激所做出的反应。从组织成员的角度，可以将组织行为看成是一种角色扮演。组织成员在组织中的表现是因为在组织中承担了某种任务、为履行好职责而展示出来的态度和行动。组织成员的组织行为是个体特质、个人目标和岗位任务、组织环境交互作用所产生的结果。这就要求在吸收组织成员时，需要根据岗位的特点选择适当的人力，否则，一旦人力特质和岗位特点不相符，组织成员扮演不好相应的角色，就会不仅使这个岗位失去活力，而且可能会连带其他组织成员绩效降低。因此，越是重要的岗位，选人就越要谨慎，否则，组织目标的实现就会受到严重阻碍。

## 二、组织结构

### （一）组织结构的基本形态

一个组织内部主要的角色有三个：命令者、报告者和参谋人员。命令者做决策并发出指令；报告者执行指令并向命令者报告；参谋人员不直接发布指令，却参与决策、影响指令。在不同的组织当中，命令、报告和参谋的人员关系不同，形成的组织结构也不同。

组织结构的基本形态有三种：直线型组织、直线参谋型组织和矩阵型组织。图 2-3 展示了一个三层结构的组织，高层是医院院长，中层是各科主任，基层是各科医生。图 2-3a 是直线型组织，在这个组织中，高层与中层的关系是单线的命令与报告关系；中层与基层之间的关系同样如此；医院院长与基层医生之间没有直接的命令和报告关系。

假定这个组织新成立了一个"医院发展部"，其职责是辅助院长进行决策。从部门职能来看，医院发展部并不直接对科室主任和（或）医生发布指令，也不直接接受他们的报告，但医院发展部的工作却对决策和指令产生影响（图 2-3b）。此时的组织形态成为直线参谋型。

假设当地发生了突发事件，这个医院需要临时组建两个医疗队承担现场救援任务。医院决定选拔两名医疗队队长，并从外科、内科和放射科抽调医生参加医疗救援工作，便形成了如图 2-3c 所示的组织形态。在这样的组织中，每一名医生既要向原来的科室主任负责，又要向所在医疗队的队长负责。这样的组织即成为矩阵型组织。如果说直线型组织是单线的命令和报告关系，那么矩阵型组织则是双线的命令和报告关系。

总而言之，组织结构形态实质上是组织中命令和报告关系的表现形式。直线型、直线参谋型和矩阵型这三种基本形态在现实生活的组织中有不同的组合和变形方式，构成了多种多样的组织形态。

### （二）组织形态的比较

不同的组织形态并无绝对的优劣之分。直线型组织中的命令和报告关系简单明了，但是在组织规模增大以后，层级数量增加，会影响组织中信息传导的速度和质量，从而使组织反应性受限。对于是否设立参谋的岗位，并无统一的定论，视决策工作的难度和强度，不同的决策者需要根据所面临的决策环境做出选择。

对一个组织而言，外界变化越多，临时性的"项目"也往往越多。也就是说，在已经变动的环境中，原先的组织结构已经不能满足组织目标实现的需要，这就有必要组建临时的项目团

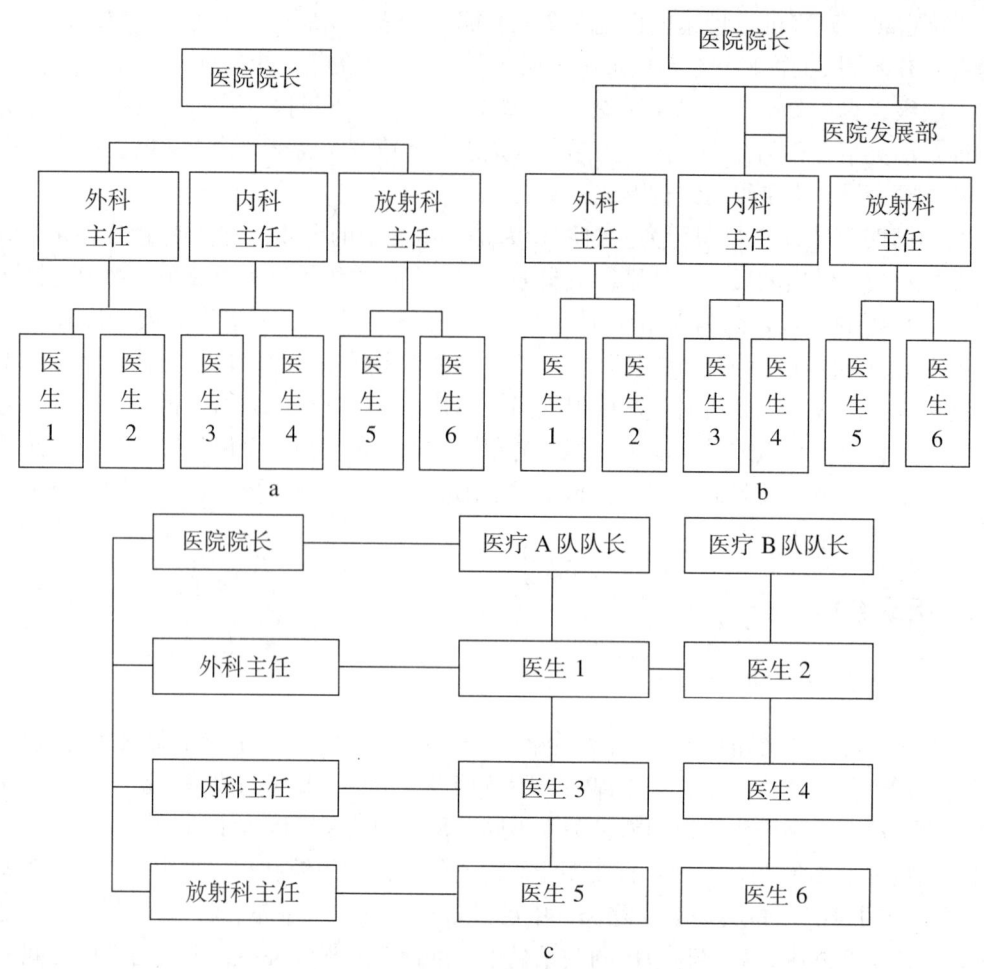

图 2-3 三种基本的组织形态

(a. 直线型组织；b. 直线参谋型组织；c. 矩阵型组织)

队来弥补，由此便产生矩阵型组织。能够在外界环境急剧变化时快速应变而形成矩阵型组织，这是一个组织环境适应性强的表现。然而，这种组织中关系较为复杂，需要多头管理，协调成本较高，需要平行层级之间对组织目标有高度认同，对命令 - 报告关系的转换达成有效的默契。

由此可见，组织形态的选择需要根据组织目标和当时当地的实际情况而定。组织目标一旦改变，或是组织内外部条件发生变化，组织形态就需要做出相应的调整，这就是所谓的组织变迁。

影响组织形态的因素较多，其中有两条原则非常值得关注：第一，通过展现高层和中层管理者的本领，提升管理幅度（management span），并恰当运用现代技术（如信息科技），可以减少组织的层级，从而提高组织的反应性，此即为组织"扁平化"；第二，更重要的是，尽管组织结构的出现是由于分工的需要，但分工不是目的（只是不得已而为之），彼此协作完成组织共同目标才是关键，因此，必须通过组织制度和组织文化强化部门之间的合作。

### 三、组织制度和组织文化

一个组织要保持稳定和正常运转，需要依靠组织制度和组织文化。前者是看得见的"规则"，明确要求组织成员遵守和执行；后者则是需要感知的"约束"，是组织成员共同的价值观和信念。

## (一)组织制度

从组织形成过程及其功能出发来看,组织制度的核心是对职责及职权的"分配"和"监管"。组织是组织目标解码后形成的岗位结构,在解码过程中,每个岗位都被赋予一定的职责。这是"职责"分配的过程。分配完毕后,每个岗位都有岗位责任,并常通过岗位责任书和工作职责表等制度文件把职责确定下来。

"职权"的分配主要有两条路径。一方面,通过层级划分,形成上下级之间的命令-报告关系,从而使上级拥有协调、指挥下级工作的职权。另一方面,为实现组织目标,组织者需要调集相应的资源,并且根据各个岗位需要完成的任务,把(部分)资源分配下去,从事这个岗位工作的人员拥有支配这些资源的职权。这些职权通常也会在相应的制度文件中体现。权责分配的基本原则是对等,即某个职位的职权是基于其需要履行的职责而赋予的,是有限且受约束的(因此对职权更常见的表达是"权限"),职权与职责相辅相成。

监管是保障权责对等的重要手段,一方面要保障各个岗位履行职责,按质、按量完成工作任务;另一方面则是要保障各个岗位按照既定的权限办事,不滥用职权。监管的方式多种多样,通常可以分为日常监管和异常监管两种类型。日常监管一般是上级对下级的督导,对上级而言,这是其职责的一部分,在某种意义上也是上级的一种权力。异常监管是指组织内部设立专职的监管机构,系统采集组织内部各个岗位在职责履行和职权行使过程中的异常情况,及时予以核查、归因和干预。

### 知识链接

**林口长庚医院的幕僚体系**

林口长庚医院建于1976年,目前在台湾地区拥有11个院区,已发展成为当地最大的医学中心。长庚医院组织架构最显著的特点在于建立了专业的管理型幕僚体系,该体系与业务相互独立,形成两条主干并行的纵向管理结构。长庚医院董事会下设决策委员会,主要负责制定医院发展的方针、政策,其下设有作为技术支撑的各类专业委员会和负责幕僚服务的行政中心。其中,行政中心由计划、人力、财务、经营、医务等事业部构成,拥有超过300人的专业参谋幕僚团队,该团队主要发挥沟通、协调作用,通过整理报表发现经营问题并开展追踪。

林口长庚医院的每个分院区均设有行政中心的分支机构,负责院区内的管理工作。同时,临床科室还设有1~2名经营管理助理,负责科室内部管理工作。分支机构和助理不受院区和科室管理,直接向上级幕僚机构负责,从而形成一个完全独立的医疗业务和管理体系。该体系的主要特点在于"医管分工合治"后医疗专业的高度分权和参谋管理的高度集权,专科医生可以集中精力提高科研实力和医疗水平,幕僚们虽然没有直接指挥权,却拥有绝对的建议权和稽核权,可以专注于发现问题、完成制度建立与修订、考核等工作,独立于医院和科室管理之外的绩效管理评价也有助于提高效率。

## (二)组织文化

文化可以理解为是一个群体的价值观,常表现为该群体对某些事物有共同认知和喜恶。文化的表征可能是衣着、仪式等。文化有时间性(如商周文化、秦汉文化)和地域性(如地域文化)。组织是在某个特定时间、特定地点出现的人与物的有机组合,因此,组织内部往往具有其独特的文化。

组织文化的形成通常要经历一个长期的过程。首先，一个组织的创始人或者领导者具有某些特定的观念，并由此产生特定的行为。在组织生存、发展的过程中，这些观念和行为与组织内、外部环境相互作用，对组织生产、发展起到关键作用的部分观念和行为经过长期的筛选被遗留下来，便形成了这个组织的传统。与组织创始人或领导者密切接触的组织高层最直接接触这些传统，并对部分传统产生共鸣，在不知不觉中接受了这些传统，这些传统也就成为组织高层成员之间的默契。然后，组织高层的这些观念和行为又影响周边的人，其中能使组织成员产生共鸣的部分再次被筛选而得以保留，并在组织成员中形成广泛的共识，最终成为这个组织特有的文化。

由此可见，组织文化的形成可以看成是沿着两条并行而反向的路径展开：一条是不断缩窄的文化筛选路径，多种观念和行为经过大量长期的实践而形成少量保留的传统，这些传统再次经过筛选才形成点滴的文化；另一条是不断扩张的文化传播路径，从领导者的坚持，到领导集体的共同信念，再到组织成员的广泛共识（图2-4）。

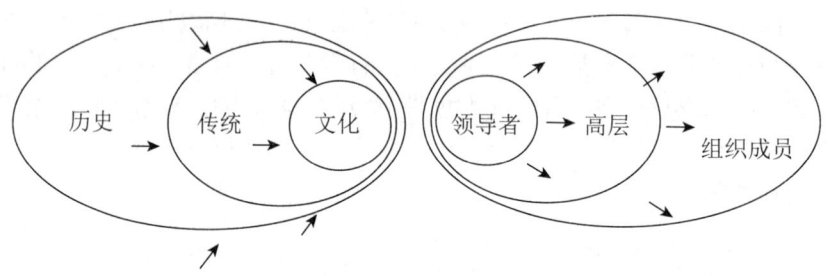

图 2-4　组织文化形成的过程

关于组织文化，需要注意以下几点：①文化可以被理解为是这个组织在生存和发展过程中，其成员之间形成的一种默契；②文化的形成是一个长期的过程，比建立制度困难得多；③领导者对组织文化的形成起着举足轻重的作用；④文化形成一种氛围，与之不协调者会感觉不适应；⑤与有形的制度相比，文化约束更为含蓄，但往往更为有力。

此外，还应当认识到，组织制度和组织文化之间可以相互转化。一方面，许多制度的形成都以组织文化为背景；另一方面，当某项制度被组织成员广泛认同后，无论有无制度约束，组织成员都可表现出同样的行为趋向，此项制度便成为组织文化的一部分。领导者需要保持组织制度和组织文化彼此协调、互为呼应，才能真正起到维系组织生存、发展的作用。

## 第二节　卫生组织的架构和类别

### 一、卫生组织的宏观架构

#### （一）解码卫生系统的目标

卫生系统中包含各式各类的组织，每一类组织都有其特定的功能定位。要理解如此繁杂的组织体系，可以先从组织的角度剖析卫生系统，即把一个国家或一个地区的卫生系统视为一个庞大的组织进行分析。按照组织分析的角度，先对卫生系统的目标进行解码，解码后所形成的组织架构，即可呈现各类卫生的组织功能定位和相互关联。

一个国家和地区卫生系统的目标，如果是由一个负责任的政府提出的，则必定是从辖区内人群健康出发的。例如，从健康中国战略出发，我国提出卫生系统的目标是为人民群众提供全方位全周期健康服务。下文将介绍解码卫生目标的过程，为便于简明、扼要地介绍分析过程，本节内容将卫生系统的目标定位在提供适宜的卫生服务。

解码目标的思路多种多样，本节仅从管理学最基本的"投入 - 产出"思维出发介绍分析过程。从"投入 - 产出"的角度出发，卫生系统要提供适宜的卫生服务，须遵循以下原则：为了提供卫生服务（包括公共卫生服务和医疗服务），需要有人力、财力、物力等资源投入，同时需要有相应的药品、耗材和设备支持，辅助其服务提供。另外，为确保卫生服务的"生产"过程更为高效，并且保持卫生服务的适宜度，需要对其进行"监管"。如图 2-5 所示，按照上述思路，要实现卫生组织为民众提供适宜卫生服务的目标，至少需要完成卫生人力的培养和准入、卫生筹资、卫生服务提供、卫生服务支持体系建设和卫生服务监管五项任务。

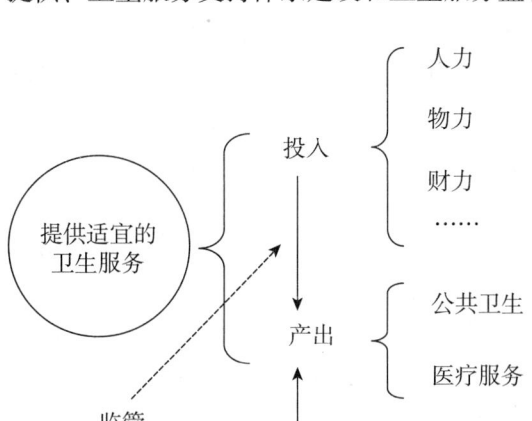

图 2-5　从"投入 - 产出"的角度解码卫生系统的目标

（二）卫生系统的组织结构

根据上述卫生系统目标分解的结果，卫生系统的架构通常是围绕卫生服务的提供，分为服务、筹资、监管、支持、人力等部门（图 2-6）。卫生服务体系与卫生系统的目标直接对应。筹资部门负责保障卫生服务体系运转所需的财力和物力。卫生服务监管部门保障卫生服务符合民众健康的需要。药品、耗材、医用设备相关体系可以分为"远端"和"近端"，远端是这些产品的生产问题，与一个国家的工业生产系统更为贴近；近端则是这些医疗服务相关产品的准入，通常作为卫生系统下设的一个部门。卫生人力的在校培养与教育部门的工作贴近，而卫生人力的准入、执业后再教育等工作，则通常被纳入卫生系统的范畴。

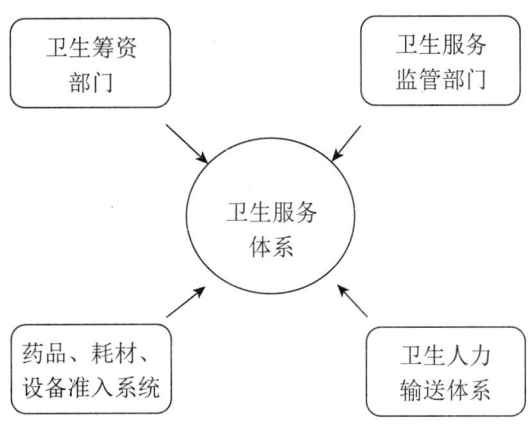

图 2-6　卫生系统的组织架构

上述卫生系统的每个相关部门都可能衍生出多种类型的卫生组织。例如，卫生服务体系可能包括公共卫生服务机构、医疗服务机构、社区卫生服务组织；卫生筹资部门可能包括税收体系、社会医疗保险体系、私人医疗保险组织以及接受外部卫生援助的组织；卫生监管也可能有多个主体，如卫生专业组织、卫生行政机构等；卫生人力准入也可能涉及卫生专业组织、人力部门、卫生行政机构等。

以上对卫生系统内部组织的分类是从卫生组织的功能着眼。另一种分类方式是从卫生组织的属性出发，可以将其分为卫生行政组织、卫生服务组织和社会卫生组织。卫生行政组织是一个国家或地区的政府部门中参与卫生工作的部门；卫生服务组织是直接为民众提供卫生服务的单位；社会卫生组织则是承担卫生领域中部分公共管理事务的非政府组织。这种分类方法在描述一个具体的卫生系统时经常使用。在不同的国家，卫生系统的职能在政府和社会之间的分布差异很大。某些国家大部分的公共管理事务由政府承担，那么，卫生行政组织的规模、职能和权限就比较大；而那些"小政府、大社会"的国家，社会卫生组织的发展就比较蓬勃，承担的职能也较多。

## 二、卫生行政组织

专职于卫生领域的政府行政机构，称为卫生行政组织。每个国家都有卫生行政部门，一般都按照国家的行政区划等级配备在各级政府中。由于各国卫生体系有不同的设置，所以各国卫生行政部门的工作职责也有不同。

在美国，卫生与公众服务部（Department of Health and Human Services，HHS）是联邦层面的卫生行政部门，其基本职能定位为保护国民身体健康，提供最基本的医疗卫生服务，主要任务包括保障卫生服务质量、应对公共卫生安全威胁、为弱势群体提供卫生保障、促进医学科技发展等。在美国各个州，也有各自的健康与公众服务部或类似的政府机构。

在英国，卫生部是国家层面专职的卫生行政部门，其主要职责是全面管控英国国民健康服务，具体任务包括制订并落实医疗服务的采购规划、提供公共卫生服务、制定卫生服务标准并监控卫生服务质量、制订并落实医学教育培训规划等。英国各个郡也有卫生局作为当地的卫生行政机构。

在我国，各级卫生健康委员会（以下简称"卫健委"）是主要的卫生行政部门，其职能包括组织拟定国民健康政策、协调推进深化医药卫生体制改革、制定并组织落实疾病预防控制规划、组织拟定并协调落实应对人口老龄化政策措施、组织制定国家药物政策和国家基本药物制度、制定医疗机构和医疗服务行业管理办法并监督实施等。另外，国家各级中医药管理局（简称"中医药局"）也是重要的卫生行政组织。其主要职能是制定中医药和民族医药事业发展规划及政策、监管中医药保健服务的准入和质量、促进中药资源的保护和开发利用、规划和组织开展中医药重大科学研究等。

此外，如果把卫生筹资的职能考虑在内，国家各级医疗保障局（以下简称"医保局"）也不可或缺。医疗保障局的具体职能包括组织制定医疗保障筹资和待遇政策、推进医疗保障基金支付制度改革、组织制定医疗服务项目及药品和耗材价格等。

在我国目前的行政体制下，国家卫生健康委员会、国家中医药管理局和国家医疗保障局为国务院直属机构。各级政府均设有卫生行政组织机构，这些机构受各级政府领导，接受上级卫生行政机构指导。各级卫生行政机构设置如图2-7所示。

另外，我国还有一类组织值得注意，即直属卫生行政部门并承担技术支撑的事业单位。此类组织一方面作为技术部门，有专职的业务工作，另一方面又为卫生行政部门提供决策支持。疾病预防控制中心（Center for Disease Control and Prevention，CDC）是此类组织的代表。在业务工作方面，CDC开展疾病预防控制、突发公共卫生事件应急、环境与职业健康、营养健康、

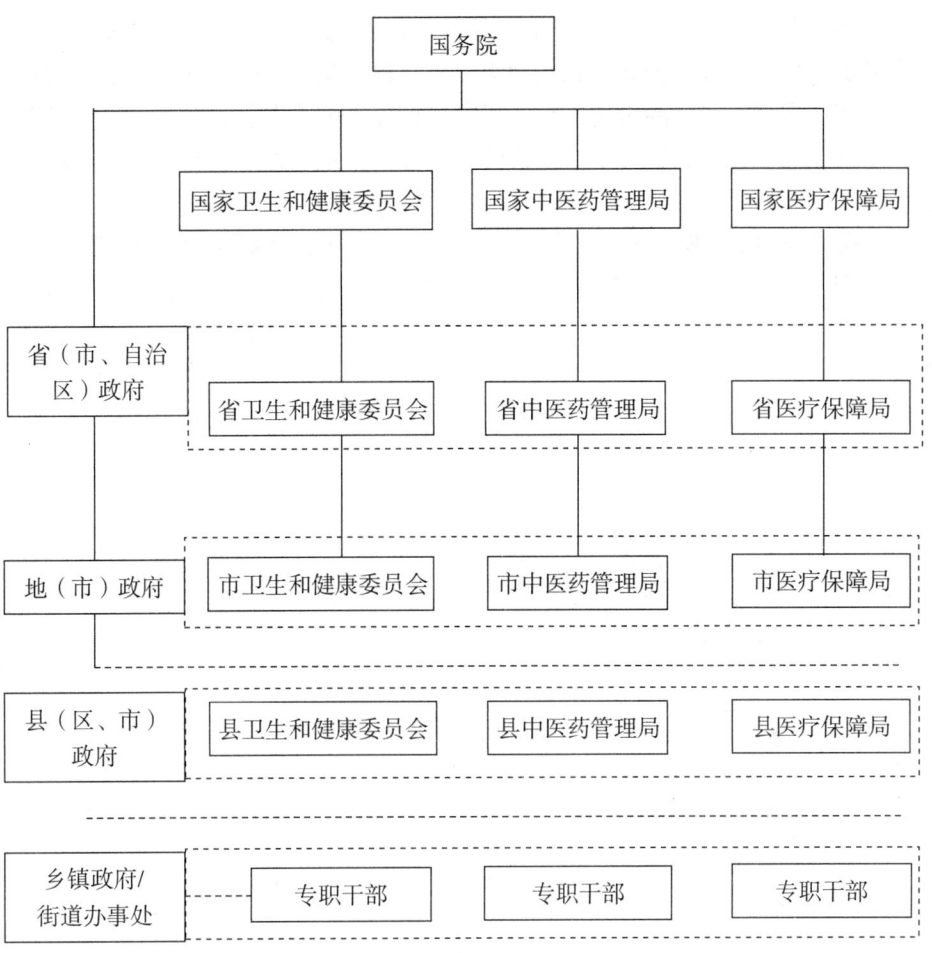

图 2-7 我国卫生行政机构设置

老年健康、妇幼健康、放射卫生和学校卫生等工作，对传染病、慢性病、职业病、地方病、突发公共卫生事件和疑似预防接种异常反应进行检测。而其行政辅助功能体现在为国家制定公共卫生法律法规、政策、规划、项目等提供技术支持和咨询建议。此外，各级卫生行政部门也设置有CDC，各级CDC之间虽然没有行政直属关系，但有业务指导关系。例如，国家CDC的职能中有明确的一项是，指导地方实施国家疾病预防控制规划和项目，开展对地方疾病预防控制机构的业务指导，参与专业技术考核和评价相关工作。

### 三、卫生服务组织

专职向民众提供卫生服务的组织称为卫生服务组织。卫生服务组织可以根据其所提供服务的性质分为初级保健服务组织、二级保健服务组织和三级保健服务组织，以及专职公共卫生服务组织。

在西方国家，初级保健服务通常由全科医生提供，全科医生可独立或联合开设诊所，提供疾病的首诊和转诊服务。与此同时，大多数全科医生还提供疫苗接种、健康教育等公共卫生服务。初级保健服务机构的辐射范围通常是所在地的社区。二级保健服务通常包括专科门诊和一般性的住院服务，二级保健服务机构通常是小型和中型医院。二级保健机构的辐射范围通常跨几个社区甚至更大。三级保健服务的对象是涉及高精尖诊疗技术的复杂疑难病症患者。提供三级保健服务的机构通常是配备顶尖医生和顶级设备的大型教学医院，其辐射范围是整个城市甚至更大的区域。

除按照服务性质分类外,卫生服务组织的经济属性也是另一个分类的维度。根据经济属性,可以将卫生服务组织分为公立和私立两类,公立组织是由公共财政投资建立的机构,私立组织则是由民间资本投资建立的机构。私立机构又可以细分为营利性和非营利性两类,二者最大的区别在于营利性机构的利润可以作为投资者的经济回报,而非营利性机构的剩余资金只能用于机构组织的发展。

图 2-8 以我国香港卫生服务系统为例,介绍了各类卫生服务组织。香港的公立卫生服务组织包括由香港卫生署管辖的公共卫生专业机构,如胸肺科诊所、母婴健康院、长者健康中心、妇女健康中心等。公立医院和公立诊所则由香港医院管理局主管。此外,香港还有相当数量的私家医院和私人投资开设的诊所。

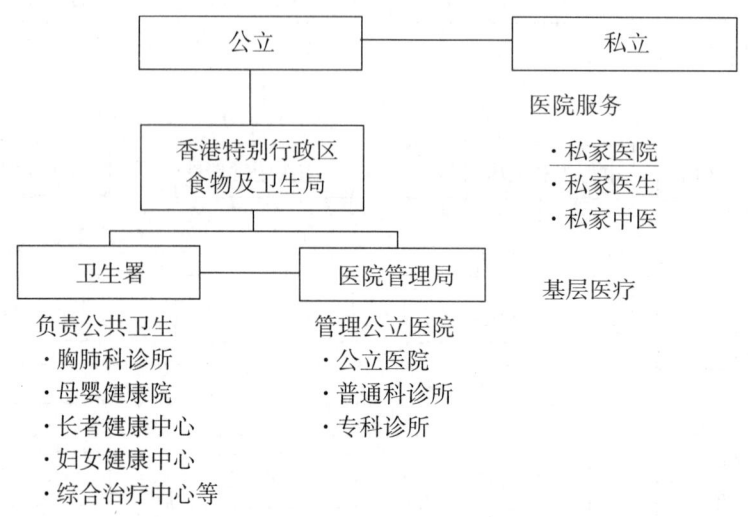

图 2-8 香港医疗卫生体系中的各类卫生服务组织

我国大陆地区目前通常按照服务性质将卫生服务组织分为医院、基层医疗卫生机构、专业公共卫生机构和其他医疗卫生机构。医院又可细分为综合医院、专科医院等,基层医疗卫生机构包括社区卫生服务机构、诊所等,专业公共卫生机构包括各种专科疾病防治所、妇幼保健院和急救中心(图 2-9)。

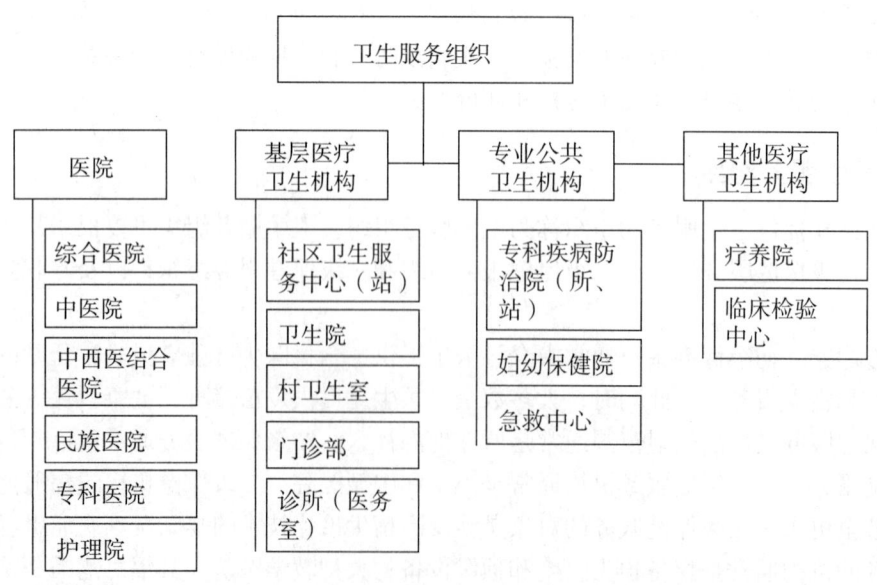

图 2-9 我国大陆地区卫生服务组织架构

### 知识链接

#### 互联网医院

互联网医院改变了以往互联网医疗只能是在线咨询，不能提供诊疗服务的模式，目前可以在线针对常见病和慢性病患者进行初诊、复诊、远程会诊、开具电子处方等。目前互联网医院的运营模式主要分为三种：实体医院的医疗资源线上服务模式（H+I模式）、医联体共同线上融合服务模式（H与I融合模式）、集聚医生资源的平台服务模式（I+H模式）。

H+I模式主要是指实体医院线下医疗服务的互联网化。主要形式是线上预诊、线下确诊、线下治疗、线上复诊。提供的服务包括慢性病患者长期处方和延伸处方落实、药师在线审方、药品物流配送、居家用药指导、家庭延续护理、院后在线随访等。H与I融合模式是指通过多家第三方互联网服务平台进行线上问诊，线下服务依靠实体医院硬件平台和医疗服务。居民通过互联网平台实现本地挂号就医，也可以与其他地区优秀医生进行医疗沟通。可以在网上进行专家会诊，并为患者提供转诊服务。I+H模式则是指由互联网企业发起，以多点执业集聚各地医生资源，医生通过互联网企业医疗平台进行注册，并为全国各地的患者提供诊疗、检查、复诊、手术预约、药品配送等服务。

### 四、社会卫生组织

社会卫生组织是提供卫生领域公共服务的非政府组织，是除政府外参与处理公共事务的另一种力量。政府作为处理公共事务的主体，也会受到资源、技术、信息等的限制，很多时候会出现力所不能及的情况。社会组织有其独特的优势，往往可以弥补政府提供公共服务不足的问题。例如，红十字会能够通过发动社会捐赠，成为卫生筹资的重要渠道，尤其在应对突发卫生事件和灾害时，发挥着重要的作用。医疗行业的技术壁垒高，政府作为第三方实施监管需要面对信息不对称的问题，而医学会等专业组织参与管理，可以发挥"内行管内行"的优势。另外，社会卫生组织是卫生相关利益集团表达诉求的渠道。社会组织是有着某些共同利益的人聚到一起所形成的有机体。每一个群体都有表达诉求的需要，社会组织正是满足这种需求的一个平台。

社会卫生组织种类繁多。本节以学会和协会这两种在卫生领域中较为常见且具有影响力的社会组织作为代表进行介绍。一般而言，学会是由医学专业人员组成的学术团体，以促进医学科学为目的，代表着该领域的学术权威。而协会则是为共同促进卫生行业的发展而组成的行业组织。在不同国家，医学会（及其类似组织）和医务人员行业协会（及其类似组织）在使命、行动纲领、工作模式方面存在很大的差异。

我国社会卫生组织近年来得到蓬勃发展。下文以中华医学会、中国医师协会和中国医院协会为代表进行简要介绍。中华医学会成立于1915年，是由中国医学科技工作者自愿组成的学术性非营利性社会组织，专科分会遍及各个医学专科，拥有数十万名会员。中华医学会的主要业务，一方面是医学相关的研究、培训、成果推广与传播，另一方面是临床指南和技术规范的制订、更新、推广。中国医师协会是我国医师的行业组织，其成员构成主要是执业医师和助理执业医师，以及医疗、预防、保健、科研、医学教育等企事业单位。其主要职能一方面是强化医师队伍行业管理，另一方面是维护医师合法权益。中国医院协会主要由二级及以上医院组成，其职能主要是加强行业自律性管理和维护医疗行业的合法权益。目前，中国医院协会受国家卫生行政部门委托，开展医德医风、医疗质量和医疗安全等方面的行业监督检查工作，协助

制订医疗机构行业管理规范、技术标准，参与医疗机构评审等工作，协助建立健全医院管理人员考核体系，进行医疗机构管理人员从业资格培训及认证。

我国正处于国家治理体系变革期。国外的经验和国内的改革实践都表明，许多有待破解的改革难题（尤其是来自卫生组织体系中的矛盾），需要从协调政府职能定位、充分发挥社会力量着手加以解决。可以预见，我国的社会卫生组织未来将在卫生领域的公共事务方面承担更多工作，发挥更大的作用。

## 第三节 卫生服务体系的组织变革

### 一、卫生服务组织之间的关系

#### （一）组织之间的竞争与合作

卫生行业与其他行业一样，存在各式各样的组织。这些组织在践行各自使命的过程中，彼此之间也在不断地互动。组织之间的关系不仅影响着组织本身的发展，而且对整个行业的兴衰至关重要。在分析组织之间的关系时，可以通过图2-10进行概括性的理解。为便于讨论，本节将分析的范围限定在一个区域内提供各种卫生服务的组织。一个区域内的卫生服务组织可以分为同类型（提供相同的卫生服务）的组织和不同类型（提供不同卫生服务）的组织。可以将组织之间的关系概况为竞争与协作两种模式。

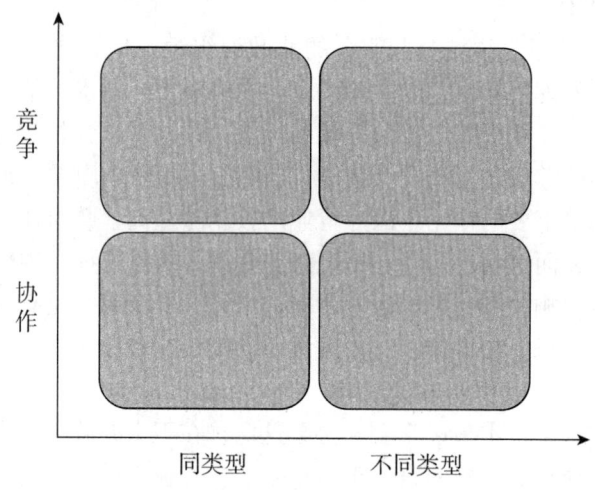

图 2-10 组织间关系示意图

同类型组织之间的竞争关系最为常见。这种竞争的来源可以理解为：一个区域内对同类卫生服务的需求总是有限的，当一个区域内提供此类服务的组织存在多个且总体上达到饱和状态时，这些组织之间即表现为此消彼长的关系。一个地区的卫生规划决策者可以通过限制或放宽某类组织的准入，而调控当地该类组织的竞争格局。一个卫生服务组织的管理者对于是否引入和（或）拓展某类卫生服务，需要充分了解该区域内竞争对手的情况，谨慎决策。

同类型组织之间的关系也可能是彼此协作。例如，同类型组织可能共同开展一项研究、共同倡导统一的执业规范、共同争取对行业发展有利的政策等。彼此协作的前提是这些组织找到共同的利益点，并形成分享收益的默契或约定。一个地区卫生系统的管理者如果要促成区域内同类型组织的协作，就需要发掘甚至创造条件，使这些组织之间形成共同的利益纽带。

不同类型的组织也可能产生交集。不同的卫生服务组织均围绕一个地区人群的健康提供不同类型的服务，彼此之间产生关联是自然的。由于它们同属于一个价值链上的不同环节，所以彼此之间有协作的空间。例如，初级保健组织和二级、三级保健组织之间相互转诊、多点执业制度下三级医院的医生到二级医院给患者做手术、疾病控制机构与医院共享流行病学信息等。由此可见，如果不同组织之间的服务有互补性，且它们彼此之间可以通过协作提升双方收益，那么组织间的协作就比较容易达成。

不同类型卫生服务组织之间的竞争虽然没有同类型组织间那么直接，但也是很常见的。此时形成竞争关系的常见原因主要有：①不同类型组织提供的服务有相互替代性（如初级保健服务提供者和二级、三级保健服务提供者均为患者提供门诊服务）；②组织的定位模糊，所提供的服务内容有交叉（如大型医院和基层医院都可提供体检服务）；③一个组织对另一个组织产生资源依赖，而后者利用对方对自身的依赖谋求自身更大的利益（如对某种药物或耗材用量很大的某家医院延迟给相应厂商付款）。

（二）统合卫生组织的原则

卫生服务组织的绩效直接影响卫生服务的质量、效率和可及性，这与民众健康密不可分。一个区域内不同卫生服务组织之间的关系是可以引导和构建的，这需要围绕该区域人群健康的需求统合设计。人体从健康到亚健康、患病，甚至康复，是一个连续的过程。不同的卫生服务组织有各自的定位、使命和任务，所提供的服务往往是针对健康过程的某个阶段。这可能造成某些患者的健康问题被忽略，部分服务相互重叠，甚至部分服务不是患者所需要的。如图 2-11 所示，虚线框代表一个连续的健康过程，A、B、C、D 四个卫生服务组织所提供的服务均各自满足健康过程中的部分需要，但 A、B、C 所提供的服务彼此脱节，产生了服务的空白区；C 和 D 所提供的服务是有一部分是重复的；D 所提供的服务有一部分甚至对健康无益。

要改善上述情况，需要延伸 A 的服务范围，使之与 B 所提供的服务能够相互连接。另外，还要调整 C 所提供服务的着力点，以填补 B 与 C 之间的空白。同时，需要共享 C 和 D 所提供的一部分服务，以避免重复。最后，需要缩减 D 的服务内容，避免无效服务。如果一个区域内的卫生服务组织管理者能够通过调控手段引导 A、B、C、D 四个卫生服务组织做出上述调整，形成围绕健康而彼此协作的格局，那么不仅可以提供与健康连续性相匹配的服务，而且可以避免造成资源浪费，使整个系统的效率得到提升。此外，卫生决策者还可以考虑保持适度的竞争关系来保障整个系统的活力。例如，通过控制准入门槛等方式，使区域内存在两个或两个以上提供这些服务的组织。

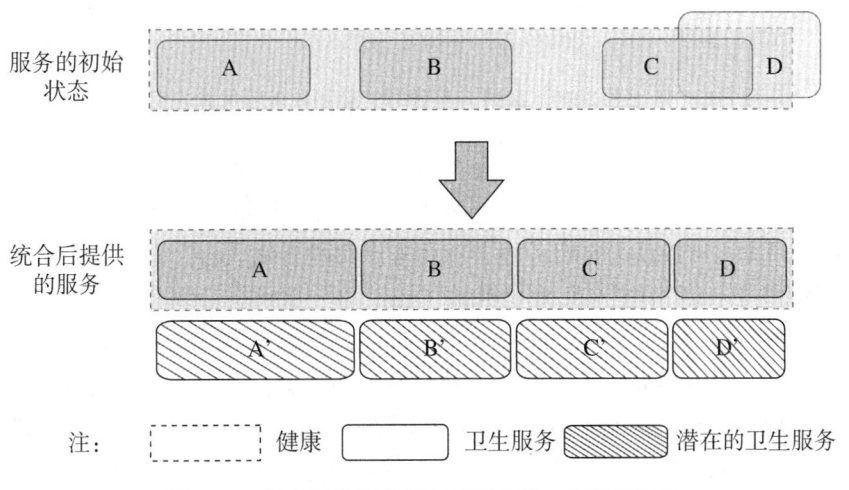

图 2-11 统合卫生服务组织提供连续、高效的服务

由此可见，从统合区域内的卫生服务组织出发，至少需要坚持三个原则：一是促进卫生服务的连续性，二是高效利用卫生资源，三是保持卫生服务提供方的活力。连续性的服务离不开（不同级别）组织间的纵向合作；资源的高效利用需要从卫生服务的"按需分配"入手；要激发卫生服务提供方的活力，则不可忽视竞争关系的作用。

## 二、卫生系统的"碎片化"问题

### （一）单体组织目标与系统目标之间的差异

每个卫生服务组织都有其独特的目标，都需要为自身的生存和发展而努力。由于所处的位阶不同，单个组织的目标与整个系统的目标之间很可能存在差异，甚至相悖。主张市场调节的观点往往会认为，让不同的组织按照其自身的目标自由发展，最终会使整个体系呈现最优状态。主张政府干预的观点则认为，没有宏观政策的引导和约束，各自为政的发展模式最终将影响整个系统的效率。

在卫生服务体系中，单个组织的目标与系统目标的冲突很常见。如图2-12所示，Z地区自2010年以来，门诊服务量和住院服务量都呈持续上升趋势。从医院的角度来看，在医生数量和病床数量相对稳定的情况下，服务量的增加代表医疗机构效率的提高和产能的改善，是绩效提升的表现。然而，从整个地区来看，需要就医的人数和需要住院的人数一直处于上升（而且后期逐渐超过正常水平）状态，不得不对此产生疑虑，人群健康水平是否在下降？或者是否卫生系统的整体效率在下降（因为初级保健服务质量不佳，由此导致严重的健康问题频发）？基于上述考虑，图2-12所显示的数据很可能是Z地区卫生系统绩效降低的表现。

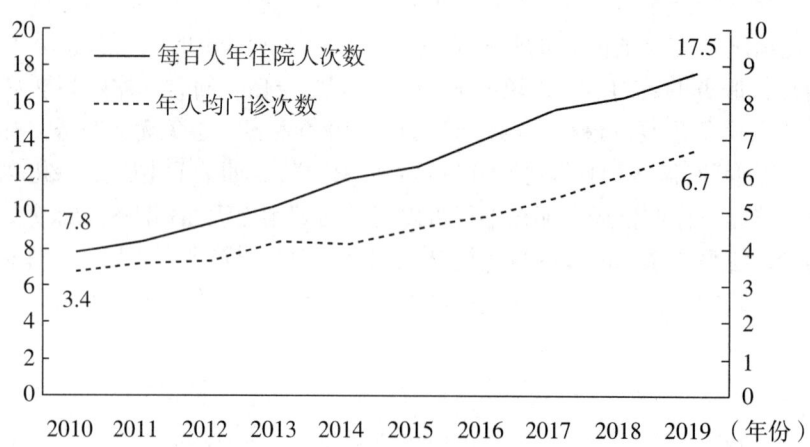

图2-12 Z地区2010—2019年门诊服务量和住院服务量的变化趋势

图2-13显示了Z地区门诊服务人次数在不同级别医疗机构的分布。可以看出，2010年以来，三级医院门诊服务量的占比持续增加，而社区卫生服务机构门诊服务量的占比则持续下降。站在三级医院的角度，可以认为是服务能力和服务产出提升的表现。但从该地区卫生服务系统来看，则是医疗服务"倒三角"（医疗服务的"倒三角"是指保健服务在不同级别保健组织的分布与实际需求颠倒的情况，即从健康需求出发，大部分患者需要的是初级保健，二级保健次之，只有少数危重症患者需要三级保健；而从病例分布来看，却是大部分患者就诊于三级保健机构，而就诊于初级保健机构的患者很少）问题严重，甚至是医疗服务效率降低的表现。

关于"自由竞争能否带来最高的收益"这个命题的持续争论尚未达成共识。但是，仅就卫生服务体系而言，更多的观点倾向于需要对卫生服务组织的目标和行为进行规制或引导，使卫生服务组织的目标与系统的目标相一致，确保卫生服务组织的行为符合人群健康的需要。典型的例子是政府设立公立医疗机构,这些机构的目标由政府直接设立,或是为了医疗机构对利润的追求而在政策设计上向非营利性医疗机构倾斜。

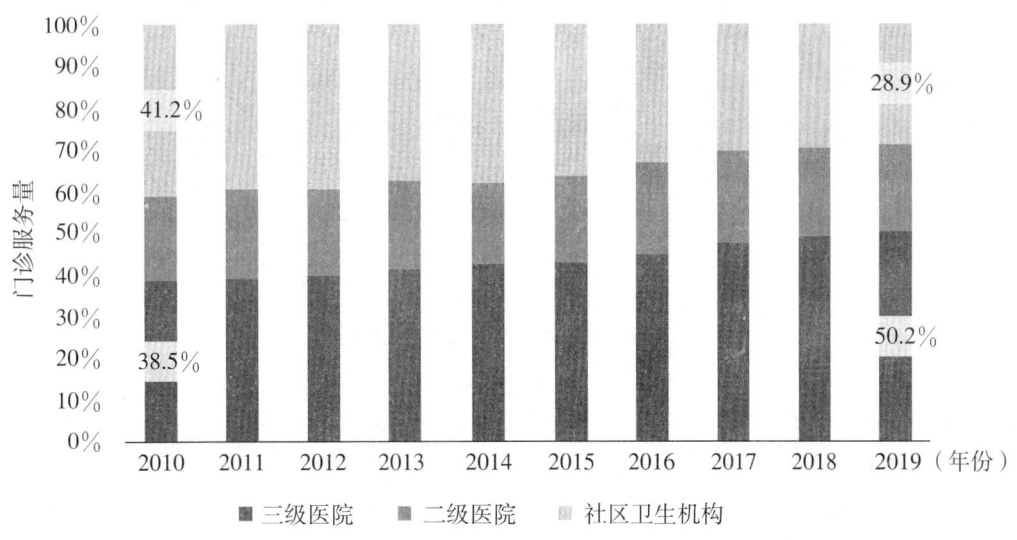

图 2-13　Z 地区 2010—2019 年门诊服务量在不同级别医疗机构的分布

## (二)过度竞争与卫生服务碎片化

本节内容对组织之间竞争是过度还是适度的定位,仍然以是否有利于区域卫生服务系统目标的实现为依据。可以假设,当一个地区只有一个卫生服务组织时,其组织目标与整个区域卫生服务系统的目标一致(即维护和改善人群健康),但提供服务的成本较高。此时如果增加一个(或一个以上)类似组织进行"竞标",哪个组织能够以较低成本使区域民众健康水平得以维系和改善,就让该组织作为区域卫生服务的提供者并获得相应回报。这样,所有的组织都会积极寻求能够高效改善健康的服务提供模式,并且能够尽量在民众未病时便提供群体性的干预,尽量延缓疾病的进程,尽量减少高成本的二级和三级保健服务(图 2-14)。由此可见,这种模式强化了组织间的竞争关系,而这种竞争很可能有助于更好地实现系统目标,此时的竞争便是适度的。

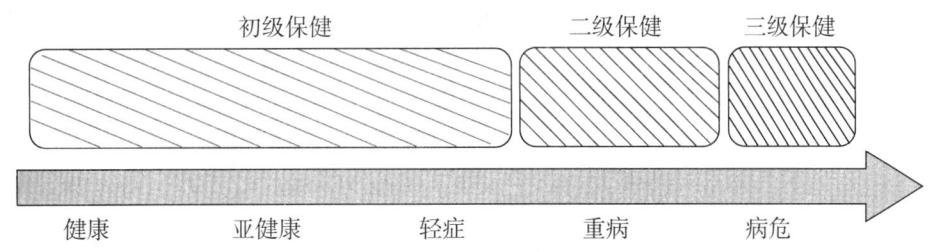

图 2-14　健康状态与对应的卫生服务

可以假设另外一种更复杂的情形,如果这个地区的外部政策鼓励或者客观上导致卫生服务组织以追逐经济利益为目标(例如,卫生机构提供服务时按项目计费,并且卫生机构内部可以分配利润),那么这些组织都会关注最有利于其获得利润的服务。于是,对于连续性的健康需求应多点响应,实际上活跃度高的服务仅仅是一部分能够盈利的二级和三级保健服务。更有甚者,由于众多的卫生服务机构都"扎堆"提供这些服务,使得这些服务的供给超过了需求。而卫生服务提供者为弥补其过剩的产能，通常会诱导患者增加对这些服务的需求，从而造成服务过度利用，医疗资源浪费（图 2-15 所示）。这时的竞争便是"过度"的。

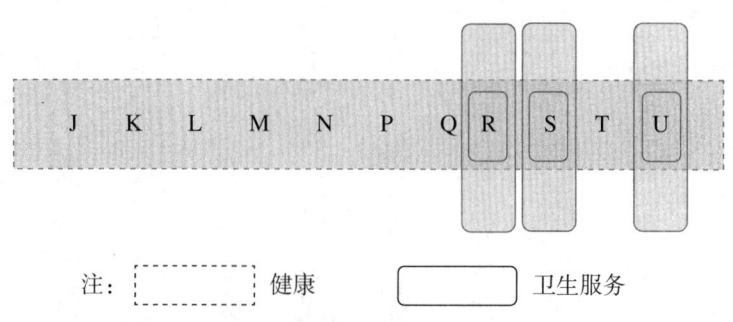

注： ┌┄┄┄┄┄┐ 健康　　　□ 卫生服务

**图 2-15　健康状态与对应的卫生服务**

从上述例子可以看出，如果卫生服务组织追求利润最大化，而外部环境恰恰又使其利润空间都集中于少量的二级、三级保健服务，那么，尽管区域内存在多个（不同级别的）卫生服务组织，整个区域的卫生服务供给仍然是阶段性的。不仅如此，如果不同级别的卫生服务提供者争先恐后地提供这些服务，则其各自的定位会变得模糊，而且会进一步加剧这种与健康需求的连续性相背离的供给模式。另外，各个卫生服务组织为了能在竞争中取胜，不愿意转诊患者、拒绝经验分享、高筑信息藩篱，最终会导致整个区域卫生服务碎片化。而卫生服务碎片化又会造成卫生服务系统的效率降低，在影响健康产出的同时，还会引起高额的医疗服务支出和沉重的疾病经济负担。

### （三）我国卫生服务体系的碎片化问题

我国在计划经济时代曾构建起与当时社会经济发展相适应的高效、连续的卫生服务体系——三级保健网。当时，在城市地区以地段、农村地区以村为保健的微小单元，建立保健站。其主要工作是提供免疫接种、简单健康问题的处置、健康宣传教育、片区重要卫生问题的信息采集和报告。如果遇到复杂的病例，可以转诊至上一级保健站；需要住院的病例则被转诊至街区的医院（城市）或县医院（农村）。医院的医生每周回到基层的保健站进行 1~2 次"巡诊"，提供技术支持。这种划片管理、以初级保健为主、逐级转诊、协同服务的三级医疗网，在缺医少药的时代为民众提供了重要的健康服务保障。

然而，在经济改革的浪潮中，卫生事业的发展方向也被引导到以"创造经济价值"为目标。随后 30 年里，我国医院和床位数量的增长速度远高于过去（图 2-16）。但是之前卫生事业发展的经验被忽视甚至被摒弃，众多卫生服务组织纷纷追求利润，原来三级保健网分级诊疗的体系被打破，公立卫生机构自谋发展，不同层级机构之间的关系从"协作"转向"竞争"，卫生系统呈现碎片化，并且日益严重。由于二级、三级保健的收益远高于初级卫生保健服务，导致以预防为主的原则在操作面被摒弃，使得大型医院成为服务体系的中心。医疗军备竞赛、过度利用和医疗费用暴涨等一系列问题日益凸显。

20 世纪 90 年代中后期，"看病难、看病贵"成为我国社会重要的民生问题，从政府到社会开始对卫生系统的发展方向及模式进行反思。此后，政府开始努力在政策方向上推进卫生系统向"公益性"回归。然而，积重难返，卫生服务体系的碎片化问题一直没有得到根本性的改善。医院扩张的势头难以遏制，2010 年以后，医院数量和医院床位数量的增长速度更快（图 2-16）。大型医院继续在"竞争"中占有绝对优势。规模越大、级别越高的医院床位使用率越高（图 2-17）；即便是门诊服务量，也在不断"强基层"的政策背景下不断占有越来越高的比重（图 2-18）。

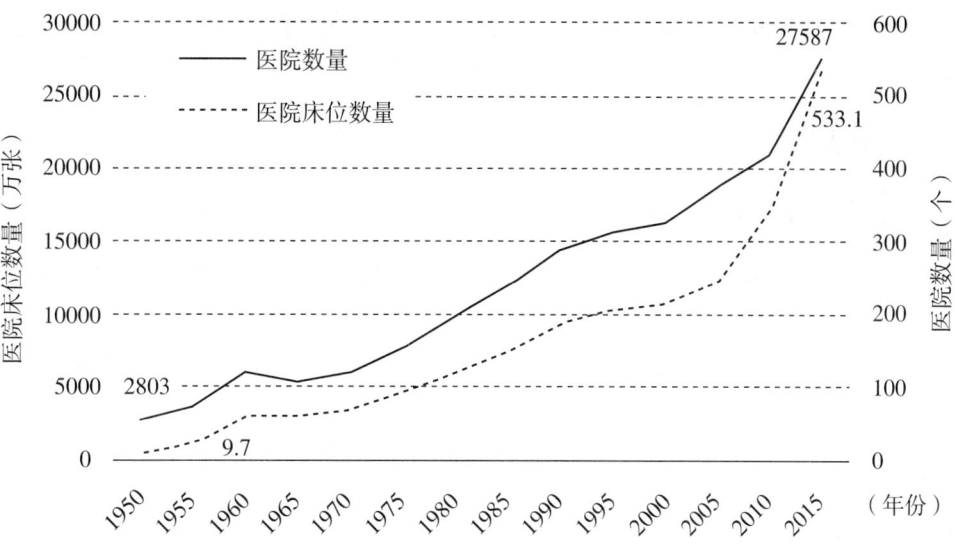

图 2-16 我国 1950—2015 年医院数量及医院床位数量的变化

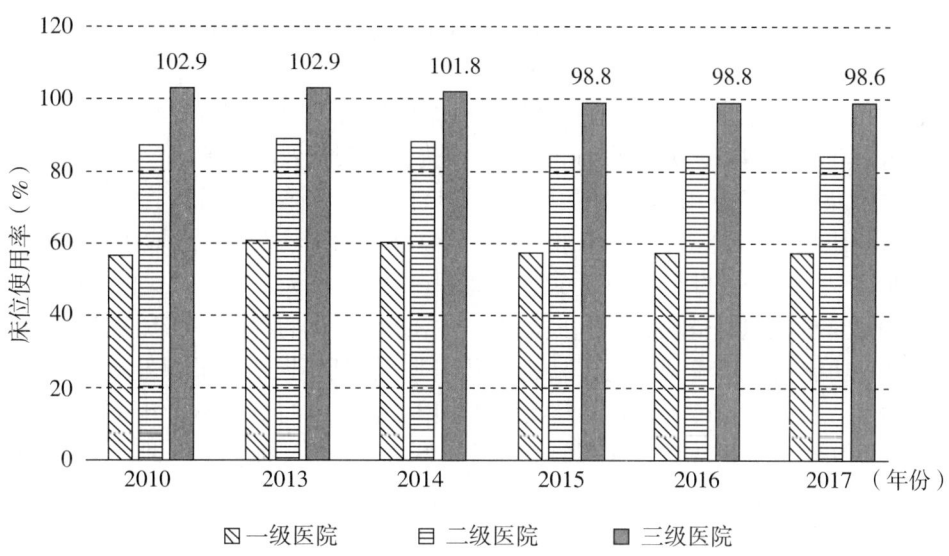

图 2-17 我国 2010—2017 年不同级别医院的床位利用率

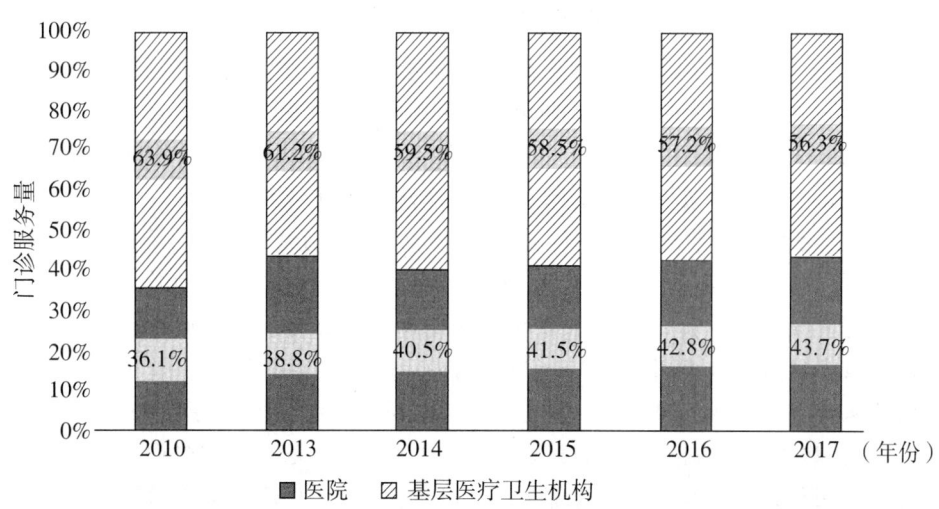

图 2-18 我国 2010—2017 年门诊人次数在医院和基层医疗卫生机构间的分布

卫生服务的碎片化问题无疑是阻碍我国卫生事业发展最棘手的问题之一。建立整合性的保健体系已经成为我国深化医药卫生体制改革的战略性举措。

### 三、整合保健的兴起与实践

#### （一）整合保健

整合保健（integrated care）是通过技术、筹资、支付等各种形式的有效联系，整合不同级别和类型的医疗卫生机构，向区域内居民提供完整、连续、经济、优质的卫生保健服务，使其达到最佳的健康状态。整合保健与综合保健（comprehensive care）、无缝保健（seamless care）等理念相通。

整合保健得以兴起，很重要的外部动力是卫生服务需求的增大和医疗保健预算的约束。就欧美国家而言，最早出现且具有代表性的整合医疗组织是美国的凯撒永久（Kaiser Permanente）组织。凯撒永久组织成立于1945年，其主要特点是把保健筹资和保健服务整合在一起。凯撒永久组织本身具有医疗保险性质，向受益人收缴保险费，筹资所得便是其硬性约束。凯撒永久组织旗下联合了多个初级保健组织和二级、三级保健服务组织。为确保能够持续运营，在预算的限制下，这些不同级别的卫生服务组织必须协作提供有效的保健服务，由此便形成以初级保健为主体，提倡以预防为主的整体健康管理系统。

整合保健组织比较集中的出现是在20世纪60年代以后。美国的HCA医疗集团、梅奥诊所、退伍军人卫生保健网络，英国的Smith医疗机构、圣安德烈医疗集团，澳大利亚区新南威尔士州区域医疗集团，德国RHK医疗集团，新加坡国家卫生保健集团和卫生服务集团等，都是国外整合医疗组织的典型代表。近年来，随着信息技术的蓬勃发展，不同组织之间的联系与协作变得更加便利，整合保健组织的规模、跨度也随之显著增大，协作方式也更加多样化。

众多的整合保健组织也呈现出不同的类型。根据组织成员的特征，可以将其分为横向整合（成员的规模和功能相近）和纵向整合保健组织（成员包括不同级别的保健机构）；根据整合机制，可以分为以技术为纽带的整合保健组织、以财务为纽带的整合保健组织等；根据成员关系的紧密程度，可以分为松散型、紧密型整合保健组织等。从某种意义上讲，我国计划经济时代的"三级保健网"就是一种以技术为纽带的纵向整合保健组织。

**美国凯撒医疗集团的组织模式**

美国凯撒医疗集团的主要架构为统一董事会下相当于医疗保险公司的凯撒基金健康计划（Kaiser Foundation Health Plan，KFHP）、提供医院设施的凯撒基金医院（Kaiser Foundation Hospitals，KFH）以及组织、管理医生的医生组织（Permanente Medical Groups，PMG）。其最具特色之处在于，借助医疗信息化手段，成功实施疾病预防、医疗服务、医疗保险管理一体化，并在其内部形成了两大协作关系和三层合作关系。

1. **两大协作关系**　即筹资支付职能与医疗卫生服务供给职能的协作。集团拥有自己的保险公司，直接吸收会员，收缴保险费用并支付给自己的医院和医生，形成医疗保险与医疗卫生服务统筹一体，目标一致，利益同向。集团内初级保健与专科医疗服务的协作，实现了家庭保健、社区卫生服务和重症治疗之间的职能分工和高效配合。

2. **三层合作关系**　即保险仅向医院和医生组织付费，基金医院仅向医生组织内的医生开放设施使用权，而这些医生也只能在凯撒医院执业，并只能给凯撒保险公司的会员提供服务,集团结余利润由医生与集团分享。

由于存在协作与合作,凯撒医疗集团使医疗保障和医疗卫生服务方作为同一利益主体,在降低医疗费用的同时不会造成医院和医生收入下降,保障健康、减少医疗消费成为共同一致的目标。医疗卫生服务方愿意主动控制成本,愿意花更多的资金使"关口前移",更多地开展健康教育和健康管理等公共卫生工作。

### (二) 整合保健的国际经验

纵观国际上比较成功的整合保健组织,可以从宏观(组织架构、运行机制)和微观(管理模式、关键技术)两个方面总结经验。

**1. 基本架构和运行机制** 要让服务组织从人群健康出发进行系统设计,需要理清以下三个问题:①谁适合担任协同服务组织的核心单位?②外部激励机制的设计要保障核心单位的经济收益与服务对象的健康同向。③单位内部的激励机制要保障服务提供者有足够的动力完成协同服务的工作。

国际上比较成功的协同医疗组织,一般是以初级保健机构和医疗机构服务的整个人群为对象。协同医疗组织中的初级保健提供者通常是整个组织的核心,起到"守门人"和管控资金的作用。换言之,支付方(如医疗保险)通常把整个人群健康保健的费用按照一定的方式(通常是"按人头计费")打包给初级保健提供者。患者一旦需要使用二级、三级保健服务,也从支付给初级保健提供者的费用中支付。这个费用对于初级保健提供者而言,结余留用,超支不补。在这样的激励机制下,将患者的健康维持在良好状态,减少对二级、三级服务的利用,初级保健提供者的收益会提升。因此,服务对象的健康与保健提供者的收益是同向的。

图 2-19 展示了一个较为理想的模式。在这个模式中,协同服务组织的"核心单位"同时具备三个特征,即其自身以提供初级保健服务为主要业务、具备较好的财务和资金管理能力、有较好的协调二级和二级保健服务机构的能力。筹资部门(如医疗保险)按照这个核心单位服务覆盖的人群计算医疗保健服务整体花费的预算,包干给该核心单位,结余留用,超支不补。核心单位一方面提供初级保健服务,同时作为"守门人",根据服务对象的需要,为他们向其

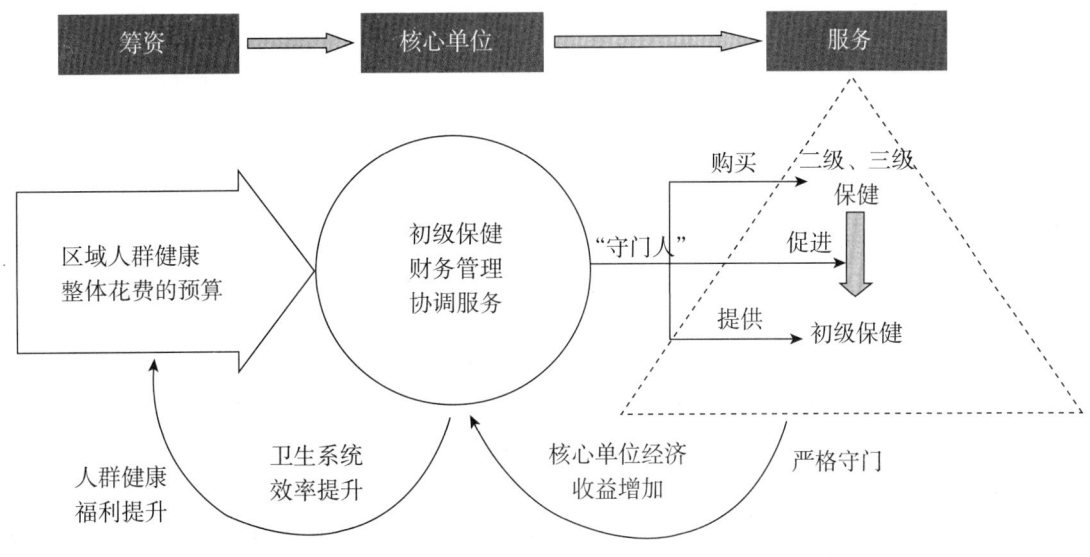

**图 2-19** 比较理想的纵向合作协同医疗服务组织结构

他二级和三级保健机构购买服务。这个核心单位在费用包干制下，有动力扮演好"守门人"的角色，确保初级保健服务可及性的同时缩减二级和三级保健服务。这样，整个卫生系统的效率将会提升，群体的健康服务也有保障。

**2. 管理模式和关键技术** 协同医疗组织是把原先相互独立的不同机构连接在一起，促使他们合作。在这个过程中，很可能需要这些原先独立的服务提供者考虑其他机构的服务特点，调整自身的服务内容和管理模式，以达到协同组织整体产出最佳的效果。如图 2-20 所示，纵观国、内外在协同医疗方面比较成功的组织可知，规划组织、临床规范、信息沟通和文化认同是保证协同服务效果必不可少的四个要素。

（1）规划和组织：应当事先规划好参与协作的服务提供者各自的功能定位。比对服务区域内不同层级健康服务的需求量，选择相应的服务提供者。在组织方式和激励机制上，应当使不同的服务提供者能够愿意扮演好各自的角色，落实好各自的功能定位。

（2）设立临床规范：应当从健康需求出发进行整体考虑，为患者安排并提供标准统一、相互连接的服务。根据患者所处状态提供相应的服务，基本上能够在组织内部的服务提供者之间达成共识。而这种共识能够上升成为该组织的诊疗规范，指导每个服务提供者的诊疗行为。

（3）打通信息渠道：建立临床和管理信息系统，连接组织内的各个保健机构，以支持不同的服务提供者能够按照统一要求提供服务，同时便于不同服务提供者之间的沟通，也便于管理者进行产出测量和绩效评估与管理。

（4）营造文化认同：要让一个协同医疗组织持续、稳定地发挥作用，需要确保组织内各服务提供者是否具有统一的愿景、目标甚至价值观，这在国际整合医疗界越来越受到重视。某些整合医疗组织在建立之初就坚持"自愿"原则吸纳服务提供者，以保证进入该组织的服务提供者均为理解和认可该组织愿景和理念的群体。

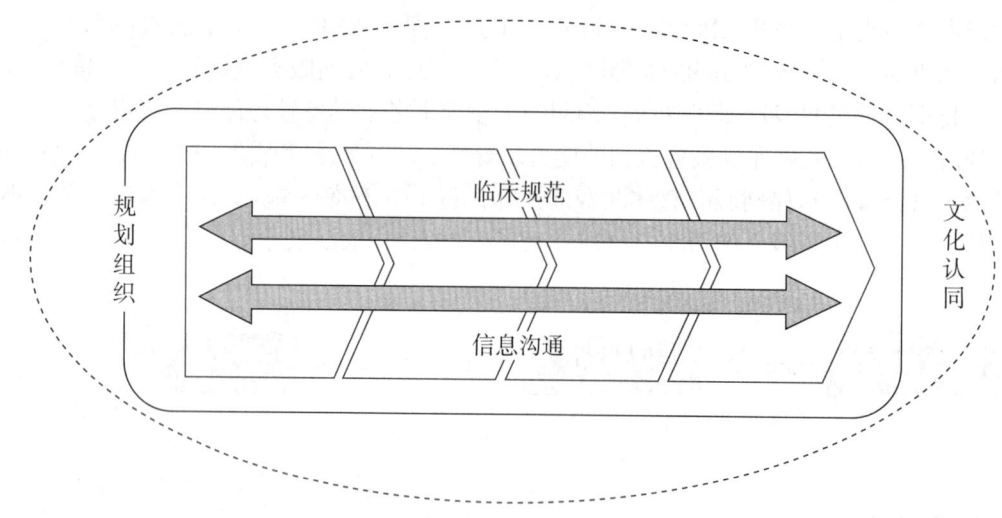

图 2-20 影响协同医疗效果的关键因素

### （三）整合保健的国内实践

我国卫生服务系统的碎片化问题在进入 2000 年以后得到越来越广泛的关注，也因此出现了"重建三级保健网"的声音，基层卫生服务机构的建设也得到持续加强。2009 年，我国开展新一轮医药卫生体制改革，"强基层、建机制"成为改革的核心方略。

经过多年来的政策推动，我国已经建立起各式各样的整合医疗组织，有横向的"专科联盟"（多家专科医院建立联系进行技术互助），更多的是一个地区内不同级别医疗机构的纵向联合，称为"医联体"或"医共体"。这些组织大都建立起以技术为纽带的协作关系，并且随着互联网技术的发展，很多整合医疗组织内部实现了跨机构的远程诊疗。

但是与国际上成功的纵向整合保健组织相比，我国的整合保健组织（尤其是城市的"医联体"）仍然面临卫生服务的碎片化问题的严峻挑战。从形式上看，我国"医联体"的核心单位不是初级保健组织，而是区域内的大型医院。以人群为基础向区域"医联体"购买服务的做法较罕见，绝大多数的"医联体"没有配套的支付方式改革。虽然许多"医联体"有让基层卫生机构扮演"守门人"角色的设想，但实施效果很不理想。很少的"医联体"内部有跨专业的医学专家作为整合服务的协调者，"医联体"内部不同机构的服务标准一致性仍然较低，相互衔接并不顺畅。"医联体"内部不同组织之间能够实现患者诊疗信息完全共享的情况并不多见。从制度层面看，面临上述挑战的主要原因来自我国复杂的办医主体。目前，公立医疗机构仍然是我国医疗服务的主力军。在一个区域内，三级医院往往属于市一级政府（甚至是省属或部委所属），二级医院和（部分）基层卫生服务机构属于区一级政府。因此，不同医院的主管部门不同、财政补贴渠道各异，加之这些组织的财务关系彼此独立且又都承担着财务压力，使得卫生机构在这样的状态下"整合"，很难做到目标一致、政令畅通。从技术层面看，要让基层卫生机构为区域人群统筹各级保健服务、管理好整个区域人群的医疗花费、根据人群健康需求合理购置二级和三级保健服务，但目前我国绝大多数的初级卫生保健服务提供者在能力上还有很大差距。

我国在长期的改革实践中，已经逐步找到卫生系统改革完善的方略。然而，在具体的制度变革和能力建设上，仍然任重而道远。

（简伟研）

# 第三章 卫生政策

## 第一节 概 述

在现代汉语中，人们在使用"政策"一词时，多数情况下是将政策与公共政策通用，讲述政策时多是指公共政策。例如《辞海》中的政策释义为"党和国家为实现一定时期的路线而制定的行动准则"。

20世纪80年代起，国外特别是西方国家的公共政策知识被引入我国，并与正在发展的改革开放实践结合起来，公共政策这一概念成为政府部门、学术界的流行用语。但是，无论是在当代国外学术界，还是我国学术界，人们对公共政策概念的认识也不尽相同。公共政策概念的多样性所反映的并不是概念本身的不准确与含糊不清，而是因为公共政策是一门由多学科知识交叉渗透而形成的边缘性、综合性的新兴学科。由于其内容的复杂性，从而导致其特征、属性的多样性。另外，人们对公共政策的认识具有多视角、多层次的特征，不同学者从不同角度、不同层次、不同方面来对公共政策进行界定，才予以其不同的定义。

### 一、公共政策与卫生政策

关于公共政策的定义主要有以下三种界定：

#### （一）以管理职能为中心内容的界定

行政学鼻祖，美国学者伍德罗·威尔逊（Woodrew Wilson）认为，公共政策是指由具有立法权的政治家制定并由行政人员执行的法律和法规。戴维·伊斯顿（David Easton）认为，公共政策是对全社会的价值进行权威性的分配。这类界定强调：公共政策是政府为解决社会发展中的重大问题而实施的管理手段，是政府从自身利益和公众利益出发所实施的具体管理，是以政府为主的，由各种利益个体与群体参与的管理活动。从这个角度看，卫生政策应该是政府为解决社会的卫生问题，由行政人员执行的一系列法律法规，或者说是为达到社会价值的合理分配所采取的一种管理手段。

#### （二）以活动过程为中心内容的界定

美国政治家哈罗德·拉斯维尔（Harold Dwight Lasswell）认为，公共政策是"一个具有目标、价值和策略的大型计划"。美国学者詹姆斯·安德森（James E. Anderson）则把政策看成是"一个有目的的活动过程，这个活动是由一个或一批行为者为处理某一问题或有关事务而采取的，由政府机关或政府官员制定政策"。这类界定强调：公共政策是政府有明确的目标活动，是政府动用大量资源，通过相关的规定、措施来实施决定的活动过程，是包括决定、实施等环

节在内的具有连续性的活动过程。这是从管理的过程对政策进行定义的，把政策看成是一个管理过程，即包括确定目标、实施和评价等管理过程。从这个角度看，卫生政策是国家和社会为解决某一社会卫生问题而制订计划的过程。

（三）以行为准则为中心内容的界定

孙光在《政策科学》一书中指出，"政策是国家和政党为了实现一定的总目标而确定的行动准则"。陈振明认为，"政策是国家机关、政党及其他政治团体在特定时期为实现或服务于一定社会政治、经济、文化目标所采取的政治行为或规定的行为准则，它是一系列谋略、法令、措施、办法、方法、条例等的总称"。这类界定强调：公共政策是政府为实现某一目标而制定的策略，是引导个人和团体行为的准则，是管理部门保证社会或某一区域向正确方向发展所制订的行动计划和方案。从这个角度看，卫生政策是国家和政府为解决社会卫生问题所制订的一系列法令、措施、办法和条例等，以此来规范组织和个人的行为。

政府的政策往往是为公共利益服务的，其目标是解决公共问题，因此又称公共政策。根据公共政策学的一般界定，公共政策是指政府直接采取的行动或在某种程度上涉及国家合法权力的行动。例如，政府在经济方面直接采取的行动就是经济政策，在人口控制方面采取的行动就是人口政策。在公共管理方面，政府也可以采取各种政策，如高科技政策、环境保护政策、国土资源开发政策、医疗卫生政策等。公共政策的质量对于一个国家公共利益的实现具有极大的影响。高质量的公共政策可以减少人与人之间的冲突，促使人们积极行动，并且积极合作，可以很好地实现有限资源的适当配置，提升配置效率，从而实现社会福利的最大化。

## 二、公共政策主体、客体和环境

（一）公共政策主体

公共政策主体（subject）是指在整个公共政策的周期中进行能动活动的组织和人员，这些人员包括参加公共政策制定、执行、评估的个人、群体或组织。可以将其简单地定义为直接或间接参与政策制定过程的个人、团体或组织。公共政策主体主要包括官方决策者（如立法机关、行政决策机关、行政执行机关、法院）和非官方决策者（如政治党派、利益集团、公民个人、大众传媒、智囊团等），具有以下特征：

**1. 直接或间接参与政策过程**　公共政策主体必须以一定的形式参与到政策的制定、执行或评估过程中，才能成为公共政策的主体，所以无论是组织、团体还是个人，都只有通过各种方式直接或间接地参与政策的制定、执行等过程。例如，立法机关通过制定法律来规范公共政策的制定，政府管理部门通过提出议案、建议和实施方案参与政策过程，公民通过选举、投票、示威游行等形式参与政策过程。

**2. 影响或决定政策过程**　公共政策主体必须通过一定的渠道对政策过程起影响和决定作用，也就是说能够对政策过程的任何环节产生影响和决定作用，如政策通过媒体发布，政策解读资料也通过媒体向公众宣传。

**3. 主体类型多样**　公共政策主体主要包括官方决策者和非官方决策者。官方决策者是指那些具有合法权力去制定公共政策的人，包括政府首脑、国会议员、人大代表、行政人员、法官等；非官方决策者是指那些自身通常不拥有合法权力做出具有强制力的政策决定，尽管他们有时处于重要或主导的地位。

我国卫生政策的主体包括全国人民代表大会、国务院、卫生行政及有关或相关部委、医疗卫生部门、群众性卫生组织、大众传媒、专家咨询组织、居民个人等，他们都直接或间接地参与卫生政策的制定、执行、评估等过程。

### （二）公共政策客体

公共政策客体（object）是指公共政策的作用对象及其影响范围，即要处理的社会问题和公共政策的目标群体，其中包括三个层面的问题：

**1. 社会问题**　即公共政策的制定与实施所要改变的状态，这种政策客体就是作为政策问题的社会公共问题。社会问题是指实际条件与应有条件之间的偏差，或者是实际状态与社会期望状态之间的差距，而这种偏差或差距往往会导致社会的紧张状态，它超越了个人稳定的环境和范畴，涉及较为广泛的社会关系。当社会上某些人对社会生活中的某方面表示焦虑和不满，或提出一定的主张，或采取一定的行动时，就表明已经发生了问题。

不是所有的社会问题都是公共政策客体，只有涉及社会上相当多人的利益，并能够受到政府重视，被列入政府议程的社会问题才是公共政策客体。贫困人群的健康问题就是一个政府关注的社会问题，是国家贫困人群医疗救助政策所针对的社会问题。

**2. 目标群体**　即公共政策执行过程中直接作用的对象，这种政策客体主要是处在社会不同阶层、不同范围内的政策行为准则所规范、制约的社会成员，一般称为公共政策的目标群体或目标团体。政策目标能否实现与目标群体有很大的关系，即目标群体理解、接受、执行政策的程度是衡量政策有效性的重要因素。不同层次的政策其作用群体不同。贫困人群医疗救助政策的目标群体是各地的贫困人群，这个群体在各地区可能会因经济背景的不同而有差异。农村医疗保险政策的目标群体是广大农村居民。

目标群体对政策的理解、接受、执行程度取决于该群体的文化背景、社会政治环境、对自身利益得失的衡量、政策的权威性等。因此，即使是同一政策所作用的目标群体，也会由于地域、文化、环境等的不同而表现为对政策的接受和执行的差异。

**3. 不同群体之间的利益关系**　这是公共政策所要解决的核心问题。社会问题出现的关键是利益冲突，而政策所要解决的问题就是通过利益的重新调整减少或化解冲突，也就是说，可能满足一部分人的利益而损害另一部分人的利益。我国城镇医疗保健制度改革政策的出台，为城镇居民医疗提供了一定的保障，但同时，也使多年享受公费医疗的人群利益受到了一部分损害。

### （三）公共政策环境

政策环境是指能够影响公共政策的外部条件的总和，是指影响政策产生、存在和发展的一切因素的总和，包括自然环境和社会环境。任何政策都是在一定环境条件下产生的，即政策是环境的产物。环境决定和制约政策，政策则可以改造环境。

**1. 政策与环境的关系**　虽然人们对公共政策有不同的理解，但在以下方面有所共识：公共政策与公共利益相关，公共政策与公共权力相关，公共政策与政府职能相关，公共政策与公共行政管理相关，公共政策与公共产品和公共服务相关。公共政策系统与公共政策环境相互作用、相互适应，在保证公共政策目标得以实现的同时，能使公共政策环境得到改善。

（1）政策的产生是环境发展的需要：任何政策的产生都是一定环境条件作用的结果，由于私有制的产生、阶级的出现、国家机器的建立，导致以社会管理为目标的公共政策的产生。同样，由于国家经济水平的提高，人群对卫生服务需求的不断增长，相应的提高人群健康状况的卫生政策就会产生。

（2）政策必须与其环境相适应：政策必须适应政策环境，有什么样的政策环境，就应该有什么样的政策。我国卫生政策发展如果照搬国外的卫生政策，则可能会失败，因为政策环境不同，如德国、日本的社会健康保险政策，美国的商业医疗保险等，如果不考虑我国国情照搬引进，可能会事与愿违。人们经常所说的"中国特色"就是要考虑环境的差异。同一项政策在某个地区或许能很好地执行，但在另一个地区也可能很困难，其中一个很重要的原因就是政策环境不同。

(3) 环境的变化必然导致政策发生变化：随着社会的不断发展变化和进步，政策环境也不断发生变化，这是不以人的主观意志为转移的客观规律。原有的政策可能会阻碍社会的发展和进步，这时就必须对政策进行修改和调整，以适应环境的变化和需要。卫生服务在市场机制环境下所发生的变化，导致我国一系列卫生服务政策的产生就是一个典型例子。

(4) 政策可以改造环境：政策对环境也有积极的影响，某一项政策如果能够对于所出现的社会问题起到良好的解决作用，就能够达到改善环境的目的，使政策环境不断优化。

**2. 政策环境的构成** 环境就是组织界限以外的一切事物。政策环境能够影响政策过程，所以了解政策环境的构成对于政策的制定、执行、评估等都会有积极的作用。政策环境的构成因素是复杂、多样的，分类也各不相同主要包括以下几个方面：

(1) 自然环境：自然环境主要包括地理环境和人口状况。地理环境是指一个国家或地区所处的地理位置和自然状况，包括地形、地貌、气候、土壤、水系等，是人类生存的摇篮。这种影响不是一时的，而是永恒的。在山多水少、气候恶劣的地区，人们的生存环境差，必然会影响人群的健康水平，在制定卫生政策时就可能会考虑如何降低不良环境的影响，在服务提供时就可能更多地关注人群卫生服务利用的可及性。

人口状况是指一个国家或地区人口的数量、质量和构成。这既是一个自然形成的客观环境，又是一定社会环境作用的结果。人口状况不同，对资源的需求也不同。人口数量多，人均卫生资源相对较少时，需要提供更多的卫生资源。人口构成不同时，对卫生服务的需求也不同，特别是老龄化明显的地区，需要提供满足不同人群的服务。因此，卫生政策的制定、执行、评估都要考虑到政策所处的自然环境。

(2) 经济环境：经济环境是指各种经济要素的总和。举例说明经济环境对政策的影响，如在相同职业岗位的人员，即使能力相当，付出的劳动也相同，但是由于所处的地区、国家不同，其劳动报酬也会有很大的差异，这说明个体的劳动报酬不仅取决于其劳动的数量和质量，更多的还取决于其所处的经济环境。同一名医生在不同的地区付出同样的劳动，所得到的报酬是不同的，因为经济环境不同。

(3) 文化环境：文化是一个非常宽泛的概念，包括人们的文化背景（如知识水平，认识世界和接受信息的能力），也包括政治文化。文化决定或影响社会行为，每个社会都有其独特的文化，从而使其社会成员的价值观和行为方式有别于其他社会成员。同时，在某一社会内部的不同地区也可能形成自身独特的亚文化。政治文化是影响政策的一个重要环境因素，不同国家公共政策及其制定过程的差异可以用政治文化不同来解释。例如，政治意识、价值观、信仰等可导致政策制定和执行过程中不可避免地带有主观判断、价值选择等，所以政策的制定要考虑到文化因素。

(4) 社会制度：政策总是在一定的经济和文化体制或制度下制定和实施的，社会制度决定了社会的经济、政治体制。而体制是指国家机关、企事业单位的机构设置、隶属关系、责权划分等方面的体系和制度的总称。政策过程在很大程度上受制于现实体制。

(5) 国际环境：国际环境是指一个国家与世界各国和各地区之间政治、经济、文化、地理等方面的关系以及其他国家之间的相互关系。在科技发达的信息时代，当今世界已经成为真正意义上的地球村，国际环境对于一个国家的公共政策有着非常重要的影响。把公共政策置于国际背景中，不仅可以比较公共政策的优劣和效能，同时也是每个国家制定公共政策的基本需要。

和平与发展的国际环境能够给国家的经济建设提供有利的条件。我国改革开放和加强经济建设的政策，正是在这样的国际环境条件下制定和实施的，特别是我国加入世界贸易组织后，

政策环境发生了新的变化，原有卫生政策可能不适应新的环境，如国外医疗机构的进入、医疗保险市场的扩大等，尤其是对医疗服务市场的规范提出了新的要求，必须出台新的卫生政策或调整原有的卫生政策，以适应新的环境。同时，良好的政策也能够促使政策环境更加完善。

(6) 具体工作环境：可以将上述环境看成是政策制定、执行、评估过程的总体环境或背景，也就是说任何政策过程都会受到总体环境的影响，或者说只有把握政策的总体环境或一般环境，才能够使政策的制定、执行、评价等过程顺利进行。

这里强调的具体环境实际上是每个具体政策都有其各自的政策环境，可以将其分为两个层次，即社会大环境和具体工作环境。具体工作环境又包括两方面，一是上述环境在不同领域、不同地区的具体表现和影响，二是每个具体政策所面临的特殊环境。在卫生政策的制定和执行过程中，不仅要考虑一般社会环境的影响，而且要考虑一般社会环境对卫生政策的具体影响，同时还要考虑卫生政策面临的特殊环境，如新型农村合作医疗政策需要考虑的特殊环境就是不同地区人群的健康状况、卫生服务的利用程度、支付能力等。

### 三、公共政策的功能

#### (一) 公共政策的指导功能

政策的规范指导功能是指政策能够规范和指导人们的行为，从而对社会过程和现象的发展方向、速度、规模产生制约。公共政策作为规范公众行为的社会准则，对公众行为具有重要的引导作用，这里包括对行为和观念的引导，其主要目的是引导社会朝着政策所确立的目标方向发展。公共政策的指导功能主要体现在：①确立目标，规范方向；②教育指导，统一观念。

#### (二) 公共政策的协调功能

公共政策对公众行为和社会发展具有调节、调适功能。社会的运行不是一个自发的、无序的过程，而是有规律、有秩序的，政策的作用就是有意识地调节人与人、人与社会、人与事物、事物与事物之间的关系，以保证公众利益的均衡、合理，保证社会发展的健康、有序。

社会经济、政治、文化发展的不平衡（如我国东、西部地区的客观差异）会导致利益矛盾的产生，造成人群健康状况的差异。国家利用各种政策、措施，在资金分配、人才政策等方面给予倾斜，对贫困人口给予医疗救助等，这些都是政策协调功能的体现。

#### (三) 公共政策的控制功能

公共政策的控制功能是指政府运用公共政策对社会公共事务中出现的利益矛盾进行调节与控制。现实社会中存在着各种不同的利益相关群体，它们之间不可避免地有摩擦、冲突甚至对抗，政府必须使用公共政策这一有效工具来对各种利益群体的矛盾进行调控。调节与控制是密切联系的。

例如，我国的计划生育政策在控制人口增长和出生质量方面有直接的调控作用；区域卫生规划政策则体现了对于卫生资源合理配置和利用的控制功能。

#### (四) 公共政策的分配功能

制定与实施公共政策的目的，就是要将社会公共资源正确、有效地在其服务对象中加以分配。任何政府在分配社会公共资源时，都必然要解决分配给谁和如何分配的问题，公共政策也正是围绕这些问题所制定与实施的。在不同的社会经济、政治制度背景下，公共政策制定的分配原则是不同的，从中获利的公众群体也不相同。分配功能体现的是政府对社会的总体利益和其自身主观利益的统一。

一般情况下，公共政策在资源分配方面有三个目的，一是以追求效率为目的，这类政策在资源分配方面体现的是鼓励扩大差别；二是以消灭差别为目的，这类政策在资源分配方面体现的是牺牲效率的平均主义；三是以效率和公平为目的，这类政策在资源分配方面体现的是效率与公平兼顾。在不同的政策领域，政策的目的不同，在资源分配方面也就各异。我国的卫生政策主要体现的是效率与公平兼顾的原则，特别是从人群健康的角度而言，公平就显得更为重要。我国的一系列卫生政策，特别是关于农村卫生工作的政策，更是体现了这一点。同时，我国的卫生政策也体现了社会中绝大多数人的利益。

### 四、公共政策与公共管理

#### （一）公共政策是公共管理的政策基础

公共政策是公共管理的政策基础，公共管理是公共政策的展开和落实，即已经形成政府通过制定公共政策，进行公共行政管理，提供公共服务和公共产品的一般模式。公共管理过程依据政策的价值基础、原则、方式和重点进行重新定位，要求特定的公共行政管理体制环境，以实现政策目标。

#### （二）公共政策是另一种形式的战略管理

政策是管理过程中的一环，也可以说公共政策是另一种形式的战略管理。组织、计划、指挥、管制等管理工具的运用，对于公共政策产生预期的效果是至关重要的。这意味着公共管理体制构成公共政策理念、职能、作用方式和作用重点的环境，而公共政策的合理定位又可以推动公共行政管理体制的变迁。

公共政策是政府实施公共管理的途径，是维护公众利益的主要手段。政府对社会实行公共管理的根本目的是为了对社会公众利益进行协调和平衡，这种管理服务的主要途径是制定、执行公共政策。是政府管理的手段之一。

#### （三）公共政策过程即公共管理的过程

从公共政策过程可以看出，公共政策过程即管理的过程，或者说公共政策是管理的具体形式。任何一项管理工作都是通过计划、实施、评价过程，对管理目标进行控制，最终实现组织目标。公共政策正是通过政策制定、政策执行、政策评估、政策终结等主要阶段实现其政策目标的。

#### （四）公共政策的功能体现了其公共管理功能

公共政策具有指导功能、控制功能、协调功能和分配功能，这些功能也是公共政策的管理功能。

国家卫生事业管理功能的实现往往是通过一系列相关的卫生政策的制定、实施而得以实现的，这体现了公共政策的指导、控制、协调和分配功能，同时也为卫生事业管理提供了依据。

## 第二节　卫生政策分析理论与方法

### 一、政策过程理论简介

1951年，哈罗得·拉斯韦尔（Harold Lasswell）和丹尼尔·拉纳（Daniel Lerner）共同主编的《政策科学：范围和方法的新近发展》出版，首次对政策科学的对象、性质和发展方向等

加以系统论述，被视为政策科学诞生的标志。此后众多学者发展和形成了大量的理论，其中围绕政策系统与政策过程所进行的研究和形成的理论，在一定时期内占据了主导地位。

最早尝试对政策过程进行阶段划分的是拉斯韦尔，他在1956年出版的《决策过程》一书中把政策过程划分为7个阶段：①情报，引起决策者注意的与政策事务相关的信息是怎样被收集和处理的？②建议，处理某一问题的建议（或可供选择的方案）是怎样形成和提出来的？③规定，普遍的规则是如何以及由谁颁布的？④行使，由谁决定特定的行为是否触犯规则或法律，并要求对规则或法律加以遵守？⑤运用，法律和规则实际上是怎样被运用和实施的？⑥评价，政策是如何实施的？怎样评价政策的成功或失败？⑦终止，最初的规则与法律是怎样终止的，或者被修改后如何以改变了的形式继续存在？这个政策阶段划分模型对于政策科学的发展影响很大，它通过把每个阶段独立起来，降低了公共政策研究的复杂性，从而为之后的政策研究者开辟了一条道路。

此后，不断有学者对政策过程的阶段提出新的看法，其中被广泛认可并被大多数教科书所采纳的是查尔斯·琼斯（Charles O. Jones）和詹姆斯·安德森（James E. Anderson）的版本。

查尔斯·琼斯依据系统分析的概念，将政策分析的过程分为五个阶段：

**1．问题认定（problem identification）** 指通过认知、界定、集结、组织与代议等系列的功能活动，提出政策问题，借以引起政府的注意并将该问题列入议程，希望政府采取行动以解决该问题的过程。

**2．政策发展（policy development）** 指政府认定公共问题的严重性，必须采取行动予以解决时，要历经方案规划、方案合法化与拨付款项等功能活动，发展解决问题的政策。

**3．政策执行（policy implementation）** 指政策发展后，政府为了解决所认定的问题，执行拟订的计划，组织必要的执行人员解释计划的内容、执行各项措施，并获得公共问题解决的过程。

**4．政策评估（program evaluation）** 指政策经政府执行之后，政府有关机构对政策的施行加以说明、检讨、批评、量度与分析，认定政策的正确与否，为将来政策改进提供参考。

**5．政策终结（program termination）** 指评估政策之后，评估人员认为原来问题已得到解决，或因时过境迁，致使原政策得以终结或调整，以应对新问题的过程。

J.E. Anderson认为，政策过程为一系列的行动模式，在每一行动模式中，涉及多种功能活动，这些功能活动有：

**1．问题形成与议程设定（problem formation and agenda setting）** 分析决策者面对的政策问题，及其受关注的原因、列入政府议程的途径。

**2．政策规划（policy formulation）** 分析解决政策问题的方案，理清方案发展和形成过程中需要参与的政策规划者及其影响力。

**3．政策采纳（policy adoption）** 制定政策方案被采纳或通过的标准，分析政策方案合法化的必要的形式、实质要件、决定人。

**4．政策执行（policy implementation）** 为推行已决定的政策方案，政府与民众需采取的应对措施，分析政策达到预期目的的必要条件：参与执行的人员、执行步骤与技术、执行行动对政策内容的影响等。

**5．政策评估（policy evaluation）** 评估政策对其欲解决问题产生的影响，评定政策的效力或效率。确定负责政策评估的人选、评估的后果以及是否要求修正、变更或废止原政策。

进入20世纪90年代，兰德尔·瑞普利（Randall Ripley）把政策过程划分为以下几个阶段：议程设定，目标与计划的形成与合法化，计划执行，对执行、表现和影响的评估以及对政策和计划未来的决定。同时，瑞普利也指出，"政策过程也许会在任何一个阶段终止"。

政策过程阶段的划分，为人们理解复杂的政策过程提供了一个简化的模型。把复杂、抽象的政策过程分解为若干简单、具体的阶段，为开展大量的经验研究、比较研究提供了可能性，从而在丰富政策科学知识体系的同时，为进一步形成理论打下基础，并有助于使政策科学尽快地从政治学、公共行政学中脱离出来，成为一门相对独立的学科。由于具有高度的抽象性和概括性，因此这一模型不仅适用于不同的政策领域，而且适用于不同的文化环境。

同时需要强调的是，在政策过程理论的学习和运用过程中，要灵活运用政策主体、客体及其环境等基本概念，对具体问题具体解决。例如，在卫生政策问题的确认过程中，不同的政策主体（如研究者、制定者）如果采取的立场、方法不同，无疑会产生不同的问题确认结果，如何在目标一致的前提下，通过优势互补找准问题，则成为关键所在。另外，政策客体的利益相关方及利益调整关系，在卫生政策方案的研制、执行、评价等若干环节中都必须加以关注并最终在政策中有所体现。同样，政策过程的各阶段都离不开对具体政策问题宏观、中观和（或）微观政策环境的历史及现状分析。

### 二、卫生政策分析过程及常用方法

对卫生政策制定者而言，最关注的是"怎么做才能制定出较高价值的政策"，而不是高深莫测的理论。政策研究者虽然不排斥高深的理论和方法，但最感兴趣的也莫过于"如何才能开展有效的政策研究"。下文提及的政策制定科学程序，是在借鉴国、内外政策学有关理论尤其是政策过程理论的基础上，结合我国卫生政策研究和工作实际而研究形成的，希望能够回答卫生政策制定者"最关注"和政策研究者"最感兴趣"的问题，并对我国卫生政策的学科发展步入良性循环起到促进作用。

所谓政策制定科学程序，是指制订高价值政策的一整套思路、步骤和方法，试图提供的是政策制定者和研究者双方优势互补、互为支撑的思路、过程、步骤和方法，其逻辑关系如图 3-1 所示。从图中可见，政策制定科学程序的主体包括七个逻辑相关联的步骤。政策环境分析，是用以确认政策环境对每个步骤的约束。

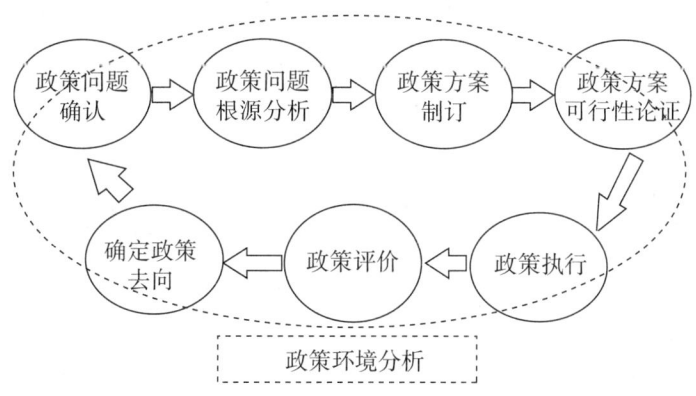

图 3-1 政策制定科学程序示意图

政策制定科学程序既是高价值政策制定的基本思路和方法，也可以被视为政策研究的指导性研究方法（principal research method），因为在这个程序中，揭示了制定高价值政策这一目的，以及完整的政策研究所包含的主要研究目标和研究内容。同时，七个逻辑相关联的步骤构成了完整政策研究的纵向技术路线。程序中的每一步骤，均有各自所希望解决的重点问题，有相应的技术要求和特定的研究问题，既可以是某个单项研究的主题，也可以是完整政策研究的一个组成部分。为明确每一步骤的重点问题，根据相应的技术要求和特定的研究问题，可灵活选用相应的研究方法、论证方法、资料收集及分析方法。

### (一) 政策问题确认

政策问题确认 (confirmation of policy issue) 是政策制定和政策研究的逻辑起始阶段，目的在于"找准问题"。政策问题确认是指运用公认的科学方法，并遵循合理的逻辑步骤，确认特定领域或范围内的焦点问题和关键问题，同时促使关键问题能够优先进入政策议程而成为政策问题。

要找准问题，在政策问题确认的过程中，就需要处理好下列四个问题：①确定在特定领域或范围内究竟存在哪些社会问题，包括社会问题的数量和针对特定问题的精确界定，以明确特定领域的政策制定者和研究者双方共同面临的工作范围。②定性、定量确认这些社会问题的优先顺序，从而明确问题的轻重缓急、主次关系、关键问题和焦点问题，以把握工作重点。③定性、定量明确关键问题，尤其是焦点问题的表现形式、涉及范围、严重程度和主要危害。④分析关键问题尤其是焦点问题进入政策议程的必要性、可能性、途径和需要努力之处，以促使关键问题优先成为政策问题。为完成上述任务，在政策制定和研究过程中需要完成五个基本步骤，包括界定特定领域、界定存在的问题、明确问题的优先顺序、多重论证关键问题、确保关键问题优先进入议程等。这五个基本步骤的子步骤及其目标、任务和常用方法见表3-1。

表3-1 政策问题确认的步骤、目标及常用方法

| 基本步骤 | 子步骤 | 目标和具体任务 | 常用方法 |
| --- | --- | --- | --- |
| 特定领域界定 | 1. 初步定位 | 大致确定问题确认的领域 | 管理结构分析 |
|  | 2. 精确界定 | ①政策制定者的职能；②部门间的职能交叉；③需要协作、协调的部门；④领域层次和地域；⑤文献范围及年限；⑥论证范围和方法 | 系统观念指导、文献归纳总结、焦点问题访谈、各类团体研讨 |
|  | 3. 背景分析 | ①认识特定领域运作规律；②回顾领域的历史沿革、现状和发展趋势，明确能够沿用的信息 | 卫生系统宏观模型、文献归纳法、各类团体研讨 |
| 界定存在的问题 | 1. 系统收集 | 确定领域中问题的数量（利益集团和文献） | 名义团体法、焦点组访谈；Meta分析、科学计量分析法、层次分析法、边界分析方法 |
|  | 2. 精确界定和表述 | 明确每个问题的定义、内涵 | 文献归纳法、一致性检验 |
|  | 3. 各方多重论证 | 验证各方接受程度、完善界定 | 名义团体法、焦点组访谈、意向调查 |
|  | 4. 领域问题归类 | 形成问题系统 | 卫生系统宏观模型、层次分析法 |
| 明确问题的优先顺序 | 1. 严重性排序 | 明确问题的广度和深度 | 文献科学计量法、关键知情人访谈、专家焦点组访谈、德尔菲法、头脑风暴法、名义团体法、情景分析、主观概率预测、定量预测方法、各类综合排序的分析方法 |
|  | 2. 重要性排序 | ①判断和描述特定社会问题的重要性；②确定和描述领域的基本目标；③判断特定问题对领域目标的影响 |  |
|  | 3. 可解决性排序 | 明确解决问题所需要的客观条件 |  |
|  | 4. 问题综合排序 | 确定众多问题的优先顺序 | 各类综合排序的分析方法、专家咨询、权重法 |
|  | 5. 确认关键问题 | 明确关键问题，尤其是焦点问题 | 定性逻辑分类、聚类等分析方法 |

续表

| 基本步骤 | 子步骤 | 目标和具体任务 | 常用方法 |
|---|---|---|---|
| 多重论证关键问题 | 意向调查和论证 | 明确问题的表现形式、涉及范围和严重程度 | 多维度组合评价法、利益相关者分析、各类意向收集方法、有利于实现目标的各类定性和定量方法 |
| 确保关键问题优先进入议程 | 1. 明确最终决定者 | ①明确利益集团利益驱动;②利益集团损益分析;③确定相关关键部门;④明确最终决定者;⑤影响开发决定者 | 利益相关者分析、情景分析、焦点组访谈等 |
|  | 2. 针对性总结论证结论 | 需要回答的问题:①为什么应该?②是否有条件解决?③怎么解决这个问题?④解决问题的程度?⑤社会影响是积极还是消极? | 根据问题界定的结果总结、归纳 |
|  | 3. 推荐进入政策议程的应对策略 | 使最终决定者"主动介入" | 专家咨询、焦点组访谈法、情景分析 |

## (二) 政策问题根源分析

政策问题根源分析(analysis on root factors of policy issue)是指针对特定的政策问题,运用公认的科学方法和逻辑步骤,定性、定量地明确其根源和影响因素,并明确问题-根源-影响因素-危害间的关系,即明确其形成机制。

明确问题并不意味着问题的解决。在医学上,病因和发病机制不明确的疾病往往疗效欠佳,因为病因不明意味着缺乏根本的治疗方法,只能"头痛医头、脚痛医脚"。同理,在实践中,如果一个政策问题的根源和形成机制不明确,就无法形成治本的策略而导致政策效果不佳。对于政策制定者而言,根据根源能够研究出消除政策问题的"治本"策略;针对影响因素,能够推导缓解政策问题的"治标"策略;针对根源、影响因素和作用机制,就能研究"标本兼治"的策略。也就是说,政策问题根源分析是连接政策问题确认和政策方案研制两个环节的桥梁。因此,政策问题根源分析的重要性毋庸置疑,是制定高价值政策的必需步骤。

政策问题根源分析需要完成以下几方面的基本任务:①运用卫生系统运作规律,定性推导特定政策问题的影响因素。②运用卫生系统运作规律中这些因素的关系,总结、推导和划分问题的根源、直接影响因素和间接影响因素。③在根源作用和影响因素的促发下,总结特定问题的发生、发展和演变过程,以及潜在危害,即明确问题的形成机制。④定量模拟和论证政策问题的形成机制。上述任务的具体步骤以及常用方法见表3-2。

表3-2 政策问题根源分析的步骤、目标和常用方法

| 步骤 | 目标 | 常用方法 |
|---|---|---|
| 明确基础 | 明确政策问题确认阶段所提供的信息 | 归纳、演绎 |
| 系统寻找影响因素 | | |
| 1. 确定政策问题所在范围 | 明确政策问题在卫生系统宏观模型中所处子模型 | 卫生系统宏观模型、层次分析、逻辑推理 |
| 2. 系统寻找政策问题的影响因素 | 寻找并罗列政策问题的影响因素,这些因素与政策问题的逻辑关联,通过运行规律能够透彻解释 | 卫生系统宏观模型、层次分析、逻辑推理 |
| 确定政策问题的根源 | | |

续表

| 步骤 | 目标 | 常用方法 |
|---|---|---|
| 1．确定影响因素与政策问题的关系 | 建立政策问题与各种影响因素的关系链 | 卫生系统宏观模型、层次分析、逻辑推理 |
| 2．确认根源、直接和间接影响因素 | 进行影响因素归类，确定政策问题的根源、直接和间接影响因素 | |
| 明确政策问题的形成机制 | 系统表达政策问题与根源、直接影响因素、间接影响因素之间的关系，建立形成机制 | 归纳和演绎，模型工具 |
| 定量论证问题根源 | | |
| 1．定量表述问题的形成机制 | 确定根源、直接和间接因素对政策问题的影响程度及其优先顺序 | 逻辑推理、通过定理模型进行模拟 |
| 2．多重论证主要结论 | 各方论证政策问题的根源、影响因素及形成机制，明确其接受程度 | 专题论证和研究，意向论证、专家咨询、文献论证 |

### （三）政策方案制订

政策方案制订是在明确政策问题的根源、影响因素及其形成机制的基础上，分析并推导解决政策问题的政策思路，研究与制定政策目标，并对如何实现政策目标而设计一系列政策方案的过程。

要提供各种可能的科学、客观、可行的政策方案，在政策方案研究与制订的过程中，政策制定者和研究者的基本任务包括：①根据政策问题的根源、影响因素和形成机制，定性推导和定量研究"治本、治标及标本兼治"的三类政策思路；②根据政策思路以及时间、精力和资源等条件，按三类政策思路的重要性顺序（标本兼治、治本、治标）依次将定性推导尤其是定量研究结果转化为特定政策方案的目标体系，并选用适宜的指标加以量化表达；③根据政策目标，寻求实现目标的方法和措施；④在施行方法和措施的基础上，结合实际条件，设计并形成特定的政策方案。上述基本任务的步骤以及常用方法见表3-3。

表3-3 政策方案制订过程的步骤及常用方法

| 基本任务 | 步骤 | 常用方法 |
|---|---|---|
| 1．推导政策思路 | （1）前期信息沿用 | 规范分析法，补缺调研 |
| | （2）标本兼治思路推论、模型建立 | 逻辑演绎、理论和模型研究过程 |
| | （3）治本、治标思路和优先顺序推导 | 逻辑演绎 |
| | （4）思路模型论证 | 文献归纳和各方论证 |
| | （5）定量模型研究和论证 | 同政策问题根源分析中的定量模型模拟 |
| 2．研究政策目标 | （1）建立目标体系，包括总体目标和子目标 | 逻辑演绎和推导、各方论证 |
| | （2）目标量化 | 文献归纳和各方论证 |
| 3．设想方案轮廓 | （1）寻找方法与措施 | 同界定特定领域存在的问题 |
| | （2）明确作用强度 | 因果分析法、名义团体法、焦点组访谈、意向调查 |
| | （3）形成方案轮廓 | 类比法、枚举法；头脑风暴、专家咨询 |
| 4．设计政策方案 | （1）论证政策资源 | 逻辑演绎、各方论证、数据模拟 |
| | （2）明确主要障碍 | 专家咨询、数据模拟、逻辑推导 |
| | （3）总结、归纳前期结果 | — |
| | （4）形式完善 | — |

### (四)政策方案可行性论证

在深刻理解"领域-问题-根源-影响因素-机制-危害-政策思路-政策目标(体系)-目标指标-具体措施与方法"之间动态关系的基础上,政策方案制订过程形成的备选方案,其合理性应该毋庸置疑。然而,合理的方案不一定是可行的,合理且可行的方案可能会有多个,这些方案解决问题的能力往往也各不相同,所以需要进行可行性论证。政策方案可行性论证(feasibility study)是指用公认的科学方法,遵循逻辑合理的操作步骤,在政策付诸实践之前,论证和评价特定方案的政治、经济、技术及社会文化的可行性,同时,比较、分析方案的潜在效果、必要性和合理性等,择优选择和推荐现实中最优的方案。

为了寻找到"最优"的可行方案,政策方案可行性论证需要完成四项任务:①明确需要论证的对象及其范围;②确定政治、经济、技术和社会文化等方面可行性的判断标准及其指标;③对照标准和指标,确定特定政策思路和方案可行性;④根据政策潜在的效果等,比较可行的政策思路或政策方案,确定现实中的最优方案。政策方案可行性论证各阶段的步骤以及常用方法见表3-4。

**表3-4 政策方案可行性论证各阶段的步骤及常用方法**

| 阶段 | 步骤 | 推荐方法 |
| --- | --- | --- |
| 准备阶段 | 确认论证对象 | 逻辑方法、层次分析、意向调查、文献论证、专家咨询 |
|  | 制订论证计划 | 逻辑推理、因果分析法、专家咨询 |
|  | 筹集与配置论证资源 | 预算方法、定编方法、线性规划、专家咨询 |
| 实施阶段 | 判断是否可行 | 系统分析法、文献评阅、预测分析法、意向调查、规范差距分析法等 |
|  | 确认可行方案 | 比较分析法、预测分析法、归纳演绎法 |
|  | 可行方案择优 | 辩证思维、比较分析、综合归并法、情景分析、专家咨询 |
| 结束阶段 | 撰写可行性论证报告 | 报告范式、逻辑推理、归因分析 |
|  | 优选方案的抉择 | 焦点问题深入访谈、专家咨询、各种沟通方法 |

### (五)政策执行

政策执行是指在政策可行性评价的基础上,将观念形态的政策方案转化为现实形态的政策的过程,目的是实现政策目标。换言之,政策执行即运用公认的科学方法,遵循合理的逻辑步骤,将政策目标按照政策方案所规定的程度和范围加以实现。

要达成实现政策目标的目的,需要明确以下几个关键问题:①在特定政策执行过程中,究竟存在哪些影响政策目标实现的动力和阻力,如何判断动力和阻力的来源、性质甚至强度?②如何将政策转化为政策执行方案,如何制定保持(增加)动力、减弱(消除)阻力的策略和措施?③如何为政策执行配备所需要的资源?④如何发现政策实施过程中的偏差,并采取必要的纠正措施?政策执行的具体步骤及常用方法见表3-5。

政策的价值90%建立在有效执行上,也就是说,高价值的政策方案不等于高价值的政策。政策执行与能否实现政策目标相关,也是检验是否是高价值政策的关键。政策执行也是相关利益集团利益重新分配的过程,各类矛盾和冲突都会随之产生,所以需要政策制定者和研究者运用科学的方法,明确动力、阻力,包括其来源、性质和强度,明确保持(增加)动力,减弱(消除)阻力的策略和措施,明确实现政策目标所需要的资源是否落实到位,以及政策实施过程中的偏差行为及所采取的纠正措施等。这是政策执行过程中解释(宣传)、组织和实施工作

的实质,也是政策执行过程中需要明确并完成的重要任务。

表3-5 政策执行的具体步骤及常用方法

| 步骤 | 子步骤 | 常用方法 |
| --- | --- | --- |
| 明确政策的内涵 | 信息沿用 | — |
| 分析动力与阻力 | 搜索利益相关者 | 系统搜索、关系链搜索、多维度评分 |
|  | 分析行为影响因素 | 专家咨询、意向调查、因果分析、相关分析 |
|  | 预测动力与阻力 | 定性方法:专家咨询、主观概率预测法、情景预测法;定量方法:回归预测法、时间序列预测法和趋势外推法 |
| 制订并执行计划 | 执行策略设计 | 逻辑方法、专家咨询、博弈论 |
|  | 执行工作设计 | 目标管理和项目管理方法 |
|  | 确定目标值 | 专家咨询、运筹学方法、统计等 |
|  | 设计工作流程 | 计划评审法、专家咨询、逻辑推导 |
| 配置并利用资源 | 确定资源 | 预算方法、定编方法 |
|  | 配置资源 | 线性规划、专家咨询 |
| 控制政策的实施 | 协调 | 任务、时间和会议协调法,博弈论 |
|  | 控制 | 矩阵控制法、例外控制法、预算和财务控制 |

(六)政策评价

政策评价(policy evaluation)是指按照一定的价值标准,由具备专业资质的评价者作为主体,运用公认的科学研究方法,排除政策执行过程中的环境等非政策因素的干扰,对政策的发展变化以及构成其发展变化的各种因素进行价值判断的过程,并以此作为确定政策去向的依据。

政策评价的关键问题和需要完成的主要任务包括:①选择评价主体;②对特定政策明确是否需要进行政策评价;③确定政策评价需要解决的问题和收集的信息;④收集评价所需信息;⑤确保评价资料信息能够反映政策的实际效果;⑥将评价资料信息通过效果描述的形式进行表达;⑦根据效果描述做出评价并得出结论。政策评价的具体步骤及常用方法见表3-6。

政策评价能够解决一系列问题:①解决问题的程度,包括政策目标(体系)实现的程度,目标的实现能够在何种限度上消除政策问题和危害,政策问题解决是治标、治本还是标本兼治,政策的实施是否带来目标外的效果,目标外效果是正面效应还是负面效应,以及是否引发新的政策问题等。②措施合理的程度,包括措施是否得以严格地贯彻执行,哪些阻力导致政策措施不能贯彻执行,特定措施是否在执行过程中被调整以确保其顺利执行,特定措施对政策目标的实现有何贡献等。③社会影响和振荡,包括积极和消极两方面的含义,具体体现在不同利益团体或政策客体对特定政策的回应情况。④政策问题未解决的归因分析,这主要是确认政策问题之所以没有得到解决,或者引发新的严重问题的原因,究竟是因为政策本身的问题,还是政策执行的问题,或者是环境变化的问题等。

表3-6 政策评价的具体步骤及常用方法

| 步骤 | 子步骤 | 常用方法 |
|---|---|---|
| 评价可行性分析 | 确定评价主体<br>评价制度化分析和环境分析<br>评价制度化缺陷的弥补<br>评价可行性分析 | 不同主体利弊分析<br>情景分析、规范-差距分析<br>根源分析程序、对比分析<br>可行性原则、规范-差距分析 |
| 制订评价计划 | 系统收集信息<br>构建政策评价指标体系<br>完成评价实施计划<br>落实评价所需资源 | 围绕"根源-直接（间接）影响因素-问题-危害-政策思路-总体目标-目标体系-方法措施-预期效果"等信息展开，运用层次分析法、专家评分法、德尔菲法、系统分析法 |
| 实施评价计划 | 收集所需资料<br>进行资料质量控制 | 实验法、常规资料提取法、社会调查法、意向论证法<br>调查质量控制、数据质量与代表性检验法 |
| 综合分析 | 数据库的建立与资料录入<br>数据库整理与描述性统计<br>综合分析、定量表达 | 各种软件<br>常规统计方法<br>对比分析、单因素统计分析、多因素统计分析 |
| 完成评价报告 | 推导评价结论<br>撰写评价报告 | 逻辑推导、因果分析法 |

## （七）确定政策去向

政策去向（policy direction）即政策可能的归属。需要注意以下几个关键问题：①建立政策去向的一般标准，这是科学确定政策去向的前提条件，并且可以指导整个操作过程；②明确政策评价的信息反馈思路和过程；③运用标准结合反馈信息，判断并确定特定政策去向的思路和过程。确定政策去向的步骤、理论基础、主要结果及常用方法见表3-7。

表3-7 确定政策去向的步骤、理论基础、主要结果及常用方法

| 步骤 | 理论基础 | 主要结果 | 常用方法 |
|---|---|---|---|
| 信息准备 | 政策去向标准理论体系；政策系统评价结果 | 搜集到结合政策实际确定的政策去向指标相关评价信息，明确指标的实际值或实际状态<br>明确或给出各指标在评价阶段应有的状态或数值（范围） | 视具体情况可以采用各种成熟的方法，涉及资料整理方法、调查方法、分析方法和政策评价的各种方法等；在计算指标值的过程中，可能涉及的统计方法和定量方法包括归纳演绎分析、统计方法、数学方法、时间序列分析、抽样调查和典型调查法等 |
| 明确特定政策的基本去向 | 政策去向变化规律；政策去向标准理论 | 以微观指标及政策去向标准为基础明确"政策价值"的基本状况，并以此为基础初步确定政策去向 | 基本方法是比较法，其他方法是推理和分析论证的方法，如归纳演绎法、模型法、意向调查和专家咨询等 |
| 确定特定政策的去向 | 明确特定政策的大致去向；确定特定政策宏观和微观信息；政策去向标准理论体系 | 明确相应的具体调整内容或终结内容，从内容层面丰富相应政策去向的内涵，最终确定政策去向；或通过论证政策法律化条件而使政策进入立法程序 | 逻辑演绎法，以及方案研究与制订、政策执行有关的方法 |

根据政策评价对政策价值的判断，确定政策去向。如果政策价值被肯定，即效果非常明显，则意味着原有问题在很大限度上得到解决或缓解，这时领域内的问题优先顺序会出现新的变化，新的问题可能替代原有问题而成为关键或焦点问题，政策制定者和研究者的关注点或工作重心也必然会随之转移，而该政策方案也会面临延续、法律化或终结的结果。如果政策有效，但是效果并不是非常明显，那么政策方案面临的将是被调整（加大力度或调整方案）。如果在政策实施后并没有预期的价值体现，甚至还有极大的社会振荡或负面效应等，那么政策方案则会面临终结或者被新的方案替代的结果。因此，确定政策去向，理论上是一个特定的政策科学制定过程的结束，而实际上又可以是酝酿新一轮特定政策科学制定过程的开始。

## 第三节　我国卫生政策的变迁

政策制定科学程序非常注重各步骤间的逻辑承接关系，关注特定政策问题的历史沿革和发展变化。尤其是问题确认环节的背景分析，只有全面、准确地理解我国主要卫生政策的历史变迁，才能更好地认识卫生系统运行规律、把握特定领域的历史沿革，从而进一步更好地分析其不同时期特定问题的影响因素和作用机制，为政策方案的研究与制定打好基础。同时，不同历史时期的社会主要矛盾是动态发展变化的，反映到卫生系统或体系中，即特定的社会问题、政策问题所涉及的相应卫生政策主体、客体等具有鲜明的时代特征，需要灵活运用这些基本概念，并结合时代背景深刻理解卫生工作方针，以及具体卫生政策的指导、协调、控制和分配功能。

### 一、卫生工作方针的变迁

**基本政策**：针对社会某一领域或某一方面，规定发展的主要目标、任务和行动准则，是连接"总政策"与"具体政策"的中间环节，如卫生工作方针。

（一）新中国的卫生工作方针

新中国成立初期，国家经济落后，人民健康水平普遍低下，急性、烈性传染病流行，人口死亡率为20‰，婴儿死亡率为200‰，人均出生期望寿命仅为35岁。同时，卫生人员数量少、专业水平低，卫生机构少、分布不平衡，广大农民缺医少药。当时的卫生状况亟需制定指导全局工作的卫生工作方针（当时称为卫生工作原则）。

1949年9月召开的全国卫生行政会议初步确立了全国卫生工作的总方针："预防为主，卫生工作的重点应放在保证生产建设和国防建设方面，面向全国农村、工矿、依靠群众，开展保健工作"。1950年8月，第一届全国卫生工作会议确立了我国卫生工作的三大原则，即"面向工农兵，预防为主，团结中西医"。1952年12月，第二届全国卫生工作会议召开，将"卫生工作与群众运动相结合"列入我国卫生工作原则之一，这样就形成了我国卫生工作的四大原则，即"面向工农兵，预防为主，团结中西医，卫生工作与群众运动相结合"。

（二）卫生工作方针的发展与变化

随着社会政治、经济、文化、科学技术的发展，卫生工作方针也在发生着变化。在20世纪50年代后的一段时期，我国卫生工作方针的变化和发展主要是：

**1. 中医工作方针**　1956年，毛泽东指出，"要以西方近代科学来研究中国传统医药学的规律，发展中国新医药学"。1958年，毛泽东进一步指出，"中国医药学是一个伟大的宝库，应当努力发掘，加以提高"。1959年1月25日，《人民日报》发表了《认真贯彻党的中医政策》的社论，详细阐明了发展传统医药学的必要性，现代医药学与传统医药学的关系，以及传统医药学的继承与研究提高的关系。这一时期中医工作的中心是研究如何"发展中国新医药学"，由此产生了西医学习中医的高潮，同时培养出了一批中西医结合的高级人才，并取得了一批中西医结合的研究成果。

为了推动中西医工作的进展，1981年11月成立了全国中西医结合研究会，1982年11月在石家庄召开会议，制定并发布了《关于加强中西医结合工作的意见》。这一时期中医工作方针变化的特点是由"团结中西医"向"中西医结合"的方向发展，并取得了突出的成绩。但同时，中医药本身的发展也受到了影响，表现在中医药机构和人员都在相对减少。1985年6月29日，中共中央书记处在《关于卫生工作的决定》中指出："根据'发展现代医药和传统医药'的规定，要把中医和西医摆在同等重要的地位。一方面，中医药学是我国医疗卫生事业发展的特点和优势，中医不能丢，必须保存和发展；另一方面，中医必须积极利用先进的科学技术和现代化手段，促进中医药事业的发展，要坚持中西医结合的方针，中医、西医互相配合，取长补短，努力发挥各自的优势"。

1986年1月，国家决定设立中医管理局。1988年5月，国务院常务委员会议决定成立国家中医药管理局，将原属医药管理局的中医部分划归至国家中医药管理局。为协调中西医工作，国家中医药管理局由国家原卫生部归口管理。从此，中医工作走上了"把中医和西医摆在同等重要地位"的轨道，进入了新的发展时期。

**2. 农村卫生工作方针** 1965年6月26日，毛泽东同志发出"把医疗卫生工作的重点放到农村去"的指示。同年8月，原卫生部部长钱信忠等率领农村卫生工作队到北京通县、江苏句容县、湖北麻城县进行农村卫生试点工作。随后，全国各地派出大批医疗队奔赴农村巡回医疗，开展防病治病工作，培养农村不脱产的卫生员、接生员和半农半医人员，深受广大农民群众的欢迎。农村三级医疗网普遍建立，形成了一支以半农半医为基础的"赤脚医生"队伍，合作医疗保健制度得到了普及。这些农村卫生工作的经验曾得到世界卫生组织的认可和好评。

(三) 新时期的卫生工作方针

中共中央、国务院于1996年12月召开了全国卫生工作会议。这次会议解决了我国卫生事业改革与发展的大政方针问题，指出了卫生事业在我国经济社会发展中的地位和作用；明确了我国卫生事业的性质和卫生工作的方针；强调卫生机构必须坚持为人民服务的宗旨，正确处理社会效益和经济效益之间的关系；明确了从我国实际情况出发，卫生事业发展必须与国民经济和社会发展相适应；明确了卫生改革的目的和指导思想。

会议讨论通过的《中共中央、国务院关于卫生改革与发展的决定》明确指出，我国新时期的卫生工作方针是：以农村为重点，预防为主，中西医并重，依靠科技与教育，动员全社会参与，为人民健康服务，为社会主义现代化建设服务。这个指导方针的核心是为人民健康服务，为社会主义现代化建设服务。这是党和政府对卫生事业改革和发展的基本要求，也是卫生工作必须坚持的正确方向。农村卫生、预防保健、发展中医药是我国卫生工作的战略重点。

(四) 深化医药卫生体制改革的指导思想和基本原则

2009年3月，针对"城乡和区域医疗卫生事业发展不平衡，资源配置不合理，公共卫生和农村、社区医疗卫生工作比较薄弱，医疗保障制度不健全，药品生产、流通秩序不规范，医院管理体制和运行机制不完善，政府卫生投入不足，医药费用上涨过快，个人负担过重"等我国医药卫生事业发展与人民群众健康需求及经济社会协调发展要求不相适应的突出矛盾，中共中央、国务院发布了《关于深化医药卫生体制改革的意见》(以下简称《意见》)。《意见》明确了深化医药卫生体制改革的指导思想："坚持公共医疗卫生的公益性质，坚持预防为主、以农村为重点、中西医并重的方针，实行政事分开、管办分开、医药分开、营利性和非营利性分

开,强化政府责任和投入,完善国民健康政策,健全制度体系,加强监督管理,创新体制机制,鼓励社会参与,建设覆盖城乡居民的基本医疗卫生制度,不断提高全民健康水平,促进社会和谐";改革应当"坚持以人为本,把维护人民健康权益放在第一位""坚持立足国情,建立中国特色医药卫生体制""坚持公平与效率统一,政府主导与发挥市场机制作用相结合""坚持统筹兼顾,把解决当前突出问题与完善制度体系结合起来"的基本原则。

（五）新时期卫生与健康工作方针

在2016年8月中共中央、国务院召开的全国卫生与健康大会上,习近平总书记发表了重要讲话。他指出,"要把人民健康放在优先发展的战略地位,以普及健康生活、优化健康服务、完善健康保障、建设健康环境、发展健康产业为重点,加快推进健康中国建设,努力全方位全周期保障人民健康"。

在习近平总书记的发言中,首次出现了"以基层为重点,以改革创新为动力,预防为主,中西医并重,将健康融入所有政策,人民共建共享"这38个字。大会结束后,中共中央、国务院于2016年10月印发《"健康中国2030"规划纲要》,正式将习近平总书记在全国卫生与健康大会讲话中的38个字确立为新时期我国卫生与健康工作方针。

2020年6月1日起施行的《中华人民共和国基本医疗卫生与健康促进法》在法律层面上明确了新时期我国卫生与健康工作方针。该部法律的实施,必将为卫生健康领域的依法行政、依法治国提供强有力的保障,并进而为完善和发展中国特色社会主义制度、推进国家治理体系和治理能力现代化做出应有的贡献。

## 二、具体政策的变迁

**具体政策:**
- 针对特定而具体的公共政策问题作出的政策规定;
- 表现为一系列的行动方案和行动步骤;
- 必然要求由对应的部门或机构来具体实施;
- 实施效果通常是在经验基础上可以直接观察到并可以评价的;
- 具体政策对时间和空间敏感。

（一）卫生经济政策

**1. 新中国成立初期** 1951年,中央人民政府卫生部颁布了"中央及各级行政区卫生部门应有计划地健全和发展全国现有的卫生院所……所需要之经费,应根据国家财政情况,由中央与地方政府逐步设法解决"的决策,并出台了以下原则:

(1) 区县卫生院所人员已经列入国家行政人员编制者,其薪金由国家行政费支付。

(2) 区县卫生院所的日常开支、建设费、初级卫生人员培训费由地方附加粮中酌量解决。

(3) 区县卫生院所的防疫保健业务和免费医疗补助等费用,由省卫生事业费补助。

(4) 卫生院所酌情收取较低的医药费和住院费,对贫困患者则提供免费医疗。

与此同时,国家允许私人开业行医,并适当鼓励私人联合经营医疗机构。这样,新中国成立初期就形成了以公立医疗卫生机构为主体,其他所有制的医疗卫生机构为补充的卫生体系格局。政府除了以全额拨款、差额补助、专项拨款等形式支持公立医疗卫生机构的维持费用和发展费用外,还免收医疗机构的工商业税、供给计划物资（在相当长的时间里,对医疗卫生机构所需的水、电、燃料,以及住院患者所需的粮油等收取低于市场价格的计划价格）,对儿童计划免疫提供基础疫苗。

这些以卫生经济为核心的政策与措施,反映了新中国成立初期宏观卫生政策的特征,并且在计划经济时期一直得以体现，具体可以概括为以下几方面：

（1）在卫生事业的属性上突出福利性。尽管当时政府对卫生事业的属性没有特别的表述，但可以从诸如国家或集体投资办卫生并以财政支持其运行、免税政策、国家承担公共卫生等一系列带有明显福利性质的政策及措施中得以反映。

（2）所有制结构突出以公有制为主体。

（3）资源分配突出公平性。卫生机构建设和卫生工作的开展主体围绕缺医少药的基层，工作的重点是预防保健。

**2．转型时期** 学术界普遍认为，20世纪80年代初至20世纪90年代末，我国医疗卫生改革经历了扩大供给和调整结构两个阶段。

扩大供给阶段的改革是在20世纪80年代至20世纪90年代初。20世纪80年代，随着社会经济发展和人民收入水平提高，社会对医疗卫生服务的需求迅猛增长，而短缺经济下被压抑的需求也在20世纪80年代中期释放出来。在国家财力有限的情况下，仍然实行严格的计划体制下补偿机制，医疗机构补偿不足的状况越来越严重，加之长期计划经济体制下的低效率，医疗卫生服务供给远远不能满足社会的需求。供求矛盾成为当时卫生改革与发展面临的主要问题。这一时期卫生改革的重点是扩大卫生服务的供给，解决医院看病难、住院难和手术难的问题。

宏观决策部门和卫生行政部门相继出台了一系列鼓励扩大卫生服务供给的政策。政策内容可以概括为：鼓励多渠道办医，并给医疗机构下放一定的自主权；调整医疗收费标准和结构。关于这一时期宏观卫生政策的整体效果争论颇多。从积极的方面看，在鼓励扩大供给的改革政策引导下，城市初步形成了多渠道、多层次筹资，多形式、多渠道办医的格局；医疗机构规模扩大，人力增加，装备改善，服务供给能力增强。但是，在解决"看病难"问题的同时，"看不起病"的问题又随之出现。补偿不合理、医药不分家，在"以药补医"的传统政策刺激下，医药费用迅猛增长。而由于资源配置不合理，导致整体资源不足和局部过度利用并存的两难局面也随之形成。有学者认为，这一时期我国的主要卫生问题大部分是由当时卫生政策的负面效应所导致的。在探索当时卫生政策的理念根源时，又有学者提出，这一时期我国的主要卫生问题是在尚未充分认识医疗卫生服务产品性质的情况下，盲目、过度利用市场的结果。

20世纪90年代以后，我国卫生改革进入结构调整期，要解决的问题是进行体制、结构上的重大调整，包括卫生管理体制、卫生服务体系、卫生资源配置、医疗机构运行机制等一系列深层次矛盾。然而，有学者认为，20世纪90年代的卫生调整收效有限。由于以往政策负面效应的强大惯性，导致医疗卫生资源利用效率降低，而医药费用过快增长的势头难以遏制。在通货膨胀期（20世纪90年代前5年），卫生总费用的增长速度与经济发展增速基本同步；在通货紧缩期（20世纪90年代后5年），卫生总费用的增长速度是经济增长的2倍以上。对于这些市场现象，相关卫生部门的分析主要强调有效需求不足和服务补偿的历史欠账，政策调整回避了卫生体制和医疗卫生机构的产权制度等重要环节，而寄希望于卫生服务体系的局部调整能够引发全局性变革。政府出台的一些政策和措施仍然以"清理外围"为主，对卫生管理体制的改革和卫生事业结构的调整等深层次问题还停留在讨论层面，并没有真正触及，对一些重大的理论和政策问题还存在较大的分歧。

1997年，《中共中央、国务院关于卫生改革与发展的决定》发布。1998年，国务院颁布了《关于建立城镇职工基本医疗保险制度的决定》。2000年，国务院办公厅转发国务院体改办等部门《关于城镇医药卫生体制改革的指导意见》。这一系列政策文件的发布，表明政府希望运用宏观卫生政策对卫生事业的要素进行政策的宏观调控。

**3．21世纪** 在世纪之交，政府提出卫生改革总目标：用比较低廉的费用提供比较优质的服务，努力满足广大人民群众基本医疗服务的需要。同时推出医疗保险体系、医疗服务体系和

药品流通体系"三项改革"配套联动的改革措施。"三医联动"的政策在一定程度上为卫生改革理清了思路，虽然方向正确，但在改革逻辑、主次矛盾突破、部门利益和协调、制约因素（如财政补偿机制）等方面存在严重不足，由此造成改革步伐缓慢。

中共中央、国务院发布的《关于深化医药卫生体制改革的意见》中明确指出："公共卫生机构收支全部纳入预算管理"；政府举办的基层医疗卫生机构"要明确收支范围和标准，实行核定任务、核定收支、绩效考核补助的财务管理办法，并探索实行收支两条线、公共卫生和医疗保障经费的总额预付等多种行之有效的管理办法，严格收支预算管理，提高资金使用效益；要改革药品加成政策，实行药品零差率销售"；公立医院要"推进医药分开，积极探索多种有效方式逐步改革以药补医机制……采取适当调整医疗服务价格、增加政府投入、改革支付方式等措施完善公立医院补偿机制"。

（二）医疗保障制度

**1. 城镇职工基本医疗保障制度** 公费医疗是1952年由国务院颁布实施的职工医疗保健制度，是对国家机关和事业单位的工作人员及大专院校学生实行的一项免费医疗保健制度，其经费来源主要是由国家通过财政预算所集中的一部分国民收入，属于国民收入再分配的范畴。劳保医疗是我国劳动保险制度的组成部分。劳动保险制度是国家以法律的形式对暂时或永久丧失劳动能力的劳动者给予物质帮助的制度，是1951年由原中央人民政府政务院发布实施的。劳保医疗制度是为保护工人和职工身体健康而实施的一种福利制度，其经费来源于企业收入。

我国的公费医疗和劳保医疗制度曾经对保证职工身体健康发挥了积极作用，但是随着经济体制向社会主义市场经济转轨，这种制度存在的缺陷逐渐显现，甚至十分突出。由国家和企业包揽职工的医疗费用，使得医疗费用增长过快，造成卫生资源浪费，并且难以遏制，给国家和企业造成极大的负担。当部分企业经营发生困难时，一些职工又得不到基本医疗的保障。另外，这种医疗保障制度覆盖面较窄，仅限于机关、事业单位、全民所有制企业及部分集体所有制企业，社会化程度低，也不利于促进劳动力资源的合理配置。职工医疗保障制度必须改革，已达为共识。

通过在江苏省镇江市和江西省九江市进行的建立社会统筹与个人账户相结合的职工医疗保险制度改革试点，取得了初步效果。1998年12月14日，国务院颁布了《国务院关于建立城镇职工基本医疗保险制度的决定》（以下简称"《决定》"），职工医疗保险制度改革在全国范围内推开。《决定》重申了改革的四条原则，即"基本保障，广泛覆盖，双方负担，统账结合"16字方针。《决定》调整了基本医疗保险的缴费率，用人单位缴费率为在职职工工资总额的6%左右，职工缴费率为工资收入的2%；确定将用人单位缴纳的基本医疗保险费的30%划入个人账户，其余部分用于建立社会统筹基金，并划定了这两部分基金各自的支付范围，不得相互挤占。社会统筹基金用于支付医疗费用的起付标准，其支付范围控制在职工年平均工资的10%左右，最高支付限额控制在职工年平均工资的4倍左右。

国务院关于《医药卫生体制改革近期重点实施方案（2009—2011年）》规定，3年内城镇职工基本医疗保险参保率均提高到90%以上；积极推进城镇非公有制经济组织从业人员、灵活就业人员和农民工参加城镇职工医保；将城镇职工医保最高支付限额提高到当地职工年平均工资的6倍左右。

**2. 农村合作医疗** 合作医疗是我国农民在自愿互利、互助共济的基础上，依靠集体经济和农民集资，以解决农村居民基本医疗保健为目的的医疗保健制度。合作医疗与城镇的公费医疗及劳保医疗共同形成了覆盖我国城乡大多数居民的医疗保障体系。

我国农村医疗保健制度最早可追溯到1938年陕甘宁边区创立的保健药社和1939年创立的卫生合作社。1950年前后，东北各省为解决广大农村无医、无药问题，积极倡导采用合作制

和群众集资兴办医疗机构。随着农业合作化的发展，山西、河南、河北等地的农村出现了一批由农业生产合作社举办的保健站。从1958年开始的人民公社化运动在全国掀起了合作医疗的第一个热潮，全国合作医疗村覆盖率稳步上升。1966年，毛泽东同志批示了湖北省长阳县乐园公社坚持办好合作医疗的经验。20世纪60年代末到20世纪70年代中期，我国广大农村地区普遍建立了县、乡（公社）及村（生产大队）的三级预防医疗保健网，全国90%以上的行政村（大队）都实行了合作医疗，实现了全国合作医疗的"一片红"。

合作医疗解决了农民"看不上病"和"看不起病"的困难，推动了农村三级医疗卫生网的建设，促进了我国医疗保健制度结构的形成，对于保障贫困地区农民健康，推动农村卫生事业发展起到了重要作用。合作医疗（制度）与农村三级预防医疗保健网（机构）和乡村医生队伍（人员）一并被国际称为发展中国家农村卫生事业的"三大法宝"和"三大支柱"。

20世纪80年代初，农村家庭联产承包责任制的实施，使家庭重新成为农业生产的基本经营单位，以农业合作社为依托的合作医疗制度出现了滑坡的局面。1985年的调查结果显示，全国实行合作医疗的行政村从过去的90%猛降至5%。被世界银行和世界卫生组织誉为"发展中国家解决卫生经费唯一范例"的中国农村合作医疗制度面临解体的风险。农村合作医疗制度的滑坡，农村医疗保障制度的缺失，引发了农村居民医疗需求相对萎缩、经济风险增加等一系列问题，成为导致农民"看病难"的重要原因。

各级政府尽管为恢复合作医疗制度付出了很大努力，仍然成效不大。相关资料显示，到1996年2月，全国农村合作医疗覆盖率仅为10%左右。直到2003年1月，国务院办公厅发布《关于建立新型农村合作医疗制度的意见》（国办发〔2003〕3号），才明确了新型农村合作医疗开始试点。

与传统合作医疗制度相比，新型农村合作医疗制度的特点可以概括为以下几方面：

(1) 在筹资机制上明确政府的责任。

(2) 在保障机制上明确保障的重点是"大病"。

(3) 在管理体制上明确以县（市）为单位进行统筹，有别于传统合作医疗"村办村管""村办乡管""乡村联办"等较低层次的统筹管理体制。

**3. 城乡居民基本医疗保险制度的整合**　改革开放以来，党和政府高度重视人民群众的医疗保障问题，不断完善医疗保障制度。20世纪90年代，我国开始建立城镇职工基本医疗保险制度。2003年，开始建立新型农村合作医疗制度。2007年，开始建立城镇居民基本医疗保险制度。这三项医保制度在不同时期针对不同人群相继建立。近年来，三项基本医疗保险参保率稳定在95%以上，在保障群众基本医疗、防止因病致贫等方面发挥了重要作用。然而，这种体制分割、制度分设、经办分散的城乡二元结构也引发了不公平的问题。尤其是城镇居民基本医疗保险和新型农村合作医疗的筹资模式、缴费标准相近，享受待遇却有较大差别。为此，2013年11月，党的十八届三中全会提出整合城乡居民基本医疗保险制度。2015年12月，中央全面深化改革领导小组第十九次会议审议通过《国务院关于整合城乡居民基本医疗保险制度的意见》。2016年1月，该文件正式印发。

《国务院关于整合城乡居民基本医疗保险制度的意见》提出了整合城镇居民基本医疗保险和新型农村合作医疗两项制度，建立统一的城乡居民基本医疗保险制度，对整合城乡居民医疗保险制度政策明确提出了"六个统一"的要求，即统一覆盖范围、统一筹资政策、统一保障待遇、统一医保目录、统一定点管理、统一基金管理，使保障更加公平。

### (三) 初级卫生保健

初级卫生保健的雏形起源于中国。毛泽东同志所倡导的农村卫生、大众卫生、国民卫生运动，其基本思想和方法与初级卫生保健思想完全吻合。当初级卫生保健被世界卫生组织采纳并

向全世界推广后，它实质上已成为全球卫生领域的一场思想革命。

1978年世界卫生组织向全球提出"2000年人人享有卫生保健"的战略目标，中国政府积极响应。1983年，我国政府承诺，"我国将作出努力响应世界卫生组织提出的'2000年人人享有卫生保健'的战略目标，要努力在中国尽早实现这个目标"。1988年，我国政府再次声明，"'2000年人人享有卫生保健'是世界卫生组织提出的全球性战略目标，我国政府已宣布支持世界卫生组织为之所做出的一切努力，把保护农民健康纳入社会经济发展总体目标，使卫生事业与经济的发展同步增长"。

我国自1980年开始实行农村初级卫生保健，主要工作是完善农村三级医疗预防保健网，加强对乡村医生队伍的正规培训，改善农村卫生设施与环境卫生等。在进行试点的基础上，制定了《我国农村实现"2000年人人享有卫生保健"的规划目标》《初级卫生保健工作管理程序》和《"2000年人人享有卫生保健"评价标准》，于1990年颁布执行。

2002年，原国家卫生部等部门联合发布了《中国农村初级卫生保健发展纲要（2001—2010年）》。2007年11月，为纪念阿拉木图宣言发表30周年，原国家卫生部与世界卫生组织在北京联合举办了中国初级卫生保健发展国际研讨会，原国家卫生部在会议上代表中国政府发出《北京倡议》，明确了初级卫生保健是政府的责任，并对今后我国农村初级卫生保健发展作出承诺。但随着国、内外政策环境的变化，尤其受到国际上"新自由主义"思潮的影响，初级卫生保健在一段时期内鲜有提及。直到2008年出版的《2008年世界卫生报告初级卫生保健：过去重要，现在更重要》，才再次提到初级卫生保健。

在《阿拉木图宣言》发表40周年之际，全球初级卫生保健大会在阿斯塔纳召开。这次会议发布了《阿斯塔纳宣言》，与会各国在四个关键领域作出承诺：在所有部门为增进健康做出大胆的政治选择；建立可持续的初级卫生保健服务；增强个人和社区权能；使利益相关方的支持与国家政策、战略和计划保持一致。这个宣言是对《阿拉木图宣言》的继承和发展。它继承了《阿拉木图宣言》的价值理念，包括公平、正义、政府承担责任和社区参与，在将健康融入所有政策、强调提供连续的、整合的初级卫生保健服务并提高初级卫生保健的质量等方面，都是对《阿拉木图宣言》的发展。同时，《阿斯塔纳宣言》在《阿拉木图宣言》的基础上对于实施初级卫生保健又有了深入的发展。首先，《阿斯塔纳宣言》不仅强调将初级卫生保健纳入国家卫生发展规划，而且强调各利益攸关方对初级卫生保健的支持以及在关键政策、战略和计划上和国家保持一致。其次，《阿斯塔纳宣言》不仅强调了初级卫生保健的覆盖范围，而且强调了整合的生命全过程的保健，同时还强调了提高初级卫生保健的质量。最后，《阿斯塔纳宣言》在《阿拉木图宣言》提出的部门协调的基础上，强调将健康融入所有的政策，这是在对健康的社会决定因素不断认识的基础上，对健康的认识的进一步深化。

（王志锋　简伟研）

# 第四章 卫生计划

## 第一节 概 述

### 一、计划的内涵及其特点

#### (一) 计划的含义和意义

计划是对未来行动方案的一种统筹设计。计划的制订者通过对历史和现实状况的综合分析，对未来形势作出科学判断，权衡客观需要和主观可能，指出在未来一定时期内要达到的目标及其实现目标的方法和路径。任何一个完整的计划都应说明预期达到的目标是什么，有怎样的策略来确保目标的实现，需要开展哪些具体行动步骤，由谁来实施，需要哪些资源，在什么时间范围内达到既定目标。

计划是管理者面对复杂问题时冷静思考和系统分析的结果。管理者剖析管理问题的实质，梳理应对问题的各种路径，衡量不同路径所需要的资源和可能承担的风险，分析能够动员的资源和能够承担的风险程度，反复比较之后制订方案。计划实际上是管理者针对特定问题所作出的决策以及所制订的具体的行动计划。

通过计划，可以给整个团队树立明确的目标，有利于团队成员形成一致的行动方向。具体的行动计划使执行者有据可依，便于团队成员各司其职，以确保工作有条不紊地进行。良好的计划是完成组织使命、达成组织愿景所不可或缺的。

#### (二) 计划的特点

**1. 计划有先导性** 管理的本质是对"复杂事件"的处理。对复杂管理问题的处理无法一蹴而就，"随意"处置必然会后患无穷，所以必须从细致地谋划开始。这就决定了计划的先导性。不同学者对管理过程和管理活动有不同的看法。例如，有学者认为，管理过程包括计划、组织、人员配备和控制；也有学者提出，管理活动包括计划、实施、检查和总结。尽管这些看法有所不同，但都有一个共同点，就是把计划作为管理活动的开端。

**2. 计划是逆向思维** 计划是目标导向的。计划需要在明确问题和形势的基础上明确目标之所在。然后，从目标出发进行策略的分析及选择，再制订具体的行动方案，最后根据行动方案制订预算和其他保障措施。

**3. 计划依赖信息** 信息是做计划的基础。信息的完整性、可靠性和及时性直接影响目标方向的正确性和计划的可操作性。因此，任何一个管理者都需要部署信息渠道，以确保资讯畅通。同时，管理者需要培养良好的信息处理能力，以提升决策的正确性和计划的质量。

**知识链接**

### 计划的"边界"

计划不是在所有情形下都能做出来的。计划的制订一方面需要决策者掌握有效的信息，同时具备处理信息的能力。信息采集是需要成本的。如果采集信息的成本很高，则必然会成为制订计划的阻碍。另外，如果外界环境不稳定，经常发生变化，那么也难以做出长远而细致的计划。这是计划的"边界"所在。

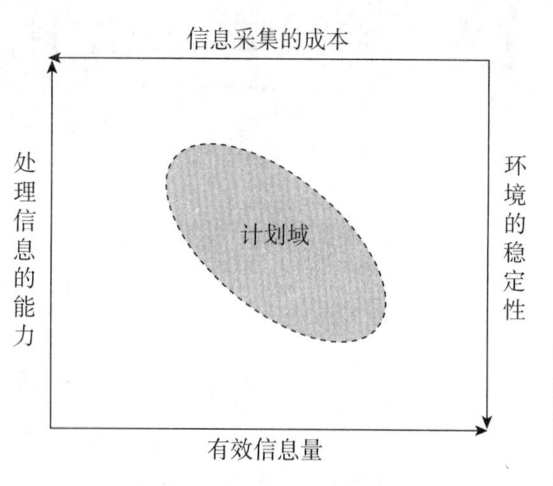

**4. 计划有非完备性** 所有的计划都是以过去为基础、以当下情势为约束条件，去预判未来。通常，判断无法做到百分之百准确，因此计划也无法百分之百完善。这使得管理者在制订计划后，往往还要根据"风险"来做出"预案"。对于时间跨度较长、外部变数较多的计划，可能还需要在计划实施过程中根据形势的变化及时做出调整。

## 二、计划的分类

计划有多种类型。根据计划的时间长短，可以将其分为长期计划、中期计划和短期计划。长期计划一般是指十年以上甚至更长时间的卫生计划，其特点是时间长、宏观、强调方向性。中期计划一般为五年左右的计划，涉及范围较广，周期较长，可以统筹安排全局工作。短期计划是指短时间内的工作安排及短时间内能完成的计划。短期计划一般为一年以内的计划。其特点为：时间短，内容具体、单一，可操作性较强。

根据计划涉及的范围，可以将其分为全面工作计划和专项工作计划。前者是指一个组织系统所有工作的总体计划；后者则是指为完成某项具体工作而制订的计划，任务明确、措施具体。

根据计划对执行的约束力，可以将其分为指令性计划和指导性计划。指令性计划具有较强的约束力，既规定了目标，也对实现目标的具体做法——予以严格规定，而指导性计划只规定目标方向、要求和指标，对实现目标的手段不做硬性规定。

另外，计划还可以根据其职能分为程序、实体计划、组织计划和功能计划等类型。程序是指既定的工作步骤和操作顺序；实体计划是对有形物体的设计（如建筑物的设计图等）；组织计划侧重于组织结构、信息交流及活动安排；功能计划是指为完成组织某一重要的功能而制订的计划。

## 三、卫生计划及其常见类型

### （一）卫生计划的概念

卫生计划是指以卫生资源为基础，以提高卫生服务能力为手段，以保护和发展人民健康为目的而制订的一系列行动方案。卫生计划既具备一般计划所共有的基本特点，也有其特性。其特性取决于卫生系统独特的绩效目标和运转方式。卫生系统追求的绩效目标往往是复合的，如公平、可及、质量高，或者健康水平提升、财务风险可负担等。这与以利润最大化为单一目标的计划相比要复杂很多。另外，卫生工作还与民众健康直接相关，因此，卫生计划在目标设定、策略选择、方法采用上都不可避免地需要考虑伦理层面的问题。

（二）卫生计划的常见类型

常见的卫生计划包括卫生项目计划、卫生资源配置计划、卫生发展规划等类型。

**1. 卫生项目计划** 是指在特定的时间内，应用一定的资源，针对具体的健康领域相关问题所采取的干预措施及其行动方案。由此可见，项目计划一般都具有组织计划的特征，需要围绕项目目标安排项目团队及其架构、信息交流模式和项目活动内容。根据项目内容的不同，某些项目计划属于实体计划（如某个医院扩建项目），某些项目计划属于功能计划（如针对某地发生自然灾害后制订的卫生应急救援计划）。根据项目周期的长短，项目计划可以是短期的（例如为期1年的基层卫生从业人员技能培训项目），也可以是中期或长期的（例如针对某贫困地区开展的为期5年的健康扶贫项目）。通常，项目内容丰富的中、长期项目又可以细分为针对其中某些亚目标的子项目。

**2. 卫生资源配置计划** 通常是以某个特定区域内（某一类）的卫生资源为对象，在预判当地对（该类）卫生资源需要量的基础上，制订资源配置方案。广义上讲，资源包括人力、财务、物力、信息、时间等。而卫生资源配置计划涉及的对象最常见的是物力资源和人力资源。通常情况下，卫生资源配置计划都涉及如何通过调整资源存量和（或）增加资源量来满足卫生服务的需要。某些卫生资源配置计划重在设立资源配置的标准；而另一些卫生资源配置计划则重在实现资源配置的目标，因而带有一系列建设项目的具体计划。

### 知识链接

**2020年全国医疗机构设置规划主要指标**

| 主要指标 | 2020年目标 |
| --- | --- |
| 每千常住人口医疗卫生机构床位数（张） | 6 |
| 医院 | 4.8 |
| 公立医院 | 3.3 |
| 社会办医院 | 1.5 |
| 基层医疗卫生机构 | 1.2 |
| 每千常住人口执业（助理）医师数（人） | 2.5 |
| 每千常住人口注册护士数（人） | 3.14 |
| 医护比 | 1∶1.25 |
| 市办及以上医院床护比 | 1∶0.6 |
| 县办综合性医院适宜床位规模（张） | 500 |
| 市办综合性医院适宜床位规模（张） | 800 |
| 省办及以上综合性医院适宜床位规模（张） | 1000 |

资料来源：2016年7月国家卫生和计划生育委员会印发的《医疗机构设置规划指导原则（2016—2020年）》

**3. 卫生发展规划** 这是从现代卫生发展的战略思想出发，在一个国家或地区的环境和资源容许的范围内，为了改善居民健康状况，提高居民健康水平，按照一定目标对规范范围内卫生系统的发展完善制定策略安排、设置重点任务、谋划工作内容。2016 年 10 月，中共中央、国务院印发了《"健康中国 2030"规划纲要》。2017 年 1 月，国务院印发了《"十三五"卫生与健康规划》。这些都是卫生发展规划的典型代表。健康的决定因素是复杂的，卫生系统的结构也是复杂的，卫生发展规划以居民健康为目标，做出的安排通常覆盖卫生系统的多个亚领域，根据不同亚领域工作的需要，可能包含实体计划、组织计划、功能计划等多种类型。健康发展规划通常覆盖时间较长，甚至包含多个阶段，以中、长期计划为多见。

> **知识链接**
>
> 《"健康中国 2030"规划纲要》中"健康中国"的指标
>
> | 领域 | 主要指标 | 2015年 | 2020年 | 2030年 |
> | --- | --- | --- | --- | --- |
> | 健康水平 | 人均预期寿命（岁） | 76.3 | 77.3 | 79.0 |
> |  | 婴儿死亡率（‰） | 8.1 | 7.5 | 5.0 |
> |  | 5 岁以下儿童死亡率（‰） | 10.7 | 9.5 | 6.0 |
> |  | 孕产妇死亡率（1/10 万） | 20.1 | 18.0 | 12.0 |
> |  | 城乡居民达到《国民体质测定标准》合格以上的人数比例（%） | 89.6 | 90.6 | 92.9 |
> | 健康生活 | 居民健康素养水平（%） | 10 | 20 | 30 |
> |  | 经常参加体育锻炼的人数（亿人） | 3.6 | 4.4 | 5.3 |
> | 健康服务和保障 | 重大慢性病过早死亡率（%） | 19.1 | 比 2015 年降低 10% | 比 2015 年降低 30% |
> |  | 每千常住人口执业（助理）医师数（人） | 2.2 | 2.5 | 3.0 |
> |  | 个人卫生支出占卫生总费用的比重（%） | 29.3 | 28 左右 | 25 左右 |
> | 健康环境 | 地级及以上城市空气质量优良天数比例（%） | 76.7 | >80 | 持续改善 |
> |  | 地表水质量达到或好于Ⅲ类水体的比例（%） | 66 | >70 | 持续改善 |
> | 健康产业 | 健康服务业总规模（万亿元） | — | >8 | 16 |
>
> 资料来源：2016 年 10 月中共中央、国务院印发的《"健康中国 2030"规划纲要》

## 第二节 制订卫生计划的原则和步骤

### 一、制订卫生计划的原则与注意事项

#### （一）开展计划工作的基本原则

一般而言，开展计划工作，都应当遵守以下六个原则：

**1. 整体性原则** 即在制订计划时，往往需要跳出计划对象和计划范围的束缚，站到更高的视角，发现计划对象与其他事物的关联，考虑到计划范围内的事物与计划范围外的事物之间的相互影响。

**2. 分类指导原则** 即在制订计划的过程中,需要将计划的目标和举措放到不同对象、不同时间、不同空间中加以考虑,分析不同形势下的最优方案,避免武断和"一刀切"。

**3. 前瞻性原则** 计划是面向未来的,需要决策者用发展的眼光预判未来的情势,确定适当的发展方向和目标,选择最优的路径,制订能够与未来情势相匹配的行动方案。

**4. 科学性原则** 即无论是对形势的判断、目标的确立、策略的选择,对还是具体行动方案的制订,都要有依据。决策者在时间、精力允许的情况下,应当尽量寻求支撑决策的证据,有据可依地做计划,避免随意任性、轻易决策。

**5. 滚动调节原则** 决策者对未来的变数不可能百分之百掌握,这意味着计划不可能一成不变,而是要随着实际情况的变化而不断调整、完善。另外,在计划实施的过程中,还可能发现计划制订的不当之处,需要及时作出修订。

**6. 可持续发展原则** 这一原则要求决策者有长远的眼光,在选择策略方案时,不能为了应对当前的问题而不惜代价地留下隐患、制造新问题,而是要兼顾当前和未来,充分考虑系统内部和外部环境的持续能力,做好长期打算,甚至为后来人充分着想。

## (二) 制订卫生计划需要注意的关键问题

卫生健康领域的工作以公众健康福祉为立足点。在制订卫生计划时,无论计划对象是何种类型的卫生问题,目标的设定和策略的选择都应当以公众健康为依归。这是卫生计划相对于其他领域计划的特点所在。因此,在制订卫生计划时,需要注意处理好以下五个方面的关键问题:

**1. 与当地社会经济发展相适应** 卫生计划是在特定环境下应对特定的卫生问题。特定的社会经济发展条件,往往与特定的卫生问题密切相关,甚至是特定卫生问题的根源所在。任何讲求实效的卫生目标与行动,都不能脱离当时、当地的社会经济发展水平而抽象地设定。一旦与之相背离,计划便会失去社会基础,得不到政策支持,经济资源也将难以获得。坚持计划于社会经济发展水平相适应,是整体性原则、分类指导原则及可持续发展原则的具体体现。

**2. 兼顾政府责任和市场作用** 可以将政府和市场视为资源配置的两种手段。市场以价格信号作为指引以配置资源,如果生产者的目标是利润最大化,通过市场竞争可以使更多的资源掌握在能够有效控制成本的生产者手中,实现所谓的有效配置。然而,如果生产(如卫生服务提供)的目的不是利润最大化,而是产量最大化,甚至是使所有有需要的人获得基本满足(这种情况在卫生领域很常见),那么价格对资源配置的指引作用就会削弱甚至消失。此时,政府可以通过公共财政投入、行政指令、价格调控直接配置或间接引导资源流向,促进计划目标的实现。卫生计划的制订者需要掌握政府和市场配置资源的特点,适时、合理地规划,以确保政府承担起必要的责任,使市场发挥出应有的作用。

**3. 兼顾公平与效率** 卫生计划的对象通常是"人群"而非"个人",这使得决策者不得不在公平与效率之间做出权衡。效率关注的是一个计划实施后预期能够获得的整体健康相关收益;公平则关注这个计划实施后新增的健康福祉在不同社会经济地位人群之间的分布情况。表4-1所示的模拟案例中,把目标人群按收入水平高低分为五类。有两个投入相同的备选方案:第一个方案的预期结果是高收入人群、中高收入人群和中等收入人群分别获得3个单位、2个单位和1个单位的健康收益,而中低收入人群和低收入人群没有获得健康收益;第二个方案的预期结果是每一类人群预期获得健康收益量均为1个单位。对于这两个方案,以"公平"的视角看是第二个方案优于第一个方案;而以"效率"的视角看则是第一个方案(总收益为6个单位)优于第二个方案(总收益为5个单位)。决策者需要结合卫生问题的特点、内部和外部形势、未来发展的走向等作出综合评判,然后进行选择。理想的情况是综合分析两个方案的优势,在保障公平的前提下尽量减少效率的损失。

表4-1 权衡"效率"与"公平"的模拟案例

| 收入分层<br>备选方案 | 高收入人群健康收益/个单位 | 中高收入人群健康收益/个单位 | 中等收入人群健康收益/个单位 | 中低收入人群健康收益/个单位 | 低收入人群健康收益/个单位 |
|---|---|---|---|---|---|
| "效率"方案 | 3 | 2 | 1 | 0 | 0 |
| "公平"方案 | 1 | 1 | 1 | 1 | 1 |

### 知识链接

#### 衡量"公平"的常用方法

(1) 极差法：是比较各社会经济分组最上层和最下层的方法，如计算最高收入人群与最低收入人群患病率的差值。

(2) 基尼系数和洛伦兹曲线：基尼系数是测定社会中收入分配差异程度的指标，以洛伦兹曲线为基础，反映关注变量的实际分布与均匀分布的差异。实际应用时，$x$轴可为累计人口比例，而$y$轴为累计健康变量比例，洛伦兹曲线的对角线为均匀公平分布，而洛伦兹曲线离对角线越远，则说明收入分配越不公平。基尼系数为洛伦兹曲线和对角线之间面积的2倍，取值为0~1，0表示收入分配绝对公平，1说明收入分配绝对不公平。

(3) 集中度指数和集中度曲线：集中度曲线表示从最贫困人群到最富裕人群健康指标（如患病率）的累计值，即横轴为收入，纵轴为累计的健康指标。如果各收入人群有同样的健康情况，与收入水平无关，那么集中度曲线将会是一条倾斜向上的直线，称为公平直线。一旦健康指标在各收入层级人群中存在差异，则为偏离该直线的曲线。若曲线在公平直线的上方，则说明健康问题集中在相对贫困的人群中；若曲线在公平直线的下方，则结论相反。曲线与公平直线间的面积越大，这说明不公平的问题越突出。集中度指数的定义为集中度曲线与公平直线组成的面积的2倍，取值为-1~1，集中曲线在对角线之上为负值，反之则为正值。若纵轴为患病情况，则负值代表健康问题向贫困人群聚集，正值则相反。

**4．均衡发展与突出重点相结合** 卫生系统的均衡发展既包括不同亚系统之间需要兼顾（因为不同的亚系统影响着不同的健康决定因素），又包括配置卫生资源时兼顾考虑不同人群和不同地域的需要（因为健康公平是卫生事业发展的重要目标）。制订卫生计划时考虑均衡发展是整体性原则的具体体现。同时，对于特定时期某个具体的卫生计划，必须重点突出，这是因为当时、当地的卫生问题总是有优先顺序，在资源有限的情况下，决策者需要把好钢用在刀刃上，优先执行重要的、现有条件下可操作的任务。总之，决策者需要有战略眼光，看清楚不同亚系统的问题，全局性地谋划资源布局；同时，也需要把握当下的内、外部条件，安排好工作的先后顺序，踏实、有序地开展工作，逐步达成战略目标。

**5．成本与效果相统一** 通向目标的路径是多种多样的，这就要求计划制订者注意：①在制订计划时，不能主观地只锁定单一方案，而要打开思路、广开言路，审视各种可能的路径，设立多个备选方案（图4-1）。②需要对每一个备选方案的成本和效果做出合理的预期，经过充分比较、论证，尽可能选择成本-效果最佳的方案，以保证在有限的条件下获得最优的产出。

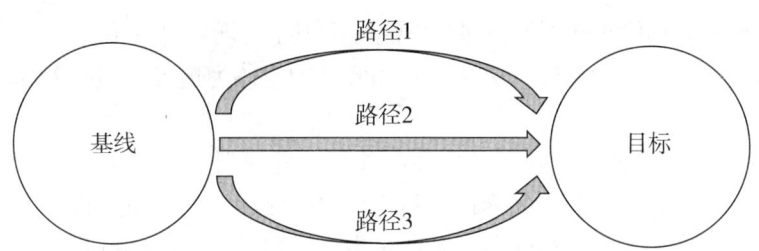

图 4-1 选择通向目标的不同路径

## 二、制订卫生计划的过程

### (一) 基本思路

制订计划的思维是逆向的，即通常情况下，计划制订者先要锁定目标，然后逆向推导实现目标可能的路径，接下来拆解每条路径的具体步骤，估算成本和收益，并评估不同的做法对实现目标的风险，最后结合当时、当地的形势和条件选择最优方案。

制订计划通常需要经历的过程大致是：首先明确要解决的卫生问题是（定义问题），然后分析与解决问题有关的内、外部环境（分析形势），根据分析结果设立目标以及对应的指标；接下来对备选方案进行对比分析，根据条件允许的情况，选择应对问题的策略和行动方案；之后按照选定的方案，确定具体活动，制订预算并安排进度；最后，再次审视选定的目标和方案，进行风险评估，并根据评估结果设立预案，以备不时之需（图 4-2）。

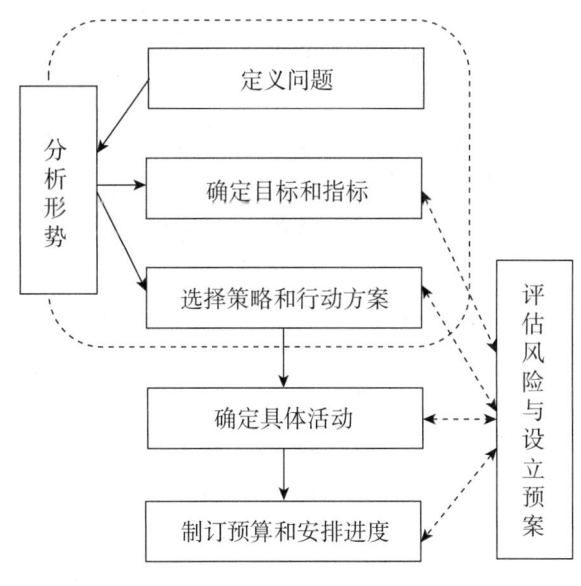

图 4-2 制订计划的一般过程

### (二) 具体步骤

**1. 定义问题** 定义问题是把认定为需要解决的卫生问题从现象到本质进行深入分析的过程。这是制订计划的第一步。计划制订者需要对计划所针对的卫生问题进行清晰而科学的表达，包括问题的具体表现、所涉及的人群、覆盖的地域，以及发生的时间、频率及严重程度等，同时还需要对问题背后的原因进行分析，以便制订针对性的措施。通过定义问题，把问题描述清楚，把原因分析透彻，也把基线展示明白。

**2. 分析形势** 分析形势的任务是理清解决特定卫生问题的环境和条件，以便合理地设计目标和选择策略。分析形势通常以即将主导计划实施的主体为边界，包括外部分析和内部分析两个方面。

（1）外部分析：至少包括对政策环境和利益相关者的判断与分析。政策环境分析一方面需要分析国家和上级主管部门新近发布的与特定健康问题相关的政策文件，了解上级部门既定的方针和部署；另一方面还需要梳理当地近年来发布的与特定健康问题相关的政策文件，理清已经采取过的政策举措及其效果。

利益相关者是指除计划的执行主体外，与计划制订和（或）执行有密切关联的主体。一般的利益相关者分析需要考虑上级主管部门、计划将要影响的客体，以及除执行主体外计划主要涉及的其他单位。通过政策环境的梳理、利益相关者行为的分析，明确当时、当地解决特定健康问题所存在的机遇、将要面临的挑战、可以借助的力量，以及需要客服的困难。

（2）内部分析：是指着重研究与判断计划的执行主体在人力、物力、财力、信息及组织架构方面，对于处理特定的健康问题所具备的优势、存在的短板、需要动员的资源，以及应该做出的调整。

分析形势是制订计划过程中至关重要的步骤，搞清楚外部形势和内部条件，才能做到心中有数，定方向、设目标、选策略时才不容易失误。

> **知识链接**
>
> ### SWOT 分析
>
> SWOT 分析是在 2×2 的矩阵上，对研究对象内部的优势、劣势以及外部的机会和威胁进行综合、概括和分析，并最终做出战略选择。其中，S（strength）是优势、W（weakness）是劣势，O（opportunity）是机会、T（threat）是威胁。使用 SWOT 分析法这个工具时，首先将研究对象的内部和外部因素通过调查列举出来，排列在 2×2 矩阵上，然后通过系统评价对各种因素加以分析，最终得出一系列用以指导战略方向的结论。
>
>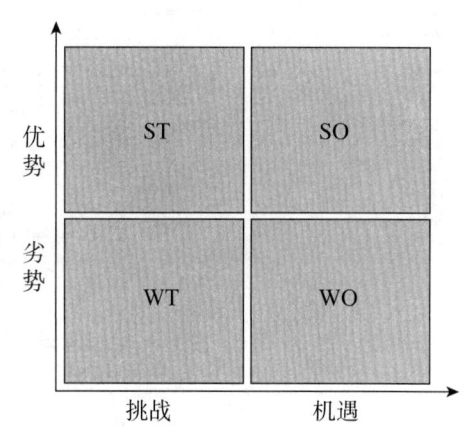
>
> - 优势 + 机会（SO）：这是最理想的策略选择，自身具有特定方面的优势，而外部环境又为发挥这种优势提供有利机会，应当将资源最大限度地向此处倾斜。
> - 弱势 + 机会（WO）：外部存在机会，但自身存在一些内部弱势而妨碍其利用。可先采取措施克服这些弱势，再抓住机会。
> - 优势 + 威胁（ST）：外部存在威胁，可利用自身优势，回避或减轻外部威胁所造成的影响。
> - 弱势 + 威胁（WT）：这是当前需要避免的部分，需要同时减少内部弱势，并且回避外部环境威胁。

**3. 确定目标和指标** 如果说计划是管理的先导，那么目标则是计划的引领。目标往往是以计划设定的周期内针对性健康问题的"变化"的来表达。计划制订者在定义问题阶段获得了确切的"基线"，通过分析形势把握应对卫生问题的动力和阻力，从而明确可以做出的努力。

在确定目标阶段，计划制订者需要做的是研究并分析这些努力将会带来的改变。计划制订者只有先把目标确定下来，才知道往哪走、迈多大步，才能谋划行动的方向和步骤。

目标发挥引领的作用，需要具备三个基本特性，即可测量性、时限性和可行性。

（1）可测量性：是指目标达成与否、实现程度如何，可以用人们能够观测得到、能够理解的方法来衡量，而且测量的成本可负担、可接受。

（2）时限性：是指目标在什么时间达到什么程度，以及最终完成的时点，在设立目标时就需要明确下来。

（3）可行性：是指目标设定的难度要适当，目标过低会失去引导和鞭策的作用；目标过高则会使实施者感觉遥不可及，积极性降低。

在卫生健康发展规划中，往往会把提高当地居民期望寿命作为规划目标。目标不能仅仅表示为"提高居民期望寿命"，而且要体现可测量性、时限性和可行性三个特征。例如，在2016年国务院发布的《"十三五"卫生与健康规划》中，对提高期望寿命的表述为"到2020年，覆盖城乡居民的基本医疗卫生制度基本建立，实现人人享有基本医疗卫生服务，人均预期寿命在2015年基础上提高1岁。"

指标是目标的具体化。当目标的内涵比较单一，测量的标的物也很明确时，目标本身就可以作为指标（如上述"提高期望寿命"的目标）。然而，有时候目标内涵丰富，目标实现与否需要用多方面来反映，这就需要通过指标来细化。例如，在2016年国务院发布的《"十三五"卫生与健康规划》中，其中一个目标表述为"普及健康生活方式，提升居民健康素养，有效控制健康危险因素，消除一批重大疾病"。这个目标中包含的内容比较复杂。为了让这个目标变得可测量，《"十三五"卫生与健康规划》中使用了"居民健康素养水平""以乡（镇）、街道）为单位适龄儿童免疫规划疫苗接种率""肺结核发病率""因心脑血管疾病、癌症、慢性呼吸系统疾病和糖尿病导致的过早死亡率"等指标对该目标进行了细化诠释。

指标的特性可以用"SMART原则"来描述，即具体（Specific）、可测量（Measurable）、可行（Attainable）、相关（Relevant）和时限性（Time-bound）。可测量、时限性和可行的特点，与目标的特点是相同的。"具体（Specific）"恰恰体现了指标是目标的具体化。而"相关（Relevant）"则强调，当使用多个指标来描述一个目标的不同方面时，这些指标彼此之间必定是相互关联，合而为一的。

图4-3从管理过程的视角概述了目标与指标的关系。可以将管理过程简单地分为三个步骤，即目标设立——行动——对行动的过程和结果进行评估。目标是管理过程的起点，指标是目标的具体化。在行动过程中，指标作为行动的重要指引；在评估时，指标则是评估的标尺。

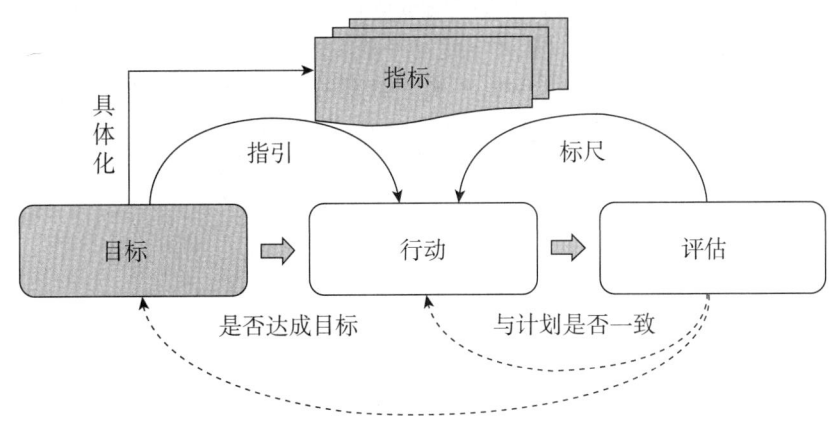

图4-3　目标与指标的关系

**4. 选择策略和行动方案** 策略是指应对卫生问题的思路；方案则是指在某个特定思路下的工作方法。对于同一个卫生问题，应对思路（策略）通常有多种，而且同一种策略下，也可能有不同的方案。例如，某县出现大量患者排队等待床位的"住院难"问题。对于这个问题，可以有以下几种不同的应对策略：

（1）改善供给方住院服务的效率：对应的方案可以从促进医院提高病床周转率、提升手术翻台率、缩短平均住院日等方面入手。

（2）扩大供给方住院服务的供给规模：对应的方案可以把增加医院床位、扩建/新建病区或院区、鼓励民营医院进入等方面作为切入点。

（3）降低住院服务的需求：对应的方案可以从改善初级保健服务质量、早诊断及早治疗、延缓疾病进展、减少严重病例数量等方面考虑。

计划制订者需要全面考虑并整理各种可能的策略和方案，以作为备选。通常以"卫生计划的关键问题"为准则，审视备选策略，即考量备选策略是否与当地社会经济发展水平相适应、政府是否尽到责任、是否兼顾公平与效率、是否发现问题的实质、是否影响当地卫生系统的均衡发展等。例如，在上述"住院难"的例子中，如果当地经济欠发达、公共财政吃紧、医保基金压力也较大，而人均床位数已经超过周边县市的平均水平，那么，"扩大供给方住院服务的供给规模"的策略很可能与当地社会经济发展水平不切合。如果有充足的证据显示，当地的患者住院概率明显高于周边其他人口结构相当的地区，那么，应该考虑将"降低住院服务的需求"作为主要策略。

为了便于比较、分析，备选方案通常包括以下内容：方案的特点和主要内容、需要利用的资源、成本和代价的估算、影响因素、风险及优、缺点等。选择方案时，需要充分评估每个备选方案的效果和成本，审视效果时尤其应注重以人群健康收益为依归。同时，充分考虑方案在技术上的可行性和管理上的可操作性。结合形势分析的结果，选择与当地政策环境、基础条件、执行主体能力相匹配的方案。在有需要的情况下，也可以考虑组织应用多个备选方案。在上述"住院难"的例子中，如果县级医院平均住院日过长、可避免住院的病例数量过多，则可以考虑建立提升床位周转、鼓励需要利用初级保健服务、提升初级保健服务质量等多举措并行的综合方案。

**5. 确定具体活动、安排进度和制订预算** 选定方案后，接下来是把方案中计划要完成的重要任务细化成一项项具体的行动，并评估每一项行动的必要性（以避免事倍功半）。同时，对每一项必要的行动确定"责任人"。然后，计划制订者再把各项具体活动按照先后顺序排列清楚，形成计划的进度安排。

为了保障计划能够落实，需要配备必要的资源作为支撑。计划制订者需要精细地制订预算。制订预算的基本步骤是：第一，梳理清楚每一项具体活动涉及的人力、财力、物力、信息和场景；第二，将动员人力、物力，使用场地和获取资讯等所需的代价折合成以货币形式表达；第三，汇总所有活动的花费并按照费用类别列支，形成计划的预算。

> **知识链接**
>
> ### 甘特图
>
>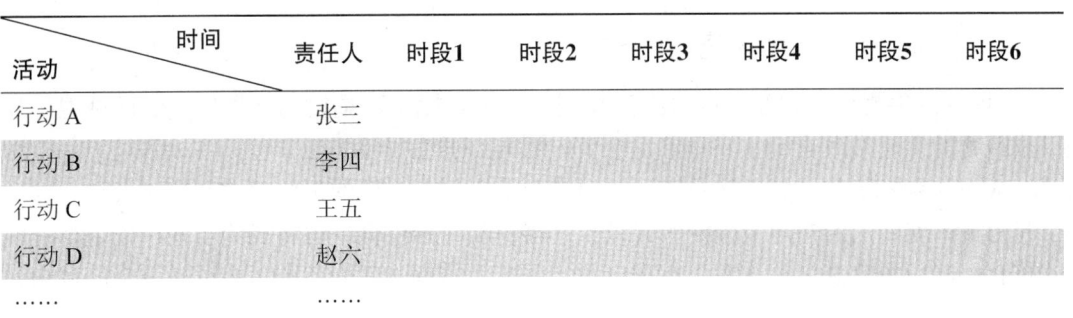
>
> 在描述计划的进度安排时，常使用甘特图。甘特图可表示各项行动与时间的关系，以提出者亨利·劳伦斯·甘特（Henry Laurence Gantt）的名字命名。上图是甘特图的基本形态，横项为时间段，纵项为各项行动（及其对应的责任人）。虚线代表对应行动预计所需的时间，而实线则代表实际所用的时间。

**6. 评估风险和设立预案** 由于计划是面向未来的，要保障计划的顺利执行，计划制订者在完成计划制订工作、准备执行计划之前，往往需要再次审视计划的内容。这个审视工作一方面是理清影响计划成败的关键因素、关键步骤、关键人物和关键资源，另一方面是评判未来环境最容易出现变化的地方。如果未来的变化会影响计划成败的关键点，就需要着重防范容易出错的风控点（图4-4）。针对这些风控点，计划制订者可以制订相应的人力、物力、财力保障措施，事先做好防范。另外，还可以针对风控点设立预案，即如果某个关键环节容易出错，则预设弥补该差错的方案。必要时，甚至可以制订一个完整的备用计划（即所谓B计划），当原计划（A计划）行不通时，立即启动备用计划，以保证目标实现的整体进度不受严重影响。

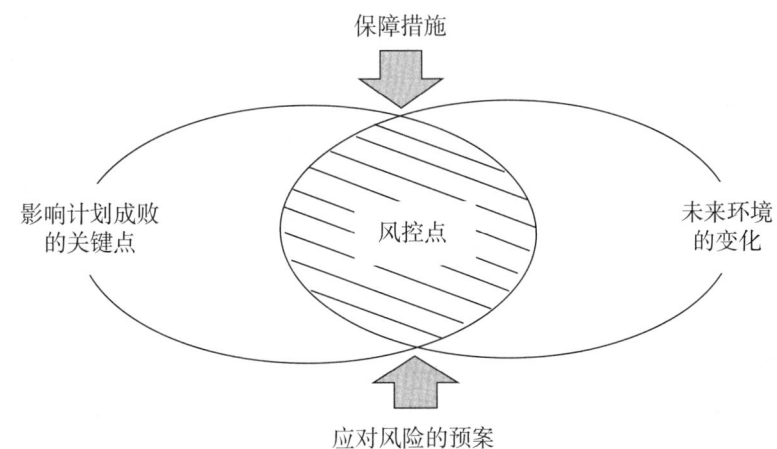

图4-4 评估风险与设立预案

## 第三节 区域卫生规划

### 一、区域卫生规划的内涵与特点

**1. 区域卫生规划的内涵** 区域卫生规划是卫生领域一种重要的计划形式。区域卫生规划制订和执行的主体是政府,主要对象是一个区域内的卫生资源,至少包括各级各类卫生资源的数量、分布和功能定位,甚至涉及该区域内整个卫生服务系统的运行模式和机制设计。这个规划一旦形成,就将成为当地卫生资源建设、迁移、疏导的依据,也将成为当地投资卫生资源的准入依据。区域卫生规划往往发生在市(地)或以上的行政区划范围,在这样一个区域内,人口规模比较大,拥有卫生服务提供者的数量众多且层次多样,供需关系也比较复杂,如果不做事先安排,政府将难以统筹区域内的卫生资源,进而会直接影响当地的卫生事业发展。

与市场经济体制下以卫生服务"需求"为导向配置卫生资源的模式,区域卫生规划配置资源的依据是区域人口(以及外来就医人员)卫生服务需要,以满足区域内卫生服务需要为目标。简而言之,区域卫生规划的制订者先识别区域内人群的卫生服务需要,衡量卫生服务提供者的供给能力,然后根据卫生服务需要和供给能力设计规划应当配备的卫生基础设施、卫生人力、卫生设备和资金。

> **知识链接**
>
> **上海市区域卫生规划(2011—2020年)中的部分指标**
>
> | 指标 | 统计口径 | 2020年目标值 |
> | --- | --- | --- |
> | 每千人口执业医师数 | 常住人口 | 2.4人 |
> | 每千人口注册护士数 | 常住人口 | 3.6人 |
> | 每千人口专业公共卫生机构人数 | 常住人口 | 0.83人 |
> | 每万人口卫生监督员数 | 常住人口 | 0.75人 |
> | 每千人口全科医师人数 | 常住人口 | 0.4-0.5人 |
> | 每千人口治疗床位数 | 常住人口 | 4.15张 |
> | 每千人口康复床位数 | 常住人口 | 0.25张 |
> | 每千人口护理床位数 | 常住人口 | 1.10张 |
> | 二级甲等以上综合医院1小时公共交通车程覆盖率 | 常住人口 | 95% |
>
> 资料来源:2013年1月上海市人民政府发布的《上海市区域卫生规划(2011年—2020年)》

区域卫生规划被认为是政府对卫生资源统筹安排的重要手段。事实上,世界各国都有区域卫生规划。规划做得比较精细而全面的有英国、日本等国家。即使是最为崇尚市场力量的美国,也在区域内按照需要设定大型医疗设备配置指标,(私人)医院购置大型医疗设备时也需要向管理部门提出申请。20世纪80年代中期,区域卫生规划被世界卫生组织、世界银行作为国际社会推崇的卫生管理模式被引入我国。1997年颁发的《中共中央、国务院关于卫生改革与发展的决定》强调了区域卫生规划在政府宏观调控卫生资源方面的重要意义。1999年,原国家计划委员会、财政部、卫生部联合印发《关于开展区域卫生规划工作的指导意见》,界定了区域卫生规划以市(地)行政区域为基本规划单位。

> **知识链接**
>
> **卫生服务的几个重要概念**
>
> 卫生服务需要：在不考虑实际支付能力的情况下，由专业人员和政府部门依据民众的实际健康状况与"理想健康水平"之间的差距而提出的对预防、保健、医疗、康复等服务的客观需要。测量卫生服务需要的常用指标包括2周患病率、慢性病患病率等。
>
> 卫生服务需求：是指人们对卫生服务实际发生的有支付能力的卫生保健接触，可以理解为，在一定时期内、一定价格水平上民众愿意并且能够支付得起的卫生服务量，即有支付能力的需要。
>
> 卫生服务利用：是卫生服务需要和供给相互作用的结果，它表示卫生系统为人群提供卫生服务的数量，是已经得到满足的医疗需求。卫生服务利用常用以反映卫生服务需求。常用的表示卫生服务利用的指标包括2周就诊率、过去1年内每千人口住院人数等。

**2. 区域卫生规划的特点** 区域卫生规划作为卫生计划的一种类型，同样遵循制订的基本原则，注重规划与当地社会经济发展相适应、兼顾政府责任和市场作用、兼顾公平和效率、均衡发展与突出重点相结合、成本与效果相统一，亦需先定义问题，进行形势分析，然后拟订目标、确定指标，再选择策略，细化实施步骤，做好进度安排和预算。这些内容和步骤都与其他卫生计划相一致。与其他卫生计划相比，区域卫生规划有以下三个方面的突出特点：

（1）从区域和人群出发，发现区域内全体人群突出的健康问题，识别各类人群的卫生服务需要，以满足区域内各阶层人群卫生服务需要为目标，体现政府对于促进卫生公平的责任。

（2）以优化配置区域卫生资源为核心，围绕人群健康的目标，针对资源配备的短板，以"规划总量、调整存量、优化增量"为基本手段，谋划动员资源的有效路径，并改善资源布局，优化资源结构。

（3）着眼于提高区域内卫生系统的综合服务能力（而非服务机构单体的效率），明确初级保健和二级、三级保健服务提供者的功能定位，合理规划各级、各类服务提供者的边界及相互协作关系，通过搭建整合的健康服务体系，提升区域卫生资源的整体效率。

## 二、区域卫生规划的任务

**1. 确定区域卫生发展目标与发展策略** 区域卫生规划以卫生资源为对象，直接涉及区域内的卫生保健筹资、卫生人力和卫生服务提供等多个卫生系统的基石，因而会对当地卫生发展目标产生深远的影响。也就是说，要规划当地的卫生资源配置，离不开对当地卫生发展目标和发展策略的研究。规划资源配置时，如果脱离发展目标，就会失去制订规划的基础。例如，一个以减轻重大慢性病负担为目标、以改善慢性病风险因素管理为主要策略的地区，资源配置规划的重点很可能是慢性病防控体系中的人力和物力，而非短期急性住院服务的能力。又如，一个以孕产妇死亡为突出问题、以促进住院分娩为重要策略的地区，资源配置的优先选择很可能是提高当地妇幼保健的服务能力，而非其他类型的医疗保健服务。因此，制订区域卫生规划时，必须理清（若之前已经有明确的设计）甚至制订当地的卫生发展目标与发展策略。

**2. 优化卫生资源配置** 优化资源配置是区域卫生规划的核心任务。具体的工作任务是：首先，识别区域人群的卫生服务需要；然后，评判卫生资源的配备是否与需要相匹配，识别当地资源配备的形态（资源不足/资源平衡/资源过剩）；最后，制定针对性优化资源配置的策略（增量配置/存量调整/超量疏导）。

在上述过程中，至少需要解决三个复杂的技术问题：

（1）识别卫生服务需要：卫生服务的利用可以通过门诊服务和住院服务的常规数据直接进行观察。然而，卫生服务需要的测量则比较困难，往往需要综合流行病学调查结果、卫生服务研究入户调查结果、专家共识等多渠道信息进行分析与判断。

（2）识别资源配置与服务提供之间的鸿沟：配备充足的资源后，并不一定能够提供充足的服务；表面上的"供不应求"，也并不一定是资源不足，这与资源的利用效率直接相关。这里至少需要考虑三个因素：一是医疗服务提供方是否从需求方的健康（而非经济利益）出发提供服务；二是人们在有需要时是否会因经济、地理或其他因素而无法获得所需的服务；三是人们是否能够理性地判断所需服务的级别，或者是否有相应的制度安排协助人们理性地寻求所需的服务，减少对高级别、高成本服务的滥用。

（3）识别整体与局部的差异：区域内资源的总量满足需要，并不代表不同类型的服务、不同阶层的人群健康需要都得到满足。这就要求区域卫生规划的制订者对该地区各级、各类卫生服务的供给情况以及支撑服务的资源进行细致的调查、分析，既注意总量，也重视其分布。

**知识链接**

**第五次国家卫生服务调查中部分关于卫生服务需要的项目**

- 您是否被医生确诊患有高血压？
- 您是否被医生确诊患有糖尿病？
- 近6个月，您是否患有被医生确诊的其他慢性病？

➡ 识别居民罹患慢性病的情况，识别慢性病管理的需要

- 调查前2周，您是否有伤病的情况？

➡ 识别门诊服务＋自我医疗的需要

- 近12个月内，您是否有医生诊断为需要住院而未住院的情况？（如有）共有几次（同一种疾病被多次诊断，计为1次）？
- 近12个月内，您是否因病伤、体检、分娩等原因而住院？如有住院，住了几次？

➡ 将两道题结合起来，识别住院服务的需要

注：入户调查获得的慢性病患病率与被调查者对所患慢性病的知晓情况有关，因此，入户调查获得的慢性病患病率不够准确，准确的慢性病患病率取决于流行病学调查结果。

**3. 强化对区域卫生资源的统筹管理** 做好和用好区域卫生规划，可以使地方政府获得一个完善当地卫生系统、推进当地卫生事业发展的重要抓手。区域卫生规划一旦能够真正落实，包括"管办分离""属地管理""全行业管理"等一系列优化管理设想就能得到推进。因此，区域卫生规划的制订者需要努力促使这个规划成为当地最高决策机关认可并愿意着力推进的政策法规，使卫生行政部门与其他相关部门对该规划达成共识，也让辖区内所有卫生机构及其主管单位周知，进而形成该规划落地执行的行政基础和社会基础。另外，区域卫生规划的制订者还可以借此机会建立并完善当地卫生信息系统，以统筹卫生资源为切入点，打破机构之间、部门之间的信息壁垒，建立连接区域内各级、各类卫生服务提供者的信息网络体系，为形成基于数据的高效、便捷的卫生决策支持系统奠定基础。

## 三、规划区域卫生资源的方法

### (一) 确定资源配置的单元

区域卫生规划往往以市（地）或以上行政区划内的全部卫生资源为对象。这些资源规模庞大，种类复杂，不同类别的资源对应的卫生服务类型也不相同。因此，对卫生资源进行划分是规划卫生资源的关键一步。从资源的角度，可以根据人力、财力、物力进行划分，然后再按照卫生服务的类型加以细分。另一种方法是直接从保健服务类型入手进行划分，通常分为初级保健、二级保健和三级保健服务，每种服务类型都有对应的人力、物力资源配备要求。

从保健服务类型入手规划资源配置的一个显著优势是，一旦把不同类型服务的内涵和外延（这一点在既有的政策文件/行业共识/技术规范中是比较明确的）确定下来，就可以根据保健服务的特点设定配置的单元。其基本规律是服务频率越高，资源配备的密度越大。例如，初级保健服务的主要功能是直接对人群提供一级预防，在社区管理多发病常见病现病患者并对疑难重症患者做好正确转诊，协助高层次医院做好中间或院后服务，合理分流患者。按照这样的功能定位，初级保健资源的配置单元往往是社区，即通常会在每个社区配备有初级保健服务提供者。三级保健则是涉及高精尖诊疗技术和（或）罕见/疑难病症的处置，此类服务的提供频率低，又涉及顶尖的专科人力和大型医疗设备，通常是当地顶尖的教学医院才能提供，因而往往以整个城市地区为配置单元。二级保健服务的对象主要是专科门诊和一般住院服务，通常由跨几个社区的地区性医院提供。二级保健的配置单元划分难度最大，既要考虑特定人群二级保健服务的可及性，又要考虑二级保健服务机构的规模-效率。目前，对于人口密度高的城市，比较多见的方式是以一定数量的人口作为二级保健服务资源的配置单元。

**知识链接**

**几个国际大都市二级保健服务的资源配置单元**

专科门诊和一般住院服务是二级保健服务的主要组成部分。

- 英国伦敦以 25 万左右人口为单元，设立一个购买二级服务的组织，称为地方临床服务组织，为辖区内的人口购买一般住院和专科门诊服务。
- 日本东京是以 100 万左右人口为单元，设立"二级保健服务圈"。每个服务圈内规模相当（100~200 床左右）的综合医院和小型专科医院，满足辖区居民的二级保健服务需求。东京一共被划分为 13 个二级保健服务圈。
- 我国香港地区则是以 60 万~100 万人口为单元配置二级保健资源，称为联网。香港地区一共被划分为 7 个联网，每个联网内配置有相应规模的综合医院、妇幼保健机构和精神病医院等。

### (二) 测算卫生资源的应配备量

卫生资源的类型较为复杂，规划卫生资源配置时，可以根据卫生服务的类型予以分类配置。对于具体某一类服务，可以重点测算该类服务的标志性资源（例如，对于初级保健服务，重点测算全科医师；对于二级、三级保健服务，则可重点测算床位）。其他资源可以根据相关的设置标准（例如，对于医院，围绕病床的资源设置，即所谓"床单元"，通常都有设置标准）进行配置。

**1. 卫生人力的配置** 人力配置通常是根据工作量来设置。对于提供初级保健服务的全科医生，可以先列出全科医生提供预防、保健、首诊、转诊等工作的各项内容，再把这些工作内容折算成"工时"。然后，按照全科医生每周或每月的工作时长来推算人力配置。例如，一个社区有1万名居民，假设这些居民每个月需要初级保健服务平均为1000工时；一名全科医生每天工作8小时，每个月工作25天，那么，这个社区至少需要配置5名全科医生。按此方法进行配置，对于一个有100万人口的区域，需配置全科医生500名。

对于提供二级保健专科门诊服务所需的医生配置，则需要考虑服务人群的规模、专科门诊服务的概率、专科医生的工作时间和工作效率等因素。例如，一个有100万人口的区域，假定人群两周患病率为35%，患病人群中有30%需要到专科就诊，到专科就诊的患者平均为每人就诊2次；专科医生对每个患者每次的服务时间为0.5小时，专科医生每天工作时长为8小时，每人每年工作250天。那么，该区域需要配置专科门诊的医生数量至少为1365名，具体计算过程如下：

$$\frac{1\,000\,000 \times 35\% \times 30\% \times 26 \times 2}{\frac{8}{0.5} \times 250} = 1365（名）$$

（注：算式中的"26"是因为全年有52周，即26个"两周"。）

对于提供二级保健一般住院服务需要配置的医生数量，要考虑人群住院的概率、医院的运行效率和医生工作效率等因素。例如，上述有100万人口的区域，假定年（一般）住院概率为10%，平均住院日为10天，平均每个医生分管病床数为8张，每个医生每年工作250天，每天工作8小时（诊治住院患者需要24小时不间断，因此每天需要3个班次）。那么，该区域至少需要配置1500名提供一般住院服务的医生。具体计算过程如下：

$$\frac{1\,000\,000 \times 10\% \times 10}{8 \times 250} \times \frac{24}{8} = 1500（名）$$

综上所述，对于这个有100万人口的区域，需要配置的人力下限是500名全科医生和2865名专科医生。

对于提供三级保健服务需要配置的医生数量（服务对象是整个规划范围内的疑难重症患者，甚至外地患者），单纯用治疗患者的工作量来推算不甚妥当，原因是提供三级保健服务的机构通常是教学医院和当地顶尖的医学中心，这些机构有较多的教学、科研和技术支援任务等。可以先计算这些机构的床位数，然后通过床护比、医护比来反向推导人力配置。

**2. 床位的配置** 对于提供一般住院服务需要配置的床位数，可以通过分析服务人群的住院概率、平均住院天数、床位周转速度来推算。同样以上述有100万人口的区域为例，假定年（一般）住院概率为10%，平均住院日为10天，医院床位使用率为85%，则需要配置的二级保健床位数至少为3223张。具体计算过程如下：

$$\frac{1\,000\,000 \times 10\% \times 10}{85\% \times 365} = 3223.2 \approx 3223（张）$$

对于三级保健服务需要配置的床位数，需要具体到各类需要收治危重疑难病症患者的概率。以精神病为例，假定经过专家共识，把重性精神疾病中有高度肇事肇祸风险病例作为精神卫生三级保健服务的对象。假设流行病学证据显示，重性精神病在人群中的患病率为1%，其中10%的患者有高度肇事肇祸风险。如果此类患者平均住院日为45天，床位使用率按85%

计算,那么,一个有 1000 万人口的区域,提供精神卫生三级保健服务需要配备的床位数约为 1450 张。具体计算过程如下:

$$\frac{10\,000\,000 \times 1\% \times 10\% \times 45}{85\% \times 365} = 1450.4 \approx 1450（张）$$

**3. 卫生经费的配置** 在卫生经费配置的规划方面,规划制订者可以配合选定的资源配置策略（增量配置/存量调整/超量疏导）,一方面评估既往经费投入的效果,分析是否存在新的投资模式以提升卫生经费的使用效率;另一方面谋划需要动员的增量资金的数额和渠道。

卫生总费用、人均卫生经费、卫生总费用占 GDP 比例等指标常用于反映地区卫生经费的投入。通过对同类型地区之间进行卫生经费的投入和卫生系统产出（效率、质量、可及性、健康水平、个人卫生负担、满意度等）的比较,可以辅助判断目标地区卫生经费的利用效率。卫生总费用的构成（政府、社会和个人的占比;卫生总费用在不同类型机构的分布）以及政府卫生支出的流向,反映了卫生经费投入的模式。通过评估目标区域卫生经费的使用效率,结合对当地卫生经费投入模式的分析,规划制订者可以提出更有效的使用卫生经费的方式。

对卫生经费增量,规划的制订者需要全面梳理各项投资新建和（或）扩建的项目、各项对存量资源进行改建和（或）迁移的项目,以及各项对过剩资源进行转制、置换和（或）关闭的项目。然后,统计出所有这些项目需要资金数额。通过对这些项目进度安排的梳理,确定每个阶段资金的用度。然后,综合考虑不同的筹资渠道（公共财政、社会资本投资、捐赠等）、筹资能力,以及项目与筹资渠道的匹配情况,进行增量资金的筹资设计。

> **知识链接**
>
> **初级卫生保健经费投入**
>
> 2019 年 9 月 22 日,世界卫生组织（WHO）发布了《全民健康覆盖监测报告》。报告估算,如果中、低收入国家年均增加 2000 亿美元用于扩大初级卫生保健服务,到 2030 年总共可挽救大约 6000 万人的生命,使平均预期寿命增长 3.7 岁,并将为社会经济发展作出重大贡献。这相当于在目前全球每年 7.5 万亿美元卫生支出的基础上增加 3%。
>
> WHO 呼吁各国增加初级卫生保健支出,且增幅应至少相当于国内生产总值的 1%,建议大多数国家充分利用国内资源推广初级卫生保健服务,如增加公共卫生总支出或通过再分配向初级卫生保健领域提供更多资金,或两者并用。
>
> WHO 总干事 Tedros Adhanom Ghebreyesus 说:"如果我们真想实现全民健康覆盖和改善人民生活,就必须认真对待初级卫生保健。必须尽可能在离家近的地方提供免疫接种、产前保健、健康生活方式建议等基本卫生保健服务,并确保人们不必自费支付这些卫生保健费用。"

（简伟研）

# 第五章 卫生评价

## 第一节 卫生评价的基础

### 一、评价的基本概念

评价是通过测量、比较等方法确定组织标准、衡量绩效、纠正偏差的管理过程。尽管卫生计划可以做到十分完备，管理者在组织实施的过程中也可以做到行动十分有效，但是这并不能保证行动都能够按照卫生计划所完成，更无法保证管理者所设想的卫生目标一定能够实现。因此，控制组织行为并达成管理者的目标是十分重要的。评价是为控制过程提供信息的过程，其意义在于建立实施者和管理者的信息反馈机制，从而判断计划的完成程度、实施结果，并在此基础上完善管理过程。

卫生评价是卫生事业管理的重要手段和重要组成部分。根据管理过程学派理论，可以将管理过程分为计划、实施与评价三个阶段。评价是管理过程中的重要组成部分。管理过程是一个不断完善与提高的循环过程，评价工作与管理过程中的其他部分密切相关，互相依存。计划实施过程中，良好的信息收集和监测过程是评价的基础，而评价结果也可以为修正卫生计划提供科学依据。

卫生评价与卫生计划的制订和执行密切相关。卫生评价可以用于判断解决健康问题的各种方案的优劣，计划的可行性、实现进度，预期目标的实现程度以及项目的可推广性。要达成目标，通常需要将计划的目标细化为具体的标准，然后与实际绩效进行比较，并以此指导计划的调整或评价计划的实现程度。评价与计划的关系示意图如图 5-1 所示。

评价的基本方法是比较。只有在比较中才能确立标准，做出判断和决策。卫生评价过程中，比较的对象可以是多元的，可以和固定的标准或是原有的计划比较，也可以和其他同类型的评价对象进行比较，还可以比较同一对象不同时期的指标，甚至综合使用比较方法。比较的目的是为了排除其他因素的干扰，确定合理的目标或标准，以便做出正确的决策。

评价需要准确的信息。评价的过程就是对卫生计划数据进行收集与分析的过程，准确的信息是比较的基础。信息的种类包括明确的卫生管理目标、实施行动取得的进展、卫生管理目标取得的效果，以及效果所产生的影响等。信息的收集可以通过定性调查和定量调查的方式来进行，良好的测量方法是评价过程中准确信息的可靠来源。

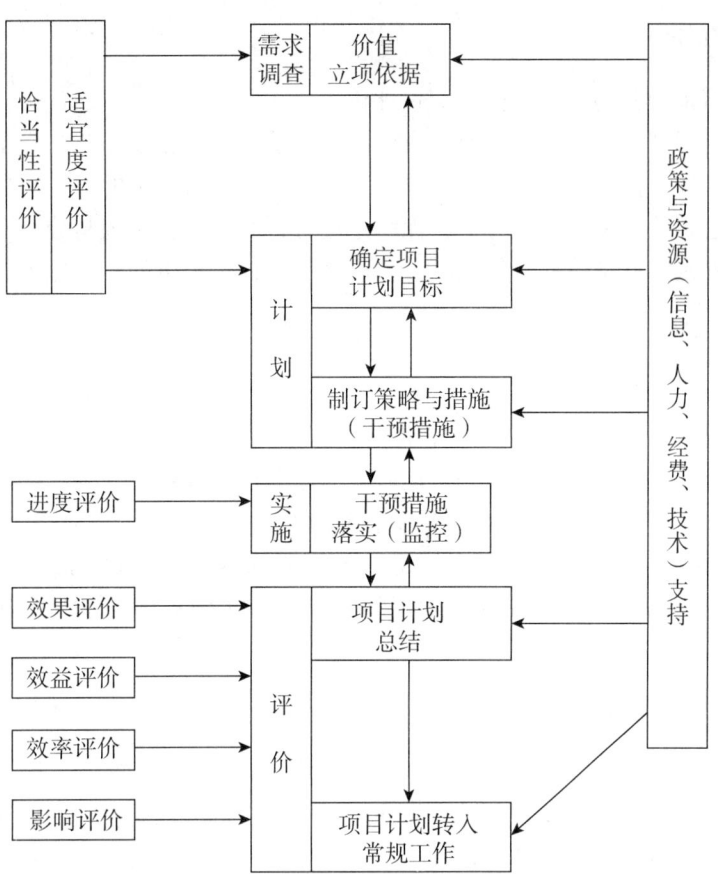

图 5-1 评价与计划的关系示意图

## 二、评价的基本范畴

评价的方法很多,可根据不同的分类标识来确定不同的方法。

### (一)按内容分类

按内容可以将评价分为恰当性评价、适宜度评价、进度评价和结果评价。

恰当性评价主要是针对所确定卫生问题的恰当性进行评价,保证所确定的卫生问题与实际卫生情况相一致、有针对性。适宜度评价是对实施方案与卫生计划目标的一致性和可行性进行评价,是保证计划能够顺利实施的关键。进度评价是在项目计划实施过程中进行的,是对计划的实施进度与过程质量进行监控与控制,其核心内容是检查计划的实施与落实情况,对覆盖率及其质量进行测量。结果评价或结局评价是对项目计划实施所产生的结果进行的评价。结果评价以项目实施所产生的效果为基础,必要时还可以结合项目的投入进行效率与效益评价。

### (二)按时间顺序分类

按时间顺序可以将评价分为事先评价、中间评价、事后和跟踪评价。

事先评价是指制订计划时的评价,关键在于确定明确、恰当的目标和可行的实施策略,内容主要涵盖恰当性评价和适宜度评价。中间评价关注计划的实施过程,包括实施进度及实施质量,进度评价一般在此阶段进行。事后评价是在计划完成后进行的评价,关注计划实施后产生的结果与计划预期是否一致。跟踪评价是对计划实施后的远期影响或滞后效应及其可持续性进行评价。事后评价和跟踪评价的内容都以结果评价为主,但事后评价更关注计划本身的实施结果和短期成果,跟踪评价则更倾向于计划实施后所产生的远期影响。

### （三）按方法分类

按方法可以将评价分为定性评价和定量评价。

定性评价和定量评价都是重要的评价方法，在评价过程中相互补充。定量评价通过评价指标的收集和统计比较来描述所要评价的事物。其中，根据评价指标的多少可分为单指标评价和多指标评价。定性评价不采用统计方法，而是运用分析和综合、比较与分类、归纳和演绎等方法，对评价对象做出定性结论的价值判断，一般多关注评价结果的产生原因、影响因素及其所产生的影响。

### （四）按范围分类

按涵盖范围可以将评价分为宏观评价和微观评价。

宏观评价主要是针对一个国家、一个地区或一个单位的综合性评价，评价所涉及的影响范围往往较大，评价指标较为全面，需要更多地考虑不同领域或部门之间的相互影响，如"全面二孩政策实施的影响评价"。微观评价是针对某个具体目标、干预措施或特定问题进行的细致分析与测算比较，评价内容往往更为聚焦，如"高校 HIV 病毒尿液检测包项目成本效果评价"。

### （五）按评价主体分类

按评价主体可以将评价分为内部评价和外部评价。

内部评价是指管理者委托计划实施主体在组织内部自行进行的管理评价活动，评价的对象是管理者内部控制的有效性。外部评价是指管理者委托计划实施组织外的其他组织对计划实施进行的评价。外部评价作为一种必要而有效的外部制衡机制，可以避免计划实施者受到权利与利益关系影响而得出不准确的评估结果。外部评价有时也称为第三方评价。

## 三、评价的基本内容

### （一）恰当性评价

恰当性评价（appropriate evaluation）主要是对所关注的卫生问题的针对性进行评价，是对卫生问题识别过程进行的评价。评价主要关注所覆盖区域的卫生状况，考察所关注的卫生问题是否是该区域亟需尽快解决的卫生问题。恰当性评价主要从以下几个方面进行比较：①卫生问题覆盖的人群范围，目标地区的存在该卫生问题的人越多，则这个卫生问题越重要。通常使用患病率、发病率等指标对卫生问题的覆盖范围进行评价。②卫生问题的严重性，严重的卫生问题往往会导致死亡或者失能。卫生问题对于人群一般生活的影响程度是卫生问题严重程度的重要指标。在疾病负担层面，可以采用死亡率、病死率、失能调整生命年（disability-adjusted life year，DALY）等指标判断卫生问题的严重程度。③负面社会影响，除导致健康风险外，卫生问题还会带来政治、经济、社会、人口学方面的不利影响。这些影响对于确定恰当的卫生问题也十分重要。④卫生资源的可得性，对于同样严重的卫生问题，不同地区的卫生资源可获得性差异可导致截然不同的结果，卫生资源可得性高的地区自身可以应对较严重的卫生问题，而卫生资源可得性低的地区则难以应对严重的卫生问题，因此，卫生资源可得性对于卫生问题的解决程度有很大的影响。

### （二）适宜度评价

适宜度评价（suitability evaluation）是在主要项目计划正式实施之前，对卫生计划目标及其实施方案的一致性和可行性进行论证性评价，确保卫生计划目标能够达成的过程。其中，一致性评价的重点是：①评价项目计划与现行的卫生政策，社会经济政策及社会经济、卫生、文化发展水平是否相适应；②项目计划所提出的卫生问题及其目标与人群的客观需要是否相适应；③所提供的卫生资源能否满足项目计划实施的需要。适宜度评价应当建立在充分的数据分析基础上。可以采取实地调查或采用已有的二手统计数据进行评价。必要时，也可在小范围内进行预实验性观察，对项目计划，特别是其干预措施的实施方案进行可行性评价。可行性评价的预实验观察主要是对技术的可行性、经济支持的可行性、环境支持的可行性、政策可行性、管理可行性以及影响因素进行调查，对干预措施实施后能否达到预期效果做出评价。

### （三）过程或进度评价

过程或进度评价（process or schedule evaluation）是对计划的实施进度与过程进行监控，为进度与过程控制提供依据的过程。评价的核心内容是检查项目计划干预措施的实施与落实情况，对覆盖率及其质量进行测量、比较。进度评价应当从项目计划启动时就立刻展开评价工作，并且持续到整个项目计划实施结束。进度评价的关注点包括时间、活动质量及所消耗的资源。首先要评价项目活动是否按时进行，是否按质、按量完成项目计划的任务，所消耗的资源是否合理并控制在计划之内，同时对影响项目计划实施的有关因素进行分析、比较。根据评价结果，应及时总结问题并反馈给管理者，以便对项目实施进行控制，保证项目按计划顺利进行或者及时做出调整。

### （四）结果评价

结果评价（outcome evaluation）或结局评价是指对项目计划实施所产生的结果进行评价。项目计划的实施首先会引起卫生服务的质与量发生改变，继而使人群健康状况发生变化或使卫生问题得以逐步解决。上述人群健康或卫生问题的改变将持续对社会卫生与经济产生影响。结果评价以项目实施所产生的结果作为主要关注点，评价实施结果是否达到预期。结果评价可以在项目计划执行结束后进行，也可以在干预措施落实一段时间后至项目结束前，在不同的间隔期重复进行。前者为一次性总结评价；后者为多次阶段性总结评价，其优点是可以对结果进行动态观察。项目实施的结果不仅包括项目的健康结果，而且包括项目对社会经济等其他领域的影响以及项目过程中的人力、物力、财力投入的结果。图5-2为项目评价的逻辑模型示意图，通过将预期的结果（短期和长期结果）与政策投入、活动、过程和理论假设相联系，描述政策基本原理背后的理论、假设和证据。

**1．效果评价（effectiveness evaluation）** 效果是指通过计划的实施使卫生问题解决或卫生状况改善所取得的卫生结果。效果可以用来评价项目计划中干预措施实施后，对目标卫生问题解决程度或达到计划预期目标的实际程度。效果评价所选择的评价指标应当与针对的卫生问题相一致，如针对的卫生问题是肿瘤疾病发病率高、死亡率高，那么效果评价的指标也应当围绕肿瘤的发病率和死亡率展开。通常，发病率、死亡率、患病率、期望寿命、生活质量等都是常用的效果评价指标。干预措施是针对目标卫生问题所采取的策略与措施。效果评价的目的是对项目计划在卫生领域的价值做出科学的判断。

**2．效率评价（efficiency evaluation）** 效率评价是指对卫生服务的量与质和所投入的资源进行的综合评价，也就是评价每单位资源所产生的符合质量要求的服务量。效率评价的目的在于改善与提高服务系统的实施能力与管理水平。

效率与效果之间有联系，但无必然的因果关系，即提高效率有利于提高服务效果，但不能确保能够一定达到满意的效果。例如，计划免疫工作中，提高疫苗接种率，与降低某些传染病的发病率有关，但如果其他的疾病防治措施不能得到保证，即使保持较高的免疫接种率，传染病也难以保证得到控制。

**3. 效益评价（benefit evaluation）** 效益是指将实施卫生计划所获得的效果以货币的形式表达，是在卫生效果的基础上经过一定的标准进行货币化转换计算得到的。效益评价应考虑实施项目计划所投入的成本，并与所产生的卫生效果进行比较，或与卫生效果转换成的货币量度进行比较分析，前者为成本-效果分析，后者为成本效益分析。

**4. 影响评价（impact evaluation）** 影响评价有两层含义，一是项目中的某一项干预措施实施后，在项目实施区域内对卫生健康与社会经济发展的贡献和影响；二是项目实施后，产生预期结果的可持续性（sustainability），此时干预措施仍在继续实施并发挥作用，特别是当去除干预措施中的外来施加影响部分（如资源支持）后，转入常规运行，完全依靠项目的运行机制而产生的效果。项目的可持续性，在很大程度上取决于其自我维持能力。一个好的卫生项目，应该具有很好的自我维持能力。这不仅能确保项目实施过程中取得良好效果，而且转入常规运行后也能继续保持良好的运行态势，如较高的服务效率、满意的健康效果等。另外，还要关注通过项目所获得的经验是否对其他区域有推广价值。影响项目可持续性的因素主要有三个：①项目机制完善的程度；②项目机制与政策环境的一致性；③社会人群对该项目的认同程度与参与程度。这三个因素越完善，项目的可持续性就越好。

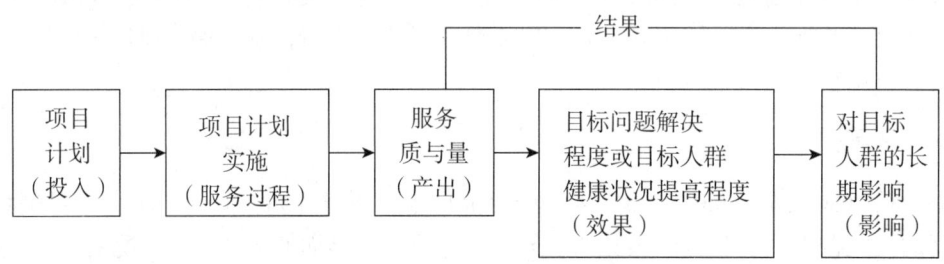

图 5-2　项目评价的逻辑模型示意图

## 第二节　卫生评价的基本程序

卫生计划评价往往涉及多个方面。从宏观层面讲，卫生评价涉及社会经济环境对卫生发展的影响以及卫生发展对社会经济的贡献；从微观层面上讲，需要评价卫生服务的数量和质量变化、居民健康状况的变化，以及卫生问题的解决程度等。对于各个方面的变化都需要通过若干项指标进行测量。因此，对卫生项目进行评价及资料分析时，必然涉及多个方面，应用多个指标进行综合评价。综合评价是把多个描述被评价事物不同方面且量纲不同的指标，转化为无量纲的相对评价指标，并综合这些评价结果，以得出对该事物的整体评价的系统方法。

### 一、准备工作

**1. 建立评价组织**　评价组织可以和制订计划的组织结合或单独建立，这取决于评价的主体。评价组织包括评价领导小组、评价技术小组和评价实施小组。根据评价主题和范围的不同，三个小组可以是合体或分开的。评价领导小组负责评价的整体领导、组织和协调工作；评价技术小组负责评价计划的制订、资料收集与分析的技术指导及质量控制。评价工作小组负责实施评价方案。

**2. 熟悉评价对象的全部内容，收集相关信息**　无论是评价一个组织、一个计划，还是评价一项政策，都需要评价者熟悉、把握被评价事物的本质、全貌和内在规律，包括计划制订的背景、计划实施的每一个环节、整个计划所涉及的利益相关者，以及计划实施可能产生的结果和影响。不仅要了解评价对象的基本情况，而且要了解国、内外同类事物的发展现状和进程。

**3．筹集评价所需要的资源**　评价的组织和实施涉及人力、物力和财力资源。评价的组织者和实施者应该对所需资源有一个必要的估计和筹备，以确保评价的顺利实施。

## 二、制订评价计划

### （一）确定评价目的

要做好评价，首先要明确是评价计划的可行性、实施的进度，以及评价计划实施的结果。评价目的不同、对象不同，所应用的方法也不相同。评价目的不宜过于宽泛和过多，应始终注意确定有限资源、有限时间下的有限目标。

### （二）确定评价对象

卫生事业管理的评价对象十分多样，可以是一个地区的卫生系统、一个组织、特定的人群、特定的项目，或者以特定的卫生政策为基本评价单位。

### （三）确定评价的价值标准、评价指标，建立指标体系

评价是评价者在价值体系下进行的判断，是评价者价值取向的直接反映。指标是反映变化的参数，是具体化、可测量的目标，一系列系统化的指标集合称为指标体系。为了反映某一卫生问题或该问题的不同侧面现况，通常选用一组指标或若干组指标，按不同层次、不同等级、不同组合方式形成指标网络，即指标体系。指标体系的构建过程实际上是将价值标准转化为指标体系的过程。

**1．确定指标体系应遵循的原则**

（1）全面性与系统性：即指标体系要通过某事物的不同侧面、不同部分、不同层次以及相互逻辑关系反映其总体全貌特征。

（2）一致性：即指标体系中的每组指标甚至每个指标都应与评价目标相一致。

（3）结构层次性：即指标体系结构清楚、层次合理。

（4）指导性：即各项指标不仅要反映总目标的特点，而且要符合当前的卫生方针与政策要求，具有政策引导性。最后应特别指出的是，确定评价指标必须与干预措施相联系，即指标必须反映干预措施实施后可引起的健康或卫生问题的变化。指标体系应具有描述功能、监测功能和预测功能。

**2．指标选择应当符合 SMART 标准**

（1）具体化（Specific）：指标要明确特定的工作指标，不能笼统。

（2）可测量（Measurable）：指标是量化或者行为化的，验证这些绩效指标的数据或者信息是可以获得的。

（3）可实现（Attainable）：指标在付出努力的情况下可以实现的，应当避免设立过高或过低的目标。

（4）相关性（Relevant）：指标是与工作的其他目标是相关联的，同时也是与项目目标相关联的。

（5）时效性（Time-bound）：是指注重完成指标的特定期限。

**3．指标体系的构建**　指标体系的构建过程实际上是指标的筛选过程。

指标的筛选通常采用两种方法：①专家调查法，一般应用德尔菲法（Delphi method）。②现场调查法，通过一定数量样本的调查对备选指标进行实际测量，然后对各项备选指标的实测值进行统计处理，根据统计结果筛选指标。

常用的分析方法有：①变异系数法：这是根据指标的敏感性筛选指标。如果变异系数太小，

则评价时区别力较差；如果变异系数过大，则意味着有极端值的存在。通常所选择指标的变异系数介于最大值和最小值之间。②相关系数法：这是从指标的代表性和独立性角度筛选指标，即计算备选指标的相关矩阵，判断任意一项指标与其余指标的相关显著性，筛选相关显著个数多和少的指标作为评价指标，因为前者能够为代表性提供较多信息，后者有独立性，不能被其他指标所替代；③聚类分析法：这是从指标的代表性角度筛选指标；④主成分分析法；⑤迭代替除分析法。筛选指标的统计方法很多，也可以同时用几种方法分析结果，综合判断。无论是通过何种方法筛选出的指标，均应反复通过实践加以验证。

### （四）确定指标权重

权重是以数量形式对比、权衡被评价事物对总量（总体诸多因素）的相对重要程度。具体来说，权重反映了每个指标对总体综合评价结果所做出的贡献。目前确定权重的方法多采用经验判断方法，如通过专家评议的特尔菲法、百分权重法或层次分析等方法计算指标的权重值。

### （五）消除指标量纲

量纲即指标的测量单位。综合评价的基本方法是将反映某一事物不同方面的指标进行"综合"，使之成为一个总的数值，以此数值代表某一事物的总体特征。由于反映某一事物的不同指标的量纲可能不同，用一般的计算方法无法进行综合，因此必须将指标的实测值（有量纲的指标值），经过无量纲化成为指标的评价值（无量纲指标值），然后才能进行综合。所谓指标无量纲化，即指标的标准化，它是通过简单的数学计算来消除指标实测值量纲的影响。常用的无量纲化方法有以下几类：

**1. 极（阈）值法**

$$Y_i = X_i / \mathrm{Max}X_i$$
$$Y_i = (X_i - \mathrm{Min}X_i) / X_i$$
$$Y_i = (X_i - \mathrm{Min}X_i) / (\mathrm{Max}X_i - \mathrm{Min}X_i)$$

式中：
$Y_i$，第 $i$ 项指标评价值；
$X_i$，第 $i$ 项指
$\mathrm{Max}X_i$，第 $i$ 项指标实测值中最大值；
$\mathrm{Min}X_i$，第 $i$ 项指标实测值最小值。

**2. Z 值法：**

$$Z_i = \frac{X_i - \overline{X}_i}{S_{x_i}}$$

式中：
$Z_i$，第 $i$ 项指标评价值（相当于 $Y_i$）；
$X_i$，第 $i$ 项指标实测值；
$\overline{X}_i$，第 $i$ 项指标实测值之均值；
$S_{x_i}$，第 $i$ 项指标均值标准差。

**3. 比重法：**

$$Y_i = X_i / \sum_{i=1}^{n} X_i$$

式中：

$\sum_{i=1}^{n}$ 为累计和符号。

（六）指标评价值的综合

对于消除量纲后的指标评价值，应按照指标体系的框架，分层次地进行综合，反映某一事物不同部分的综合状况，最终综合成一总值，反映该事物的总体状况。

评价值的综合方法有以下几种：

**1．线性加权法**

$$Y_c = \sum_{i=1}^{n} W_i Y_i$$

式中：

$Y_c$，综合指数；

$W_i$，第 $i$ 项指标权重值；

$Y_i$，第 $i$ 项指标评价值。

线性加权法的特点是：①部分之和等于总体，②各评价值间可以线性地补偿。③权数作用明显。④突出评价值较大、权函数较大的指标的作用。⑤对评价值的数据无特殊要求，正值、负值或零均不影响综合值。⑥计算简便。

**2．乘法合成**

$$Y_c = \prod_{i=1}^{n} W_i Y_i$$

式中：

$\prod_{i=1}^{n}$ 为连乘符号。

乘法合成的特点是：①适用于各评价指标间明显相关的情况。②各项指标均很重要，不能有项偏废。③指标权重不如线性加权法重要。④突出评价值较小的指标的作用。⑤对指标评价值的数据要求较高。

**3．加乘混合法**

$$Y_c = \sum_{j=1}^{n} \prod_{i=1}^{n} W_{ij} Y_{ij}$$

上式中：

$j$，指标体系内的层数或类数的序号；

$i$，层或类内的指标数序号。

该公式的特点是：指标体系层或类内的指标评价值相乘，然后层或类之间的综合值相加。加乘混合法具有加法与乘法两类合成方法的特点。

## 三、确定所需数据

所有的评价都需要有数据支撑，数据的类型则取决于评价类型和需要回答的研究问题。以下是四种主要的数据类型：

（1）现有的行政运营数据（各类报表）。

（2）由中央政府或国家统计局管理的长期、大规模、纵向、结构性的调查数据。

（3）用于支持政策管理的监测数据或绩效管理数据。

（4）为进行政策评价而专门收集的数据。

在评价的设计阶段，应考虑是否有行政运营数据或一般的长期结构性调查数据，因为这些数据有可能成为背景数据或解释性数据的重要来源。监测数据通常是行政性的和定量的，不

是主要为评价而产生的，但它可以在政策评价中发挥关键作用，在政策的整个生命周期内向决策者和分析人员提供有用的信息。因此，在设计阶段应综合考虑监测数据的可用性，以及是否有机会以最能支持评价的方式加以调整或收集。如果监测数据具有较高的质量并允许对"反事实"进行估计，则可以构成影响评价的基础。同时，从政策实施开始监测政策的进度和情况，有助于对政策实施过程进行评价。

数据收集通常需要在政策实施之前进行，以确保能够收集政策实施之前的情况（也称为基线），因此应在此之前做好数据收集的规划。对于数据收集的时间也需要仔细考虑。某一项政策的最终影响可能需要很多年才能显现，无法作为评价项目的一部分数据进行收集。在这种情况下，可能需要收集与中间结果相关的数据，以便在较短的时间内衡量政策效果。

### 四、实施评价

在实施评价之前，要求所有的参与者熟悉评价方案，包括熟悉调查目的、调查对象、调查方法和调查表，以便使参与者对评价方案的形式、内容、步骤达成共识。因此，对调查员进行培训是非常重要的。在一定程度上，培训的质量可决定评价的质量。实施评价是根据既定计划在现场进行资料收集，同时需要现场判断。在管理领域中，评价的实施不同于一般的调查，因为除了需要收集必要的信息外，还需要在现场发现问题、指导工作。除定量调查外，定性调查也是卫生管理中常用的评价方法。收集信息并去粗取精、去伪存真，是评价工作的主要任务。

### 五、整理与分析资料

**1. 描述性分析** 是对综合评价值按指标体系的不同层次或类别进行分析，对评价对象进行排序比较，找出差异，并分析原因。

**2. 经济学评价** 是对指标体系中的投入与产出指标评价值，计算其各自的综合值，然后做产出和投入比较分析。经济学评价的具体实施方法将在本章第三节进行阐述。

**3. 投入、产出、效果三维分析** 对指标体系的投入、产出、效果指标评价值，分别计算其各自的综合值，并分出等级，然后在三者间进行交叉分析，分为若干类型，如"低投入、高产出、高效果"，再进一步分析其优、缺点及改进对策。

### 六、使用和传播评价结果

在使用和传播评价结果时，应重点关注如何展示以及展示的对象。报告的格式通常采用长报告、执行摘要、技术报告和（或）汇报。如果是外部评价，则需要按照指定的报告或汇报格式进行结果展示。最后，需要考虑如何将调查结果反馈到政策过程中，以影响未来的决策。

## 第三节 卫生评价的类型及方法

卫生政策或项目评价主要涉及三类问题：卫生政策或项目是如何实施的，产生了什么影响，以及收益是否大于成本。这三类问题可以分别通过过程评价、影响评价和经济学评价来回答。过程评价用于评价政策是否按照预期设定实施，实施过程中流程的好与不好及其原因。影响评价主要提供一种客观的检验，明确所发生的变化，以及这些变化在多大程度上归因于政策。经济学评价则是比较、分析政策的收益和成本。

过程评价和影响评价所解决的问题之间存在重叠，如一个"过程"的评价结果也可以是一个"影响"的评价结果。过程评价更多是描述分析，而影响评价则主要是控制其他混杂因素，使评价结果更明确、更可靠。也可以两种方法同时进行，这就要求在设计过程评价时往往需要考虑影响评价的目标和数据，反之亦然。

影响评价或许能够证明和量化某一项政策产生的结果，但其本身无法证明该政策的合理性。经济学评价则可以考虑这些问题，包括政策的成本是否超过收益。经济学评价以特殊的方式对投入和结果进行评估，因此在设计阶段应考虑经济学评价的要求，否则所收集的资料可能不符合成本-效益框架，就很难进行经济学评价。

除以上三种主要的评价方法外，还可以使用系统综述和现实性综述等评价方法，根据现有的证据对政策进行评价，使用基于理论的方法建立评价的总体框架作为过程评价或影响评价的补充，或者使用仿真建模的方法对项目效果进行评估。

## 一、过程评价

基于过程的评价可以在政策的整个生命周期中使用，以便及时向决策者提供反馈信息，表明政策是否按预期执行，是否有重要产出，以及政策中是否有任何部分不起作用或特别有效。行动研究、执行监测和个案研究可以为政策的执行和传达提供评价证据，使决策者有机会完善和改进政策，有助于实现其最终目标。

（一）行动研究

行动研究是一种可以帮助决策者和实践者在政策制定的早期阶段做出改变，以改进政策、增加实现其目标的可能性的评价方法。行动研究需要研究人员以及参与制定和实施政策的人员，合作诊断实际问题，并在此基础上制订解决方案。行动研究通常与政策的实施同时进行，以确定可能出现的问题，确保实施尽可能有效，并预测和解决早期阶段出现的任何问题。行动研究可以用于政策实施的所有阶段，能够很好地满足各种政策需要，特别是在需要迅速、及时地解决问题时。

行动研究可能需要收集数据，以了解政策实施的背景，诊断实施过程中的问题以及帮助确定改进政策的方案。数据可以是定性的，也可以是定量的，或者是两者的结合。行动研究人员应定期将数据分析结果反馈给决策者和（或）实践者，以共同确定关键问题和可能的解决方案。在条件允许的情况下，行动研究人员可以进一步评估政策变化，以确保达到预期的效果。

在进行行动研究的地方，决策者和（或）实践者必须愿意依据行动研究做出改变，因为行动研究的价值就在于改变政策在当地的执行方式。特别重要的是，需要考虑为影响评价收集数据的最佳时机。一旦行动研究完成，就应该开始收集数据，以便只获得改进后的政策所产生的影响，否则可能会发现该政策几乎没有影响，以致对今后的决策毫无价值。

（二）执行监测

执行监测的主要目的是了解政策如何实施与传递，并确定其促进或阻碍政策有效性的因素。评价可以在政策实施的任何阶段进行（具体时间取决于所评价的政策和所研究的问题）。执行监测可以详细描述服务或政策中涉及的干预措施、提供者、采取的形式、传递方式以及参与者和接受者对干预措施的感受。另外，执行监测还能为深入了解所涉及的决策、选择和判断提供信息，了解它们形成的原因及方式。

执行监测可以用于评价政策的执行情况，以提高政策的质量，为未来政策的制定提供信息，解释影响评价的结果。当政策"无效"时，执行监测有助于判断是由于政策本身的缺陷还是执行不当所致；而当政策"有效"时，执行监测可以明确政策最具影响力的要素，从而指导有效地利用资源。此外，执行监测还可以为影响评价提供数据，以明确多种干预措施的影响。如果环境因素对政策产生了影响，那么通过执行监测也可以帮助决策者判断在其他情况下产生相同结果的可能性。

### （三）个案研究

个案研究是指对单个或数量有限的人、事件、背景、组织或政策进行深入或长期的调查。在了解重要或新的情况并需要提供大量数据时，可以使用个案研究。尽管个案研究的过程有时看起来与过程监测类似，但两者之间仍然存在关键的差异，这将对如何进行研究以及如何解释收集到的数据产生影响。个案研究主要针对局部地区或特定环境，即研究对象可能是小规模的或是只发生在一个或极少数地区的政策或项目，且参与人数有限。对于更大规模的政策或项目，个案研究本身往往更侧重于关注政策决策者特别感兴趣的对象或有限的地区，此时个案研究可单独用于提供有关人员或相关领域的数据，也可通过提供更深入的说明，作为对政策总体执行情况全面分析的一部分。无论背景如何，当需要整体、全面和情境化的深入理解时，通常都使用个案研究。

行动研究、执行监测和个案研究这三种类型的研究也可以结合起来，以加强对政策执行情况的评估。例如，当某一项政策最初实施时，可以进行行动研究以改进其程序和做法，然后进行过程监测以评价政策的递送情况，同时将个案研究用于在特定背景下和领域内提供更详细、深入的数据。

## 二、影响评价

影响评价旨在查明某一项政策是否实际产生了预期的效果。原则上，影响可以根据政策的任何结果来定义，但通常侧重于采用与政策的最终目标最接近的结果。影响评价主要包括两个部分，第一部分研究干预前后所关注的卫生和社会经济发展指标是否有所变化；第二部分研究这些指标的变化与实施干预之间的因果关系。第一部分的重点在于描述性统计，尽管进行良好的描述统计十分重要，但这不是影响评价本身的重点和难点。第二部分是建立归因——这是影响评价的决定性特征。通常，第二部分研究是更具挑战性，并且可限制政策项目应当适用于何种评价方法。第二部分的主要难点是政策之外的其他原因也会影响结果。影响评价的要点是将政策的效果与其他影响因素分开。

为应对所谓的评价困难问题，即同一个干预对象不可能在同一时间既接受干预又不接受干预，影响评价的其中一个关键点是构建"反事实"过程——如果没有运行政策，将会发生什么。根据定义可知，没有发生干预的情况是不能直接观察的，因为政策确实得以运行了。但是，影响评估需要获得对"反事实"的良好估计。"反事实"研究常通过参考没有实施政策的情况。

因此，从广义上讲，一个有力的影响评估需要具备以下特点：①估计"反事实"的手段；②足够数量和质量的数据支持估计过程；③结果中的"噪声"水平足够低，以检测什么是合理预期的政策效果。

在实践中，上述要求中的一部分或全部可能会超出评价者的控制范畴。这就需要一些特殊的技巧和方法来协助评价。在政策启动之前，通常需要采取一些措施和设计使影响评价得以顺利进行。这可以包括干预的分配，并建立适当进行数据收集以作为基线等。影响评价的研究设计，通常包括采用比较和对照的方法作为估计"反事实"的手段以及控制混杂因素。在逻辑框架中，观察的效果指标和干预的逻辑关系距离越远，就越有可能存在各种可能性的解释，并且越应当使用"反事实"模型进行。在公共政策研究中，政策与结果之间的因果关系是间接的，因此需要进行"反事实"估计。这也是本章介绍的重点内容。

### （一）影响评价的研究因素与混杂因素

鉴于总体效应改变不仅反映干预的效果，而且反映在干预开始同时发生且已经开始的其他过程的影响,影响评价的主要挑战是得出纯干预效果的估计。为实现这一点,评价者必须排除或从总体效果中排除混杂因素。必须以某种方式从粗略的总效应估计中消除任何外部因素的影响,这些外部因素全部或部分解释了在目标问题或总体层面观察到的变化。它们通常是产生结果的因素,如疾病的自愈过程、外部经济变化等。混杂因素根据所关注的指标不同而有所不同,其中部分重要的因素概括如下。

(1) 选择偏倚:通过在研究人员控制范围之外选择过程,可能导致目标人群中的部分成员比其他成员更有可能参与评估中的项目,从而在接受干预的人群和其他未接受干预的人群之间产生差异。这些相应组别的结果差异可以通过选择来解释,而不能归因于干预。因为这是预先存在的差异。当与结果变量相关时,称为选择偏倚。例如,在一些自愿参加的干预项目中,自身健康意识较高的人群更愿意参加项目,如果与一般人群或不参加项目的人群进行比较,可能会高估项目的影响。

(2) 内生变化:社会指标或者社会状况在自然环境下不可避免地会影响感兴趣的结果,这种自然发生的影响称为内生变化。

(3) 长期漂移:在一定范围内,某些指标具有一定的长期趋势,长期趋势也可以通过产生抵消干预的积极净效应的相反效应来掩盖项目的影响。例如,随着人均寿命的提高,肿瘤发病率不断增高,这种增高可能会掩盖由于肿瘤筛查后而采取干预措施的成效。

(4) 干扰事件:与长期趋势一样,短期事件也会产生人为地增强或掩盖网络计划效应的变化。例如,在针对急救车到达时间的研究中,突发事件导致的大型拥堵可能会使得干预的结果失去研究的意义。

(5) 个体的趋势:在研究目标人群变化的项目评估中,情况的改变具有其特定规律,从而可能掩盖或增强项目效应。例如,患者初发重症肺炎时,其呼吸功能在短期内会出现一定程度的好转,这取决于其自然病程,不能将这种个体的自然规律视为项目干预的影响。

(二) 影响评价的常用设计

前文已经提到,影响评价的重点是如何通过"反事实"模型表明因果关系。之所以称其为"反事实",是因为对于同一时刻的同一个体,只能存在接受干预和不接受干预两种情况,而真实的对照则是这两种情况的对比。在实践中,由于只能出现一种情况,因此无法观测到真实的"反事实"指标,只能通过研究设计的方法找到"反事实"情况的近似值。

研究设计的目的是调控政策的实施,或者利用其已经具备的特征,从而可以估计"反事实"。这就需要引入随机性或其他非随机性条件来解决。那么如何在实践中获得良好的对照组呢?需要依次考虑以下两种方法:①随机对照试验,即将符合条件的个人(或区域)分配给治疗时是随机进行的,就像抛硬币一样。②准实验研究,研究没有显性的随机化,而是通过其他方式解决干预组和对照组之间潜在的不相等性。

**1. 随机对照试验** 实现干预组与对照组之间比较的最好的方法是在目标人群中随机招募成员到两个组别中,允许机会决定某个人(或单位)是否被提干预或未经处理。随机对照试验通常被认为是政策评估最有力的手段,因为它能够平衡各组之间的差异。在随机对照试验中,参与或未参与的目标人群由于完全随机划分被认为除了干预条件以外,现有条件是完全一致的,而且未来可能受到的其他干预也是完全一致的。因此,没有受到干预的对照组可以作为"反事实"的对照组使用。更加具体地说,两个组别有相同的组成、倾向及经历。当然,即使目标单位是随机分配的,干预组和对照组也不会完全可比。例如,因为机会效应,很可能有更多的女性进入对照组。但是如果随机化的过程被不断重复,这种平均波动就会被降为0。

但是由于政策分配的本质往往是不随机的,因此在实践中很少应用。然而,如果政策是"实验性"的,那么随机化的分配就更加可行。在这些情况下,通常会在某些地区进行政策试

点。随机化在社会研究环境中可能面临一些实际障碍,这些障碍主要是由于难以维持对分配过程的完全控制,以及公共政策中的各种干预措施的混杂。

此外,利用随机对照试验还存在一些弊端和风险,包括成本过高,只适用于部分实施的计划或项目,无法区分形式上的干预与实际干预效果等。

**2. 准实验研究**　当随机化条件不能得到满足时,常采用准实验研究。在某些情况下,有偏见的分配或许是"可忽略的"。通常,在无计划的干预发生的情况中,准实验研究可以被认为是无偏倚的,因而等同于随机对照试验。自然实验就是一种典型的准实验研究。通过自然选择的干预组和对照组,往往被认为与随机对照试验的干预组和对照组类似。例如,在研究洪水对住房的影响时,多个洪水发生概率相似的地区,发生洪水灾害的可以作为干预组,而没有发生洪水灾害的则可作为对照组。因为各种特征在这些地区是随机的,所以洪水的发生也可以被视为是随机的。同样在一些调查营养状况的研究中,可能将我国1959—1961年的困难时期作为一种自然实验过程。

此外,准实验研究可以在随机对照试验的几个条件不能完全满足时提供近似的分配或对比条件,以建立模型。以下简要介绍几种在影响评价中常见的准实验研究方法:

(1) 匹配方法:将匹配方法应用于影响结果发生的指标,可以观察到其中的一部分,而不能观察到的影响结果的指标尽管无法观察,但与可观察的指标具有较高的相关性,因此,通过控制可观察的指标可以保证干预组和对照组的一致性,使两组之间具有可比性。匹配方法的局限在于,由于需要保证两组之间的可比性,因此干预组和对照组都不能代表整个目标人群,这会导致匹配的结果失去一定的普遍性。净效应 = 匹配的干预组 – 匹配的对照组。

(2) 双重差分法:双重差分法放松了对于干预组和对照组在基线水平的差距的要求。如果两组在历史时间序列数据中的政策前趋势是一致的,或从以往的研究中验证并行性假设,那么双重差分法是一个适用的准实验研究方法,能够解决在缺乏关于研究对象丰富信息的情况下产生的选择偏差。但是,对于并行性假设需要进行验证,并且如果示例数据仅在两个时间点(在实施策略之前和之后)可用,则不建议使用双重差分法。双重差分法利用两组在干预前的一致性趋势来消除两组的基线差异。其中,净效应 =(干预后干预组 – 干预后对照组)–(干预前干预组 – 干预前对照组)。

断点时间序列:断点时间序列是一种不依赖额外对照组的研究设计。时间序列研究以干预组在政策干预前的数据特征作为对照组进行分析。与一般的实施前后对照分析相比,时间序列研究要求数据的趋势特征相对稳定,而且数据的收集需要在项目实施前后多个时间点进行,以保证能够总结指标随时间变化发生的趋势。在分析方法上,时间序列研究不仅能识别干预措施对于结果的绝对影响,而且可以估计干预措施对时间趋势的影响。

(3) 断点回归:如果已知干预分组的分配方式,并且分配方式是通过切割一个连续变量而得到,则往往可以认为在分配的切割点附近的对象不具有明显的区别。因此,可以通过这一假定将干预组和对照组进行区分。最经典的例子是研究高考和上一本大学是否能影响工资水平。研究中,高考的结果本身反映了一个人的能力和家庭背景等因素,但是如果在分数线上下2分左右,则可以认为这些人的其他属性是一致的,仅有高考成绩的差异以及能否上一本大学的差异。这样,在调整高考成绩后,可以认为两组人是随机分组的。净效应 = 断点附近的干预组 – 断点附近的对照组。

### 三、卫生经济学评价

卫生经济学评价是经济学评价在卫生领域的具体应用。经济学评价是对指标体系中的投入与产出指标评价值,计算其各自的综合值,然后进行产出和(或)投入的比较、分析。经济学评价通常包括以下几种类型:

**1. 效率分析** 效率是指卫生服务量与质的变化与资源投入间的比较。通常，效率是效果的前提，但二者不一定存在必然的因果关系。也就是说，效果的产生，除了与为实施干预措施而投入的资源有关外，还存在着其他未能控制的影响因素。尽管在实际评价工作中，非常重视对效果的评价，但基于上述看法，有时不得不把效果评价放在次要位置（除非严格采用实验评价方法）而转向对项目产出即效率进行评价。效率评价虽然不能反映项目计划的效果，但能较好地反映被评价地区在项目计划的影响下其卫生服务水平的变化。

**2. 成本-效果分析（cost-effective analysis）** 进行成本-效果分析时，投入成本以货币形式表示，产出的效果则以健康指标或卫生问题的改善来表示，实际上是研究资源消耗与健康结果之间的关系，如减少一例患者发病、延长1年寿命等所需资源的成本。卫生经济学评价优先使用实际效果指标进行分析。在选择效果指标时，应该尽可能采用终点指标（endpoint criteria）。如果获得终点指标有困难，也可以采用比较关键的中间指标（intermediate endpoint）进行分析，但应提供相应的研究文献依据，说明中间指标与终点指标之间的联系和相关程度。例如，在进行高血压干预的卫生项目评价时，效果指标应当以高血压不良并发症的发生、死亡为第一选择。在这些指标较难获取或随访时间难以观察到其变化时，才应当选择高血压控制率、平均舒张压等中间指标作为替代。此外，在进行经济学评价时引用的外部数据资料应当来源于真实世界而不是严格控制的实验条件，这是为了保证经济学评价结果对卫生决策具有更实际的指导意义。成本-效果分析通常用成本-效果比（cost-effectiveness ratio，CER）表示。成本-效果分析结果往往由于计算指标不同而导致在不同的项目中难以进行比较。因此，在比较不同类型项目和干预方法的优劣时，不宜采用成本-效果分析。

**3. 成本-效益分析（cost-benefit analysis）** 成本-效益分析是在成本-效果分析的基础上进行的，投入成本与产出效果都用货币单位计算，最后用效益成本比（benefit cost ratio，BCR）表示。

效益的来源通常包括以下四个方面：①个体健康效益，如提高期望寿命、减少发病、减少失能等。②卫生保健资源效益，减少发病后可进一步减少卫生资源的消耗和利用，这种效益在预防疾病、促进健康方面的投资更为明显。③经济效益，减少发病和失能，增加工作时间和产出，这种间接效益是对社会发展的贡献。④社会效益，很多预防保健投资均表现为社会效益，可提升预防保健措施的可及性和平等性。

根据效益的产生方式不同，可以将效益分为直接效益（direct benefit）、间接效益（indirect benefit）和无形效益（intangible benefit）。

直接效益是指实行某项干预措施后所节省的卫生资源。直接效益体现的是因干预措施而发生了实际货币交换的收益。在测量直接效益时要特别注意防止双重计算，即避免将发生改变的卫生资源同时计入成本和健康产出变量当中。

间接效益是指实行某项干预措施后所减少的患者健康时间的损失或劳动生产力恢复带来的效益。无形效益是指实行某项干预措施后减轻或者避免患者躯体和精神上的痛苦，以及康复后带来的舒适和愉快等。间接效益和无形效益体现的是没有直接发生实际货币交换的收益，因此需要通过一定的方法进行测算。常用的测算方法包括人力资本法（human capital approach，HCA）和意愿支付法（willingness-to-pay，WTP）等。采用意愿支付法进行测算时，应当特别说明研究中的假设、提问方式、测算效益的范围、问题的语言表述等。这些基础的信息和描述可能显著影响评价测量的结果。

**4. 成本-效用分析（cost-utility analysis）** 效用是指患者或社会对于某种干预措施所带来的健康结果的一种偏好程度。成本-效用分析是将各卫生计划的成本与效用联系起来进行比较和分析。成本-效用分析在进行产出测量时，把各个不同方案的不同结果都转化成效用指标。成本-效用分析效用指标主要是质量调整生命年（quality adjusted life year，QALY）。

健康效用值的测量方法有直接测量法和间接测量法两种。直接测量法是指通过使用某种工具直观地得到受访者效用值的方法。直接测量法主要包括：标准博弈法（standard gamble，SG）、时间权衡法（time trade-off，TTO）、视觉模拟评分法（visual analogue scale，VAS）等。间接测量法是指通过量表中的问题和效用值转换表间接得到受访者效用值的方法。间接测量法主要有通用效用值测量量表、疾病专用效用值测量量表和映像法（mapping utilities）三种。常用的通用效用值测量量表包括欧洲五维生存质量量表（EuroQol-5 dimensions，EQ-5D）、健康调查量表6（short-form 6 dimensions，SF-6D）、健康效用指数（health utility index，HUI）和健康质量量表（quality of well-being，QWB）等。使用间接测量法时，应当首选基于我国大陆地区人群的效用值转换表。

## 四、其他评价方法

### （一）系统综述和现实性综述

对现有证据进行审查有助于确定和细化新的评价目标，但由于存在大量的潜在研究，以及不同研究的质量与价值参差不齐，明确政策干预的已知信息始终是知识管理的一大挑战。因此，需要对高质量和低质量的研究，以及相关和不相关的证据进行区分。下文主要介绍对现有证据审查的两种方式，即系统综述和快速评价：

**1．系统综述** 进行系统综述需要遵循一定的原则和方法。首先，要明确研究问题，包括研究背景、研究对象、干预措施、研究因素或过程及其结果。在研究检索过程中，不同于其他综述，系统综述寻求所有可用的研究证据以避免选择偏倚，包括电子资源、印刷资料和灰色文献。然后，对检索的研究进行批判性评价。批判性评价利用明确和透明的标准来确定研究的质量，删除不符合质量标准的研究，对纳入的研究赋予一定的权重。利用数据收集表格，从筛选的研究中提取所需数据。对提取的信息进行分析时，需要根据研究问题、初始研究使用的方法以及研究结果的用途，选择合适的方法。最后，对综述成果进行总结，总结应明确从现有的证据中可以得到的结论，不能得出的结论以及现有研究的局限性与不足。由于随时间推移现有研究数据也会随之陈旧，并且新研究不断出现，综述结论可能会发生改变，因此需要对综述注明日期以及最新的更新时间。

**2．快速评价** 是系统综述的精简版，采用相同的一般原则，但以温和的方式使审查能够更快地进行。快速评价整理某个话题中可用于证据的描述性提纲，并批判性地予以评价，淘汰质量差的研究，并提供证据的概述以及证据中缺失的内容。快速评价基于对相关数据库相对全面的电子搜索，以及对一部分印刷材料的搜索，但不是对数据库进行彻底搜索，也不包括对期刊和教科书的手工搜索以及对系统综述中灰色文献的搜索。如果随后完成对证据更系统和全面的审查，那么快速评价的结论可能会被修订。这与一个重要的原则是一致的，即系统综述只有在最新的更新和修改允许的情况下才有效。

### （二）基于理论的评价

基于理论的评价有助于更深入地理解程序或活动的工作原理，即程序理论或程序逻辑。值得注意的是，它不需要假定简单的线性因果关系。例如，政府通过增加教师数量来提高教育水平的计划能否成功取决于很多因素。这些因素包括教室和课本的可及性，家长、校长和学生可能的反应，教师的专业技能和教学水平，新增教师的来源，以及政府资金的可靠性等。通过列出对项目成功至关重要的决定因素或因果因素，以及这些因素之间的相互作用，就可以决定在项目发展的过程中应该监测的步骤，观察这些步骤实际上是如何被证实的。这样就可以确定决定成功的关键因素。如果数据显示这些因素没有实现，则该计划就不太可能成功地实现其目标。

基于理论的评价方法为设计具体的评价内容以及如何利用采集到的证据作出判断提供了一个总体的概念框架，因此它是对主要过程和影响评价研究的补充，而不是替代。这些研究提供了新的数据和证据，可以酌情将其纳入评价框架。

### （三）仿真建模

仿真建模是一种将影响途径的不同部分或干预逻辑的不同评估结果结合起来的方法。仿真建模通常要求与逻辑模型中各个环节环环相扣，且相关的证据用定量的术语来表示，即模型中不同阶段各个端点的衡量指标必须是可比的，或者至少通过转化之后是可比的。例如，通过仿真建模培训失业人员进行经济学评价时，需要对以下环节提供定量证据：举办研讨会所使用的资源、研讨会的出席率、出席率对学员技能的影响、学员技能的变化对后续就业和收入轨迹的影响、就业和收入轨迹的变化对生活质量和其他有关指标的影响。在这个例子中，逻辑模型中每个阶段的端点是相同的，因此从构造上来说是可比的。

在任何新的评价研究中，如需使用仿真模型，则要尽早确定，因为使用直接可比较或能够转换为可比条件的端点可能会影响研究的设计和数据的收集等。另外还应注意的是，基于模拟的评价始终会得到一些不确定的假设环节和证据的有效性支持。采用这种方法，对所有结果都不能直接衡量，因此评估不能"证明"影响实际上是由所涉及的干预措施造成的。同时，如果需要对端点进行转化以使其具有可比性，则转化必须基于假设，并且这些假设的有效性将影响最终结果的可靠性。在某些情况下，与逻辑模型中某些环节相关的证据可能相对薄弱，甚至完全缺失，需要更有力的假设，由此会造成更大的不确定性。很多基于理论的评价使用大量的定性证据和假设来估计干预的影响，在考虑结果的可靠性时，需要考虑到这些信息固有的不确定性。

LiST（lives saved tool）是仿真建模的一种模型，是由约翰霍普金斯大学研发的用于帮助制定降低孕产妇、新生儿和儿童死亡率策略的模型。根据国家人口和社会经济学信息，孕产妇和儿童死亡率、死因分布，以及相关干预措施的覆盖水平和计划覆盖水平、干预效能等信息，可以估计将干预措施从现有覆盖水平扩大到计划水平能够减少的孕产妇和儿童死亡人数。LiST 对于有效干预措施的筛选和干预效能的测量具有严格的要求。儿童健康流行病学参考小组（Child Health Epidemiology Reference Group，CHERG）发布了一套用于综述干预措施效果的指南，用于 LiST 中相关干预措施的筛选及其效果的衡量。

以下以取消使用者付费对儿童死亡率的影响为例，介绍在研究过程中 LiST 模型的应用：

研究目的是通过结合关键卫生干预措施对降低儿童死亡率的影响的证据以及对取消使用者付费可能增加受益于这些干预措施的人口比例的分析，估计在 20 个非洲国家可避免的 5 岁以下儿童死亡人数。

模型的第一阶段是为儿童生存干预措施制订分类系统。将 26 种干预措施按取消使用者付费后预期采取情况是否会增加以及增加的程度分组，分类流程如图 5-3 所示，对每组赋予一定的权重。

模型的第二阶段将干预措施的分类系统与取消使用者付费之后更广泛的卫生服务利用率变化的证据相结合，估计所研究的 26 类干预措施的预期利用率变化。具体干预措施使用率变化估计值等于干预措施的代理指标（如使用"免疫接种率"作为破伤风杆菌疫苗的代理指标）使用率变化的中位数，乘以权重。

模型的第三阶段将不同卫生干预措施使用率的增加转化为 5 岁以下儿童死亡率的降低。这一阶段通过在更新的贝拉吉奥儿童生存影响模型（updated Bellagio child survival impact model）中输入 2003 年以来每一项干预措施的覆盖率预期按比例增加的估计值来实现。该模型通过综合各国和不同原因 5 岁以下儿童死亡率水平的估计值、所有已证明有效的干预措施的全国覆盖率数据以及每一项干预措施的病因特异性的疗效估计,从而评估对儿童死亡率的影响。

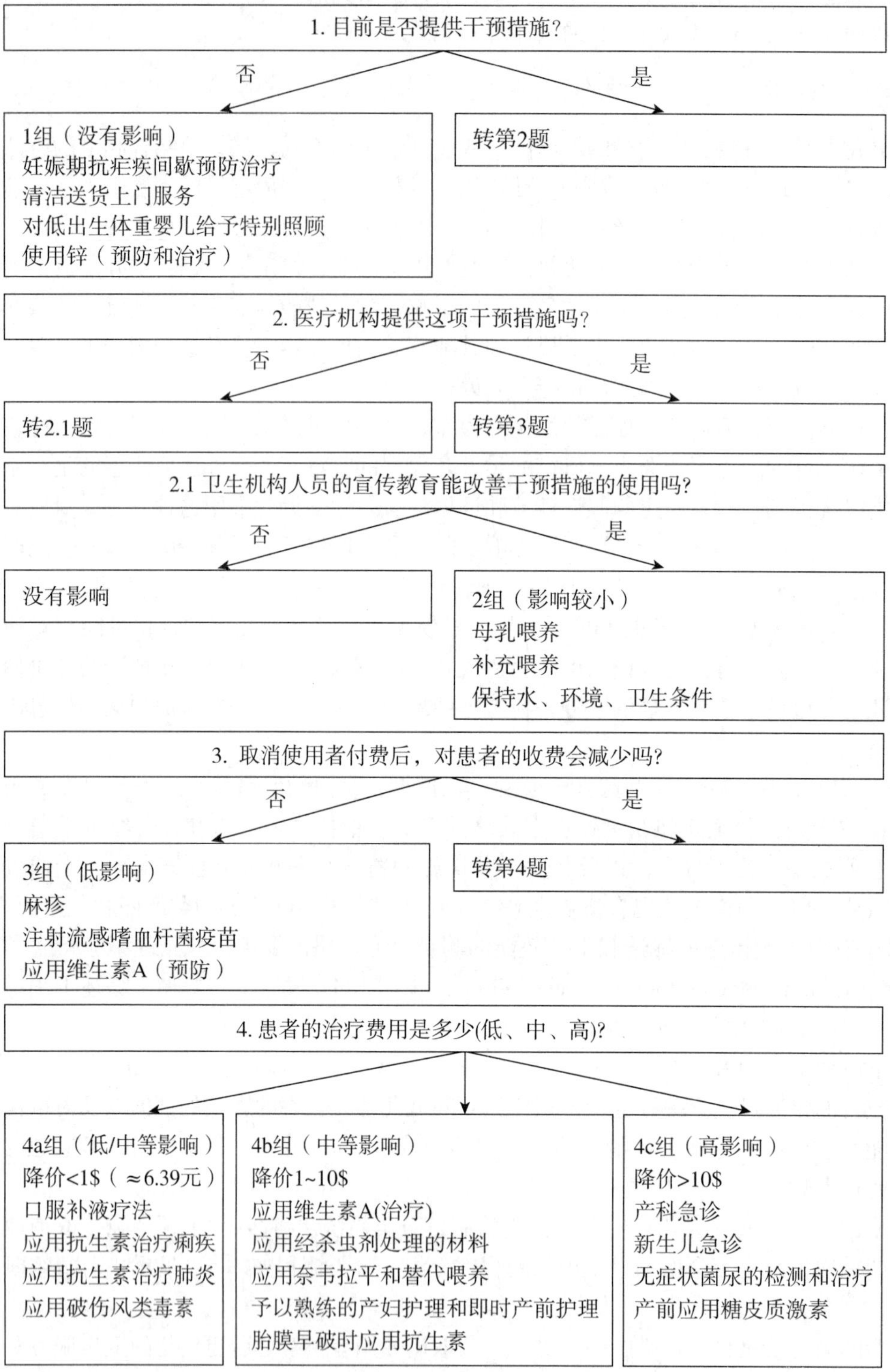

```
                    1. 目前是否提供干预措施?
                   否              是
    ┌──────────────────────┐      ┌──────────┐
    │ 1组(没有影响)        │      │ 转第2题  │
    │ 妊娠期抗疟疾间歇预防治疗│      └──────────┘
    │ 清洁送货上门服务       │
    │ 对低出生体重婴儿给予特别照顾│
    │ 使用锌(预防和治疗)   │
    └──────────────────────┘

                    2. 医疗机构提供这项干预措施吗?
                   否              是
         ┌──────────┐         ┌──────────┐
         │ 转2.1题  │         │ 转第3题  │
         └──────────┘         └──────────┘

            2.1 卫生机构人员的宣传教育能改善干预措施的使用吗?
                   否              是
         ┌──────────┐         ┌──────────────────┐
         │ 没有影响 │         │ 2组(影响较小)    │
         └──────────┘         │ 母乳喂养          │
                              │ 补充喂养          │
                              │ 保持水、环境、卫生条件│
                              └──────────────────┘

                3. 取消使用者付费后,对患者的收费会减少吗?
                   否              是
    ┌──────────────────────┐    ┌──────────┐
    │ 3组(低影响)         │    │ 转第4题  │
    │ 麻疹                 │    └──────────┘
    │ 注射流感嗜血杆菌疫苗  │
    │ 应用维生素A(预防)   │
    └──────────────────────┘

                4. 患者的治疗费用是多少(低、中、高)?
```

| 4a组(低/中等影响) | 4b组(中等影响) | 4c组(高影响) |
|---|---|---|
| 降价<1$(≈6.39元) | 降价1~10$ | 降价>10$ |
| 口服补液疗法 | 应用维生素A(治疗) | 产科急诊 |
| 应用抗生素治疗痢疾 | 应用经杀虫剂处理的材料 | 新生儿急诊 |
| 应用抗生素治疗肺炎 | 应用奈韦拉平和替代喂养 | 无症状菌尿的检测和治疗 |
| 应用破伤风类毒素 | 予以熟练的产妇护理和即时产前护理 | 产前应用糖皮质激素 |
| | 胎膜早破时应用抗生素 | |

图 5-3　取消使用者付费对儿童获得保健干预措施的预期影响

(冯星淋)

# 第六章 卫生资金管理

## 第一节 概 述

卫生资金是卫生资源的货币表现。卫生资金管理是指一个国家或地区围绕既定的政策目标,遵循卫生资金运行规律,采取一系列管理手段和方法,针对卫生资金的筹集、监管和支付等各个环节所开展的具体管理活动。如何在有限的社会资源下获得稳定的、可持续的卫生资金来源?如何利用有限的卫生资金为民众提供更好的医疗卫生服务,同时确保民众不会因卫生费用问题而出现经济困难?如何利用卫生资金最大限度地促进健康?这些问题都是研究卫生资金管理时需要解决的核心问题。

### 一、卫生资金管理的主要内容

#### (一)卫生资金筹集管理

卫生资金管理的首要功能是通过政府、公司、企业、社会组织以及家庭等渠道筹集卫生服务所需要的资金。较为充足的卫生资金是保障人人享有医疗卫生服务和消除经济风险的重要前提。一般来说,随着一个国家经济发展水平的不断提高,其卫生筹资的规模会不断增大。2016 年,35 个经济合作与发展组织(Organization for Economic Cooperation and Development,OECD)国家的人均卫生费用为 4003 美元,其医疗卫生总费用占其国内生产总值(GDP)的比例达到 9.0%。美国、德国、法国、日本等发达国家的医疗卫生总费用占其 GDP 的比例甚至超过了 10.0%。相比之下,2016 年有 25 个世界卫生组织成员国每年的人均卫生费用不足 50 美元,其卫生总费用占 GDP 的比例普遍低于 4%。缺乏必要的卫生资金是部分发展中国家特别是撒哈拉以南非洲国家卫生事业发展所面临的主要问题。

卫生资金筹集的方式可以分为公共筹资和私募筹资两类。常见的公共筹资方式包括税收筹资、社会医疗保险筹资、社区筹资等;常见的私募筹资方式包括私人保险筹资、使用者付费等。对发达国家而言,其主要的卫生资金筹资方式是公共筹资。采用国家医疗服务(National Health Service,NHS)制度的国家主要依靠税收筹资。例如,2015 年,英国卫生总支出的 80% 来自于税收筹资。采用社会医疗保险制度的国家主要通过强制社会医疗保险筹资。例如,2015 年,法国卫生总支出的 75% 来自于社会医疗保险。美国是发达国家中唯一主要依靠私人保险筹资的国家。相比之下,受到政府组织能力、经济发展水平等因素的影响,广大发展中国家更多地依靠私募筹资,特别是使用者付费筹集卫生资金。2015 年,中、低收入国家卫生总支出中,使用者付费的比例超过 40%,而在中、高收入国家中,使用者付费占国家卫生总支出的比例只有 25% 左右。

### （二）卫生资金支付管理

卫生资金支付是指将筹集的卫生资金转化为医疗卫生服务的过程。卫生资金管理部门需要向医疗服务机构支付资金，从而购买相应的医疗卫生服务。购买方式可以分为两类：被动购买（passive purchase）和战略购买（strategic purchase）。被动购买，即按照事先确定的预算进行支付或者患者自主选择服务提供者和服务内容，然后到保险机构去报销。战略购买则是在"购买什么""怎么购买""向谁购买"等方面不断探索和优化，发挥卫生资金的杠杆作用，从而提高卫生体系的整体绩效。具体来说，战略购买方会主动选择成本-收益比更高的医疗服务进行购买，会优先向更高效率、更高质量的医疗机构进行购买，也会尽可能以更低的价格进行购买。

由于医疗服务的提供方和需求方之间存在较为明显的信息不对称，筹资部门（如医疗保险基金）往往会通过创新支付方式来引导提供方医疗行为、控制医疗费用和促进医疗质量。这一现象与其他领域个人购买普通商品的情况存在明显不同。例如，消费者购买普通商品（如衣服、食品）的过程十分简单，消费者作为商品的需求方，在市场上找到合意的商品提供方，按照市场价格支付资金。与之不同的是，当不同渠道的资金集中起来之后，卫生筹资部门可以发挥杠杆作用，改变医疗服务提供者所面临的激励约束机制，通过总额预付、按人头付费、按床日付费等方式购买医疗服务，从而达到降低医疗费用、提高医疗质量等目的。

### （三）卫生资金监督管理

卫生资金监管是指政府及相关部门对卫生系统资金的运行进行全过程的监管和管理活动，可以分为财政卫生资金监管和医疗保险资金监管。无论是政府财政投入，还是医疗保障基金，都存在基金超支、保险诈骗、不合理医疗行为而导致卫生资金损失的可能性。这种可能性在一定情况下可能会对整个医疗卫生体系产生系统性危害，严重损害参保人的权益。因此，监控卫生资金的风险并实施有效的手段进行管理和控制尤为重要。财政卫生资金监管是针对财政资金的监管，属于财政支出监管的一部分。一般来说，一个国家或地区的财政支出监管制度在很大程度上决定了其财政卫生资金的监管制度。现代财政理论指导下建立的财政支出管理制度逐渐成为卫生财政资金支出的管理形式。部门预算、国库集中收付、绩效评价、财政支出监督等工具已经成为财政支出管理的核心要素，也是卫生财政支出监管的有效手段。医疗保险资金监管一般则是指针对社会医疗保险基金的监管，监管对象包括经办机构、定点医药机构、协议管理医师和药师以及参保人等。主要的监管形式包括日常监督和专项监督、现场监督检查和非现场监督检查、内部监督和外部监督相结合等方式。随着新技术的兴起，智能监控、飞行检查已成为新的医疗保险资金监管方式。

## 二、卫生资金管理与卫生体系目标

根据 WHO（2000年）卫生体系框架，卫生体系由四个子体系构成：卫生筹资、卫生服务提供、监督管理和人才、药品体系。四个子体系相互作用，共同决定卫生体系的中间目标和最终结果。卫生体系的中间目标包括服务的可及性、效率、质量以及透明度，最终结果包括健康结果、财务风险保护以及满意度和响应度。如图6-1所示，卫生筹资是卫生体系的核心功能之一，其制度安排直接影响卫生体系的绩效。因此，卫生资金管理的制度安排既会直接影响中间目标和最终结果，也会通过影响中间目标而对最终结果产生间接影响。鉴于卫生资金管理与卫生体系绩效的复杂关系，本章主要从卫生资金管理的三个角度说明卫生资金管理的制度安排对卫生体系绩效的影响。

首先，卫生资金的筹集规模和方式可对中间目标和最终结果产生影响。如果一个国家或者地区的卫生筹资水平太低，其服务可及性、医疗质量和居民的财务风险保护程度都会受到严重的影响。相反，增大卫生筹资规模则可能给当地居民带来较为明显的福利改善。例如，非洲国家卢旺达通过增加政府卫生财政投入和获取国际卫生援助等方式筹集更多资金用于卫生事业发展，其人均卫生费用从 1999 年的 11 美元增加到 2007 年的 37 美元，实现了基本卫生服务全覆盖。筹资水平的增加对提高医疗服务可及性和居民健康水平具有重要作用。除筹资规模以外，筹资方式也会对图 6-1 中的各项结果产生影响。例如，公共筹资特别是税收筹资表现出更高的累进性，收入越高的人所缴纳的税收占其收入的比例（即税率）就越高。累进性的筹资方式，使得医疗筹资具有收入再分配的职能，可实现富人对穷人进行补贴。一般来说，公共筹资比重更高的医疗卫生体系，其医疗服务可及性的公平程度、健康结果的公平性和财务风险保护水平也会更高。相反，如果卫生筹资更多地依靠私募筹资，其医疗服务的利用就会更多地依靠个人的支付能力，从而降低风险保护水平和健康结果的公平性。一个最直接的例子是，相比于更多依靠公共筹资的德国、法国、英国等欧洲国家，主要依靠私募筹资的美国医疗卫生体系在健康结果的公平性、财务风险保护水平甚至居民满意度等方面都更落后。

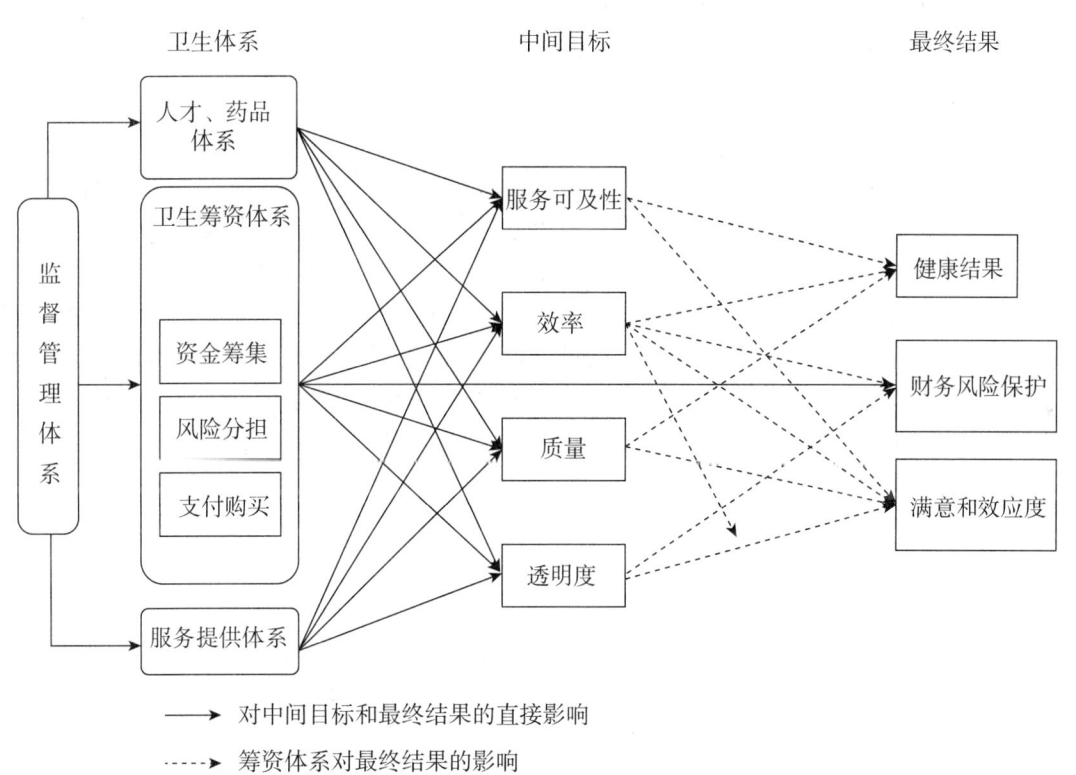

图 6-1　卫生资金管理与卫生体系绩效的关系

其次，支付购买方式也是卫生体系绩效的直接影响因素。与被动购买相比，战略购买更有助于提高资金的使用效率，从而提高整个卫生体系的绩效。例如，将更多的资金用于预防保健服务能够以更低的成本提高居民健康水平。按照传统的按项目付费方式，医生每提供一项服务都会获得相应的报酬，使得医生可能有过度提供医疗服务的动机，从而造成医疗费用快速上涨，使医疗服务的可及性和医疗卫生体系的效率降低。相反，通过总额预付、按人头付费、按床日付费等方式购买医疗服务，能够在一定程度上改变医疗服务提供者所面临的激励机制，减少医疗资源浪费，并控制医疗费用增长。近 10 年来，发达国家相关部门和国际组织积极倡导"按结果付费"和"按质量付费"，以期将资金支付购买与医疗质量、患者的健康结果挂钩，从而引导服务提供方更加重视医疗质量和患者健康，提高整个医疗卫生体系的绩效。

最后，卫生资金监督管理的方式也会对中间目标和最终目标产生较为明显的影响。例如，通过打击医保诈骗能够节约医保资金，将卫生资金用在有效的医疗服务上，从而提高医保资金的使用效率。通过对医保资金的监督管理能够及时发现卫生资金运行中存在的违法、违规行为，有利于控制医保资金的运行风险，提高卫生筹资的可持续性。同时，对卫生资金的风险预测和评估能够为卫生资金筹集和支付提供依据，提高政府和相关管理部门对卫生资金的使用效率，为更好地满足人民群众的医疗服务需求提供参考。

## 第二节　卫生资金筹集管理

目前，比较常见的筹资方式包括：以英国、澳大利亚为代表的税收筹资；以德国、日本和我国台湾地区为代表社会保险筹资；以美国为代表的商业医疗保险筹资。此外，使用者付费、社区互助筹资也是较为常见的卫生筹资方式。各种筹资方式的产生和发展具有不同的经济、社会、政治和文化背景，具有不同的功能目标，呈现出不同的筹资主体、风险分担方式和支付购买机制，因而对卫生体系的绩效具有深远的影响。

### 一、卫生筹资规模

卫生筹资规模，即卫生筹资数量，能够全面反映一个国家或地区在一定时期内全社会用于医疗卫生服务所消耗的资金总额。确定合理的卫生筹资规模是卫生决策者面临的重要任务。国际上通常用卫生总费用、人均卫生总费用、卫生总费用占国内生产总值（GDP）的比例、卫生总费用增长速度等指标来度量卫生筹资规模。其中，卫生总费用反映一个国家或地区对卫生事业的全部投入，是反映卫生资金筹集总量的重要指标。人均卫生总费用是一个国家或地区的卫生总费用除以该国家或地区的人口数量。该指标去除了人口数量因素对卫生总费用的影响，常用于衡量一个国家或地区的卫生资源水平。一般来说，经济发展水平较高的国家或地区，人均卫生总费用的水平也较高。

### 知识链接

根据核算层次，卫生总费用的核算方法包括筹资来源法、机构流向法和使用功能法。理论上，三种方法的测算结果应该相等，但是实际上三者核算的数值可能存在细微的差异。

1. 筹资来源法　筹资来源法是根据卫生资金的筹集渠道与筹集方式，收集和整理卫生总费用相关数据，测算全社会卫生资金投入总量的方法。该方法从筹资角度分析与评价卫生资金运动。其核算结果有助于分析和评价该地区政府、社会和个人对健康的重视程度和费用负担情况，以及卫生筹资模式的主要特征和卫生筹资的公平性与合理性。根据我国现行的筹资来源法，可以将卫生费用筹资总额分为三类：政府卫生支出、社会卫生支出和居民个人卫生支出。其中，政府卫生支出是指各级政府用于医疗卫生服务、医疗保障补助、卫生和医疗保险行政管理事务、人口与计划生育事务支出等各项事业的经费；社会卫生支出是政府卫生支出以外的社会各界对卫生事业的资金投入，包括社会医疗保障支出、商业健康保险费用、社会办医支出、社会捐赠援助、行政事业性收费收入等；居民个人卫生支出是指居民在接受各类医疗卫生服务时的现金支付。

2. 机构流向法　机构流向法是根据卫生机构类别进行分类，对卫生费用进行测算的方法。基于机构流向法的卫生总费用核算结果能够反映一个国家或地区在一定的时期内，从全社会筹集到的卫生资金在各级各类卫生机构的分配情况。根据卫生机构的类型，卫生总费用包括医院费用、门诊机构费用、公共卫生机构费用、药品零售机构费用、卫生行政和医疗保险管理机构费用。其中，医院费用主要包括城市医院、县医院、城市中医院、县中医院、社区卫生服务中心、卫生院、疗养院费用；门诊机构费用主要包括门诊部、诊所、卫生所、医务室、社区卫生服务站、村卫生室等费用；公共卫生机构费用主要包括专科病（如职业病、血吸虫病、麻风病等）防治机构、疾病预防控制中心、卫生监督所、妇幼保健机构、急救中心、计划生育机构、健康教育所（站）等各类公共卫生机构的各项活动费用；药品零售机构费用则是指某地区零售药店对个人或家庭提供的医用药品和其他医用商品的费用总额。

3. 使用功能法　使用功能法是根据卫生服务的功能划分，通过消费者对不同卫生服务的实际利用情况进行调查，收集和整理各类卫生服务项目的数量和费用数据，测算消费者接受卫生服务时所消耗的费用总额。根据卫生服务的功能划分，卫生总费用包括个人服务费用、公共卫生费用、卫生发展费用、卫生行政管理费用及其他费用等。

## 二、卫生筹资方式

### （一）税收筹资

税收筹资属于公共筹资方式，是国家借助法律等强制手段筹集卫生资金的一种筹资方式，在国内外卫生体系中应用非常普遍。根据税种来源，税收包括一般税和专项税。一般税是一个国家普遍征收的税种，是政府财政收入的主要来源，用于满足政府在各个领域的公共支出。常见的一般税包括个人所得税、公司所得税、财产税、增值税、营业税和进口税等。通过一般税收筹集公共财政资金以后，政府根据社会需求和预算情况将其中一部分用于医疗卫生事业，即卫生税收筹资。英国的医疗服务资金主要就来自于一般税收。专项税则是专门用于满足政府在某些领域的公共支出而征收的税种，其税收收入和支出之间存在明确的联系。例如，许多发达国家都征收社会保障税，以专门满足国家在社会保障领域的支出。根据政府渠道来源分类，卫生税收筹资可以来自中央政府和地方政府。中央政府或较高级别的政府作为主要筹资来源，有利于缩小卫生领域的不平等。因此，许多发达国家的政府卫生支出主要由中央政府负责。

由于国家对于税的征收、支付和管理都有严格的法律规定，所以税收筹资在一定程度上能够保证卫生筹资来源和支出水平的稳定性，减少各个环节的随意性和人为因素，并在一定意义上强化政府的责任。更为重要的是，相比其他筹资方式，税收筹资更有利于提高卫生领域的公平性，使所有社会成员享有更加均等的医疗卫生服务，更大限度地分担居民的健康风险。几乎在所有国家，税收收入都具有一定累进性，即税收更多地由高收入者承担，因此卫生税收筹资具有收入再分配的功能。特别是在发达国家（如英国），由于直接税（如个人所得税、公司所得税、财产税）占主体地位，整个税制具有较高的累进性，因此其卫生筹资也具有较高的累进性。

但是，税收筹资的不足之处在于形成财政资金后只能通过年度预算来安排，且通常以年度收支平衡为基本目标，易受宏观经济周期、重大公共卫生事件以及其他领域因素的影响。此外，由于税收的法定原则，各个国家税率设定和支出项目的灵活性相对较低，因此，卫生筹资

规模可能难以满足卫生事业发展的需要。特别是在人口老龄化、慢性病发病率增高等挑战下，将税收筹资作为主要卫生资金来源的国家随着时间推移通常都会出现超支问题。例如，英国国家医疗服务体系就长期面临资金不足的问题，造成部分治疗和手术排队时间延长、医疗质量下降等问题，从而影响其卫生体系效率和居民满意度。

（二）社会医疗保险筹资

社会医疗保险主要通过强制性的社会保险进行医疗筹资，以社会成员之间的互助共济为基本原则，通过"强制性"解决医疗市场的逆向选择问题，有利于为居民分担健康风险。社会医疗保险的主要特征体现在保险资金的独立性或准独立性，对一般财政收入的依赖程度较小。同时，社会保险缴纳金额与所获得的医疗收益密切相关，因此具有较高的透明度，更容易获得民众的接受和认可。

社会医疗保险资金的筹集一般通过两个渠道：个人缴费和企业缴费。个人缴纳的社会保险费用一般根据劳动收入的固定比例支付，收入高的个人需要缴纳的社会保险费用也高。因此，通过社会医疗保险进行卫生筹资也有具有一定的累进性，有利于社会财富的再分配。企业缴费是指雇佣劳动者的企业根据医疗保险费用共担原则为企业雇员缴纳的一部分保险费用。企业缴费的社会保险费用实际上是企业成本的一部分，过高的社会保险费用会削弱企业的竞争力。因此，合理规定企业应当承担的医疗保险费用比例是医疗保险资金筹集机制设计过程中需要考虑的重要问题之一。除了个人缴费和企业缴费以外，国家财政也可能对社会保险基金提供直接补助或者间接补助，使社会医疗保险惠及更多人群并提高保障水平。

一般来说，大部分社会医疗保险基金管理采用现收现付的方式。这种资金管理方式以短期内基金横向收支平衡原则为指导，其具体做法是先测算当年或近一两年内某项社会保险所需缴纳的费用，然后按照一定的比例提取，分摊到参加保险的单位或个人，当期提取，当期支付。这种资金筹集方式集中体现了互助救济的原则，具有收入代际转移支付的功能，能够有效抵御通货膨胀的风险。但是随着老龄化进程，现收现付方式会增加年轻投保人的负担，从而对整个劳动力市场产生负面的影响。因此，部分国家（如新加坡）引入个人账户（积累制）的方式来消除或减轻因人口老龄化所带来的医疗费用代际转移问题。

德国是公认的首个引入国家社会保险体系的国家。德国于1883年颁布了《工人疾病保险规定的准则》，宣布在全国范围内对部分雇员实行强制性医疗保险。除德国之外，日本、法国、奥地利、我国台湾地区都是主要利用社会保险作为卫生筹资的主要来源。在起初建立阶段，这些国家和地区的社会医疗保险体系覆盖的人群范围通常比较有限，主要涵盖正式部门的就业人员，如教师、公务员、产业工人等。这些就业人员往往有明确的雇主和正式的工资收入，因此容易确定保险缴纳数额。但是随着时间的推移，这些国家和地区的社会医疗保险体系逐步覆盖到全体公民，即基本上实现了全民覆盖。这一方面得益于经济增长和产业结构变迁，正式部门的就业人员人数和比例不断增加；另一方面，政府也通过财政补助等方式为低收入或其他特殊人群提供社会保险。例如，自2003年起，我国政府开始向新型农村合作医疗、城镇居民医疗保险参保者（目前是城乡居民医保参保者）提供财政补助。我国政府对医疗保险基金的财政补助对国家在较短时间内实现医保全覆盖发挥了非常重要的作用。

> **知识链接**
>
> ### 我国医疗保险体系的变迁
>
> 在计划经济时期，我国建立了针对不同人群的三类医疗保险制度。一是主要覆盖政府机关事业单位职工和家属、伤残军人及大学生的公费医疗制度。二是覆盖工厂、民航、航运等行业职工和亲属的劳动保险医疗制度。三是以农村集体经济为基础，覆盖农村居民的农村合作医疗制度。研究发现，除公共卫生运动、赤脚医生制度以外，三类医疗保障制度的覆盖对改善国民健康发挥了重要的作用。改革开放以后，随着我国经济体制和社会体制的变化，农村合作医疗、劳动保险医疗的覆盖率与保障水平显著下降。国家卫生服务调查数据显示，1993年，没有任何医疗保障的人口比例已接近70%；至1998年，该比例上升至76%。其中，城市人口中没有任何医疗保障的比例达到44%，农村人口中没有医疗保障的比例则高达87%。
>
> 随着原有医疗保障制度的解体，"看病贵、看病难"的现象日益凸显，成为较为严重的社会问题。在此背景下，政府开始推动建立新的医疗保障制度。1998年，为了配合国有企业改革和劳动力市场改革，国务院宣布在全国范围内建立城镇职工医疗保险制度（以下简称"城镇职工"）。"城镇职工"主要针对城镇地区正式就业的职工，包括在国有集体企业和部分民营企业就业的职工。2003年，针对农村地区的"看病贵、看病难"问题，我国开始建立以大病统筹为主的新型农村合作医疗制度（以下简称"新农合"）。"新农合"主要面向广大农村居民。2007年，国务院提出建立城镇居民基本医疗保险制度（以下简称"城居保"）。"城居保"的覆盖对象是城市未就业的成年人以及没有医疗保险覆盖的儿童和老年人。目前，城镇职工医疗保险、新型农村合作医疗保险、城镇居民基本医疗保险已基本覆盖全体国民，覆盖率达到95%以上。
>
> 不仅如此，我国社会医疗保险的筹资水平也不断提高，保障范围不断扩大。2006年，城镇职工医疗保险人均筹资水平仅为1100元左右；至2015，年人均筹资水平已经超过3140元，人均筹资规模大幅度提高。得益于近年来政府财政投入的不断加大，"新农合"和"城居保"的筹资水平也不断提高。例如，在"新农合"建立之初，人均筹资水平仅为30元（财政补助标准上升到人均20元）；至2016年，我国新农合最低人均筹资标准上升至570元（财政补助标准上升至人均420元）。随着筹资水平的不断提高，各类社会医疗保险的覆盖范围从最初仅覆盖住院服务，已经逐渐扩展到门诊服务。实际报销比例也明显提高。

### （三）社区医疗保险筹资

社区医疗保险（community-based health insurance）是社会医疗保险的早期形式。社区医疗保险的社区是指具有某些共同特征（包括居住地、职业、信仰、宗教等）的人群。社区医疗保险的参保者一般不被其他体系（社会医疗保险、政府免费医疗、私人医疗保险）所覆盖或者覆盖程度有限。不同于税收筹资或社会医疗保险筹资，社区医疗保险筹资往往由社区自发组织、运营和管理，社区成员自愿参保，政府的作用非常有限。也不同于商业保险筹资，社区医疗保险筹资往往是非营利的。在文献中，研究者将由一个特定机构或组织（除政府、社会保险基金以及商业保险公司以外）提供的医疗保险项目统称为社区医疗保险。

由于正式部门就业人口比重较低以及政府卫生筹资能力有限，所以社区医疗保险是发展中国家常见的卫生筹资方式之一。在撒哈拉以南的非洲国家（如加纳、喀麦隆、刚果等）以及印度等国家，社区医疗保险的地位尤其突出。20世纪90年代，在我国江苏和浙江农村地区也广泛存在着社区医疗保险。社区医疗保险可以为参保者提供基本的医疗保障，在提高医疗服务的可及性、提升居民健康水平方面发挥积极的作用。正因如此，WHO等开始关注社区医疗保险筹资，将其作为社会医疗保险的补充，使其成为将医疗保险覆盖面扩大到非正式部门人群的有效途径。

但是，社区医疗保险存在明显的制度性缺陷。一是风险分担有限。受到社区人口规模的限制，社区医疗保险的资金规模往往较小，对其参保成员提供的财务保障十分有限，甚至个别重症患者就足以使整个社区医疗保险计划破产。二是逆向选择问题。由于社区医疗保险往往是基于自愿参保的原则，所以健康人群的参保意愿可能不强，从而影响社区医疗保险基金的可持续性。三是管理水平和能力有限，其精细化管理受到人员、专业知识、信息化手段等方面的制约。这些问题使得社区医疗保险制度自身通常难以实现可持续发展，需要政府补贴、技术支持，并与其他的卫生筹资渠道结合起来。

### （四）商业医疗保险筹资

消费者（买方）在市场上直接向保险公司购买商业医疗保险也是一种较为常见的卫生筹资方式。其中，买方既可以是企业、社会团体，也可以是个人。一般而言，政府财政不对商业医疗保险出资或不提供补贴。在全球，只有美国等少数国家将商业医疗保险作为其卫生筹资的主要方式。2016年，商业医疗保险覆盖约55%的美国居民。商业医疗保险占卫生总费用的比重超过35%，这一比例远远超过经济合作与发展组织（Organization for Economic Cooperation and Development，OECD）国家5%的平均水平。相比之下，绝大多数国家将商业医疗保险制度作为医疗保障制度体系的一个辅助性制度。由于公共筹资的规模总是有限的，公共医疗保障计划往往会在保障范围、费用分担、就医选择等方面进行一些限制。例如，英国居民需要等待较长的时间才能接受髋关节、膝关节置换手术；许多国家的公共保险计划并没有将视力矫正、整形、长期照护、康复保健等服务纳入公共保障计划中。在这样的情况下，总有一部分民众尽管享有公共医疗保障，但仍然愿意购买商业医疗保险，以获得更为良好的医疗与健康服务。但是，为了避免商业医疗保险对公共医疗保障体系的冲击，一些国家会全部或部分地禁止商业医疗保险全盘复制公共医疗保障的服务范围和内容。

在绝大多数情况下，购买商业医疗保险遵循自愿原则，不具有强制性。商业保险公司根据保险精算原则确定保障内容和相应的保费，消费者根据自身情况进行购买。这导致商业医疗保险市场存在较为普遍的"逆向选择"问题。只有保险费用低于预期医疗费用的人才会选择购买保险，即高风险的人选择购买保险，低风险的人选择不参与保险。与此同时，商业保险公司为了追求最大化盈利，也会对消费者进行价格歧视，并尽可能把医疗风险高的人群排除在保险范围以外。因此，一个国家很难通过商业医疗保险实现医疗保险全民覆盖。例如，美国是西方发达国家中少数没有实现医疗保险全民覆盖的国家。在2009年美国实行医疗改革之前，约15%的美国居民没有任何医疗保险。即使美国在2009年以后对部分人群购买商业医疗保险进行补贴，至2016年仍然有约9.1%的美国居民没有医疗保险。此外，高昂的运营和管理成本也是商业医疗保险筹资备受质疑的原因之一。

### （五）使用者付费

使用者付费是我们日常生活中购买绝大多数产品和服务的付费方式。在相当长的历史时期内，卫生筹资的主要方式就是使用者付费。目前，使用者付费仍然是较为常见的卫生筹资方式。即使在西方发达国家，使用者付费占卫生总费用的比例也普遍超过10%。患者本人及其家庭和社会网络（包括家族成员和朋友）可以直接向医疗服务提供者支付费用，以获得相应的医疗卫生服务。

将患者直接付费控制在合理水平是卫生政策制定者必须考虑的问题。如果一个国家的医疗卫生服务完全是个人自费的方式，那么医疗卫生服务的分配必然取决于患者的支付能力。一部分患者特别是低收入群体患者可能因治疗费用过于高昂，超出其自身的支付能力而无法获得治疗。即使患者家庭为获得治疗而支付了昂贵的医疗费用，也会出现"因病致贫、因病返贫"的现象。相反，如果患者直接付费的比例过低，那么就可能造成过度使用医疗服务，导致资源浪费和医疗费用快速增长。

随着经济发展和社会进步，建立覆盖全民的医疗保障制度已经成为世界各国的重要任务。在此背景下，公共筹资（税收筹资和社会保险筹资）已经成为绝大多数发达国家卫生筹资的主要方式。如图 6-2 所示，绝大多数发达国家公共筹资占卫生筹资的比例超过 70%。即使在美国，其税收筹资和社会保险筹资的比例也超过 50%。广大发展中国家也在努力加大公共筹资比例，提高居民医疗卫生服务的可及性和公平性。美国的经验表明，仅仅依靠商业医疗保险难以实现医疗保障的全民覆盖。

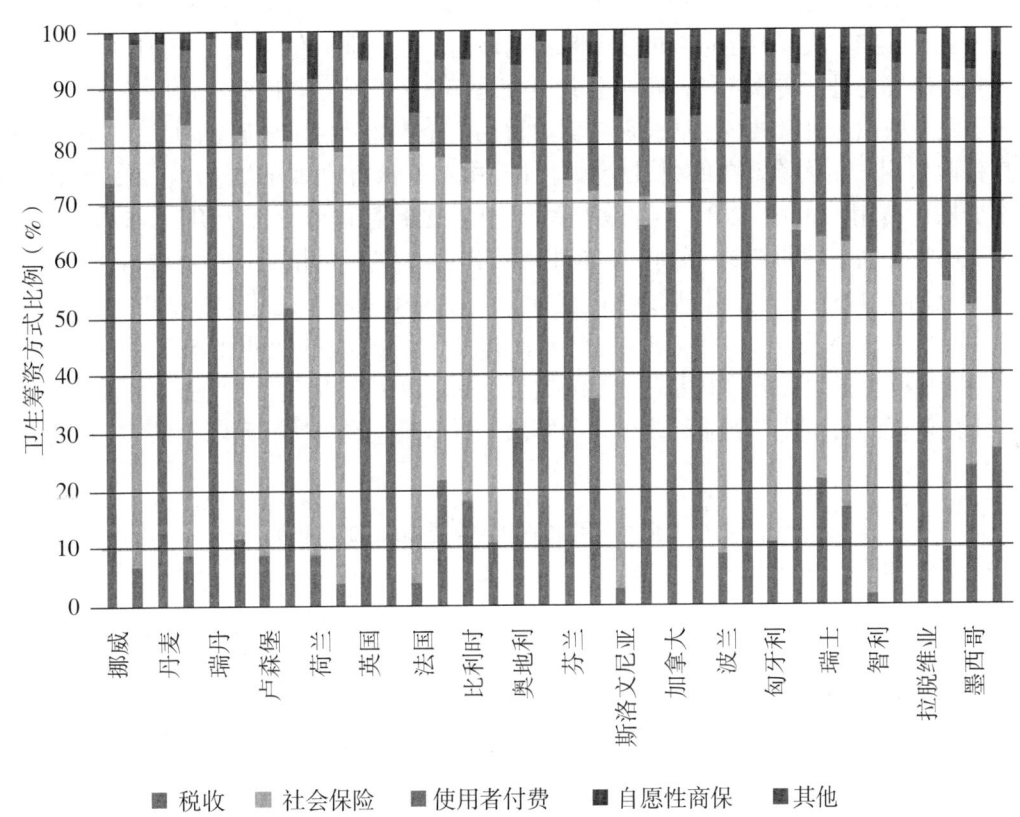

图 6-2　OECD 各类国家卫生筹资方式所占比例（2015 年）

由于存在不同的经济、社会、政治和文化背景，各个国家选择了不同的公共筹资方式。德国、日本、法国、荷兰、比利时、瑞士等国家以社会医疗保险作为其主要的卫生筹资方式，以税收筹资作为公共筹资的补充方式。相比之下，北欧国家（如挪威、瑞典、芬兰）以及英联邦国家（如英国、新西兰、澳大利亚等国家）则以税收筹资作为其主要的卫生筹资方式。这些国家都建立了覆盖全民的医疗保障制度，为全体居民提供了公平、可及的医疗卫生服务。目前，现有的文献也难以判断两种筹资方式的优劣。一般来说，选择税收筹资的国家往往具有更高水平的医疗卫生服务和健康公平性，但是这些国家更容易受到资金短缺的影响。相比之下，选择社会医疗保险筹资的国家医疗卫生服务的便捷程度更高，但是其成本也相应略高。

值得一提的是，即使目前西方发达国家的经济发展水平普遍较高，使用者付费和商业医疗保险也仍是不可或缺的卫生筹资方式。随着人群收入水平提高、人口老龄化以及疾病谱变化，单纯依靠公共筹资难以满足居民对医疗卫生服务的需求。在此情况下，商业医疗保险可以发挥补充作用。与此同时，为减少医疗资源过度使用并缓解公共筹资压力，各国在制订公共医疗保障计划时，都普遍引入使用者付费。

### 三、我国卫生资金筹集概况

20世纪80年代以来，受到经济体制改革的影响，我国在医疗卫生领域推行市场化改革方向。因此，我国卫生总费用中政府支出的比例逐年下降。与此同时，卫生总费用中个人支出的比例逐年上升。到2000年，卫生总费用中个人支出的比例已经接近60%。我国卫生筹资的公平性在191个国家中位列倒数第四（WHO，2000年）。卫生总费用的快速增长以及过度依赖个人付费是造成我国"看病难、看病贵"的重要原因之一。

为缓解公众的不满，自2002年以来，我国政府开始增加政府卫生投入并建立社会保障项目。这一系列举措使得卫生总费用中个人支出的比例显著降低。目前，我国已形成更为公平的医疗卫生资金筹集方式，卫生资金的主要来源为政府、企事业单位及个人。政府财政一方面直接向公立医疗机构进行转移支付，购买公共卫生医疗服务及社会救助等医疗服务，另一方面补助农村居民和城镇居民缴纳城乡居民医疗保险费用。企事业单位主要通过为其员工缴纳城镇职工医疗保险费用。个人除需要缴付社会医疗保险中个人承担的部分以外，在就医时还需要支付一部分医疗费用。2003—2017年，政府医疗卫生支出由1117亿元上升到15 206亿元，年均增长20.5%，高于同期GDP增速，政府卫生支出占卫生总费用的比重由17%上升到30%；社会卫生支出由1789亿元上升到22 259亿元，其占卫生总费用的比重由27%上升到44%；个人卫生支出由3679亿元上升到15 134亿元，其占卫生总费用的比重由56%下降到29%（图6-3）。政府和社会卫生支出占卫生总费用的比重不断增高，个人卫生支出占卫生总费用的比重下降，卫生筹资的公平性得到显著改善，为解决"看病难，看病贵"问题提供了有力保障。

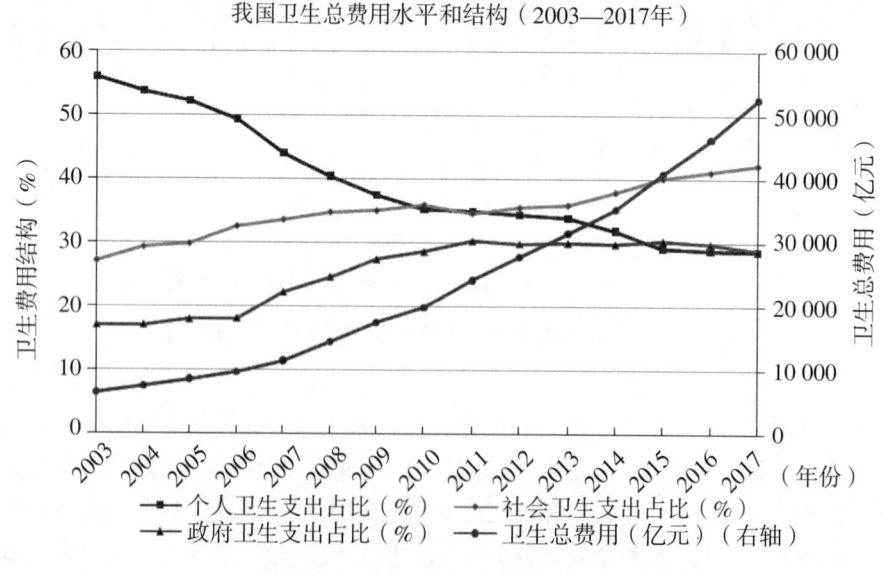

**图6-3 我国卫生总费用水平和结构（2003—2017年）**

但与此同时，我国卫生总费用持续上升，年均增长率维持在15%左右，且持续高于GDP增速。2006—2017年，我国的卫生总费用已经从1万亿元迅速增长到5万亿元，给政府、社

会和个人都造成了巨大的经济压力,三者的卫生支出连年上涨。尽管随着医疗改革的不断推进,以往多由患者个人承担的卫生支出负担已经逐渐转移到政府和社会部门,但连年上涨的卫生总费用和支付比例对社会医疗保障体系和政府而言,仍然是巨大的压力。此外,卫生总费用的快速增长趋势并没有停滞的迹象,其年增长率在推行医疗改革前曾一度超过20%。尽管在医疗改革实施了一系列举措后,卫生总费用的年增长率仍然维持在14%的水平,超过同期GDP增长率,导致卫生总费用占GDP的比重不断上升,从2006年的4.5%上涨到6.3%。因此,将卫生总费用的增长控制在社会经济可承担的范围内是当前卫生决策者必须考虑的问题。

## 第三节　卫生资金支付管理

在医疗市场中,由于医患之间、医疗服务提供者和医疗保险机构之间存在信息不对称,由此导致医疗服务提供者可能会因经济激励而提供过度的医疗服务和药品。另外,由于第三方付费者(如医疗保险、政府等)引入,医疗机构和医生通过技术创新或者诱导需求提供治疗服务和药品供给的动机增强。这些因素都会导致医疗费用快速增长。因此,医疗付费方需要设计合理的激励机制来引导医疗机构或医生的行为,控制医疗费用的快速增长。

支付方式改革是常见的费用控制方式。医疗支付方式,是指货币从政府、保险公司或其他资金持有者手中流入到医疗服务提供者手中的方式。不同的支付方式对医疗服务提供者具有不同的经济诱因,对医疗服务的质量和供方行为也具有重要的影响。因此,在医疗服务提供具有信息优势的情况下,支付方式的设计在整个医疗制度中非常关键,这较大程度上影响了医疗体系的效率。常见的支付方式包括按服务项目支付、总额预付、按人头付费、按诊断分组支付、按绩效付费等。下文将详细介绍每种支付方式的含义及其对医疗服务提供者产生的影响。

### 一、按服务项目支付

按服务项目支付(fee for service)是最为传统,也是国内外应用最为广泛的支付方式。该方法由保险机构根据医疗服务价格和医疗机构提供医疗服务的数量来计算医疗保险费用的支付数额。按服务项目支付方式操作简便,适用范围较广。但作为典型的后付费制度,易产生诱导医疗机构提供过度的医疗服务。我国医疗改革的实践表明,按服务项目支付很容易导致医疗机构或医生行为的扭曲。在我国,政府将基本医疗服务的价格设定在成本以下,同时又允许公立医院通过药品加成(15%)和提供高科技的检查项目来获取利润,弥补提供医疗服务的亏损。在这一扭曲的价格机制下实施按项目支付自然会诱导公立医院的医生向患者提供过量的昂贵药品和检查,即使这些药品和检查在临床上对患者并无益处。2009年启动新一轮医药卫生体制改革前,我国公立医院的药品销售额占门诊收入和住院收入的比重均超过40%,远超过OECD国家17%的平均水平。由于其固有的弊端,许多国家在实施医疗保险方案或改革旧的支付方式时,均不再鼓励采用按服务项目支付。

### 二、总额预付

总额预付(globe budget)是指医疗保险经办机构与医疗服务提供方协商,确定提供方年度总预算,并将一部分付费预拨给医疗机构。保险经办机构在支付供方费用时,无论供方实际费用为多少,均以此作为最高限度,相当于对供方设立一个封顶线。对于医疗服务提供方来说,如果其年度实际花费超过总额预算数额,那么医疗服务提供方将承担相应的成本。相反,如果其年度实际花费低于总额预算数额,那么医疗服务提供方将有额外的结余。一般来说,总额预算主要根据以下因素:医院规模、医院设备和设施情况、医院服务质量、服务地区人口密度、上一年度预算执行情况和通货膨胀等。一般为每年协商调整1次。

总额预付制的优点是能够促使医疗服务提供方主动降低服务成本、管理成本和运营成本，提高医疗效率。对于医疗保险经办机构或者政府部门来说，总额预付不需要复杂的测算，管理成本相对较低，能够保证医疗保险费用"收支平衡"。但是总额预付也有较为明显的缺点。在没有对服务质量、患者满意度监测和评价的情况下，总额预付制会使得医疗机构主动减少医疗服务的供给，甚至为了盲目节约成本而削减某些必要的医疗服务，最终影响医疗服务质量和患者的福利。在总额预付制下，也可能导致医院内部的工作人员积极性减弱。由于某些医院缺乏精细化管理的能力和激励机制，普遍的做法是将总额指标分解到科室，然后再到医生，这样做相当于把风险转移到了医生身上，由此导致医生更倾向于推诿危重患者和治疗费用高的患者。因此，多数国家在实行总额预付制时，会建立相应的考核问责机制，尽可能避免由于激励不足所造成的负面影响。

## 三、按人头付费

按人头付费（capitation）是按照约定服务对象的人数和规定的收费定额，医疗保险机构或者政府向医疗服务提供者预先支付医疗服务费用。医疗机构的收入与服务人数呈正比，服务人数越多，医疗机构的收入就越高，但其收入与提供的医疗服务数量和种类无关。按每人头的支付标准，可以是一个相同的费用水平，也可以是分局登记人口的相对危险度，经过风险调整后的费用水平。按人头付费能够激励医疗服务提供者提供更多的预防性服务，因为预防疾病能避免花费更多的治疗费用，对于长期医疗费用的减少有显著作用。按人头付费也能鼓励医疗机构提供成本适宜的、有效益的服务，尽可能避免提供低成本效益的服务。按人头付费在英国、丹麦、意大利、美国等发达国家应用较为广泛。例如，在英国，按人头付费主要用于支付全科医生费用。在我国宁夏回族自治区盐池县，当地政府和哈佛大学科研人员合作试点了"按人头付费+按绩效付费"的支付方式改革，在引导患者就近就医、控制医疗费用、提高医疗质量方面都取得了不错的效果。

## 四、按诊断分组支付

按诊断分组（diagnosis-related groups，DRGs）支付最早由美国耶鲁大学的两位教授提出，用于医院资源利用效率的比较和评价。之后，美国老年医疗保险（Medicare）将其发展成为一种支付方式。DRGs支付是按住院人次付费的一种，可以说是单病种付费的升级版。大体上，DRGs支付根据患者的年龄、性别、疾病诊断、手术，甚至疾病严重程度等因素把ICD10的不同病种分为500～600个诊断组，然后以此作为给医院的补偿依据。通俗地讲，DRGs支付就是医疗保险机构按照诊断分类给医院每一个住院人次一个定额费用。如果医院收治了一名患者，住院时间很长，做了不必要的检查，那医院的成本就会增加，甚至有亏损的风险。因此，采用DRGs支付会引导医院为获得利润而主动降低成本，缩短住院天数，减少诱导性医疗费用支付。目前，DRGs支付已经在全球30多个国家推广应用。各国的实践经验表明，采用DRGs支付在控制费用增长方面有一定的效果。美国在20世纪80年代实行DRGs支付以后，患者的平均住院天数从9.4天（1981年）缩短到7.2天（1985年），手术患者的平均住院天数从11.1天（1981年）缩短到9.9天（1985年），住院费用的下降幅度达10%左右。我国自实施新医改以来，部分地区也先后试点了DRGs支付。例如，评估证据表明，北京实行DRGs支付的医院医疗总费用下降了6.3%，个人自付的费用下降了10.5%。

但是，DRGs支付也会产生一定的负面影响。①可能导致住院率提高和重复住院率提高，虽然DRGs支付解决了单次住院的激励问题，但仍然鼓励医院多收治患者。甚至在一些情况下，采用DRGs支付可能使得医院把住院天数减少，提前让患者出院，然后再入院。这不仅会造成医疗资源浪费，也会对医疗质量产生负面影响。②可能导致医疗质量下降，由于DRGs支付使得医院和医生倾向于减少医疗资源的使用，那么就有可能导致医疗质量因此下降。特别是在发展中国家，由于尚未形成全国性的质量监测网络，因此无法全面评价DRGs支付实施以后医疗质量的变化。③可能导致病种升级，不同的疾病分组在DRGs支付中对应不同的补偿标准。通常情况下，较为严重或复杂的疾病对应更高的支付标准。因此，医院有动机将一些严重程度较低的疾病归到较为严重的疾病分组中，以获得更高的利润。美国国家经济研究局的学者发现，美国的医院会将更多的患者归到高补偿、高利润率的疾病分组中，导致DRGs支付对费用控制的效果降低。

鉴于上述问题，许多国家在实践中都对传统的DRGs支付进行了调整，并将DRGs支付与其他付费方式进行了整合。首先，由于单纯的DRGs支付仍然会激励医院和医生提供更多次数的服务，因此在实践过程中，许多国家将其与总额预付进行整合。这种做法通过利用总量控制的方式可以在一定程度上规避医院和医生提高住院率的动机。目前，德国、我国台湾地区等就是采取这种复合支付方式。其次，针对DRGs支付可能导致单次医疗服务提供不足、服务质量下降等问题，英国、美国等国家开始尝试将按绩效付费引入DRGs支付的实施过程中。这种做法的目的是将医疗质量考核纳入支付体系中，以激励服务提供方注重医疗质量的改善，弥补DRGs支付无法考核医疗质量的不足。然后，为防止部分医院和医生推诿高风险、高成本的患者，绝大多数实行DRGs支付的国家都制定了相应的政策，对此类患者进行额外的补偿，以缓解推诿患者、转移成本的问题。综合来看，这些调整和其他付费方式的综合利用使得DRGs支付模式更成熟，效果也更稳定。

### 五、按绩效付费

按绩效付费（pay for performance，PFP）是根据医疗服务提供者的工作绩效支付医疗保险费用的方式。其目的是通过规定和激励医疗机构、医生个人或组织，关注医疗卫生服务质量、成本控制和经济可负担性，改变单纯以服务量为依据的支付方式，以期提高服务质量和医疗保险基金使用率。应用按绩效付费方式，需要建立一套科学、合理、可操作性强的绩效评价指标体系，并以此为基础，建立完善的绩效考核机制。广义的按绩效付费，不仅包括专门的按绩效付费项目和方案，而且包括其他以提高服务质量和效率为核心的激励管理手段。

按绩效付费的核心是确定绩效的内容和标准。各项资金根据自身的需要往往在选择绩效标准时会有所不同。但是各国在实行按绩效付费制度时，普遍会选择医疗质量、医疗费用、患者满意度等指标作为衡量绩效的核心指标。例如，根据最新的美国Medicare基于绩效购买医疗服务的方案，患者体验、安全性、临床结果和效率改善是绩效的核心内容，分别占25%。英国于2004年引入按质量与结果付费机制，通过制定了一套反映全科医疗服务质量的评价指标体系，对全科诊所及医生进行综合评分，根据最后得分给予一定奖励。评价指标涵盖临床（疾病）、组织管理（患者病历信息、教育与培训、患者交流、执业管理、医药管理）、患者经历（咨询时间）、补充服务（宫颈筛查、孕产妇服务、避孕等公共卫生服务）和服务质量等领域。

各国支付方式改革的实践经验表明，没有一种完美的支付方式，各类支付方式都有其优势和弊端。表6-1总结了不同支付方式的效果。因此，为取得更好的结果，很多国家采用多种支付制度相结合的方式。例如，美国Medicare在原有DRGs支付的基础上，增加基于绩效购买医疗服务的方案，将患者满意度、医疗质量作为支付的参考。目前，我国支付方式改革正处于起步阶段，当务之急是转变对医院的支付方式，放弃之前的按服务项目付费模式，积极探索按人头付费或根据疾病分组采用总额预付、按结果支付等模式。

表6-1 不同支付方式的效果比较

| 支付方式 | 产生的影响 | 成本控制 | 产出量 | 配套措施 |
|---|---|---|---|---|
| 按项目付费 | 积极 | 差 | 过量 | 建立预算约束或对超额部分的支付进行减额调整 |
| 按诊断分组支付 | 消极 | 较好 | 过量 | 严格定义支付标准,加强监管 |
| 按人头付费 | 消极 | 好 | 不足 | 整合转诊系统 |
| 总额预付 | 消极 | 好 | 不足 | 硬化预算约束,不是仅以历史成本定价,还需要结合质量考核 |

## 第四节 卫生资金监督管理

### 一、财政卫生资金监督管理

由于卫生事业的公益性和福利属性,政府财政会对卫生事业进行直接投入。例如,政府财政会对公立医院、基层医疗机构、疾病预防控制机构、妇幼保健机构等医疗卫生机构的运行进行补贴。财政资金也会通过购买服务的方式为城乡居民提供基本公共卫生服务和基本医疗卫生服务。在我国,卫生财政支出占卫生总费用的比例已达到30%。如何通过监督管理提高卫生财政资金的使用效率是决策者需要考虑的重要问题。

作为政府财政支出的一部分,财政卫生资金的监管制度与整个国家的政府财政支出监管制度密切相关。目前,我国已形成较为完善的部门预算制度、国库集中收付制度、绩效评价制度以及财政支出监督检查制度,这些制度也成为财政卫生资金监管的重要制度保障。

(一) 部门预算制度

部门预算制度是市场经济国家财政管理的基本形式,也是编制政府预算的一种制度和方法,由政府各个部门编制,反映政府各部门所有收入和支出情况的政府预算。实行部门预算制度,需要将部门的各种财政性资金、部门所属单位收支全部纳入预算编制。部门预算既包括行政单位预算,也包括事业单位预算;既包括一般收支预算,也包括政府基金收支预算;既包括基本支出预算,也包括项目支出预算;既包括财政部门直接安排的预算,也包括有预算分配权部门安排的预算,还包括预算外资金安排的预算。该制度具有明显的优势。①编制方式创新:先基层单位,后上级部门,预算编制由"上级代编"向"逐级实编"转变。传统的功能预算采取自上而下的编制方式,上级部门代基层单位编制预算,预算单位可以进行"二次分配",具有较大的随意性和盲目性。制度改革后,各级财政部门遵循统一的"二上二下"预算编制规程,采取自下而上的预算编制方式。②编制范围创新:先预算内统筹,后预算外统筹,部门预算编制由"财政拨款预算"向"综合预算"转变。部门预算制度改革改变了传统预算编制只反映预算内收支、大量预算外资金游离在监管之外的状况,在规范部门财政拨款收支管理的基础上,将包括事业收支、事业单位经营收支等在内的部门所有收支全部在一本预算中进行编制,理顺经费渠道,统筹安排预算内、外资金。③监督机制创新:先内部监督,后社会监督,部门预算由"内外有别"向"阳光透明"转变。部门预算改革是一个预算不断公开透明的过程。在传统的预算管理方式下,财政部门只向人民代表大会报送按功能汇总的财政预算草案,"外行看不懂,内行说不清"。制度改革后,不仅报送各级人民代表大会审议的部门预算范围不断扩展、内容不断细化,而且部门预算公开步伐也明显加快。

## (二)国库集中收付制度

国库集中收付制度,是指以国库单一账户体系为基础,资金拨付以财政直接支付和财政授权支付为主要形式的财政国库管理制度。财政直接支付是指以批准的预算和用款计划为依据,由财政部门开具支付指令,通过国库单一账户体系,直接将财政资金支付到商品和劳务供应者或用款单位账户。财政授权支付是指预算单位根据批准的预算和用款计划,自行签发支付指令,从预算单位开设的零余额账户中将资金支付到商品和劳务供应者或用款单位账户。

与分散支付制度相比,国库集中收付制度具有以下优点:①有利于加强预算管理和财政监督。财政性资金在预算单位滞留时间长,会降低财政性资金的使用效率,并且难以有效集中财力;财政收支信息反馈迟缓,难以为预算编制、执行分析和宏观经济调控提供及时、准确的依据;财政性资金使用缺乏事前和事中监督,可能导致截留、挤占、挪用等违纪、违规情况的发生,甚至出现腐败现象。②提高财政资金运行效益,是降低财政筹资成本的可靠保证。实行国库集中收付制度后,预算单位的财政资金都集中存放在国库单一账户体系内,这有利于财政部门加强对财政资金的统一调度和管理。财政部门可以依法对结余的国库资金进行资本运作,不仅可以有效降低财政筹资成本,而且可以使国库资金得以增值,从而增加财政收入。③财务管理科学化。从预算单位看,作为预算执行的主体,国库集中收付制度要求预算单位必须加强财务管理,科学而准确、细致地编制部门预算和用款计划,并按规范程序收缴和使用财政资金,从而使财务管理和单位业务的开展有机地结合起来。

## (三)绩效评价制度

财政支出绩效评价是指运用一定的评价方法、量化指标及评价标准,对政府部门为实现其职能所确定的绩效目标的实现程度,以及为实现这一目标所安排预算的执行结果进行的综合性评价。财政支出绩效评价是市场经济条件下现代财政科学管理的重要手段,通过建立和健全财政支出的追踪问责和问效制度,对提高财政资金的规范及高效运行程度、提高财政资金的使用效果和效益、促进政府财力的可持续发展以及有效转变政府职能等都具有重大意义。一般来说,绩效评价的基本内容包括:①绩效目标的设定情况;②资金投入和使用情况;③为实现绩效目标制订的制度、采取的措施等;④绩效目标的实现程度及效果;⑤绩效评价的其他内容。绩效评价方法主要采用成本-效益分析法、比较法、因素分析法、最低成本法、公众评判法等。

## (四)财政支出监督检查制度

财政支出监督检查是指财政支出监督主体对各预算单位的预算编制、预算执行、预算调整以及决算活动的合法性和有效性实施的监控、检查、稽查等活动的总称。其目的是提高财政资金的使用效率,确保实现政府所设定的各项政策目标。

根据《财政部门监督办法》,财政部门依法对下列事项实施监督:①财税法规、政策的执行情况;②预算编制、执行、调整和决算情况;③税收收入、政府非税收入等政府性资金的征收、管理情况;④国库集中收付、预算单位银行账户的管理与使用情况;⑤政府采购法规、政策的执行情况;⑥行政、事业单位国有资产,金融类、文化企业等国有资产的管理情况;⑦财务会计制度的执行情况;⑧外国政府、国际金融组织贷款和赠款的管理情况;⑨法律、法规规定的其他事项。

## 二、医疗保障基金监督管理

医疗保障基金监督管理是对医疗保障基金管理行为的监督,其目的是加强医疗保障基金的

监督管理,保障基金安全,提高基金使用效率,维护医疗保障相关主体的合法权益。目前,国务院医疗保障行政部门主管全国的医疗保障基金监管工作,国务院其他有关部门在各自的职责范围内负责有关的医疗保障基金监管工作。县级以上人民政府医疗保障行政部门负责本行政区域的医疗保障基金监管工作,县级以上人民政府其他有关部门在各自的职责范围内负责有关的医疗保障基金监管工作。县级以上人民政府医疗保障行政部门监督经办机构和定点医药机构签订、履行定点服务协议情况,监督经办机构对定点医药机构的稽查审核。

### (一) 医疗保障基金监督管理的主要内容

医疗保障基金监督管理的主要对象包括:基本医疗保险经办机构、基本医疗保险定点医疗机构、基本医疗保险定点零售药店以及个人。针对不同的监管对象,其监管的主要内容有所不同。

针对经办机构的主要监管内容包括:①根据国家有关基金预决算制度、财务会计制度建立健全医疗保障基金内部控制制度;②建立与定点医药机构集体谈判协商机制,依法签订并履行服务协议;③依照协议约定对定点医药机构的服务行为开展稽查审核;④依照协议约定对定点医药机构的违约行为进行处理,需要给予行政处罚的,移交同级医疗保障行政部门;⑤不得组织或参与伪造或编造证明材料骗取、侵占、挪用医疗保障基金。

针对定点医药机构的主要监管内容包括:①严格履行医疗保障管理规定和协议约定;②按要求向医疗保障行政部门报告监管所需信息,并对信息的真实性和完整性负责;③向参保人员及医疗救助对象出具医药费用详细单据及相关资料;④核验参保人员及医疗救助对象的医疗保障有效凭证,做到人证相符;⑤对涉嫌欺诈、骗保的行为予以制止,情节严重的向医疗保障行政部门举报;⑥不得伪造或编造处方、病历、治疗及检查记录、药品和医疗器械出入库记录、财务账目等材料骗取医疗保障基金。

针对签约医师、药师的主要监管内容包括:①根据医疗保障管理规定和协议约定提供医药服务;②严格履行医疗保障协议医师、药师管理规定;③不得伪造或编造处方、病历、治疗及检查记录、药品和医疗器械出入库记录、财务账目等材料骗取医疗保障基金。

针对个人的主要监管内容包括:①持本人医疗保障有效凭证就诊、购买药品并主动出示接受查验,不得将本人医疗保障有效凭证出租(借)给他人;②不得伪造或编造证明材料骗取医疗保障基金。

### (二) 医疗保障基金监督管理的主要方式

**1. 监督检查** 县级以上人民政府医疗保障行政部门采取日常监督和专项监督、现场监督检查和非现场监督检查、内部监督和外部监督相结合等方式对经办机构、定点医药机构、参保人员及医疗救助对象等进行监督检查。同时,国务院医疗保障行政部门建立飞行检查工作机制。国务院医疗保障行政部门负责组织实施全国范围内的飞行检查。省级医疗保障行政部门负责组织实施本行政区域内的飞行检查。

**2. 社会监督** 社会监督是通过社会团队、社会组织、舆论机构以及公民个人对医疗保障基金管理情况实施的监督。由于社会监督的各成员所处的位置不同,所获取的信息较为多元,因此实施社会监督能够更有力地监督医疗保障基金的运行情况。为了做好社会监督,行政部门应该建立和完善医疗保障基金的信息报告制度,定期通过新闻媒体向社会公布,接受广大参保群众的监督。与此同时,医疗保障行政部门也可以通过信息化方式,将对定点机构的检查结果向社会公布,方便公众查询。

**3. 信息化大数据监督** 大数据不仅是数据,也是技术,更是思维。各国政府都高度重视大数据的发展和应用,并将大数据作为推进行业创新发展的重要力量。在我国,大数据技术已开始广泛应用于医保监管领域,并取得不错的成效。例如,成都市、杭州市为解决本地医药机构监管难题,有效缓解监管人员不足的问题,依托大数据和云计算等新技术,建立线上与线下融合的医保智能监控系统,实现了医保监管能力的快速提升,规范了医疗服务市场,遏制了欺诈、骗取医保基金行为的发生,有效地控制了医保费用的增长。

(傅虹桥)

# 第七章 卫生人力资源管理

## 第一节 概 述

### 一、人力资源

#### （一）人力资源的定义

人力资源（human resource，HR）是指能够推动国民经济和社会发展的、具有智力劳动和体力劳动能力的人的总和，又称劳动力资源，是生产活动中最活跃的因素，也是一切资源中最重要的资源。

人力资源包括数量和质量两个方面。人力资源的数量分为绝对数量和相对数量进行统计分析。人力资源的绝对数量是指一个国家或地区内具有劳动能力、能从事社会劳动的人口总数，它是一个国家或地区劳动适龄人口（16～60岁）减去其中丧失劳动能力的人口，加上劳动适龄人口之外具有劳动能力的人口（未成年就业人口和老年就业人口）。人力资源的相对数量是指人力资源的绝对数量占总人口的比例。人力资源的质量是人力资源所具有的体质、智力、知识和技能水平，以及劳动者的劳动态度，一般表现为劳动者的体质水平、文化水平、专业技术水平和劳动的积极性。人力资源的质量通常用健康指标（如平均期望寿命、婴儿死亡率、孕产妇死亡率、生活质量等）、教育状况（如劳动者的人均受教育年限、每万人口中大学生供给量，以及大、中、小学入学比例等）、劳动者的技术等级状况（如劳动者技术职称等级的比例、每万人口中具有高级职称人员所占的比例等）和劳动态度指标（如对工作的满意程度、工作的努力程度、工作的负责程度、与他人的合作程度等）来衡量。

#### （二）人力资源的特征

人本身具有的社会性、能动性、生物学等特征，决定了人力资源有别于其他资源。相对于财力和物力资源，人力资源具有三个重要的基本特征，这对于指导人力资源管理有重要的意义。首先，对于人力资源进行投入，其收益是递增的，因此现代企业对人力资源的管理已经上升到人力资本运作的高度；其次，劳动者是有生命周期的，这决定了人力资源具有时效性，因此做好人力资源的合理规划和培养尤为重要；最后，也是人力资源所具有的最重要的特征，即无论法理上的归属如何，人力资本是天赋的个人资产，即人力资源具有私有性。这一特征决定了需要充分调动人的工作积极性，以实现组织目标。

## 二、人力资源管理

人力资源管理（human resource management，HRM）是政府及各类社会组织为实现组织既定目标，对其所有的人力资源的获取、使用和维护进行计划、组织、领导和控制的过程。

### （一）人力资源管理的目标

与其他管理活动一样，对于人力资源的管理，其最终目的是高效地实现组织目标。因此，人力资源管理的基本目标是：①保证员工的高工作积极性；②促进高工作效率；③尽可能保持低人力成本。

### （二）人力资源管理的核心

现代企业对于人力资源的管理，其核心在于价值链管理。因此，管理者需要清楚地知道谁为企业创造了价值，然后以此为依据来科学地分配价值。这样才能有效地调动工作积极性，实现组织目标。因此，科学的人力资源管理，其核心就是围绕价值创造、价值评价和价值分配三个重要环节来进行。

### （三）人力资源管理的职能

人力资源管理是运用现代化的科学方法，对与一定物力相结合的人力进行合理的规划、招聘和配置、培训和开发以及绩效考评和指导，以实现组织目标的过程。有效的卫生人力资源管理，其目的有：①识别和筛选有胜任力的员工；②使员工具备最新的能完成其工作的知识和技能；③激励员工提高工作绩效，从而有效实现组织目标。图 7-1 显示了人力资源管理路径，简言之，从组织管理的视角来看，人力资源管理的职能包括人力资源规划、人力资源招聘和配置、人力资源培训和开发，以及人力资源绩效评价。

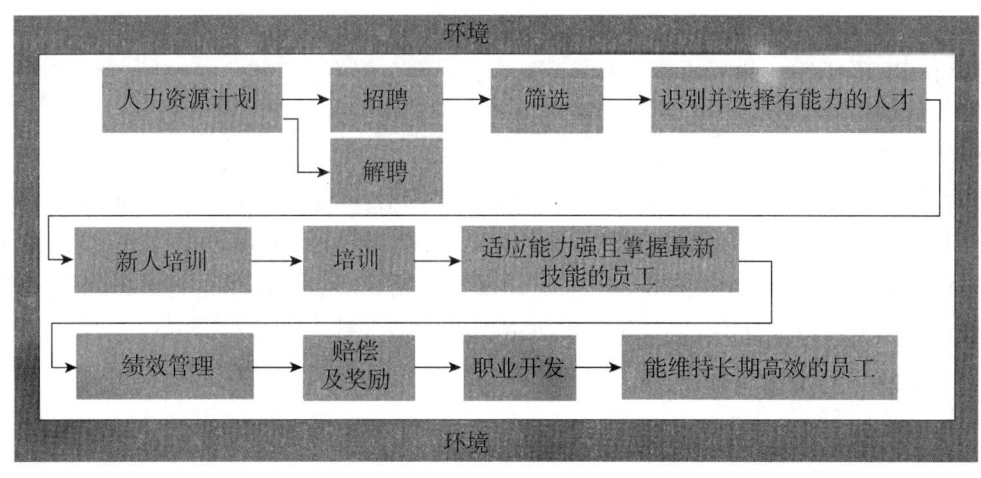

图 7-1　人力资源管理路径图

**1. 人力资源规划**　人力资源规划是明确工作和岗位职责，使得管理者掌握员工的需求和供给情况，确保每个岗位恰足、有效的人力资源配置的过程。其基本步骤是：①工作分析和工作设计；②组织人力资源现状及供给趋势评估；③组织人力资源需求评估；④制订招聘计划和岗位规划。工作分析，是生成工作设计，定义工作环境、工作任务、员工胜任条件的过程，其产品是工作说明书。恰当的工作设计需要明确职务的构成和对应职务的人员条件。

**2. 人力资源招聘和配置** 招聘又称找人、招人、招新、引进,是指组织为了发展的需要,根据人力资源规划和工作分析的要求,寻找、吸引有能力又有兴趣到该企业任职的人员,并从中选出适宜人员予以录用的过程。招聘的原因主要有以下几种:①现存的人力资源总供给量不能满足企业或各个岗位的总任务目标(即计划总业务量或计划总产量),需要补充;②各个岗位正常替补流动人员造成的职位空缺;③各个岗位的生产技术水平或管理方式的变化对人力资源的可能需求量;④满足新规划事业或新开辟业务所需的人员需求。

招聘的渠道通常有公开申请、个人或组织推荐。招聘中的筛选主要取决于组织工作岗位设计的需要。长线招聘更关注备选者的价值体系、能力和专长,短线招聘更关注备选者对特定工作岗位的胜任力。筛选的工具通常包括申请表、书面测试、绩效模拟测试、面试、背景调查和体格检查等。

**3. 人力资源培训和开发** 培训(training)是一种有组织的知识传递、技能传递、标准传递、信息传递、信念传递及管理训诫行为,是当员工被招聘、提升调整时为达到岗位对员工技能的要求而对员工提供在职学习的过程。培训应以技能传递为主,侧重在上岗前进行,是组织有计划地实施以提高员工学习与工作相关能力为目的的活动。这些能力包括知识、技能和对工作绩效起关键作用的行为。因此,培训是人力资源开发的基础性工作。开发(development)是指为员工未来发展而开展的正规教育、在职实践、人际互动,以及个性和能力测评等活动。

培训是一种正式或非正式的教育活动,其目的在于使员工掌握胜任受聘的岗位工作应具备的必要技能。所谓技能,是员工在工作中应表现出来的习惯性行为。管理者尤其需要注意不能把培训职能泛化为对员工工作态度的宣传教育和对特定知识的教授。常见的培训内容包括人际交流技能、技术操作、业务洽谈、工作流程、绩效管理、决策和问题解决等。培训的传统形式包括轮岗、工作手册指导、课堂教学和在岗辅导等。随着信息化技术的提高,近年来的培训大量采取电视或电话会议、网络和远程教育模块等形式。

**4. 人力资源绩效评价** 人力资源绩效评价是通过建立一定的绩效标准、评估流程和绩效反馈机制来促使员工更好地实现组织目标的管理过程。绩效评价是人力资源管理的核心职能之一,是指评定者运用科学的方法、标准和程序,对行为主体的与评定任务有关的绩效信息(业绩、成就和实际作为等)进行观察、收集、组织、储存、提取、整合,并尽可能做出准确评价的过程。人力资源绩效评价不是简单地设定绩效标准和对绩效进行测量的科学过程。其目的主要是改进和提高绩效,现代企业管理中常采用绩效面谈的方式。

绩效评估的常用方法包括书面报告、关键事件法(critical incident technique)、图形评价法(graphic rating scale)、行为锚定法(behaviorally anchored rating scale)、多人比较法(multi-person comparison)、目标管理法和360度反馈法。根据管理者的需求,可考虑采取关键绩效指标法(key performance indicator,KPI)、平衡计分卡或标杆法进行对比。

### 三、卫生人力资源

#### (一)卫生人力资源的概念

对卫生人力资源的传统定义是,以提高全体人民的健康水平,延长寿命和提高生活质量为目标的全面的国家卫生规划所需要的多种资源中的一种资源。卫生人力是受过不同卫生职业培训,能够根据民众的需要提供卫生服务、贡献自己才能和智慧的人。根据世界卫生组织2006年《世界卫生报告》的定义,卫生人力是指那些基本工作目的是增进人类健康的人员。这一定义强调了世界卫生组织对卫生系统的界定,即所有的旨在促进、恢复或保持人类健康的组织、人员以及活动的总和。

但是,世界各地对卫生工作者的分类标准不同,使得全球对于卫生人力的实际界定至今还是一个难题。例如,根据世界卫生组织对卫生人力的界定,一位照顾患儿的母亲就应该算是卫生人力。但是,从实际操作来讲,要管理这种非正式的卫生人力一方面非常困难,另一方面也很难建立统一的标准来进行国际比较。即便只考虑正式部门工作的员工,要对卫生人力进行精确的统计也不容易。例如,一个服装加工厂的医务室护士,其基本工作职责是提供卫生服务,但其所在的公司(产业)的基本职责则不是促进健康。同时,有很多在医疗卫生机构工作的职工,如医院行政部门的文职人员,其工作与直接提供卫生服务无关,但其所工作的机构(产业)的基本职能则是促进健康。另外,还有大量受过医学教育的人员任职于卫生健康委员会、药品监督管理局等卫生行政部门,能否将其归为卫生人力的统计,这些都是需要理清的问题。

通常,对卫生人力的区分可以通过从事行业、教育背景和职业类别三个维度来进行。但事实上,无论基于个体采集信息,还是基于机构或行业采集信息,都不能完全覆盖卫生人力的全部。因此,世界卫生组织在2008年引入了一个对卫生人力的操作性定义。该定义指出,卫生人力是指所有在卫生机构或非卫生机构工作的雇员,其基本工作目的是提高人群的健康水平。表7-1列举了世界卫生组织对卫生人力资源进行分析的简要概念框架。根据这一框架,A类是既接受医学培训,同时又从事医疗工作的人员,B类是未接受过医学培训,受雇于医疗单位,但是不从事医疗工作的人员,C类是接受过医学培训,但就业于非医疗单位的人员,这三类都属于卫生人力的范畴。其中,A类和C类涵盖接受过医学(技能)培训的卫生人力,而A类和B类则涵盖受雇于医疗单位的卫生人力。这三类人员加在一起即构成一个国家/地区全部卫生人力的总和。运用这一框架可以较为容易地对一个国家或地区的卫生人力进行分析,并进行全球性的统一比较。

表7-1 卫生人力资源的概念框架

| 个人的培训和职业情况 | 从业于卫生行业 | 从业于非卫生行业或未就业 |
|---|---|---|
| 接受医学培训同时从事卫生相关职业 | A. 如在卫生机构从业的医生、护士、助产士等 | C. 如在私人公司工作的护士,在零售店工作的药剂师等 |
| 接受医学培训但不从事卫生相关职业 | A. 如接受过医学培训的卫生机构管理者 | C. 如接受过医学培训的大学教师、待业护士等 |
| 未接受医学培训或未接受过正式的医学培训 | B. 如那些在卫生机构工作的管理人员、研究人员和服务人员等 | D. 如小学教师、汽修工或银行柜员等 |

### (二)卫生人力资源的分类

根据我国目前的具体情况,卫生人力资源主要是指各类卫生技术人员。卫生技术人员是指受过高等或中等医药卫生教育或培训,掌握医药卫生知识,经卫生行政部门审查合格,从事医疗、预防、药剂、护理或其他专业的技术人员。根据卫生人力从事的专业和工作不同,可以将其分为以下几类:

**1. 医疗人员** 是指主要从事医疗专业工作的中医(含民族医)、西医、中西医结合等人员,其专业技术职务分为主任医师、副主任医师、主治(主管)医师、医师、医士。

**2. 公共卫生人员** 是指从事疾病预防和控制、卫生防疫、寄生虫及地方病防治、工业卫生、妇幼保健、计划生育等专业工作的专业技术人员,其专业技术职务分为主任医师、副主任医师、主治(主管)医师、医师、医士。

**3. 药剂人员** 是指从事药剂、药检的人员,包括从事中药和西药专业的技术人员。其专业技术职务分为主任药师、副主任药师、主管药师、药师、药士。

**4. 护理人员** 指在医院、门诊部和其他医疗预防保健机构内担任各种护理工作,在医师

指导下执行治疗或在负责地段内担任一般医疗处理和卫生防疫等工作的人员。其专业技术职务分为主任护师、副主任护师、主管护师、护师、护士。

**5. 其他技术人员** 是指从事检验、影像、理疗、病理、营养等技术操作，器械维修以及生物制品研制等的专业技术人员，其专业技术职务分为主任技师、副主任技师、主管技师、技师、技士。

**6. 卫生技术管理干部** 是指在卫生行政部门、卫生企事业组织和学术团体，从事医疗、科研、教学、防治、保健、计划生育、药品与器械等技术管理工作的，从高等、中等医药院校毕业或具有同等学历的人员，其专业技术职务，依其掌握的专业知识和管理水平，分为主任医（药、护、技）师，副主任医（药、护、技）师，主管医（药、护、技）师，医（药、护、师）师，医（药、护、技）士。

### （三）卫生人力资源的特点

**1. 培养周期长，成本高** 由于医疗卫生服务关乎人群的生命健康，卫生人员的工作具有复杂、精细和高风险的特点，因此需要具备系统的专业知识与技能以及临床经验。只有通过不断地进行学习、培训和医学实践，卫生人员的技术水平才能不断提高，专业知识才能不断更新。与其他领域的人力资源相比，卫生人力资源的培养周期更长，表现为医学生培养周期普遍长于其他专业，在岗卫生人员还需要进行培训和不断积累经验。漫长的培养周期使得卫生人力的培养具有较高的培养周期和培养成本。

**2. 专业性强，能力广** 卫生人力资源是密集型群体，医学领域专业技术壁垒较高，卫生人力除了需要精通医学科学知识和专业技能外，还需要具备团队合作意识、沟通与交流能力、公共健康知识、信息管理技能以及科研能力等。

**3. 劳动强度大，风险高** 疾病的复杂性和个体情况的多样性使得卫生人力在提供服务时面对许多不确定性因素，伴随较高的医疗风险，同时也会面对职业暴露、突发事件、重大疫情等。因此，卫生人员有较大的劳动强度和较高的风险。

### （四）卫生人力资源管理的职能

卫生人力资源管理（health human resource management）是一个国家、一个地区或一个卫生组织获取、使用和维护卫生人力资源的过程和活动。国家和地区的卫生人力资源管理属于宏观层面，主要包括卫生人力规划、卫生人力培训和卫生人力使用三个关键环节。一个卫生组织内部的人力资源管理属于微观层面，其主要内容包括卫生人力资源规划、卫生人员的招聘与甄选、卫生人员素质测评、卫生人员培训、卫生人员薪酬管理、卫生人员绩效管理、卫生人员职业生涯管理、员工关系管理、卫生人员激励。

结合人力资源管理的目的可见，卫生人力资源管理是保证卫生服务拥有正确的各种类型的，数量合理的，经过适宜培训，具有合理技能，在适宜的部门工作，其费用是国家、地区、单位和个人承担得起的卫生工作者，使他们得以合理组合，最大限度地发挥每一个人和每一个群体的积极性，以便提供有效的、民众乐于接受的、方便的卫生服务的各种管理活动的总和。

世界卫生组织于 2006 年在《世界卫生报告》中引入卫生人力的生命周期概念框架（图 7-2），用以指导全球各国对卫生人力的监测和评价。这一概念框架涵盖卫生人力进入（或再进入）工作场所、执业和离开工作场所的各个阶段，可用于动态监测一个国家或地区的卫生人力状况。①进入阶段：需要通过合理规划、教育和培训，以及人员招聘来获得卫生人力；②执业阶段：提高工作能力和绩效；③流出阶段：管理好人才的流动和耗损。在进入阶段，卫生人力政策及干预的核心目标是准备好充足、优质的卫生人力储备，他们需要具备专业的技术能力，在不同社会经济发展水平的地区均可执业。这就需要充分做好卫生人力规划、教育和动员，并

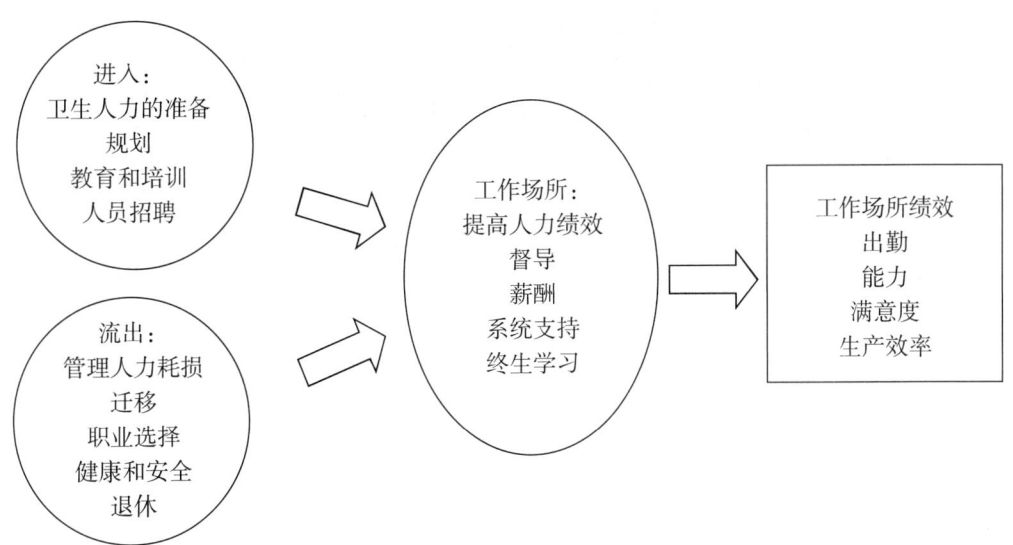

图 7-2　卫生人力的生命周期

强化人员招聘的能力。提高工作绩效的策略重点集中在专业人才的可供性、能力建设，以及员工满意度和工作绩效管理等若干方面。流出阶段的管理要注意员工的非正常耗损，可能是由于病伤，也可能是由于其他原因造成的迁移或耗损，这就特别需要加强对员工的职业规划，提高职业的吸引力。

卫生事业管理定位于对卫生系统的宏观行政管理，这一特性决定了卫生人力管理相对于传统意义上的人力资源管理所具备的两大特殊性。首先，从宏观卫生事业管理的角度来看，对卫生人力的合理规划显得尤为重要，这决定一个国家或某个地区卫生资源的合理组合和优化配置问题。其次，卫生服务的对象是人，而人的健康具有极大的不可替代性，这决定了社会对卫生服务的质量有着极高的要求，因此世界各国政府都对卫生人力实行了严格的培养和管理制度。下文将分别对卫生人力资源管理的规划、培养和激励等相关职能进行阐述。

## 第二节　卫生人力的规划

卫生人力规划是和国家、区域的卫生规划目的和所承担的义务相适应，通过培训卫生人力来满足不同的卫生需要的规划，是对未来卫生人力资源的需求量、供给量和供需关系以及卫生人力的数量、知识和技能类型进行预测，制订卫生人力计划的过程。图 7-3 列举了卫生人力规划的协调范围。卫生人力规划必须和社会经济发展规划、卫生规划相适应。而且卫生人力规划必须与卫生人力管理、卫生人力产出、卫生服务发展及其相关因素协调，否则卫生人力规划必定失败。

卫生人力规划过程是一个持续不断的循环周期。为便于研究，一般把规划分为六个步骤：现有人力形势分析→卫生人力需求量预测→卫生人力供给量预测→卫生人力需求量和供给量的匹配和问题分析→卫生人力发展的策略选择和详细规划→规划的执行、监督与评价。

### 一、现有人力形势分析

一是要掌握国家或地区的人群健康状况、卫生服务的需要和利用情况、可供的适宜卫生技术情况；二是要掌握国家或地区卫生人力的数量、质量和分布情况，特别是要了解当地卫生人力的现状和历史变化动向，卫生人力的流动趋势和供给规律；三是要了解当地卫生人资的管理状况和相关人事政策；四是要结合具体单位实际情况进行工作任务和岗位分析。

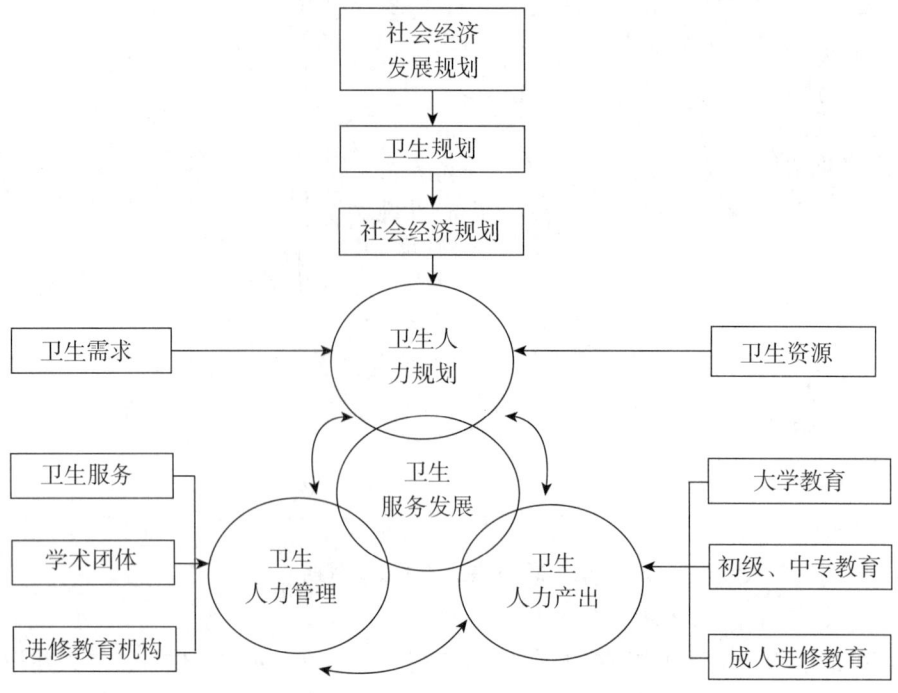

图 7-3 卫生人力规划协调的范畴

工作任务分析是对组织中某个特定工作职务的目的、任务或职责、权力、隶属关系、工作条件、任职资格等相关信息进行收集与分析，以便对该职务的工作做出明确的规定，并确定完成该工作所需要的行为、条件和卫生人力的过程。

工作任务分析包括两个方面的内容：①确定工作的具体特征，称为工作描述；②找出工作对任职卫生人力的各种要求，称为职务说明。

（1）工作描述：工作描述需要具体说明工作的物质特点和环境特点，主要的工作内容与特征、工作责任与权力、工作目的与结果、工作标准与要求、工作时间与地点、工作岗位与条件、工作流程与规范等问题。

（2）职务说明：需要说明担任某项职务的卫生人力必须具备的生理要求、心理要求和知识、技能要求。

## 知识链接

### 某医院医务处主任职务说明书

1. 在院长/分管院长领导下，具体组织实施全院的医疗、教学、科研、预防工作。负责医院"医疗质量管理方案"的具体实施与反馈工作。

2. 负责实施医院的质量方针和质量目标、指标，制订医疗部分的具体落实措施，履行监控职能。

3. 负责制订医务科/处及医疗发展的工作计划，并督查工作完成情况及做出阶段和年终工作总结。

4. 拟订医疗质量管理方案与患者安全目标等有关业务计划，经院长、分管院长批准后，组织实施。经常督促检查，按时总结、汇报。

5. 深入各科室，了解和掌握情况。组织重大抢救和院外会诊。督促各种制度和规章的执行，定期检查，采取措施，提高医疗质量，严防差错、事故。

6. 对医疗事故进行调查，组织讨论，及时向院长、副院长提出处理意见。

7. 负责实施、检查全院医务技术人员的业务训练和技术考核。不断提高业务技术水平。协助人事科做好卫生技术人员的晋升、奖惩、调配工作。

8. 负责组织实施临时性院外医疗任务和对基层的技术指导工作。

9. 检查并督促各科进修和教学、科研计划的贯彻执行。组织科室之间的协作，改进门诊、急诊工作。

10. 督促并检查药品、医疗器械的供应和管理工作。

11. 抓好病案质量控制及统计、图书资料管理工作。

12. 副主任协助主任负责相应的工作。

## 二、卫生人力需求量预测

卫生人力需求量预测是卫生人力规划中最重要、最困难的步骤之一。卫生人力规划是一门预测发展学科，而不是一门精确的数量科学。规划者应该提出各种假设和推论供决策者选择。卫生人力需求量预测的常用方法包括以下几种：

**1. 卫生服务需要法** 卫生服务需要法是建立在人群生物学基础上和专家意见基础上，确定卫生服务的需要量，并根据卫生人力的生产效率预测卫生人力需求量。该方法从伦理学角度看人群需要的卫生服务。使用这个方法的难点是：确定各类疾病需要多少类型卫生服务的标准、卫生人力的生产率等。

计算公式：未来卫生人力需求量 $= \dfrac{P \times C \times V \times T}{W}$

公式中，P代表目标年期间的人口数，C代表平均一年内每人患病次数，V代表一年内平均每名患者需要得到服务的次数，T代表平均每次服务需要卫生人力花费的时间，W代表一年内每名卫生人力提供服务的总时间。

此外，还有一种更为简便的卫生服务需要预测方法，即人力/人口比值法。人力/人口比值法应用方便，国际上应用得较多。关键问题是人力/人口比值的确定。未来卫生人力需求量 = 人力/人口比 × 目标年人口数。任何方法预测得到的卫生人力需求量都可换算成人力/人口比。

**2. 卫生服务需求法** 卫生需求法是建立在人群生物学基础上和人群实际需求基础上的。满足人们实际想要的（由人群决定），比满足理论需要的（由卫生专家决定）更为重要。人们常会因经济问题、时间问题、交通问题而影响卫生服务的利用。如某国卫生服务调查显示，平均每人每年就诊2.8次，而患病应该去就诊而没有去就诊的情况是每人每年2.1次。近一半人患病而没有去就诊，其原因：①医生停诊；②候诊时间太长，患者离开了；③患者所携带的医疗保险证明文件不齐全，医生不予诊治；④患者经济困难；⑤去医院就诊遇到困难（如交通阻塞等），无法就诊；⑥病程太短；⑦工作太忙，没时间就诊；⑧年龄太大，无人陪同；⑨其他原因等。

未来卫生人力需求量 $= \dfrac{P \times C \times R \times T}{W}$

公式中，P、C、T、W的含义同上述卫生服务需要法；R代表一年内平均每名患者实际得到服务的次数。

**3. 卫生机构人力需求的预测** 卫生服务需要法和卫生服务需求法是对卫生人力进行宏观

规划的重要方法。对于具体的卫生机构而言，卫生人力的需要主要应该基于工作任务分析。工作任务分析是对组织中各工作职务的特征、规范、要求、流程以及对完成此工作的卫生人力的素质、知识、技能要求进行描述的过程，其结果是完成工作描述和职务说明。

### 三、卫生人力供给量预测

进行卫生人力供给量预测所需要的最基本的资料包括：现有卫生人力的年龄、性别和毕业年限，受教育水平和持续时间（学制）、专业类别、机构类型和地理位置，全日工作或部分工作，逐年流入的毕业生数量和其他各类卫生人力数量，逐年流出的卫生人力数量，不同教育机构各种不同类别卫生人力的培训成本，国家有关卫生人力的政策（如晋升政策、就业政策、工资待遇政策、退休政策等）。这些资料可以来自于教育部门、卫生部门、组织部门和人事部门。必要时可以通过问卷和面谈的方式进行个人调查。

卫生人力供给量的预测方法都是从计算现有卫生人力供给量开始，加上期望所增加（如毕业生分配、调入卫生人力、被返聘的离退休人员等）的量，再减去预期损失（如人员死亡、离退休和调出等）的量。预测方法主要有以下几种：

**1. 寿命表法** 该方法计算卫生人力损耗是通过使用工作寿命表来完成的。工作寿命表可以计算由于各种原因（如非正常死亡、提早退休、调离或病残等）离开工作岗位的卫生人力数量，从而为计算卫生人力损耗提供确切的依据。但是，要得到这方面的数据资料通常比较困难。

**2. 队列（定群）研究法** 该方法通过对既往毕业生群组进行纵向追踪，从而计算人力损耗率。这种方法计算损失是随着时间的推移而变化的。如1975年有1000名护理毕业生，分别追踪1980年、1985年、1990年、1995年及2000年还有多少人从事于护理工作，从而计算人力损耗率。

**3. 计算每年损失率** 规划者根据逐年累计的资料，推算由于各种因素引起的每年损失率。在资料不足的情况下可以粗略地推算，假设在过去一段很长时间内某地区医师数量稳定在1000人，医师的平均工作时间是25～65岁共40年，1000名西医师的年龄分布和总体医师的平均年龄分布相一致，那么1000名医师中平均每年有25名医师由于各种原因损失。40年以后，1000名医师几乎没有留下继续工作的，可以算出每年损失率平均为2.5%。

**4. 根据变动率预测卫生人力供给量** 卫生人力的供给量受流入和流出两方面的影响，根据历年的流入、流出规律，计算变动率，然后预计将来流入、流出将会发生的变化，对变动率进行调整，得出规划年期间的可能变动率。利用变动率来预测卫生人力供给量是相对最简单、易行的方法。

$$变动率 = \frac{流入卫生人力数 - 流出卫生人力数}{起始年卫生人力数} \times 100\%$$

### 四、卫生人力需求量与供给量的匹配和问题分析

卫生人力需求量和供给量预测完毕后，就需要比较卫生人力需求量与供给量是否平衡。通常，人们往往把注意力集中在数量比较上，然而更重要的相关问题还包括：卫生人力正在从事不适宜的工作；过分依赖医疗，太少依靠预防；过分突出医院保健，太少强调初级保健；卫生人力在错误的场所工作；卫生人力不能有效地完成其应该从事的工作等。

一旦对需求量和供给量进行比较之后，通常就可以通过以下6个步骤来分析卫生人力所存在的主要问题：①卫生人力需求量和供给量不匹配的问题在哪儿？②对于哪一个问题需要进行更深入的研究？③属于什么类型的问题，与招生、培训、分布、服务质量与效率及离去率是否

有关？④可采取什么变更行为？变更行为包括：增加卫生人力产出，提高卫生人力服务效率，减少卫生人力损失，进一步证实卫生人力需求预测是否有误。另外，还有减少卫生服务需求量，解决卫生人力分布不合理等。⑤采取变更行为的成本和效益如何？⑥这些成本和效益有多重要，谁得到效益？谁承担成本？经过上述6个步骤，对需求量和供给量进行调整，达到相对平衡。

### 五、卫生人力发展的策略选择和详细规划

通过对卫生人力需求量和供给量的匹配和问题分析，可以根据相应的问题和解决方案制定相应的卫生人力发展策略，并进一步根据发展策略制订详细的卫生人力规划。卫生人力发展规划在各国、各地可以有所不同。但其主要内容都应该包括：①规划的政策基础；②卫生服务目标；③卫生人力发展问题；④可能的解决办法及可行性分析；⑤把较为可取的解决办法分解成为各组成部分；⑥日程表网络系统显示活动程序；⑦各种活动所需的时间和资源；⑧承担各项活动的组织；⑨关于监督的类型，评价的频度以及修改规划的准则。

### 六、规划的执行、监督和评价

规划制订完毕，并不意味着已经结束，而是贯穿于规划执行的始终。随着形势的变化，规划应该有相应的改变。在规划的执行过程中，应该进行严密的监督和评价，要评价政策是否恰当，规划的贯彻执行是否到位，规划效果是否良好，以便及时发现问题，并及时修改规划。

卫生人力规划必须重视社会、经济和政策方面的约束因素。卫生人力规划必须与卫生规划和教育规划相结合，必须重视卫生人力培养和管理。否则，卫生人力规划就会脱离实际，无法取得预期的效果。

## 第三节　卫生人力的培养

### 一、卫生人力的形成过程

卫生人力的形成过程，就是对卫生人力的培养到招聘，可以通过图7-4所示的流程加以描述。这一过程涵盖卫生人力的教育、招聘、培训和执业各个阶段。

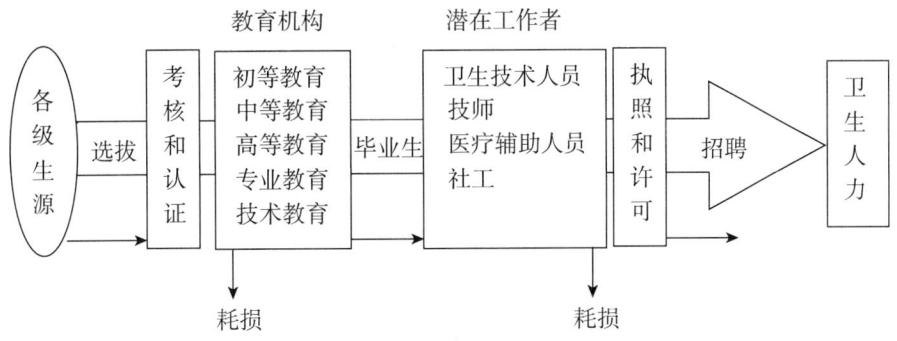

图7-4　卫生人力的形成过程

从我国的具体情况看，根据《中华人民共和国执业医师法》（2009年修正），依法取得执业医师资格或者执业助理医师资格，经注册在医疗、预防、保健机构中执业的专业医务人员，称为执业医师或执业助理医师。国务院卫生行政部门主管全国的医师工作。县级以上地方人民政府卫生行政部门负责管理本行政区域内的医师工作。

### (一) 医师资格考试制度

医师资格考试分为执业医师资格考试和执业助理医师资格考试。医师资格统一考试的办法，由国务院卫生行政部门制定。医师资格考试由省级以上人民政府卫生行政部门组织实施。参加执业医师资格考试应具备以下条件：①具有高等学校医学专业本科以上学历，在执业医师指导下，在医疗、预防、保健机构中试用期满一年的；②取得执业助理医师执业证书后，具有高等学校医学专科学历，在医疗、预防、保健机构中工作满二年的；具有中等专业学校医学专业学历，在医疗、预防、保健机构中工作满五年的。参加执业助理医师资格考试应具备以下条件：具有高等学校医学专科学历或者中等专业学校医学专业学历，在执业医师指导下，在医疗、预防、保健机构中试用期满一年的。以师承方式学习传统医学满三年或者经多年实践医术确有专长的，经县级以上人民政府卫生行政部门确定的传统医学专业组织或者医疗、预防、保健机构考核合格并推荐，可以参加执业医师资格或者执业助理医师资格考试。考试的内容和办法由国务院卫生行政部门另行规定。医师资格考试成绩合格，取得执业医师资格或者执业助理医师资格。

### (二) 医师执业注册制度

取得医师资格的，可以向所在地县级以上人民政府卫生行政部门申请注册。除有《中华人民共和国执业医师法》第十五条规定的情形外，受理申请的卫生行政部门应当自收到申请之日起三十日内准予注册，并发给由国务院卫生行政部门统一印制的医师执业证书。医疗、预防、保健机构可以为本机构中的医师集体办理注册手续。医师经注册后，可以在医疗、预防、保健机构中按照注册的执业地点、执业类别、执业范围执业，从事相应的医疗、预防、保健业务。未经医师注册取得执业证书，不得从事医师执业活动。医师变更执业地点、执业类别、执业范围等注册事项的，应当到准予注册的卫生行政部门办理变更注册手续。申请个体行医的执业医师，须经注册后在医疗、预防、保健机构中执业满五年，并按照国家有关规定办理审批手续；未经批准，不得行医。

### (三) 医师执业的考核

县级以上人民政府卫生行政部门负责指导、检查和监督医师考核工作。受县级以上人民政府卫生行政部门委托的机构或者组织应当按照医师执业标准，对医师的业务水平、工作成绩和职业道德状况进行定期考核。对医师的考核结果，考核机构应当报告准予注册的卫生行政部门备案。对考核不合格的医师，县级以上人民政府卫生行政部门可以责令其暂停执业活动三个月至六个月，并接受培训和继续医学教育。暂停执业活动期满，再次进行考核，对考核合格的，允许其继续执业；对考核不合格的，由县级以上人民政府卫生行政部门注销注册，收回医师执业证书。

## 二、医学教育

20世纪初，Flexner 发表的《美国和加拿大的医学教育：致卡耐基基金会关于教育改革的报告》奠定了现代医学教育的基础。从此，现代医学教育进入了专门化技术教育的时代。通常，满足基本条件的各级生源都需要通过严格的选拔，分别接受初等、中等和高等教育以后，才能进入医学院校接受专门的医学培训。培训结束后，他们需要通过各种考核获得相应的学历认证，然后才能申请行医执照执业。

新中国成立以来，我国的医学教育经历了从苏联模式到英美模式的逐渐演变，目前仍在发展中。从具体的医学教育项目设置来看，通常将医学教育分为医学学历教育、毕业后医学教育和继续医学教育三个阶段。医学学历教育的目的主要是培养初级的全科医师；毕业后医学教育

(如住院医师规范化培训、专科医师规范化培训)则是进行专科化培训;继续医学教育是在完成毕业后医学教育以后的教育阶段,属于知识更新和终生教育(如专业证书教育、乡村医生教育以及各类卫生人员在职培训项目)。

(一)医学学历教育

我国在培养卫生专业人员方面有多种教育项目(表7-2)。2006年,我国有380家医药卫生院校提供四种学制的学位教育,分别为8年制、7年制、5年制和3年制的医学学位教育。要进入高等院校进行医学学位教育的学习,需要完成高中阶段的学习。5年制医学学位教育的毕业生可获得学士学位,7年制学制的授予硕士学位,8年制学制的授予博士学位,3年制学制的毕业生则获得专科学位。只有一小部分(4%)高等院校提供8年制医学学位教育课程。我国的医学教育主要以西医为主,中医为辅。护士培训从无学位的中等职业学校到普通高等院校都在进行。国家卫生健康委员会所统计的注册护士中的大多数都在可以颁发证书的中等职业学校内接受过护理学教育。与之相比,护工仅接受10~15天的培训,并没有纳入国家卫生健康委员会对卫生人力的统计。

表7-2 我国医学学历教育院校的构成(单位:所)

| 医学专业 | 8年制 | 7年制 | 5年制 | 3年制 | 合计 |
|---|---|---|---|---|---|
| 临床医学 | 12 | 30 | 73 | 53 | 168 |
| 中医学 | 0 | 13 | 9 | 5 | 27 |
| 护理学 | 0 | 0 | 84 | 95 | 179 |
| 药学 | 0 | 0 | 4 | 2 | 6 |
| 总计 | 12 | 43 | 170 | 155 | 380 |

(二)毕业后医学教育

从整体而言,我国对卫生人员毕业后教育和培养工作的重点逐步转变为构建以"5+3+X"为主体的专科医师人才和以全科医生为重点的基层卫生人才培养体系。同时,逐步开展公共卫生医师规范化培训,并加强精神医学、产科、儿科、康复、病理、药学、老年医学、老年护理等紧缺专业人才的培养。

2013年,我国开始实行全国性的医学教育改革,原国家卫生和计划生育委员会等7部委联合印发了《关于建立住院医师规范化培训制度的指导意见》(俗称"5+3"计划),即完成5年医学类专业本科教育的毕业生,在培训基地接受3年住院医师规范化培训。至此,住院医师规范化培训作为一项国家制度正式启动,是我国探索建立住院医师规范化培训制度的里程碑。2014年,国家卫生行政部门相继出台了《住院医师规范化培训管理办法(试行)》《住院医师规范化培训基地认定标准(试行)》和《住院医师规范化培训内容与标准(试行)》等文件,对住院医师培训的招收对象、培训模式、培训与招收办法、培训基地、培训内容和考核认证等方面进行了规定。

2015年12月,原国家卫生和计划生育委员等8部委联合印发了《关于开展专科医师规范化培训制度试点的指导意见》。明确规定专科医师规范化培训是在住院医师规范化培训基础上,培养能够独立、规范地从事疾病专科诊疗工作的临床医师的可靠途径,主要培训模式是"5+3+X",即在接受5年医学类专业本科教育和3年住院医师规范化培训并取得《住院医师规范化培训合格证书》后,再依据各专科培训标准与要求,以参加本专科的临床实践能力培训为主,同时接受相关科室的轮转培训和有关临床科研与教学训练,培训年限一般为2~4年。

全科医生是综合化程度较高的医学人才，主要在基层承担预防保健、常见病及多发病诊疗和转诊、患者康复和慢性病管理、健康管理等一体化服务，被称为居民健康的"守门人"。2011年，国务院颁布了《国务院关于建立全科医生制度的指导意见》，将全科医生培养逐步规范为"5+3"模式，即先接受5年的临床医学（含中医学）本科教育，再接受3年的全科医生规范化培养。2018年，《国务院办公厅关于改革完善全科医生培养与使用激励机制的意见》提出，目标是到2030年，城乡每万名居民拥有5名合格的全科医生。

（三）继续医学教育

继续医学教育是继毕业后医学教育之后，以学习新理论、新知识、新技术和新方法为主的一种终生教育。目的是使卫生技术人员在整个职业生涯中，保持高尚的职业道德，不断提高专业工作能力和业务水平，提高服务质量，以适应医学科学技术和卫生事业的发展。继续医学教育工作实行全行业管理，全国和各省、自治区、直辖市继续医学教育委员会是指导、协调和质量监控的组织。

继续医学教育的内容，以医学科学技术发展中的新理论、新知识、新技术和新方法为重点，注意先进性、针对性和实用性，重视卫生技术人员创造力的开发和创造性思维的培养。坚持理论联系实际，根据学科发展和社会需求，按需施教。教育的形式应根据学习对象、学习条件、学习内容等具体情况的不同，采用培训班、进修班、研修班、学术讲座、学术会议、业务考察，以及有计划、有组织、有考核的自学等多种方式组织实施。自学是继续医学教育的重要形式之一。

### 三、我国卫生人力的现状

（一）我国卫生人力的构成

我国有着相对独特的卫生人力命名系统。当然其中大部分遵循了国际标准定义，根据卫生人员受教育程度和技术资格来予以分类。我国卫生人力的主要构成形式有两大类：第一类，也是最主要的类别是卫生技术人员，包括医师、护士、药剂人员、检验人员、影像人员以及其他具有高等教育程度的技术人员。①医师是指通过了国家执业医师考试，在县级以上卫生行政部门注册为执业医师或执业助理医师的人员。其中，执业医师是具有高等院校医学专业本科以上学历，在执业医师指导下，在医疗、预防或保健机构中试用期满一年的人员，并通过执业医师资格考试，在县级以上卫生行政部门注册。执业助理医师是指具有高等院校医学专科学历或者中等专业学校医学专业学历，在执业医师指导下，在医疗、预防、保健机构中试用期满一年的人员，通过执业助理医师资格考试，在县级以上卫生行政部门注册。②护士是指获得护士资格证书并获得高等医学院校护理专业专科以上毕业文凭，以及获得经省级以上卫生行政部门确认免考资格的普通中等卫生（护士）学校护理专业毕业文凭的人员。③医疗技术人员是指接受专业教育，包括药剂人员、检验人员、影像人员以及其他卫生技术人员。④其他技术人员是指毕业于高中等院校化学、数学等非卫生专业，现从事卫生宣传、科研、教学等技术工作的人员。第二大类别是管理工作人员，与卫生技术人员并列，包括从事人事、财务、信息和党政部门负责人。

（二）我国卫生人力的数量

近50年，我国医师和护士的绝对数量和密度都取得了平稳增长。20世纪60年代，由于大学关闭，卫生人员的数量呈现扁平化趋势，且密度有所降低。20世纪70年代大学重新开放后，医学院校招生人数再次回升。20世纪80年代，我国恢复了常规普通高等教育学位和课程。

1998年，我国开始大规模地进行高等教育的扩招，同时在综合性大学内整合并扩展医学院和护理学院。

2018年，我国有1230万名卫生人员，包括952.9万名卫生技术人员（执业医师、护士和其他卫生技术人员）、90.7万名乡村医生和卫生员，以及186.4万名非专业人员（管理、后勤人员和其他工作人员）。卫生技术人员中有301万名执业医师、59.7万名执业助理医师、409.9万名护士和182.3万名其他卫生技术人员（表7-3）。

从构成情况看，57%的医师为男性，43%为女性。绝大多数护士为女性。大约75%的医师学习临床类，16%学习中医。其他人员所学专业包括公共卫生（3%）和口腔科（6%）。全国医护比为1.4，城市地区为1.3，农村地区为1.9。

从分布情况看，卫生人员的分布城市略高于农村，占比51%。而卫生技术人员密度（每千人拥有卫生技术人员数）城市远高于农村，城市医师密度是农村的2倍多，护士密度是农村的3倍多。

表7-3　2018年我国卫生人员的数量和分布情况

| | 总计 | | 城市 | | 农村 | |
|---|---|---|---|---|---|---|
| | 数量（万名） | 名/千人口 | 数量（万名） | 名/千人口 | 数量（万名） | 名/千人口 |
| 卫生技术人员合计 | 952.9 | 6.8 | 519.1 | 10.9 | 432.8 | 4.6 |
| 执业医师 | 301.0 | 2.2 | 177.6 | 6.3 | 123.4 | 1.3 |
| 执业助理医师 | 59.7 | 0.4 | 13.1 | 0.3 | 46.6 | 0.5 |
| 护士 | 409.9 | 2.9 | 241.8 | 5.1 | 168.1 | 1.8 |
| 药师（士） | 46.8 | 0.3 | 24.7 | 0.5 | 22.1 | 0.2 |
| 技师（士） | 50.6 | 0.4 | 27.1 | 0.6 | 23.5 | 0.2 |
| 其他卫生技术人员 | 85.0 | 0.6 | 34.8 | 0.7 | 49.2 | 0.5 |
| 乡村医生和卫生员 | 90.7 | — | — | — | 90.7 | 1.0 |
| 其他技术人员 | 47.7 | 0.3 | 26.8 | 0.6 | 20.8 | 0.2 |
| 管理人员 | 52.9 | 0.4 | 32.8 | 0.7 | 20.1 | 0.2 |
| 工勤技能人员 | 85.8 | 0.6 | 47.7 | 1.0 | 38.2 | 0.4 |

*卫生技术人员包括执业医师、执业助理医师、注册护士、药师（士）、检验技师（士）影像技师（士）、卫生监督员和见习医（药、护、技）师（士）等卫生专业人员，不包括从事管理工作的卫生技术人员。药剂（士）包括主任药师、副主任药师、主管药师、药师、药士，不包括药剂员。技师（士）是指检验技师（士）及影像技师（士）。其他卫生技术人员包括见习医（药、护、技）师（士）等卫生专业人员，不包括药剂员、检验员、护理员等。乡村医生是指在村卫生室工作并且取得"乡村医生"证书的人员。卫生员是指在村卫生室工作但未取得"乡村医生"证书的人员。其他技术人员是指从事医疗器械修配、卫生宣传、科研、教学等技术工作的非卫生专业人员。管理人员是指担负领导职责或管理任务的工作人员。工勤技能人员是指承担技能操作和维护、后勤保障服务等职责的工作人员。

### （三）我国卫生人力的质量

表7-4以卫生人员的受教育水平作为其技能和技术能力的指标，分析我国卫生人力的质量。结果显示，约90.9%的医师接受过大专水平或以上学历教育。具有大专或以上学历的护士所占比例低于医师，约为69.5%。约0.7%的医师和0.8%的护士只有高中及以下学历。从分布情况来看，城市地区的医师拥有大学专科或以上学历的比例为94.3%，较农村地区高19.6%。

表7-4 2016年我国医生和护士的受教育水平情况（%）

| 学历 | 城市 | | 农村 | | 合计 | |
|---|---|---|---|---|---|---|
| | 医师 | 护士 | 医师 | 护士 | 医师 | 护士 |
| 大专或以上 | 94.3 | 74.7 | 85.1 | 60.5 | 90.9 | 69.5 |
| 中等学校 | 5.3 | 24.7 | 13.8 | 38.5 | 8.4 | 29.7 |
| 高中或以下 | 0.4 | 0.6 | 1.1 | 1.0 | 0.7 | 0.8 |

（四）我国卫生人力的培养

我国卫生人员的培养有三个方面的特点。第一，近年来医学教育在规模上的扩张将使未来卫生人员的储备增加。第二，目前国家为医师和其他人员提供了多种教育项目，这种多样性也同时引发适合我国卫生状况的医学卫生教育项目标准化和质量的问题。第三，卫生人员培养量和储备量的变化存在不匹配的问题。

近20年，医药卫生相关院校的招生人数显著增加，同时医护人员学历也逐渐提升。到2018年，约有80%卫生技术人员拥有大专以上学历。自1998年以来，政府开始大力发展和扩张医药卫生教育，根据《全国普通高等学校医药本科专业目录》（1998年版）中的有关规定，我国高等医学院校共设置8类38种专业。1998—2005年，普通高校医药卫生专业招生人数扩大了350%，而医药卫生中专、大专和本科总计招生人数扩大了225%。随着招生规模的扩大，扩招速度有所下降。2010年，我国共有148所院校开设医学相关专业，共有在校生18.6万人，总招生人数53.4万人，分别比2005年增长了64.6%和38%，毕业生人数从2005年的22.2万人增加到2010年的48.4万人。2010—2016年，全国高校医学专业继续扩招，平均每年增长6.4%，但医学中专招生人数逐年下降，平均每年减招15.3%。得益于高校扩招及调整招生层次，我国卫生技术人员学历水平不断提高，大专以上学历所占比例从2010年的61.2%增长到到2018年已达83.8%。

值得关注的是，我国卫生专业人员培养产出的趋势与卫生人员储备的趋势存在较明显的不一致性。2010—2016年，卫生人员的总储备量增加了2 965 433人。同一时期，所有高中后医药卫生院校毕业的卫生人员总人数为7 054 329人。尽管以卫生人力的人员耗损率为3%计算（例如，2010—2016年卫生人员损耗21%，约为1 723 575人），2010—2016年，仍然有2 365 321名医学毕业生没有被纳入卫生人力队伍之中。对医师的类别进行分析发现，2010—2016年，医师的储备量增加了777 746人（图7-5），而同期所有医学和卫生专业高等院校的毕业生人数达3 946 976人（包括获得药学、护理学等专业学位的毕业生）。即使假设卫生人力储备的人员耗损率为每年3%，也还有2 662 446名医学院校毕业生没有从事医疗卫生相关工作。

（五）我国卫生人力的主要问题

通过上述分析可以发现，我国卫生人力主要存在三个方面的问题：

第一，已接受医疗卫生教育培训但未从事医务工作的人员明显过剩。这种不匹配表明我国的教育投资并未处于最佳利用状态，同时也表明卫生部门和教育部门之间的协调工作需要改进。综合大学高等教育的急剧扩张将导致未来产生大量的卫生人员。近年来，普通高校和中等职业学校医药卫生专业的招生人数和毕业生人数均有急剧增加。新的招生人数约为毕业生人数的2倍，同时也伴随着教师队伍和教育设施的急剧扩张。我国医师的培养似乎是遵照政府扩张医学教育的政策，而不是对劳动力市场的需求作出的反应。医护工作之外的职业（如制药行业）吸纳了明显过剩的医务人员。

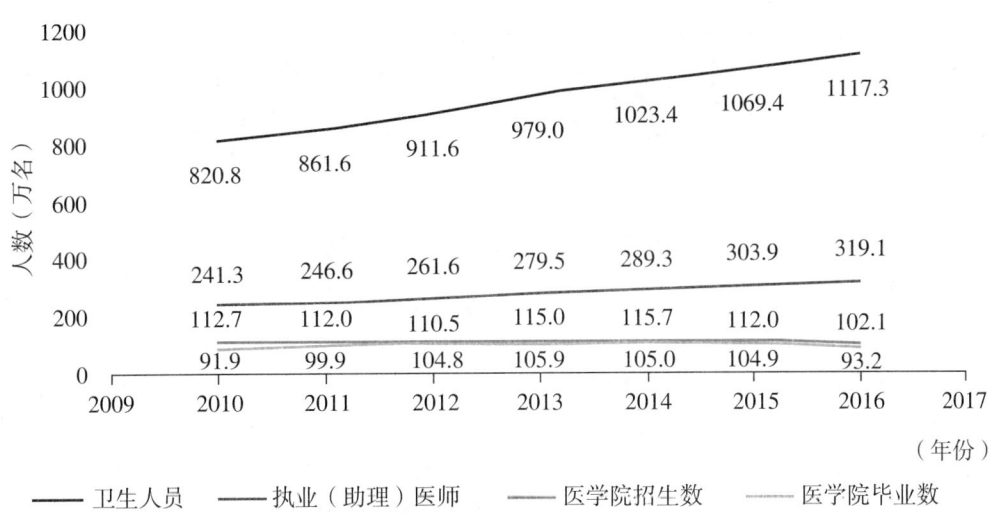

图 7-5　2010—2016 年我国卫生人力的储备和产出情况

第二，为了最大限度地满足人民群众的健康需要，我国面临着教育项目多样化与技能匹配的挑战。然而，我国至今尚未建立起全国统一的医师培训和资格认定标准。其结果表现为，我国的医师和护士接受的培训水平不一致。在培训卫生人员方面存在的一个主要问题是，是否应该在全国范围内实行统一的教育和资格认定标准。我国流行病学、人口学、社会文化和经济的多样性使得卫生人力接受差异化培训成为必然，以适应特定的环境。满足农村人群的基本医疗需求并不需要接受过 8 年医学教育的毕业生。但是，只接受过 3 年医学教育的医师也不能满足发达城市地区的需求。因此，在可以预见的未来，我国将不得不依靠具有不同医学教育和技术水平的医务人员以组合形式来实现卫生系统的目标。

第三，和许多国家一样，我国也存在着严重的卫生技术人员分布不平衡问题，卫生技术人员倾向于在省级城市中心服务，而不是在农村地区服务。与医师相比，护士的分布更加不平衡。如果考虑到卫生人员的质量或受教育水平的因素，那么卫生人力在数量方面分布的不平衡就显得更加突出。落后地区医务人员的密度和受教育程度均较低。医务人员培养人数的增加和大学医学毕业生总体供给量的增加并不一定能解决分布不平衡的问题。这种分布不平衡只能通过为卫生技术人员制订有效的激励机制和政策予以纠正，特别是要对留在乡镇卫生院工作的医师建立有效的激励机制。

## 第四节　卫生人力的激励

### 一、卫生人力的激励措施

卫生人员的激励是指卫生组织采用有计划的多种措施激发员工的工作动机，调动卫生人员的内在积极性和工作热情，使之产生实现组织期望目标的特定行为过程。激励措施可以是物质的，也可以是精神的。通常，领导者应在充分分析并了解卫生人员需求的基础上，采取灵活多样并具有针对性的激励措施，而政府主要是通过卫生人力资源政策对整个过程进行宏观调控。同时还应注意，激励的程度存在一定的合理范围，激励的结果具有不确定性。

激励的原理在于根据卫生人员的需要，实行一定的激励措施，人员需要得到满足后又会产生新的需要，从而应当进一步调整激励措施（图 7-6）。

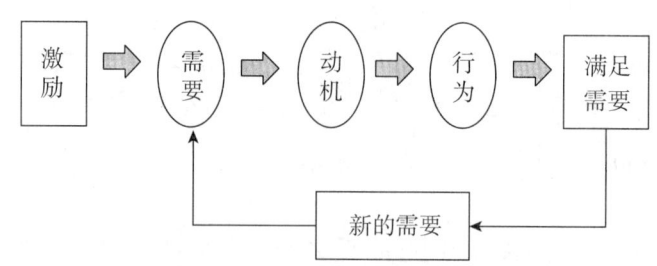

图 7-6 卫生人力的激励机制

常见的激励手段包括经济手段和非经济手段（表 7-5）。常见的经济手段主要包括完善收入分配制度。非经济手段主要包括完善人员晋升制度，提供学习、进修机会，改善工作条件，提供子女教育及住房机会，以及表扬（口头、媒体、奖状等形式）等。晋升制度多被理解为专业技术职务（简称职称）制度，是针对卫生人员的评价、聘用和薪酬待遇的分层与分类制度，是对卫生人员的主要激励措施。当前我国现行的职称制度存在的主要问题是缺乏科学、健全的评价体系。西方发达国家一般将医生的评价和晋升权交给医疗行业协会和医院董事。

卫生人力资源管理的一项重要职能是通过各种激励措施使得卫生领域能够吸引到合适的人力资源，并且能够有效留住人力资源。针对特别的岗位和特殊的地区及机构（如农村地区、欠发达地区、社区卫生服务中心等基层机构）吸引人才的能力较弱，儿科卫生人力相对紧缺的问题，政府部门需要制订一系列有针对性的战略措施。

表7-5 吸引卫生人才的干预措施

| 干预措施 | 举例 |
| --- | --- |
| A. 教育类措施 | A1 招募农村背景毕业生 |
|  | A2 在农村建卫生学校 |
|  | A3 学习期间到农村临床轮转 |
|  | A4 课程设计考虑农村卫生问题 |
|  | A5 开展乡村卫生人员继续教育 |
| B. 管制类措施 | B1 扩大执业范围 |
|  | B2 促进从业人员多元化 |
|  | B3 强制性农村卫生服务 |
| C. 经济激励类措施 | C1 有农村服务要求的奖学金 |
|  | C2 有服务要求的教育贷款 |
|  | C3 有服务选择的教育贷款 |
|  | C4 教育贷款偿还项目 |
|  | C5 直接经济补偿 |
| D. 职业发展和个人支持类措施 | D1 改善生活条件 |
|  | D2 安全和支持性的工作环境 |
|  | D3 远程技术支持 |
|  | D4 提供就地升迁和职业发展机会 |
|  | D5 提供专业网络 |
|  | D6 提高农村卫生人员社会认同和地位 |

（WHO，2010 年）

## 二、卫生人力的考评和晋升

卫生人力资源的考核和测评简称卫生人力考评，包括卫生人力测评与绩效考核两部分，是属于微观卫生人力资源管理的范畴，贯穿于卫生人力资源管理的整个过程。卫生人力绩效考核（health workforce performance assessment）是对卫生人力在其工作岗位的工作成绩、工作能力和工作态度进行考核。对卫生人力的收入分配、奖惩、晋升、职业规划、绩效改进等都需要进行绩效考核。卫生人力测评（health workforce evaluation）是运用多种方法对卫生人员的综合素质进行测量和评价，招聘、录用、选拔、培养等过程都需要进行卫生人力测评。

此外，政府还需要对卫生人力的考评进行宏观控制，制订卫生人才评价的指标和体系，改进人才评价方法，建立全国卫生专业技术资格考试评价制度，并规范第三方评价组织等。

卫生专业技术人员的晋升实行专业技术职务制度（又称职称制度）。专业技术职务是根据实际工作需要而设置的有明确职责、任职条件和任期，并需要具备专门的业务知识和技术水平才能担负的工作岗位。根据专业性质和技术特点进行分类，设置为若干专业技术职务系列并冠以特定的专业技术职务名称。

对于在国家有关部门批准的医疗机构内从事医疗、预防、保健、药学、护理、其他卫生技术专业工作的人员，实行全国统一的专业技术资格考试制度。卫生专业技术资格考试实行全国统一组织、统一考试时间、统一考试大纲、统一考试命题、统一合格标准的考试制度。通过考试取得的专业技术资格证书在全国范围内有效，它表明持有人具有相应的学术技术水平，是受聘担任相应专业技术职务的必备条件。临床医学、预防医学、药学、护理学、技术专业分为初级资格、中级资格。全科医学专业分为中级资格、高级资格。

原国家卫生部和人事部颁布的《临床医学中高级专业技术资格评审条件（试行）》为医生职称评定工作提供了原则。各地、各单位在此原则的基础上制订具体的细节。总体来看，医生职称晋升的条件主要包括工作年限、工作量、专业知识、临床技能、科研和教学能力、沟通与协调能力以及职业态度等方面。

总体而言，在我国，一名医生的职业发展路径大致是：接受5年医学本科教育后到某医院从事临床工作，接受住院医师规范化培训；在从事住院医师期间考取执业医师资格，拥有独立的处方权；经过5~6年的住院医师规范化培训，可以申请晋升主治医师；此后再经历5年以上执业，可以申请晋升副主任医师；随后可以继续执业，再经过5年以上的积累，可以申请执业主任医师职称。

其他卫生专业技术人员在取得相应的专业技术资格后，在符合所在医疗机构专业技术职务晋升的条件，并具备与岗位职务相适应的任职资格和实际能力的前提下，可由所在机构按程序聘任相应的专业技术职务。一般而言，根据人员的学位情况等因素，从初级职称晋升到中级职称，至少需要2~4年；从中级职称晋升到副高级职称，至少需要2~5年；从副高级职称晋升到正高级职称，需要5年以上。

在职称晋升方面，我国的法律法规并没有对从业于不同经济性质的医疗机构的医生加以区别对待。因此，私营医院医生的晋升，在符合当地卫生行政部门规定的晋升条件后，原则上可以向所在地卫生行政部门主管人事的处室提出申请。但是由于医生职称晋升由卫生行政部门主管，公立医院作为事业单位，其内部配套制度和外部公共关系通常较民营医院有"天然"的优势，使得在公立医院工作的年轻医生能够较为顺畅地晋升职称。这也被认为是公立医院对年轻医生有较大吸引力的地方。

### 三、卫生人力的薪酬

#### （一）独立开业的村医

许多乡村医生在某种程度上具有"独立开业"的性质。2010年以前，乡村医生的收入大部分来自药品零售，即村医向药品供应商批发药品，在为患者诊治的同时开出药品处方，将药品出售给患者，赚取其中的差价。一般认为，这部分收入占乡村医生收入的60%以上。乡村医生其他方面的收入来自公共卫生补助和诊疗费，前者是政府对乡村医生开展预防保健工作提供的补助，通常是每月100~300元的定额补助；后者则是乡村医生提供诊疗活动时按项目收取的诊疗费和注射、包扎等服务费用。2010年，国家新一轮卫生体制改革推行，基层卫生系统实行药品"零差率"销售，乡村医生不能再通过零售药品获得收入。按照改革配套措施的规定，批零差价收入转为政府补助。这部分补助通过何种方式补助给乡村医生，在不同地区有不同的探索。例如，某些地区以乡村医生服务人口为基数实行定额补偿；某些地区则按照乡村医生每季度所申报的"购药计划"，以总购药费用的一定比例折算补偿费用给乡村医生；某些地区则探索按人头补偿的方式，即不再细分医疗补偿和药品补偿，而是把基本医疗服务按人头打包给乡村医生。

#### （二）在医院执业的卫生专业人员

由于我国约3/4的医生都在公立医疗机构（公立医院）工作，所以公立医院医生的薪酬制度是本节重点介绍的内容。从筹资渠道来看，我国的公立医院大致可以分为全额拨款单位和差额拨款单位两类，前者（如传染病医院、精神病医院等）一般具有较强的公共卫生服务职能，医务人员的薪金全部由公共财政承担；后者则是提供一般医疗服务的机构，公共财政只承担医务人员薪金的一部分（通常称基本工资）。全额拨款单位用于薪酬分配的总额通常是固定的（财政部门按照人均薪金额乘以编制人员数量拨付给单位）；而差额拨款单位的薪酬分配总额则取决于通过有偿服务活动所得的收入。

无论是在全额拨款单位工作，还是在差额拨款单位工作，大多数医生的薪酬都包括三部分，即基本工资、福利和奖金。基本工资是医生薪金中较为稳定的部分，一般而言，在同一家医院工作，相同工作年限、相同职称的医生，其基本工资是相同的。福利一方面体现在医院对医生的生活补贴（如节日补贴），另一方面体现在养老、医疗、住房等保障；而后者往往是公立医院吸引医生来工作的重要动因。奖金部分则是出于激励医生努力工作的初衷而设置的，因此往往与医生的工作量或者与其所创造的"价值"相关。

奖金部分是医生收入中可变性最大的部分。在同一家医院工作，相同工作年限、相同职称的医生，其正式制度安排下的收入差距主要体现在奖金部分。目前，我国医院的基本组织架构是医院—科室—医生三个层次。医院直接控制医生奖金的做法，在目前国内医院尚不多见。医院主要的奖金分配制度通常是"医院、科室二级分配"。

具体而言，以差额拨款的医疗机构为例，各科医生通过提供有偿服务而获得的收入统一归入医院。这部分收入扣除当期医院的支出，即为医院的"剩余"。以"剩余"的一定比例作为该医院分配奖金的总额。这是奖金分配的第一步。奖金分配的第二步是医院根据各科室的"绩效"制订各科室分配奖金的比例。"绩效"的内涵在不同医院有所差异，不过一般都会涵盖该科室的收支情况、服务量（如门诊人次、出院人次）、服务效率（如平均住院日、床位周转率）、医疗服务质量（如患者满意度、患者投诉率）等指标。另外，教学医院通常还会有发表科研论文数量、带教课时数等指标。奖金分配的第三步是科室从医院拿到奖金分配额以后，进行科室内部分配。科室内部分配一般由科室领导层形成的"核心组"(通常由本科室的科主任、护理长、党支部书记组成)来执行。科室内部奖金分配主要受领导层的目标和管理风格影响。医院层面通常不会直接干预科室内部的奖金分配。

(冯星琳)

# 第八章 药品和卫生技术管制

## 第一节 药品监督管理

### 一、概述

#### (一) 药品的概念

药品属于特殊的消费品。大多数药品具有一定的潜在用药风险，患者不能自行选择，需要医生和药师对药品种类、用药时间、用药方法等予以合理的指导或建议。药品的安全性、有效性和质量与公众健康息息相关。为保护和促进公众健康，需要对药品的研发、生产、流通和使用进行有效监管。

世界各国均将"预防、诊断、治疗人体疾病"及"调节人体生理功能"等作用纳入药品的定义中，但不同国家对药品的定义涵盖的范围不同。我国对药品的定义仅限于人体用药，而西方国家（如美国、欧盟等）药事法规中对药品的定义则包含人体用药和动物用药。例如，美国《联邦食品、药品和化妆品法》将药品定义为："《美国法典》《美国顺势疗法法典》《国家处方集》或其补编中认可的物品；用于人和动物诊断、治疗、缓解、处理或预防疾病的药物；除食品外，用于影响人或其他动物的组织或功能的药品；用于以上三项所规定的物品成分的物品，但不包括医疗用品或其组成、部件或附件"。欧洲议会／欧盟理事会（The European Council, EC）法规（726/2004）将药品定义为："任何对治疗或防治疾病有作用的物质或物质的组合；或者是任何可以用于或施加给人体或动物的具有恢复、调整或改变其生理功能（通过药理、免疫或新陈代谢过程来实现）的作用，或用于进行医学诊断的物质或物质的组合"。《中华人民共和国药品管理法》（以下简称《药品管理法》）将药品定义为："用于预防、治疗、诊断人体疾病，有目的地调节人体生理功能，并有明确适应证或者功能主治、用法和用量的物质，包括中药材、中药饮片、中成药、化学原料药及其制剂、抗生素、生化药品、放射性药品、血清、疫苗、血液制品和诊断药品等"。

药品的定义限定了药事法律或法规的适用范围和药品监管机构的监管范围，对药品监督管理具有重要影响。在药品研发、生产、流通和使用的整个流程中，相关企业、机构或人员必须按照法律法规的要求从事相应活动。药品监督管理机构需要严格按法律授权开展监管工作。同时，正确界定药品可以从根本上避免非药品冒充药品等损害患者的情况发生，维护患者的切身利益。

#### (二) 药品监督管理的发展

随着人类文明的发展，人们逐渐意识到药品监管的重要性。1540年，英国出台了最早的药品管制法令之一《药具、药品和原料法》，标志着药品检验的开端。16世纪，欧洲出现了第一批记载国家药品质量标准和规格的药典。19世纪，化学与生命科学领域取得了突破性进展，现代药品监督管理体系开始形成，为现代药物研发奠定了坚实的基础。但随之而来的是两起震惊世界的药害事件，促使药品监督管理体系在实践中不断完善。1937年，由于未经任何安全测试就使用二甘醇作为溶剂，导致美国出现100余人在服用磺胺酏剂后死于二甘醇中毒。这一事件促使美国国会于1938年出台了《联邦食品、药品和化妆品法》，规定新药在上市前必须经过安全性评估。1958—1963年，世界各国诞生了上万名因母亲孕期服用沙利度胺（反应停）而致手足异常的畸形婴儿，这一事件对各国药品监督管理体系均产生了深远影响。美国国会于1962年通过了《科夫沃-哈里斯修正案》（Kefauver-Harris Amendments），要求药品在上市前必须经过安全性和有效性评价，制药企业必须遵守生产质量管理规范。英国于1963年成立了药品安全委员会，并在1964年建立了不良反应自愿报告系统。欧盟于1965年颁布了第一个药品指令65/65/EEC，对药品的生产和流通进行了规定。

为加强药品国际贸易与技术交流，欧盟、美国和日本在1990年联合成立了人用药品注册技术要求国际协调会（International Conference on Harmonization of Technical Requirements for the Registration of Pharmaceuticals for Human Use，ICH），并邀请世界卫生组织（Word Health Organization，WHO）、欧洲自由贸易区和加拿大作为观察员参会。该协调会旨在协调各国药品质量、安全性和有效性的技术要求，使药品生产厂家能够应用统一的注册资料。这些通用技术文件在药品审评中得到广泛应用，促进了安全、有效、高质量的药品的可及性。

（三）药品监督管理的概念

药品监督管理是指国家授权的行政机关依照法定的药品标准、法律法规及规章，对药品、药事组织、药事活动、药品信息进行管理和监督。另外，还包括司法、检察机关、药事法人和非法人组织、自然人对管理药品的行政机关和公务员的监督，从而保证药品质量，规范药品市场，保障药品供应和促进新药研发，为合理用药提供保证。

药品监督管理旨在维护和促进公众健康，其具体职能因国家不同而异，通常包括以下几方面：

（1）执行药品相关活动的许可认证，包括药品生产、进口、出口、分销、促销、广告等。

（2）评估药品的安全性、有效性和质量，为合规药品发放销售许可。

（3）检查和监督药品生产、进口、批发和调剂等环节相关的企业、机构和人员。

（4）监控已上市药品的质量和安全性，收集并分析不良反应报告。

（5）监控药品广告和促销活动，向医药工作者和公众提供药品相关信息。

由于药品是防治疾病的特殊商品，因此，其有效性、安全性、稳定性和均一性直接关系到人民的生命安全与健康。此外，药品市场较为复杂，生产流通等过程中影响药品质量的因素较多且不易控制，人民群众难以做出判断。因此，必须采取专业的监督管理措施，以保证药品质量与用药安全，维护人民身体健康和用药的合法权益。

（四）药品监督管理的特点

**1. 目的性** 药品监督管理的目的是规范药品研制、生产、经营、使用等环节的行为与秩序，保障药品质量及与药品质量有关的人权，这是国家各级药品监督管理部门的基本职能与义务。

**2. 专业性** 药品监督管理涉及标准制定、审批、药品研制、生产流通、质量检查、临床应用不良反应监测等多个环节，对专业知识和技能的要求较高，执法部门需要具备较高的专业知识水平才能保证执法效果。

**3. 法律性** 药品监督管理是国家行政机关依法执行监督管理的活动，必须切实执法。这体现了国家意志，由国家强制力作为保障。任何组织及个人不得拒绝接受监督管理，违反、破坏法律法规的行为将会被追究。

**4. 限制性** 药品监督管理既包括行政机关依法行使权力，也包括建立相应的制度对行政权进行规范监督，防止越权执法情况的发生，以保护药事组织及个人的合法权益。

**5. 方法性** 药品监督管理的目的性要作为专业性团队建设的依托，药品监督管理的法律性和对执法部门的限制性要统一，行政监督与技术监督手段要结合，事前监督与事后监督要并重，药品监督管理要形成一套科学、规范化的监管体系。

## 二、药品监督管理组织体系

药品监督管理组织体系属于国家药事管理组织体系的范畴，主要由药品行政监督管理组织体系和药品技术监督管理组织体系两部分组成。

### （一）药品行政监督管理组织体系

为了保证药品监督管理切实、有效，必须有一个统一、权威、高效的药品监督管理部门来规划落实药品监督管理的相关工作。国家药品监督管理机构需要各组织部门职能分工明确，具备必要的行政执法能力，及时公开相关信息，保障公众用药安全。

美国食品药品监督管理局（Food and Drug Administration，FDA）成立于1906年，隶属于美国健康与人类服务部（Department of Health and Human Services，DHHS）。FDA下设药品审评与研究中心、生物制品审评与研究中心、器械与放射学健康中心等七个中心，负责全国药品、食品、生物制品、化妆品、兽药、医疗器械以及诊断用品等的监督管理。FDA的主要职责是确保药品、生物制品及医疗器械安全、有效，食品及化妆品安全，电子产品的射线对人体健康并且使用安全、有效；保证产品真实、可靠，资料内容精确、完整；保证产品符合FDA的规定，鉴定不合格的产品，清除市场上任何不安全的非法产品；维护和保护公众健康，帮助公众获得对健康改善有益的食品和药品的科学信息。

欧洲药品管理局（European Medicines Agency，EMA）的前身为欧洲药品评价局（European Medicines Evaluation Agency，EMEA），于1993年成立，1995年正式运行。EMA下设人用药品委员会、药物警戒风险评估委员会、孤儿药品委员会等七个科学委员会。EMA负责欧盟成员国的药品集中审批、药品安全检测等药品监管工作，通过评价和监督人用和兽用药物，促进与维护公众和动物健康。

我国的药品监督管理部门历经多次行政改革，承担对食品、药品、保健品、化妆品安全管理的综合监督。新中国成立后，中央人民政府卫生部于1950年成立了药政处，后改为药政管理局。1978年，国务院成立国家医药管理总局，1998年成立国家药品监督管理局（State Drug Administration，SDA），随后每五年进行一次行政改革。现阶段，我国的国家药品监督管理部门为国家药品监督管理局（National Medical Products Administration，NMPA），对所有中国境内从事药品的研制、生产、流通、使用、价格、广告等环节的单位和个人进行依法监督与检查，在必要时对境外的生产条件和质量保证体系进行检查和考核。

### （二）药品技术监督管理组织体系

药品技术监督管理机构是药品监督管理体系的重要组成部分，对药品质量、安全和疗效实施技术监督检验，为药品行政监督提供技术支持与保障，包括独立机构、国家药品监督管理机构下设技术部门及其他直属技术机构。

WHO是联合国系统内卫生事务的指导和协调机构，其职能是监测并评估全球卫生形势，

在全球卫生事务中发挥领导作用。WHO 采用"资格预审"形式确保基本药物和疫苗的质量符合国际标准,通过专家委员会制订并发布必要的规范和标准,促进药品监督管理信息交流,提供技术培训课程,为各国提供技术支持。

美国药品技术监督管理组织体系主要是指 FDA 下设的药品检验和安全监测机构,包括药品审评与研究中心下设的新药办公室和药品监测与流行病学办公室。另外,还有独立机构美国药典委员会,为在美国境内生产和销售的处方药及非处方药、食物补充剂和其他保健产品制定质量标准。欧盟药品技术监督管理组织体系包括 EMA 及各成员国主管机构下设的药品检验机构和其他负责技术工作的机构,包括 EMA 人用药品委员会、药物警戒风险评估委员会以及各成员国技术监督管理部门等。

我国的药品技术监督管理组织体系主要是指国务院药品监督管理部门设置的药品检验机构、省(自治区、直辖市)级药品检验机构,市(地)、自治州(盟)级的药品检验机构,以及国家和省级直属的负责技术业务工作的事业单位。国家级药品技术监督管理机构均为国家药品监督管理局直属单位,包括中国食品药品检定研究院、国家药典委员会、药品审评中心、食品药品审核查验中心、国家中药品种保护审评委员会、药品评价中心(国家药品不良反应监测中心)、执业药师资格认证中心。药品技术监督管理机构主要是依据《药品管理法》的有关规定和药品监督管理职能的需要而确定的,是国家药品监督管理组织体系的重要组成部分。

### 三、药品监督管理工作的内容

(一)概述

药品监督管理工作需要在法律法规体系内开展,国家应制定药事法律法规实施细则及规定(包括标准、指南和规范等),明确各监管部门的职能分工。药品监督管理机构需要有效结合医学、科学和技术知识,基于坚实的科学依据对药品的安全性、有效性和质量进行判断,对药事组织进行资格认证和监督查处,对药品的研发、上市、流通、使用的全流程进行严格监管,对违法行为实施处罚。

为更好地实行药品监管工作,国家药品监督管理机构可以与其他国家药品监督管理机构开展国际合作,也可以与其他利益相关者进行内部合作,加强程序和决策依据的信息透明化,推行问责制,强化内部质量管理体系。世界卫生组织提出,国家药品监督管理机构应履行以下基本职责:

(1)确保所有药品生产、进口、出口、批发和分销机构均获得许可认证,药品全流程须符合《药品生产质量管理规范》(good manufacturing practice,GMP)和《药品经营质量管理规范》(good supplying practice,GSP)要求。

(2)评估申请上市药品的安全性、有效性和质量。

(3)监测上市后药品的质量和安全性,以防止假药、劣药或其他危害品流通传播。

(4)定期检查和监控非正式市场(如电子商务),防止药品的非法交易。

(5)监督药品广告和促销活动,向公众和医药专业人员提供合理用药信息。

(6)建立监管网络,参加药物监管机构国际会议,讨论共同关注的问题,促进交流与合作。

(7)监督并评估药品监管工作,判断是否达到预期目标,及时发现不足并予以纠正。

世界各国自 20 世纪以来陆续通过立法授权政府卫生行政部门的药政机构或药品监督管理部门行使药品监督管理职能,重点对药品研制、生产、经营、销售、使用的全流程进行行政监督和技术监督,以确保药品的安全性、有效性、经济性和适当性。受国家监管能力的影响,不同国家的药品监管体系在有效执行药品监管职责方面存在实质性差异,并非所有国家的药品监管机构都可以在其管辖范围内对药品实施最低限度的监督管理,假药、劣药的流通在世界许多

（二）药品全流程管理

**1. 药品注册管理** 药品注册是指国家药品监督管理部门根据药品注册申请人的申请，依照法定程序，对拟上市销售的药品的安全性、有效性、质量可控性等进行系统评价，并决定是否同意其申请的审批过程，是各国药品监督管理工作的基本要素。在境内销售、流通和使用的所有药品（包括生物制品和传统药物）均应由国家药品监管部门进行注册，以确保所有上市的药品均符合安全性、有效性和质量标准。不同类别药品（如处方药和非处方药，创新药和仿制药等）的注册与监管要求存在差异。

药品通过注册获得销售许可后，若使用时适应证、剂量、疗程、用法或人群等未在药品监督管理部门批准的药品说明书记载范围内，则称为超说明书用药。超说明书用药意味着该药物针对此类适应证或用法的安全性和有效性尚未得到监管部门的评估或批准，常见于儿科用药。

**2. 药品生产、流通、使用管理** 药品生产是指将原料加工制成能供医疗使用的药品的过程。药品生产企业需要具备良好的生产设备、合理的生产过程、完善的质量管理和严格的检测系统，在原料、人员、设施、设备、生产过程、包装、运输、质量控制等各方面符合GMP的相关要求，保证药品的安全性、有效性和质量。

药品在其经营和销售过程中，可能受内、外因素作用的影响而出现质量问题。药品经营企业应按照GSP或国家有关要求合理流通、经营药品，控制药品采购、入库验收、在库养护、出库核验等各个环节的质量，使药品在流通期间最大限度地维持质量稳定。由于各国药品管理体制和管理模式的差异，GSP尚未成为国际通用标准，但其对于药品流通监管仍具有重要意义。

药品的使用是药品质量体系的终端环节，是药品研制、生产、销售等行为的目的，是药品价值的体现。国际上采用《药品使用质量管理规范》（good using practice，GUP）对药品使用环节进行监管。GUP是医疗机构在药品使用过程中，针对药事管理机构设置、人员素质、制度职责、设施、设备，药品的购进、验收、储存、养护和调剂使用，药品不良反应监测、信息反馈，以及合理用药等环节而制订的一整套管理标准和规程。

**3. 特殊药品管理** 特殊药品是指麻醉药品、精神药品、医疗用毒性药品、放射性药品四类依据法律要求实行特殊管理的药品。各个国家的药品监督管理部门需要根据有关的国际公约和本国的法律法规，制订管制药品名单，确定生产、流通、使用单位和管理办法，规定特殊标志，进行严格的监督管理，以确保用药安全。

**4. 药品的监督与查处** 药品监督管理部门具有必要的执法权，对生产、上市和使用的药品的合法性、药品质量是否达到国家标准、药品广告宣传是否经过审批及广告内容的合规性等进行监督检查，对非法药品依法进行查处。

**5. 药品上市后监管** 药品上市后监管主要包括上市后药品的质量监管和安全监管。由于药品在研发、临床试验阶段获得数据的局限性，以及生产阶段可能出现的质量问题，已上市药品存在一定的质量和安全性风险。国家药品监督管理部门建立药品上市后质量监控评价体系，通过现场抽样等方式监控药品质量，制订严格处罚措施；建立不良反应报告制度等，进行药品安全信息收集工作，监测药品在广泛人群和特殊人群中使用的安全性问题，并基于药品安全信息进行上市后安全性评价工作。

药品的上市前评价和上市后评价是药品监督管理工作的重要部分，也是卫生技术评估（health technology assessment，HTA）的主要内容之一。卫生技术是指用于卫生保健和医疗服务系统的特定知识体系，包括药物、医疗器械、卫生材料、医疗方案、技术程序、后勤支持系统和行政管理组织。WHO将卫生技术评估（HTA）定义为："对卫生技术性质及影响的系统评估。这是一种跨学科评估，以了解卫生干预或卫生技术对社会、经济、组织和伦理所产生的影响。主要包括对卫生技术的安全性、有效性（功效和效果）、经济性和社会影响（包括社会、法律、伦理学与政治影响等）进行评估"。随着我国医疗改革的不断深入，新药品的准入需要提供越来越多的决策依据，卫生技术评估方法与框架（如快速卫生技术评估、Mini-HTA、医院卫生技术评估等）正在被迅速引入及应用。

### 四、药品监督管理的发展方向

生物药、儿童药、罕用药的药品研发监管和药物警戒等问题一直是药品监督管理的工作重点。但随着科学技术的发展和公众健康需求的提高，药品监督管理工作不断迎来新的任务与挑战。例如，纳米新药研发使得药品监管部门需要使用更完善的技术和工具对纳米药物的理化性质进行检测，并评价新型纳米材料对环境的影响；对于利用患者遗传信息研发的个体化药物，需要药品监管部门制订相关指南对其进行监管。在新时期，药品监督管理机构需要协调部门间的合作，加强信息交流和药品全流程管理，健全药品监督管理制度，不断完善药品监督管理体系。

## 第二节　国家药物政策和基本药物制度

### 一、国家药物政策

#### （一）相关概念

1975 年，第 28 次世界健康大会（World Health Assembly，WHA）上，WHO 首次引入国家药物政策和基本药物的概念，旨在作为促进使用重点药物的指南，以均衡全球在药品获得方面的不公平性，有利于政府各部门及社会各界对国家医药工作的目标和策略有全面与一致的认识，便于协调行动。国家药物政策（national drug policy，NDP）是 WHO 推荐各国制定的，有关政府对医药领域提出的目标、行动准则的指导性文件，它是指由一国政府构建、解决医药产业中存在的诸多问题的总体框架，用以指导各国的药品研究、生产、流通和使用的健康发展。

#### （二）国家药物政策的目标

国家药物政策的目标应当与卫生目标相一致，受各国政治形势、政府重视程度等因素的影响。国家药物政策的目标也因各国的社会体制差异而有所不同，但总目标都是相同的，主要包括以下三个方面。①可获得性（availability）：确保基本药物的公平获得和费用可承受；②质量保证（quality assurance）：确保所有药品的质量可靠、安全、有效；③合理使用（rational utilization）：确保药品得到合理使用，提高临床合理用药水平，体现以最少的投入获得最大的医疗效果。此外，国家药物政策的目标还包括：发展本国制药工业，提高药物经济效益，保证医药事业的可持续发展，使公众健康水平不断提高等。

### 二、WHO 基本药物制度简介

#### （一）基本药物概念的起源

1975 年，世界卫生组织第一次向部分国家推荐制订基本药物目录的做法，并于 1977 年正式提出基本药物制度及其概念，将基本药物（essential drug）定义为："满足大多数人基本医

疗卫生保健需要的药物"。WHO 第 615 号技术报告中正式将基本药物定义为:"能够满足大部分人口卫生保健需要,人们健康所需的最重要的、最基本的、必要的、不可缺少的药品"。1985 年,WHO 在内罗毕会议上将合理用药引入基本药物的概念。2002 年,WHO 又对基本药物的概念进行了完善并沿用至今,其定义为:"基本药物是能满足人类优先健康需求的药品,是在适当考虑公共卫生相关性,以及药品的有效性、安全性和成本效果的基础上选定的。基本药物在卫生系统中的任何时候都应有足够的数量和适宜的剂型,价格也应让个人和社区承受得起"。国家基本药物制度是国家药物政策的核心,而基本药物概念的核心是根据确定的临床指南,使用有限数量的经过仔细遴选的药品,从而确保更好的药品供应、更加合理的处方及更低的成本。

### (二) 基本药物制度的构成要素

基本药物制度以基本药物的遴选为核心,其要素包括基本药物的遴选(selection of essential drug)、可负担性(affordability)、药品财政(drug financing)、供应系统(supply system)、药品监管(drug regulation)、合理用药(rational use of drug)、研究(research)、人力资源开发(human resource development)、监测和评估(monitoring and evaluation)等。其中,前六个构成要素是国家药物政策和基本药物制度的基础要素。基本药物制度是一个综合框架,每一个构成要素对于达到一个或更多政策的总体目标都发挥着重要作用。基本药物制度的组成要素与国家药物政策目标之间的关系见表 8-1。

表8-1 基本药物制度的组成要素与国家药物政策目标之间的关系

| 基本药物制度的组成要素 | 国家药物政策的三大目标 | | |
|---|---|---|---|
| | 可获得性 | 质量保证 | 合理使用 |
| 基本药物的遴选 | × | (×) | × |
| 可负担性 | × | | |
| 药品财政 | × | | |
| 供应系统 | × | | (×) |
| 药品监管 | | × | (×) |
| 合理使用 | | | × |
| 研究 | × | × | × |
| 人力资源与开发 | | | |
| 监测和评估 | × | × | × |

注:× 表示直接联系;(×) 表示间接联系

**1. 基本药物的遴选** 基本药物的遴选是国家药物政策的核心原则之一,是实现国家药物政策的前提。世界卫生组织于 1977 年正式提出基本药物的概念,并制定了基本药物目录,现行的基本药物目录为 2018 年版,其中包含 685 种药物。基本药物的遴选需要遵循科学的遴选标准和透明的遴选过程,以保证药品的可获得性,促进药品的合理使用,并通过遴选安全、有效的药品以保证药品的质量。

**2. 可负担性** 可承受的价格是确保基本药物可获得性的先决条件。因此,政府对于基本药物目录中的药品应当采取适当的政策限定销售价格,例如,通过降低药品税率、流通利润幅度以及定价政策等,对于仿制药通过仿制政策促进竞争以降低药品价格,对于专利药可以通过价格谈判和寻求治疗替代品,以达到控制药价的目的。

**3. 药品财政** 药品财政是国家基本药物制度中用以改善基本药物可获得性的另一个基本要素。基本药物的使用一定要纳入国家医疗保险体系、公共医疗保险体系或者商业医疗保险体系，通过负担患者的一部分药品费用以达到降低药品价格的目的。对于重点疾病患者、贫困人群和不发达的地区，应当增加政府财政资金的投入。

**4. 供应系统** 国家基本药物制度中提高基本药物可获得性的第四个基本要素是一个可靠的供应系统。不仅需要通过价格限制和财政支持使患者承受得起基本药物费用，而且需要通过正常运转的药品供应系统保证能够使用到基本药物，使患者有药可用。同时，需要利用药品的购销渠道处理、销毁不要的或过期的药品，以保证药品使用的安全。

**5. 药品监管** 药品监管是指药品监督管理部门通过制定和执行大部分药品的法律、法规和部门规章，以确保药品的质量。例如，通过强制实施生产质量管理规范，保证企业生产药品的安全、有效，通过药品不良反应监测指导临床合理用药等。

**6. 合理使用** 药品的合理使用是全世界共同关注的一个课题，是国家基本药物制度的重要组成部分，同时也是其主要目标之一。为促进药品在临床上的合理使用，仅仅依靠实施基本药物目录是不够的，卫生部门还需要制定《国家处方集》或者《标准治疗指南》，针对医护人员和患者进行宣传教育，以促进临床合理用药。

**7. 研究** 作为国家基本药物制度的其中一个要素，研究包括两方面的含义。一方面是指通过科学研究，更好地理解基本药物制度的各个要素与国家药物政策目标间的关系，以确定基本药物的遴选、采购、销售和使用的最佳方法，帮助建立及进一步完善国家基本药物制度；另一方面是指新药的研究与开发，通过《药物非临床研究质量管理规范》和《药物临床试验质量管理规范》，加强对新药研发的管理。

**8. 人力资源开发** 执行国家基本药物制度并最终实现国家药物政策的目标需要依靠高素质、有经验的专业人员，包括政策的制定者、医师、药师、药学技术人员、临床药理专家、经济学家和研究人员等。因此，必须有目的地教育和培训一批合格人员来执行国家基本药物制度中必须做到的主要任务。

**9. 监测和评估** 监测和评估是国家基本药物制度的一个重要组成部分，通过定期进行的以指标为基础的调查，对国家基本药物制度进行监测，并对社会各方面和经济的影响进行独立的外部评估，有助于进一步修改、完善国家基本药物制度。

## 三、我国基本药物制度的实施

### （一）我国基本药物制度的历史沿革

1979 年，我国引入基本药物的概念，并开始启动基本药物的遴选工作。截至 2004 年，我国先后出台了 6 版《国家基本药物目录》，但尚未出台与之配套的生产、流通、使用、定价、报销等方面的政策。我国历年各版《国家基本药物目录》中收载的药品情况见表 8-2。

表8-2 我国历年各版《国家基本药物目录》中收载的药品情况

| 修订时间 | 合计（种） | 西药数目（种） | 中药和组方数目（种） |
| --- | --- | --- | --- |
| 1982 年（西药） | 278 | 278 | 未遴选 |
| 1992—1995 年（西药），1993 年（中药） | 2511 | 699 | 1812 |
| 1997 年（西药），1998 年（中药） | 2307 | 740 | 1567 |
| 2000 年 | 2019 | 770 | 1249 |

续表

| 修订时间 | 合计（种） | 西药数目（种） | 中药和组方数目（种） |
|---|---|---|---|
| 2002 年 | 2001 | 759 | 1242 |
| 2004 年 | 2033 | 773 | 1260 |
| 2009 年 | 307 | 205 | 102 |
| 2012 年 | 520 | 317 | 203 |
| 2018 年 | 685 | 417 | 268 |

### （二）新医改中基本药物制度的提出

2009 年，《中共中央、国务院关于深化医药卫生体制改革的意见》明确指出，加快建立以国家基本药物制度为基础的药品供应保障体系，并将初步建立基本药物制度作为新医改的五项重点任务之一。基本药物制度成为以"建机制"为基本原则之一的新医改的重要突破口。2009 年 8 月，原国家卫生部、国家发展和改革委员会等九部门联合印发了《关于建立国家基本药物制度的实施意见》（以下简称《实施意见》）和《国家基本药物目录管理办法（暂行）》（以下简称《管理办法》）。《实施意见》阐释了国家基本药物的内涵，指出基本药物是适应基本医疗卫生需求，剂型适宜，价格合理，能够保障供应，公众可公平获得的药品，并提出设立国家基本药物工作委员会，对基本药物的各环节工作都作出了安排。《管理办法》确立了国家基本药物目录遴选和调整的原则、范围、程序和工作方案。

### （三）我国基本药物制度的发展

2018 年 9 月，国务院办公厅发布《关于完善国家基本药物制度的意见》，明确了动态调整优化目录、切实保障生产供应、全面配备优先使用、降低群众药费负担、提升质量安全水平、强化组织保障等六项重点政策措施，标志着国家基本药物制度的进一步巩固和完善。2019 年 8 月，新修订的《药品管理法》将基本药物制度上升到法律层面，明确提出国家实行基本药物制度，遴选适当数量的基本药物品种，加强组织生产和储备，提高基本药物的供给能力，满足疾病防治的基本用药需求。

国家基本药物制度的推行对保障我国民众的身体健康具有十分重要的作用，其核心内容是确保药品的安全、有效，可获得性和合理用药。我国的基本药物制度需要政府各有关部门、医药工作者和社会公众的密切配合及广泛支持，这样才能得以全面贯彻落实，才能为深化医疗卫生体制改革提供积极的帮助。

## 第三节  医疗器械监督管理

### 一、概述

#### （一）医疗器械

医疗器械是指直接或者间接用于疾病预防、诊断、治疗、保健和康复的仪器、设备、器具、体外诊断试剂及校准物、材料以及其他类似或相关的物品，包括所需要的计算机软件。医疗器械的效用主要通过物理等方式获得，不是通过药理学、免疫学或者代谢的方式获得，或者虽然有这些方式参与，但是只起辅助作用。

医疗器械的目的包括以下几方面：
(1) 疾病的诊断、预防、监护、治疗或者缓解。
(2) 损伤的诊断、监护、治疗、缓解或者功能补偿。
(3) 生理结构或者生理过程的检验、替代、调节或支持。
(4) 生命的支持或维持。
(5) 妊娠的控制。
(6) 通过对来自人体的样本进行检查，为治疗或诊断目的提供信息。

（二）医疗器械监督管理体系的发展

医疗器械监督管理体系的发展要晚于药品监督管理体系。直到1976年，美国才正式在《食品、药品和化妆品法》修正案中提出医疗器械的监督管理。欧盟从1988年开始讨论统一各成员国的医疗器械管理制度，并制定了针对产品上市前审批管理的法规体系，发布《有源植入式医疗器械指令》《医疗器械指令》和《体外诊断医疗器械指令》。其中，《医疗器械指令》是迄今为止影响力最大的一部医疗器械法规。目前，WHO的194个成员国中，已有113个国家发布了医疗器械监督管理的相关法律。

我国于1991年发布了第一个医疗器械政府规章。2000年，国务院颁布并实施了第一部医疗器械监督管理条例，奠定了医疗器械监督管理的法律地位，并在此基础上出台了一系列管理办法，以构建我国基本医疗器械法规体系。2014年2月12日，国务院第39次常务会议修订通过《医疗器械监督管理条例》。

（三）医疗器械监督管理的目的

医疗器械监督管理是一个庞大的、快速发展的领域，其首要目的是保障公众健康安全，通过严格监管的方式降低潜在健康风险，同时尽可能地保障患者使用高质量、安全、有效的医疗器械。

（四）医疗器械分类管理

多数国家基于不同医疗器械的风险等级，将医疗器械分为3~4类。美国是最早提出对医疗器械进行分类管理的国家，并将医疗器械划分为Ⅰ类、Ⅱ类、Ⅲ类三类。Ⅰ类医疗器械是指危险性小或基本无危险性的产品，如医用手套、压舌板、体温计等；Ⅱ类医疗器械是指具有一定危险性的产品，如心电图仪、超声诊断仪、输血及输液器具、呼吸器等；Ⅲ类医疗器械是指具有较大危险性或用于支持或维持生命的产品，如人工心脏瓣膜、心脏起搏器、人工晶体及人工血管等。

我国对医疗器械也实行分类管理，并将其分为三类：第一类是风险程度低，实行常规管理可以保证其安全、有效的医疗器械。第二类是具有中度风险，需要严格控制管理以保证其安全、有效的医疗器械。第三类是具有较高风险，需要采取特别措施严格控制管理以保证其安全、有效的医疗器械。

## 二、医疗器械监督管理体系

（一）医疗器械行政监督管理组织体系

为有效地执行医疗器械监管法律法规，各国需设立拥有独立决定权的国家监管机构。WHO建议，该机构可设在现有政府部门之下，也可设立独立监管机构。监管机构的职责是确保医疗器械生产经营使用企业能够有效地进行风险管理并满足其他的监管要求。该机构应职责

清晰,并应定期向公众公开工作报告。

我国《医疗器械监督管理条例》规定,国务院药品监督管理部门负责全国医疗器械监督管理工作。国家药品监督管理局负责医疗器械安全监督管理、医疗器械标准管理、医疗器械注册管理、医疗器械质量管理、医疗器械上市后风险管理,组织指导医疗器械监督检查。地方药品监督管理部门在本行政区域依法组织贯彻医疗器械监督管理的法律法规;省级药品监督管理部门负责医疗器械生产环节的许可、检查和处罚、互联网销售第三方平台备案及检查和处罚;市县两级市场监管部门负责医疗器械经营的许可、检查和处罚,医疗器械使用环节质量的检查和处罚。

### (二)医疗器械技术监督管理组织体系

医疗器械技术监督管理机构是药品监督管理体系的重要组成部分,对医疗器械的质量、安全和性能实施技术监督检验,为医疗器械行政监督提供技术支持与保障。中国食品药品检定研究院即国家药品监督管理局医疗器械标准管理中心,具有承担医疗器械的注册、审批、检验,制定医疗器械安全标准和技术规范,负责医疗器械国家标准物质的研究、制备、标定、分发和管理,对医疗器械广告以及互联网信息进行技术监督,承担严重医疗器械不良事件原因的实验研究等职能。医疗器械标准化技术委员会具有开展医疗器械标准研究,提出本专业领域标准发展规划、标准体系意见,提供医疗器械标准技术指导,跟踪、评价标准的实施,宣传、培训相关标准等职能。国家医疗器械技术审评中心负责第三类高风险医疗器械临床试验、国产第三类医疗器械和进口医疗器械许可事项变更、国产第三类医疗器械和进口医疗器械延续注册审批。

### (三)医疗器械监督管理的责任分工

医疗器械监管是对研发、生产、包装、广告、销售、使用等环节的全流程监管,需要生产企业、经营企业、使用机构、公众和政府五方协同监管,共担责任。

**1. 生产企业**  生产企业作为医疗器械的制造者,必须确保其符合安全及性能的标准。经历研发、试验、生产、包装、注册等阶段后,产品才能够进入市场。

**2. 经营企业**  经营企业是生产者和使用者之间的桥梁,应确保产品的销售完全合规,避免误导使用者或对产品进行虚假宣传。经营企业应提供售后服务,即向医疗机构或药店提供专业的培训,以保障其合理使用。

**3. 使用机构**  使用机构应该确保具有使用医疗器械的资质,并接受过合理使用的训练,同时应熟悉产品的适应证、禁忌证和操作步骤。使用机构仅有就目标适应证使用医疗器械的权利。

**4. 公众**  公众应该清楚地认识到所有的器械都有一定的风险。随着家用医疗器械的普及,公众应该主动了解医疗器械的相关风险、功能和正确的操作步骤。

**5. 政府**  政府需要对生产企业和经营企业进行监管,并确保在本国流通的医疗器械是安全、有效的。政府应该出台政策、法规,并根据技术的发展更新相应的政策、法规。

## 三、医疗器械监督管理工作的内容

**1. 医疗器械标准管理**  医疗器械标准是指由有关部门依据职责组织修订,依照法定程序发布,在医疗器械的研制、生产、经营、使用、监督管理等活动中遵循的统一的技术要求。医疗器械企业应当严格按照产品技术要求组织生产,药品监督管理部门对医疗器械企业实施情况进行监督检查,医疗器械标准化技术委员会对标准的实施情况进行跟踪、评价,医疗器械标准管理机构根据跟踪评价情况对强制性标准实施情况进行统计、分析。

**2. 医疗器械临床试验和注册管理**  医疗器械注册是医疗器械监督管理部门对拟上市医疗

器械的安全性、有效性研究及其结果进行系统评价,以决定是否同意其申请的过程。在我国,办理第一类医疗器械备案,不需要进行临床试验。申请第二类、第三类医疗器械注册,应当进行临床试验。临床试验的方案设计、实施、监查、核查、检查,数据的采集、记录,以及分析总结和报告等内容需要符合相关规定。

**3. 医疗器械生产、经营监督管理** 医疗器械监督管理部门应当对医疗器械的生产和经营制订医疗器械生产质量管理规范和经营质量管理规范,并监督实施。在我国开办第一类医疗器械生产企业的,应当经所在地设区的市级药品监督管理部门审核,发给第一类医疗器械生产备案凭证。开办第二类、第三类医疗器械生产企业的,应当经所在地省、自治区、直辖市药品监督管理部门审批,发给《医疗器械生产许可证》。根据医疗器械的风险程度,对医疗器械经营实施分类管理。经营第一类医疗器械不需要许可和备案;对经营第二类医疗器械的,实行备案管理,对经营第三类医疗器械的,实行许可管理。从事第三类医疗器械经营的,经营企业应当向所在地设区的市级药品监督管理部门提出申请,经相关药品监督管理部门审批合格后发给《医疗器械经营许可证》。

**4. 医疗器械使用质量监督管理** 医疗器械监管部门应当对医疗器械使用机构从具有资质的医疗器械生产经营企业购进医疗器械进行监督,索取、查验供货者资质,以及医疗器械注册或者备案等证明文件。医疗器械使用单位不得购进和使用未依法注册者备案、无合格证明文件以及过期、失效、淘汰的医疗器械。医疗器械使用单位应当按照产品说明书等要求使用医疗器械,一次性使用的医疗器械不得重复使用,对使用过的医疗器械应当按照国家有关规定销毁并记录。

**5. 医疗器械信息管理** 医疗器械监管部门负责监管医疗器械的公开信息。医疗器械广告应当真实、合法,不得含有虚假、夸大、误导性的内容。医疗器械说明书和标签的内容应当科学、真实、完整、准确,并与产品特性相一致。医疗器械说明书应当由注册申请人或备案人在医疗器械注册或备案时,提交药品监督管理部门审查或备案,提交的说明书内容应当与其他注册或备案资料相符。

**6. 医疗器械不良事件监测及召回管理** 医疗器械监管部门负责组织医疗器械不良事件监测及召回管理。医疗器械生产企业应当按照规定建立健全医疗器械质量管理体系和医疗器械不良事件监测系统,收集、记录医疗器械的质量投诉信息和医疗器械不良事件信息,对收集到的信息进行分析,对可能存在的缺陷进行调查和评估。确定医疗器械产品存在缺陷的,应当立即决定并实施主动召回,同时向社会发布产品召回信息。

医疗器械不良事件监测技术机构应当加强对医疗器械不良事件信息的监测,主动收集不良事件信息;发现不良事件或者接到不良事件报告的,应当及时进行核实、调查、分析,对不良事件进行评估。经调查评估认为医疗器械生产企业应当召回存在缺陷的医疗器械产品而未主动召回的,应当责令医疗器械生产企业召回医疗器械。

(管晓东)

# 第九章 卫生信息管理

## 第一节 信息管理基础

### 一、信息与管理信息系统

（一）信息

信息是经过分析处理的，并且对于使用者具有使用价值的消息、数据、文件、情报和资料的总称。

（二）管理信息系统

**1. 概念** 管理信息系统是为达到组织的目标，将数据、资料进行收集、整理、分析、存储，并根据组织中使用者（即管理者、决策者、研究者和经营者）的要求，提取和发布信息，使之得到广泛和有效的应用。简言之，信息系统产生信息，并支持组织的管理和运营（图9-1）。

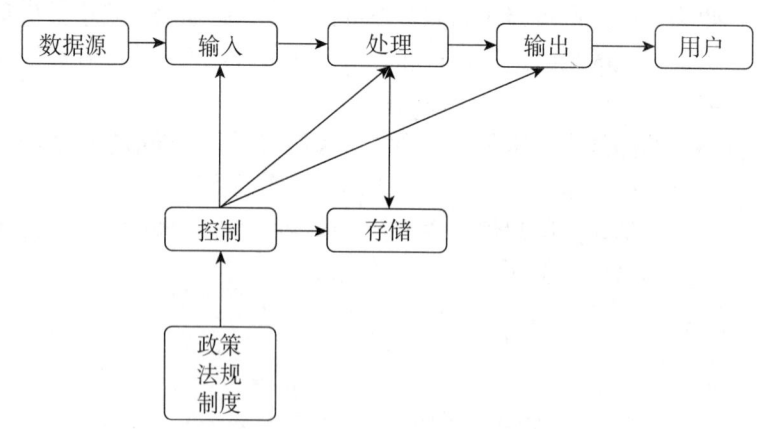

图 9-1 管理信息系统逻辑框架图

现代组织管理中，为组织管理和决策提供支持的管理信息系统通常是以人机交互的形式搭建的整合系统。其构成要件包括：计算机硬件、计算机软件、远程通信、数据库和数据仓库，以及人力资源和管理制度。

**2. 信息与数据** 数据，是用符号、数字和字母表示的事实、概念或命令等，是信息系统的输入端，常见的数据形式包括生命体征、实验室检查结果、影像检查图像等。数据由管理信息系统按照既定的标准由既定的人员来收集，并存储在既定的位置。

信息是信息系统的产品，是为了日常管理的目的，通过对数据进行加工，将数据以有意义的方式表达出来，使指标有意义，具有明确的目的性。

**3. 管理信息系统评价标准**　　按照联合国官方信息系统评价标准，良好的官方信息系统需要满足十大条件，分别是相关性、专业性、问责和透明、纠错性、成本有效、保密性、立法保障、国内协调性、符合国际标准，以及方便国际合作与交流。通常，对组织管理而言，管理信息系统应确保准确性、及时性、相关性、恰当性和成本适宜。

（三）信息技术基础

**1. 数据库**　　数据库即数据的集合，形象地说就是存储数据的"仓库"。可以将数据库简单地定义为以一定的组织方式存储在一起的有关联的数据集合。数据库技术是一种使用计算机对数据进行管理的计算机软件技术，在卫生信息工作中，经常使用数据库技术实现对管理统计信息与医学科技信息的整理和统计。目前常用的大型数据库管理软件包括 Oracle 和 Sybase 数据库，小型数据库的管理可以使用 Visual Foxpro 和 Access。

现行的卫生信息流程和原始数据载体的形式都是使用数据库软件建立数据库、处理和汇总数据产出信息的重要基础。数据库的建立和应用省掉了数据汇总和加工处理的很多中间环节，同时又可以保留最基础的数据。在卫生管理中，可以将收集到的统计数据利用数据库技术建立一系列的数据库，如国家卫生健康统计调查数据库、公共卫生数据库、卫生监督数据库、出院患者病案首页数据库、死因监测数据库等，在医学科技信息管理方面建立中国生物医学文献数据库等。

**2. 信息加工与处理**　　使用数据的目的是便于阅读、通信、转换或者对数据进行处理。数据处理包括对数据的加工、合并、分类等项工作。卫生管理过程中存在着大量的数据，需要根据不同的使用目的进行归纳、整理、分类、统计、分析和判断。应用计算机完成上述数据处理，可节省时间和人力，显著提高工作效率。

数据信息的加工处理是统计信息工作的最基本任务，目的是把原始数据根据使用者的目的按一定的时间顺序合并、排列、组合成具有统计规律的数据集或其他有意义的符号。数据处理大致有两种方式：即手工方式和计算机处理方式。不管采用哪种方式处理数据，都必须经过以下几个环节：①清理原始数据；②对某些可能是错误的数据进行逻辑判断；③对某些漏填的数据进行必要的补充。应用计算机技术进行数据信息的加工处理，具有手工处理无法比拟的优越性。

对统计信息采用计算机技术进行清理以后，即可以根据用户的要求，应用适宜的算法对数据进行科学运算，为科学管理与决策提供有用的信息。

**3. 信息交换**　　将计算机、网络与通信等信息技术结合起来，可以建成网络通信系统，通过计算机局域网与广域网联结形成的计算机网络通信系统可以实现信息传输、信息交换与信息查询。

网络通信系统是把分散的计算机、终端外围设备和数据站等设备通过通信线路互相连接在一起，能够实现相互通信的系统。网络技术的应用可以为用户提供信息交换、数据共享、文件传递、远程通信等服务。网络通信在医学领域中应用最热门的是互联网医疗。对某些疑难病症，只要在网上发出信息，患者不出家门就可以约请专家进行咨询和诊断，并获得最有效的治疗方法。

为实现现代化管理，某些医疗卫生单位和高等医学院校与研究机构已经建成了以计算机技术为基础的办公自动化体系，建成了包括校园网在内的各种局域网，得以加快信息传递，改善

工作环境，显著提高工作质量和工作效率。

## 二、卫生信息与卫生信息系统

### (一) 卫生信息

广义的卫生信息是指与卫生健康工作直接相关联的各种社会经济信息、科学技术信息、文化教育信息以及人群健康状况信息等。狭义的卫生信息是指国家为了维护和促进人群健康，有效地提高劳动者素质，而收集、传输、处理、存储、分配和利用开发的各种信息，主要包括卫生服务活动信息、卫生资源的配置和利用信息、健康与疾病信息，以及影响健康的各种因素、疾病诊断、治疗和处置信息等。概括起来，卫生信息是各种与卫生工作直接或间接相关的指令、情报、数据、信号、消息及知识的总称。从内涵上讲，卫生信息主要包括卫生管理统计信息、医院运营信息、健康管理信息和医学科技信息，是卫生事业发展不可缺少的基本资源。

### (二) 卫生信息的基本功能

**1. 卫生信息是卫生事业宏观管理和科学决策的依据** 对于卫生事业的管理者和决策者来讲，三种类型的信息是必须知道的：①必须知道所辖的国家或地区人群健康状况、疾病结构、卫生需求和当前人群中主要的卫生问题及其优先级；②必须知道众多的预防、诊断治疗、保健及干预措施中哪一种是适宜、经济而有效的；③必须知道什么是卫生服务的决定或影响因素，确定什么样经济、有效的干预措施可以改善人群健康状况。因此，对于卫生事业的宏观管理者而言，一是要掌握人群的卫生服务需要，二是要掌握可提供的适宜卫生技术和卫生系统的资源情况，三是要掌握影响人群健康和卫生服务利用的影响因素。这就是卫生信息需要承担的基本功能。

**2. 卫生信息是监测、评价卫生规划和项目实施进展的依据** 决策与规划（计划）的制定需要以可靠、有效的信息为依据，为了实现规划（计划）的预期目标，必须对规划的执行过程进行科学管理，即实行控制。这在项目管理文献中被称为监测和评价，这项功能的实现必须有卫生健康统计信息的支持。所谓监测和评价，是判断预定卫生目标取得的数量、进展和价值的过程。它包括完善卫生目标，阐明目标取得的进展，测量与判断目标取得的效果，衡量达到目标获得的社会意义，通过监督、评价对今后的工作提出建议五个方面。因此，卫生事业发展及卫生服务一切活动的监督和评价是卫生事业管理的主要环节，而卫生（管理）统计信息则是成功实施监督和评价的客观依据。

**3. 卫生信息是能从事常规管理活动的必备要件** 信息的使用者不仅要利用信息进行计划和决策，还需要利用信息对实施计划和目标的一切活动过程进行控制，包括监测和评价，以及对出现的问题及时分析、修正、补充和调整。这一过程通过信息反馈来予以实现。信息反馈不仅仅实用于卫生问题的识别和干预，也实用于卫生事业发展。例如，通过有效的信息反馈可以促使人、财、物力资源的合理分配和布局，提高有限资源的利用效率。

**4. 医学科技信息是医学科技发展的源泉** 与卫生事业相关的还有一个领域是医学科学研究，它是探索未知的活动。事实上，随着科技活动及科技成果的不断增加，医学科技信息也在大量增加。今天，医学科技研究已不再是个人的一种兴趣，而是一项国家规模（甚至跨越国界）的事业。任何人想进行有价值的医学科学研究，都必须了解前人和同辈人曾经和正在进行的工作，否则要么重复他人的工作，要么多走弯路。所以，从事科学研究的人必须有强烈的信息意识和很高的信息素养。调查表明，科学研究中由于信息不灵，重复现象到处可见。有些发达国家的报告，有30%～40%的科学研究在重复他人的工作。我国未做过这方面的基础调查，相信重复率也不会比发达国家低。掌握科技信息对医学科学研究的重要性还在于，如果充分握有关的科技信息,则可以节约科技投入。有统计调查表明,如果科研费用是1的话,中间试验费用则是10,实现工业化生产所需投资则是100~200,而信息费用只占科研费用的2%~5%。换句话说,人们用少得多的信息费用,可以换来大得多的科技产出。

处于"信息时代"的医学科技工作者,必须有较强的信息意识,而从事科学研究的人,其信息意识、信息素养与其所从事的医学科学研究活动的水平直接相关。从医学科学研究的领导和组织角度讲,为科研机构、科研人员创造良好的信息环境,提供强有力的信息保证,强化其信息意识,应该是首要的工作。对从事医学科学研究的科学工作者来讲,应该在科研及日常工作中,养成勤于观察并善于比较、分析的思维方式,提高在复杂纷繁的现象中进行去粗取精、去伪存真、由此及彼、由表及里的分析能力,以及培养把周围的事物与自己所从事的科学研究联系起来的想象力,不断增强自己的信息意识。这是因为科技信息是医学科技发展的源泉,如果要想站在某一医学科技领域的前沿,就必须及时充分地掌握医学科技信息。

### (三)卫生信息系统

高效的卫生信息管理系统以及时、准确、可靠的卫生信息为产出,是卫生体系建设的重要支撑,可以在卫生政策的开发和执行、卫生体系的治理和监管、卫生人力资源建设、医学教育和科研,以及卫生服务体系的配置和筹资过程中起到指导性作用。与其他管理信息系统一样,卫生信息管理系统需要具备四个基本功能:数据的生成和采集、数据编码和存储、数据分析和信息合成、信息的交流和利用。在此基础上,卫生信息系统部门管理者自然更为关注信息系统的输入端和内部管理。但从宏观卫生体系建设的视角来看,决策者更为关注的则是卫生信息系统的产出部分,即决策相关知识,主要包括:①人群健康状况、疾病结构、卫生需要,特别是其中主要的健康问题及其优先级;②卫生体系要素(如机构、人力、技术、药品、经费)的配置情况;③卫生体系要素与优先健康问题的匹配情况,不匹配的原因,以及适宜、经济、有效、可选的应对策略。

根据世界卫生组织的定义,卫生信息系统由六大要素构成:①卫生信息系统资源,包括信息资源的协调和领导、政策法规、经费和人力保障、基础设施等;②指标体系;③数据来源;④数据管理;⑤信息产品;⑥信息的发布和使用。

从指标体系来看,卫生信息系统应提供以下五方面的统计信息:①健康的影响因素和影响卫生体系运营的环境因素;②卫生体系的投入(卫生人力、卫生机构、政策、药品和技术、卫生费用);③卫生体系的产出(卫生服务的可得性、可及性和质量);④卫生体系的绩效(健康产出、反应性和财务风险防范);⑤健康和卫生服务的公平性。

从数据来源看,卫生信息系统可以依托的信息采集渠道主要包括两方面:一是以人群为基础的信息源,包括人口普查、出生和死亡登记,以及各类健康、危险行为因素监测及健康调查。二是以机构为基础的信息源,包括各类卫生机构报表、电子病案、医疗保险信息、居民电子健康档案等。

高效的卫生信息系统至少应开展两大领域的工作,以提供决策支持。一是公共卫生监测,二是卫生体系的监测和评价。公共卫生监测的职能在于长期、连续、系统地采集有关健康事件和健康问题的数据,经过科学的分析和解释,为确定健康问题的优先干预领域、制订和评价公共卫生干预措施与策略提供直接依据。卫生体系的监测和评价职能则更多地体现在为卫生体系的建设提供决策支持,以服务于卫生体系本身的运营和卫生项目的开展为直接产出。当然,随着卫生管理需求的不断扩大,卫生信息系统管理还被赋予了更多的期望,如健康趋势分析和国际比较、卫生规划、智库支持、风险预警、患者和医疗机构管理支持、信息标准制订和监管、信息传播和交流等。

### （四）卫生信息标准化

建立卫生信息标准体系是卫生信息化建设的重要内容。卫生信息标准化内容很多，涉及患者信息、卫生健康统计信息、诊疗项目、术语等。在我国信息系统发展初期，规范了大部分报表统计的数据内涵。随着新的信息和知识的涌现，数据和名称标准化问题越来越严重。在医院内部，不同科室、不同专业使用各自的专业名词。在卫生管理中，不同的业务领域使用的名词也不尽相同。卫生信息标准既有利于卫生信息的共享和交流，又有利于卫生信息工作的组织实施和管理，所以要大力加强各类卫生信息表达、处理与交换标准的制订及推广应用。力争在较短的时间内制订出一系列体现科学性、先进性、完整性、实用性的卫生信息标准，并做好推广工作，从而有计划、有步骤地确立国家卫生信息化的标准化体系。

为了深入了解和研究疾病，必须将各种不同的疾病加以命名和分类。国际疾病分类（International Classification of Diseases，ICD）系统的雏形是伦敦死亡条例（London Bills of Mortality），这个原始系统是为了划分6岁以下儿童的死亡原因。1853年在布鲁塞尔召开的第一届国际统计学会议建议制订国际疾病分类。1893年法国人类学家贝迪永（Bertillon）制定了死亡原因分类，经过多次完善与修订，逐渐成为国际疾病分类标准。1948年，世界卫生组织负责进一步完善国际疾病分类，并在1964年形成了3位数字的疾病分类系统。目前广泛使用的是国际疾病分类第10版（ICD-10），它使用字母和数字共同编码的方式，并增加了4个主要分类。一部分发达国家将ICD-10本土化，以适应本国的医疗服务体系。我国根据自身情况，发布了国标版的国际疾病分类第10版。2019年，世界卫生组织发布了国际疾病分类第11版（ICD-11）。

另外，还有一个重要的分类标准，即将疾病按诊断分组（diagnosis related groups，DRGs）。这是某些国家（美国等）为了控制医疗费用和改革付费制度而建立起来的。在美国，DRGs主要用于解决医疗保险付费标准问题。在澳大利亚，本土化的DRGs是病例组合（Casemix），用于测量服务产出、资源配置、质量改进，并进行比较分析，以及卫生服务的趋势监测。DRGs与ICD最显著的区别在于DRGs（包括Casemix）将疾病和服务数据组合起来，形成了可以用于管理的一组数据。目前，Casemix在美国、加拿大、法国和英国被实际应用，德国也在借鉴澳大利亚的方法，我国也在不断推进该方法在医保支付和医疗服务质量监管中的应用。

## 第二节　卫生健康统计信息管理

### 一、概述

#### （一）卫生健康统计信息的概念

卫生健康统计信息是反映卫生及其相关领域的各种活动产生、发展、变化情况及其影响因素的信息。通过对卫生健康统计信息的收集、整理和分析，能够揭示卫生事业发展和卫生服务活动的内在规律和外部联系及其相应的社会卫生问题，以组织、控制和管理卫生及其相关领域的活动，是制订卫生事业发展计划以及疾病防治对策的依据，是评价卫生事业发展战略目标和卫生计划实施以及卫生服务一切活动的重要手段，也是卫生事业宏观管理和微观控制的基础。

#### （二）卫生健康统计信息的作用

从整体来讲，卫生健康统计信息可以为卫生事业宏观管理和科学决策提供信息、咨询、监督和评价。其具体作用可以归纳为以下几个方面：

**1. 发现问题，为制订卫生规划和干预措施提供依据**　卫生规划主要是针对当前区域内面临的主要卫生问题提出的，如何种疾病是当前该区域内的主要传染病，当前该传染病的发病率是什么水平，为到目标年降低该传染病的发病率能提供预防保健服务的卫生人力有多少，将要消耗的资金是多少，区域内的医疗机构在一定时期内能提供的服务有多少，其在不同级别卫生机构间的分布如何，不同机构提供卫生服务的费用如何等。要回答所有这些问题，均需要大量的数据和信息，因此，没有卫生管理统计信息系统，区域的卫生规划就无从开展。

**2. 对规划实施进行评价，有利于对规划进行调控和调整**　没有一个规划在执行的初期是完美的，这可能是因为获得的信息不准确或不齐全，导致规划存在一定的缺陷；也可能是因为在规划的执行过程中由于某些因素发生了变化，引起规划所处环境发生变化而影响规划的实施。因此，在规划的执行过程中，必须通过不断进行信息的收集和反馈，补充和完善已掌握的信息，同时还应当及时了解规划所处环境因素的变化及其对规划实施的影响，以及时调整规划，避免规划脱离不断发生变化的客观实际。

**3. 评价规划和干预的效果**　在一个规划执行结束时，为了解该规划总体目标的实现情况，需要提供大量的信息，对规划执行结果进行评估与判断。以区域卫生规划为例，卫生健康统计信息系统的任务主要是：①进行数据的收集、整理、存储、传递（向上、向下及同级间传递）；②进行数据的分析、报告；③参与区域卫生规划设计；④参与区域内疾病流行学调查研究及资料的处理与分析；⑤建立区域卫生统计信息数据库；⑥定期或不定期地对区域内的卫生形势进行分析、评估（如防治措施评价、疾病流行规律研究等），并对防治重点和防治措施提出建议。

（三）卫生健康统计信息系统的构成要素

建立统计信息系统所必需的组织机构、人员和相应的法规制度、数据与统计指标和数据处理工具等，称为统计信息系统的五要素。

**1. 组织机构**　组织机构是卫生健康统计信息系统中最基本、最重要的要素。没有一定形式的组织，信息活动便难以开展，信息系统也将不复存在。因此，建立卫生健康统计信息系统，首先要建立组织机构。

**2. 人员**　只有机构而没有统计人员，统计信息系统也不能运转。统计信息系统中的人力是信息工作中最积极和最活跃的因素，负责登记、收集、整理、分析、传输数据和信息的工作，同时应担负起信息分析和利用的重要责任，即采用适当的方法以适宜的形式将信息资料分析结果向有关部门领导及社会公众报告并发布。

**3. 相应的法规、制度**　信息系统的组织结构不是一个杂乱无章的各级、各类机构的简单组合，而应当是一个各级、各类机构相互联系、相互配合的有机整体。要在一定法规、制度约束下，使组织机构呈现其层次性。不同层次的组织机构有不同的工作职责界限。法规、制度和工作守则对系统内各层次统计人员的责任、权利和义务都有相应的规定，以规范信息系统内人员的工作秩序和联系方式。

**4. 数据、统计指标**　可以将数据、统计指标和信息视为统计信息人员生产的产品。数据是指原始记录和日常登记，它是计算统计指标与汇总报表，制作统计图的基础。与数据相比，统计指标是一个较为综合的概念，通常由两个或两个以上的数据经一定的计算方式组合而成，可用于反映事物的变化程度、规模、状态等。信息是指有目的地经过统计处理的数据和资料，是采用数据和资料以适当的统计方法对某一领域的综合反映和说明。信息可以采用数据、文字、图像等多种形式加以表达。

**5. 数据处理工具——计算机及网络**　计算机有运算速度快、计算准确、信息存储量大等

特点,已成为实现统计工作现代化的重要条件和建立统计信息系统不可缺少的要素之一。采用计算机的优点主要表现在以下几个方面,①运用计算机建立数据库将增加大量的信息来源,提高数据的利用率;②采用计算机将显著减少统计汇总工作中统计人员计算工作的工作量;③采用计算机可以明显增加数据的双向利用,使信息资源的利用和交流能够更加充分;④通过计算机网络的建立,可以进行数据和信息的传输,加快数据和信息的交流速度,使数据和信息能更加及时地得以应用。

## 二、我国卫生健康统计信息管理体系构架

我国的卫生信息管理系统诞生于新中国成立之初。其原型是依托20世纪60年代就已成型的县、乡、村三级医疗预防保健网组成的传染病疫情报告制度。之后,在原国家卫生和计划生育委员会信息统计中心的协调和领导下,又逐步形成卫生资源与医疗服务调查制度、卫生监督调查制度、疾病控制调查制度、妇幼卫生调查制度和新型农村合作医疗调查制度,以及其他相应的专病报告、各类死亡和健康监测,与营养、慢性病危险行为有关的卫生健康统计信息采集网络。

国家卫生健康委员会组建后,我国的卫生健康工作方针由以治病为中心转向以人民健康为中心,统计信息架构也发生了相应的变化,建立了由国家卫生健康委员会牵头,以统计信息中心作为技术支撑,中国疾病预防控制中心、卫生健康监督中心、国家食品安全风险评估中心等机构分工协作,地方各级卫生健康行政部门及其技术机构作为支撑骨干的管理体系,设立到医院、基层医疗卫生机构、专业公共卫生机构等部门。

我国的卫生健康统计是广义的政府统计的重要组成部分,卫生健康统计信息系统的组织架构是在国家统计局的专业管理下,各部门按照相应的职能负责其管理领域的统计和信息收集。具体表现为国家统计局负责人口普查、经济与就业等综合统计;国家卫生健康委员会作为行业主管部门,承担行业统计的主要工作,包括公共卫生、医疗服务、卫生人力、卫生资源、人口监测、药品使用等信息;国家医疗保障局负责医疗保障的覆盖、支付和补偿信息,以及药品、耗材的招标、采购等信息统计;教育部负责大专院校医学相关专业人才培养的统计;国家药品监督管理局负责药品注册、审批等相关统计;财政部、商务部、工业和信息化部等部门负责财政投入、药品生产与流动等统计。

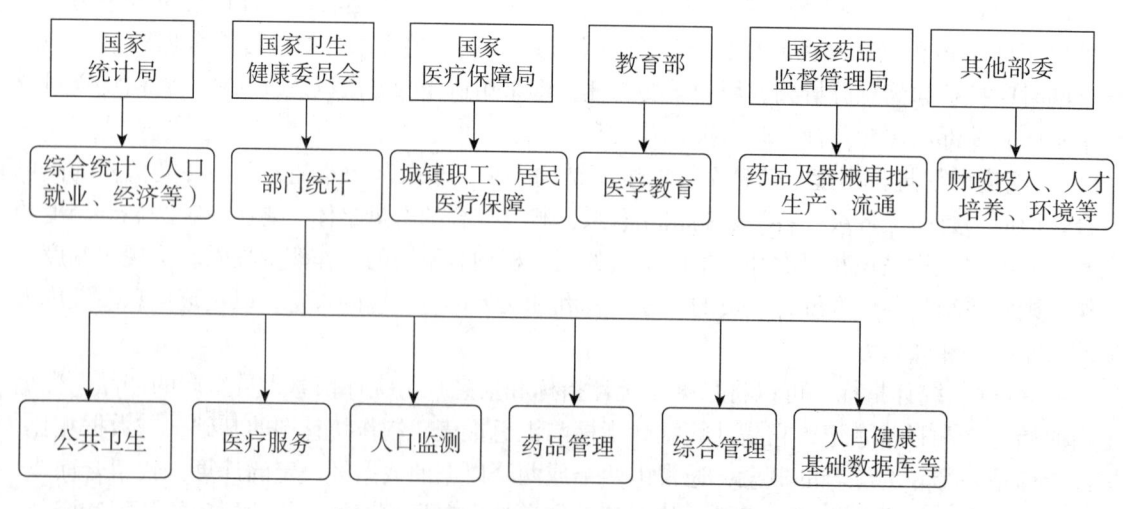

图 9-2 我国卫生健康统计信息管理体系架构

卫生健康统计信息系统作为卫生统计的主要责任部门,其组织架构如图9-2所示。国家卫生健康委员会以规划发展与信息化司负责整个系统统计工作的行政管理工作,设置统计信息中

心作为统计工作的技术管理和实施机构；国家卫生健康委员会内设相关司局，按照其职能和需要，在统一的框架下开展工作，具体工作一般由相应的技术机构负责，如中国疾病预防控制中心负责传染病等相关信息的管理，卫生健康监督中心负责监督信息管理。在中央一级，形成了一个由国家卫生健康委员会领导和指导的包括上述单位组成的中国卫生信息系统的管理核心。中央一级的卫生信息管理机构在省（自治区、直辖市）级及以下行政区内各有其管辖或联系的单位，形成了既有垂直报送，又有横向交换的矩阵型信息报告体系。

为了准确、及时、全面地搜集卫生管理统计信息，由国家卫生健康委员会、省（自治区、直辖市）卫生厅（局）、地（市）卫生局、县（区）卫生局直至各基层卫生单位（如医院、门诊部所、乡镇卫生院、卫生防病机构、卫生监督机构、妇幼保健机构、专科防治机构等）均设立了卫生健康统计信息机构或人员，明确统计信息工作的主要部门，配备了专（兼）职统计信息工作人员，形成了一个自上而下的完整的卫生管理统计信息收集组织系统，负责卫生管理统计信息的收集、汇总处理、分析，并向各级卫生行政部门和社会公众提供及发布有关卫生健康统计信息（图9-3）。

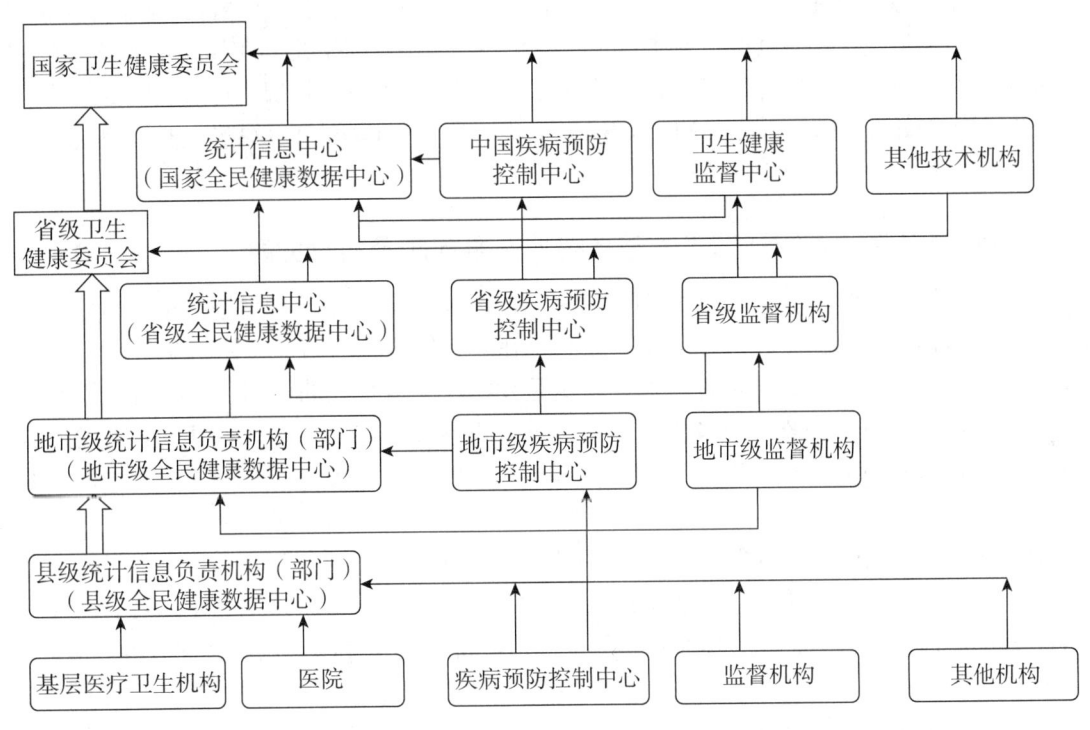

图9-3 我国卫生健康统计信息收集组织系统

### 三、我国卫生健康统计信息制度

我国卫生健康统计已经建立了卫生资源与医疗服务调查制度、卫生监督调查制度、疾病控制调查制度、妇幼卫生调查制度、新型农村合作医疗调查制度、计划生育统计报表制度和信访统计调查制度。统计信息制度每2年进行1次调整，随着卫生健康发展战略的转变以及卫生健康系统职能的变化，上述制度也会发生较大的变化。下文将介绍覆盖范围广、影响力大，且与未来发展方向相吻合的制度。

卫生资源与医疗服务调查制度的目的是了解卫生资源配置与卫生服务利用、效率和质量情况，调查统计工作覆盖全国各级医疗卫生机构，通过年报、季度报告、月报和实时报告相结合的方式开展统计工作。报告内容包括医疗卫生机构人员数量及结构、各类医疗卫生服务提供情况、机构收入与支出情况等，同时也收集全国各类卫生技术人员个案信息、大型设备信息以及

出院患者病案首页情况。

卫生监督调查制度是对公共场所、生活饮用水、放射诊疗等九个卫生健康监督对象的基本信息及执法情况进行统计,以加强监督管理。通过实时报告的方式,对建设项目卫生审查、卫生健康监督检查、被监督单位信息以及案件查处信息进行及时报告与统计。

疾病控制调查制度在2003年以后有了长足的发展,建立了以传染病和突发公共卫生事件网络直报为核心的中国疾病预防控制信息系统,以提高公共卫生管理水平和应急能力。构建了业务涵盖传染病、慢性病、健康危害因素等20余个监测子系统,横向覆盖各级、各类医疗机构,纵向连接国家、省、市、县、乡各级疾病预防控制机构的实时、在线、个案监测网络平台。在以往填报疾病报告卡的基础上,按照国家卫生健康信息化的总体设计,正在推动公共卫生信息与电子病历和电子健康档案互联互通的数据共享。在共享机制建立后,临床医生一旦做出传染病的诊断,相关传染病诊断信息即可实时智能传输至传染病直报系统。这改变了以往临床医生手工填写纸质报告卡、预防保健医生手工录入系统的报告方式,极大提高了信息报告的及时性、准确性、完整性。

妇幼卫生调查制度主要是了解妇幼健康工作、孕产妇和儿童健康、生育技术服务等情况,其业务覆盖妇幼卫生机构及其服务对象,包括妇女、孕产妇、新生儿以及其他儿童等。主要通过年报的方式了解服务健康工作情况,以月报的方式了解住院分娩情况;通过实时更新的出生医学证明,了解出生信息;通过334个妇幼卫生监测县区和64个出生缺陷人群监测点了解孕产妇死亡、儿童死亡以及出生缺陷情况。

## 四、我国卫生健康统计信息管理系统的主要问题及持续完善

我国现有的卫生健康统计信息系统在传染病报告和控制、促进母婴健康、慢性病危险行为因素监测等方面已经做出了巨大的贡献。该系统在新一轮深化医药卫生体制改革进程中,对相关政策问题的发现以及改革的监测和评价更是发挥了不可替代的作用。但在新形势下,面临新的健康问题、危险因素,以及卫生体系建设新的形势和特点,现有的卫生健康统计信息系统与卫生体系运营和卫生改革的管理、决策需要之间还存在较大的差距。主要体现在以下两方面:

第一,卫生信息资源的整合程度不高,卫生信息产品的知识化程度不够,还不能提供有效的决策支持。近年来,我国的卫生健康统计信息体系是在两方面的管理问题驱动之下进行"打补丁"式的建设和完善的:一是体系运营和监测、评价,二是专项疾病或特殊人群健康问题。但我国以垂直项目管理模式建立起来的信息系统,在部门分割、条块管理的组织形式下,自然地就会产生"信息孤岛"问题,其结果势必造成信息产品的非知识化。同时,因中央化绩效考评的体制原因,上报数据本身的准确性也时常存在各种问题。另外,因缺乏统筹、监管和领导力,特别是事业单位经费来源多元化的问题,在实际运营过程中,各信息采集单位往往都可以各种形式对外发布数据,但对上却只能通过国家健康委员会相关非专业性的职能处室来逐项协调处理相关数据,因而未能产出可以直接支持决策的有效的、可视化的、知识化的信息产品。

第二,信息传播和交流的国际融合度不高。在全球卫生治理的大背景下,如何讲好中国故事、表达中国声音、传播中国文化,对我国的卫生健康统计信息管理提出了新的要求。

目前,我国的卫生信息管理体系尚存在以下需要改进与完善的空间:

第一,卫生健康统计信息系统的建设应更关注信息产品,以便尽快实现统计信息从数据化到知识化的转变。

目前,我国官方的卫生统计数据仅以《中国卫生和计划生育统计年鉴》和《我国卫生和计划生育事业发展统计公报》等形式发布。具体内容以 投入要素为主。因此,信息管理部门有必要以问题为中心,定期形成针对卫生体系建设、疾病控制和健康管理某方面具体问题的研

究报告和政策分析,上报决策部门;同时,有必要跳出垂直的部门管理模式,整合多元化的卫生统计数据,以生成可视化的、可直接提供决策支持的知识产品为导向,开展信息整合和加工工作。

第二,应顺应国际化潮流,以可持续发展目标促进我国卫生健康统计信息系统建设。

联合国可持续发展目标,是一系列新的全球发展目标,在千年发展目标到期之后可以继续指导2015—2030年的全球发展工作。健康作为其中最为核心的领域,占有47个监测指标。我国政府(特别是国家卫生健康委员会)在进行统计信息的收集、整理和发布时,应调整传统的思路和方式,一方面使统计数据的发布顺应国际标准、采用国际语言和利用国际平台,另一方面应更为主动地发布监控我国不同地区、不同人群健康相关可持续发展目标实现情况的数据。

第三,应加强对现有数据的整合和应用,提高数据质量,围绕决策需求,充分利用不同来源的数据,建立多专业背景的复合型研究团队,开展研究工作。

国家卫生健康委员会有一套专业的数据采集、管理体系和人员,但鉴于目前碎片化程度较高,因此需要建议逐步整合各职能机构。鉴于历史原因和体制架构,行政上的机构整合可能难度较高,并且收效不明显。因此,需要依靠多专业背景的复合型团队,建立一个关于卫生统计数据收集、挖掘、分析利用的智库。同时,可以配套拟订一份卫生统计数据相关管理办法。在此基础上,围绕具体的决策需求,拟订一个近期以国家卫生治理、决策需求为导向的现有可用数据的挖掘、分析及利用的工作计划。采取以问题为导向,以政策报告或简报为产出形式的工作方式,更符合实际情况。

## 五、国外卫生统计信息体系及发展趋势

由于卫生筹资和服务体系架构的不同,全球各主要发达国家卫生信息管理系统的特点也不尽相同,表现为中央化和分散化两种管理模式。中央化管理模式较少见,以英国为典型代表。此模式最重要的特征是,中央一级政府有专门的兼备行政和业务功能的卫生信息管理中心,负责收集、管理和发布相关统计数据,并协调制订财政预算。

采用分散化管理模式的国家较多,如美国、瑞典、日本、加拿大等。此类模式下,中央一级的行政功能较弱,领导和协调以项目制和委员会制为主要形式落实。下文将简要介绍几个典型国家卫生信息系统构架与发展情况。

英国的卫生信息系统是以英国国家医疗服务体系(National Health Service,NHS)为中心架构起来的,所有卫生统计信息都被视为国有资产,直接上报给卫生部。英国的医疗机构分为两类,一类是NHS医院,另一类是GP(general practioner,家庭医生)。NHS医院按预算制管理,其信息上报都是制式的,医院不仅需要填写各类资产、人力、生产经营活动报表和不良反应等,而且要按要求填写与医疗质量和患者满意度有关的报表。而GP则主要是按服务人头拨款和管理的,其上报的信息主要都是加总的、以机构为单位且直接与财务相关的统计报表资料。随着按绩效付费系统的引入,对相关信息的上报有更具体的要求。近年来,信息技术(information technology,IT)在NHS系统中发展较快。英国卫生部为此成立了一个专门的机构(Connecting for Health)来进行中央级的管理。该机构制订信息上报标准(NHS数据字典),并要求所有NHS医疗机构每季度按该标准上报数据。需要指出的是,这一机构要求上报的数据不再是传统的统计报表,而是以患者为基础的个案信息,上报的信息要求细化到临床操作。2013年,英国政府进行了进一步的机构整合,成立了健康与社会服务信息中心,以替代Connecting for Health的职能。

德国的卫生信息管理系统采用的是比较有代表性的分散化管理模式。中央政府以法律法规的形式要求联邦疾病基金/社会保险医师联盟提供和发布与其财务状况、会员关系和业务活动相关的统计数据。此外,这些联邦联盟还可以根据其各自的需要发布相关统计报告。在中央一

级,德国政府有两个委员会来承担全国卫生发展状况的分析。一是Robert Koch所,该机构隶属于联邦卫生部,负责传染病的控制和卫生统计数据的采集与分析,以统计公报和卫生发展报告的形式对外发布信息。二是卫生服务联合行动圆桌委员会,该委员会具有智库性质,每2年向联邦卫生部提交一份卫生服务发展报告,分析全国卫生体系运营的趋势、卫生服务覆盖的状况,以及卫生体系的临床和经济影响等。

日本的卫生信息管理体系与德国类似,生命事件登记、居民健康调查、患者调查、国家健康和营养调查、医疗机构调查、卫生专业人员调查等信息源由不同的机构进行分散化管理。中央政府只是协调相关统计数据的发布。近年来,日本政府一直致力于以卫生项目的形式推进临床信息标准化。按照相关要求,各医疗机构采集和上报患者的个案和临床操作信息到中央一级的数据中心,以进行统一的储存和管理,但日本目前还未实现全国统一的以患者为中心的个案数据上报模式。

相比而言,美国的卫生信息系统则更为碎片化和分散化。与其他国家不同,美国信息技术非常发达,各医疗机构和医疗集团都有支持其各自运营管理的电子病案或电子健康档案系统。其中最著名的是退伍军人医疗系统,该信息系统有对数字化医院的运作和个人健康管理提供了效的支持,并一度成为美国卫生信息化的标杆。美国卫生信息化的中央化程度更低,只有管理Medicare和Medicaid的医疗保险和医疗补助服务中心(Centers for Medicare & Medicaid Services,CMS)具备一定的中央化卫生信息管理功能。

在采用分散化管理模式的国家中,加拿大和挪威都有一定的管理经验可以借鉴。加拿大于1994年成立了加拿大卫生信息所(Canadian Institute for Health Information,CIHI),该机构负责从联邦、省、地区各级政府采集和分析行政及财务统计数据。其核心功能是:制订全国卫生发展框架和指标体系;协调全国卫生数据标准的开发和维护;开发和管理各级政府的卫生数据和各类登记系统;以研究报告的形式发布卫生统计数据。目前,CIHI负责管理全国27个临床及健康相关数据资源,包括全国卫生费用数据库、全国医师数据库、医院患者数据库、病案首页数据库、全国处方药使用情况数据库等。该机构与加拿大统计局以联盟的形式开展合作。

挪威的卫生统计信息系统主要由一系列信息登记系统构成。挪威最早的信息登记系统是于1925年建立的全国死因登记系统。后续发展起来的信息登记系统有出生登记系统、传染病监测系统、免疫接种登记系统、结核病登记系统、抗生素耐药监测系统、处方药登记系统、肿瘤登记系统、心血管疾病登记系统、挪威患者登记系统等。这些信息系统尽管是分散运作,但中央政府直接参与统一的协调和管理。最顶层的政府机构是挪威统计局,依照该国于1989年颁布的相关法律法规,挪威统计局有权采集、组织和发布一切官方数据。具体到卫生部门,挪威健康与保健服务部(相当于卫生部)下设的挪威公共卫生研究所(NIPH)负责和协调上述全部登记数据的采集、储存和管理。

## 第三节 信息化和健康信息管理

### 一、我国健康信息化的规划与发展

信息化是当今世界经济社会发展的趋势,是国家核心竞争力的重要体现。我国的全民健康信息化是国家信息化制度整体安排的重要组成部分,也是卫生健康事业发展的重要支撑与保障,对于提高服务质量和效率,方便民众享受优质、高效、便捷的医疗卫生服务,提高科学管理水平,促进人人享有基本医疗卫生服务目标的实现具有重要意义。

国家信息化顶层设计的基本原则是按照国家信息化发展战略和国务院相关部署,坚持"制度先行、统筹设计、强化应用、互联共享、业务协同"的总原则,加快推进业务系统应用和协同，健全绩效评估和长效运维机制，有效提升科学决策、精细化管理和个性化服务水平，推动重点示范应用，实现行业率先发展。

总体框架是统筹全民健康信息资源，强化制度、标准和安全体系建设，有效整合和共享全员人口信息、电子健康档案和电子病历三大数据库资源，实现公共卫生、人口监测、医疗服务、医疗保障、药品管理、综合管理六大业务应用，建设国家、省（自治区、直辖市）、地市和县级全民健康信息平台，以四级平台作为六大业务应用纵横连接的枢纽，以居民健康卡（码）作为群众享受各项卫生计生服务的联结介质，形成覆盖各级、各类卫生机构的高效、统一的网络，实现业务应用互联互通、信息共享、有效协同。

## 二、健康信息数据的主要来源

健康信息数据通常直接从人群或卫生机构和其他机构的业务工作中产生（图 9-4）。

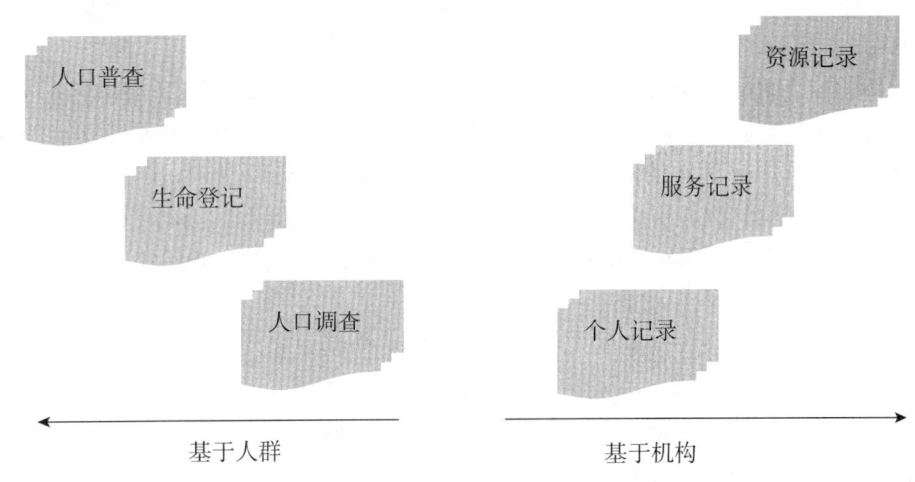

图 9-4　健康信息数据来源

基于人群的数据来源包括人口普查、生命登记和人口调查等。该方法可产生确定范围内所有个人的数据，并可包括总人口数（如人口普查和生命登记）和代表人群或亚群体的数据（如家庭和其他人口调查）。这些数据来源可以是连续的，由行政记录产生（如生命登记册），也可以是定期产生的（如横断面住户调查）。

基于机构的数据来源包括个人记录、服务记录和资源记录等。该方法产生的数据是行政和业务工作的结果。这些活动不局限在卫生部门，还包括警察记录（如事故或暴力死亡报告）、职业报告（如工伤报告）和粮食及农业记录（如粮食生产和分配水平报告）。在卫生部门内，各种各样的卫生服务数据包括使用服务的人群发病率和死亡率数据，提供的服务，药品和商品的供给，服务的可得性和质量相关资料，病例报告，以及资源、人力、财务和物流信息等。

**1. 人口普查**（population census）　人口和住房普查是确定人口规模及其地理分布，以及人口的社会和经济特征的主要信息来源。WHO 提出，在理想情况下，人口普查应每 10 年举行一次，并可在最小的行政级别上提供关于人口和住房情况的重要统计数据。通过人口普查可获得有关人口特征的资料，有助于了解当地、区域和国家人口的异同。这些结果可用于为包括医疗服务在内的服务分配公共资金，以及用于确定公共卫生服务需求最大的地区。但其缺点是可以涉及的健康问题较少，而且数据的质量往往参差不齐。为了评估普查数据的质量，标准做法是对一小部分人口重新发放普查问卷，进行一次普查后调查。

人口普查应获得的内容包括：

（1）小范围人口估计与预测。

(2) 如果生命登记不充分，则估计出生率和死亡率。

(3) 该国特定优先领域的数据，如清洁水获得情况。

**2．生命登记（vital registration）** 生命登记是指根据每个国家的法律要求，对生命事件（出生、死亡、胎儿死亡、婚姻和离婚）的发生和特征以及法令或条例规定的与人口有关的其他民事事件进行持续、永久、强制性和普遍的记录。生命登记的金标准是能提供所有出生和死亡的完整记录并有医学证明的死亡原因记录，但这在许多发展中国家难以实现，而样本登记系统可有效地在较短时间带来改善。

生命登记应获得的内容包括：

(1) 出生和围生期事件的数量。

(2) 按年龄和性别划分的死亡人数。

(3) 死亡原因，根据一套标准的医疗标准进行分类。

此外，使用死因推断的生命登记样本等程序有助于人们对基本卫生统计数据的了解，人口监测系统也可以为持续监测出生和特定原因死亡率提供数据来源。

**3．人口调查（population survey）** 人口调查是最常用的信息资源，在 23 项与健康相关的千年发展目标中，目前有 17 项是通过家庭调查产生的，如美国国际开发署支持的人口与健康调查。此外，美国国民健康访问调查（National Health Interview Survey）每年对 4 万家庭进行采访，问题涉及健康状况、卫生服务利用和由于健康损害而导致的活动受限。行为风险监测系统（The Behavioural Risk Surveillance System）每年对 15 万人进行电话调查，内容包括健康风险、行为，锻炼和饮食等也是通过人口调查完成的。

在许多发展中国家，人口调查是人口健康信息的一个最重要来源。其金标准是一项综合的以需求为导向的家庭调查计划，且可定期生成有关人口、健康和社会经济状况的高质量的基本信息。近来，以人口为基础的调查也成为生物和临床数据收集（健康检查与调查）的工具，可以提供比自我报告更准确和可靠的健康结果数据。

**4．个人记录（individual record）** 个人记录包括个人健康记录（如生长监测，产前、分娩结果）和疾病记录（会诊、出院记录）。这些记录通常由卫生工作者和特殊疾病登记处提供。这些记录最重要的功能之一是为护理质量和连续性提供支持。

个人记录的内容包括：

(1) 生成质量信息，以管理向卫生机构或社区的个人提供的卫生服务。

(2) 记录存档系统，便于检索个人记录。

(3) 记录跟踪系统，便于对患者结果（如结核病或艾滋病患者信息）进行纵向分析。

**5．服务记录（service record）** 服务记录包括使用各种服务的客户数量以及商品的信息，它不仅包括卫生服务提供者的记录，还包括其他部门产生的具有重要卫生后果的事件的记录。这些记录包括警察、兽医服务、环境卫生机构、保险公司和职业卫生机构的记录。涉及的事件类型包括意外伤害、他杀、自杀、道路交通事故、环境和气象事件以及有关食品产品安全的警报。

服务记录的内容包括：

(1) 基于设施的服务记录，通常是卫生健康统计信息系统的一部分，可获得用于该地区健康服务管理的可靠的相关数据。

(2) 为选定的某些指标生成关于卫生服务利用率的国家统计数据。

(3) 数据以标准化和系统化的方式收集，允许跨设施、跨地区和跨时间的比较。

**6．资源记录（resource record）** 资源记录是服务记录的一个相关组成部分，由基础设施和卫生服务、人力资源、卫生筹资和支出，以及设备供应和商品四个部分组成。资源记录涉及卫生服务投入和关键卫生服务的质量、可用性和后勤保障，包括关于卫生机构的密度和分布、卫生人力资源、药品和其他核心商品以及关键服务的信息。其最低要求是要建立卫生机构及其提供的关键服务的数据库。国家信息系统在这方面的下一个发展阶段是在国家和地区两级绘制卫生机构、人力资源、核心商品和关键服务的地图，绘制具体干预措施的可得性图，可以从公平的角度提供重要信息，并有助于确保所需的干预措施到达周边地区，而不是集中在城市中心。

资源记录的内容包括：

（1）健康账户应按财政来源（包括公共部门和私营部门）提供明细（如政府税收、保险计划、全球其他地区的贡献、私人营利性机构和家庭），由卫生职能部门和卫生服务提供者提供。

（2）所有卫生设施当前和可访问的数据库，包括地理坐标、人力资源和关键服务。

以上六种健康信息来源数据来源都各有优劣。在研究过程中，对于给定的指标，有时只会有一种金标准的收集方法，而有时可以从一个以上的来源获得，如使用生命登记或家庭调查来衡量产妇死亡率，在这种情况下，某种方法可能会更优于另一种。因此，在实际操作过程中，需要合理选择或组合不同数据来源，以取得更准确的结果。

### 三、公共卫生信息化

公共卫生信息化是促进健康的重要支撑，大致可以分为疾病防控、健康教育、妇幼健康、食品安全、血液管理、综合监督、卫生应急决策信息应对等类型。目前已经建立了20多个公共卫生信息管理系统，以满足上述领域的需求，包括：传染病报告信息管理系统、免疫规划信息系统、重点传染病管理信息系统、卫生监督信息报告系统等。公共卫生信息管理系统中最核心的就是传染病报告信息管理系统，下文以此系统为例，分析其设计及管理。

**1．管理需求** 传染病报告信息管理系统用于以病例个案为基础的法定传染病监测，主要实现病例个案信息的采集、管理、分析和利用。该系统以在线、实时、个案、直报为特征，即所有县级以上医院和乡镇卫生院通过网络直接向中央报告传染病病例个案信息，取代了原有的县级以上汇总上报的方式。

该系统建设的目标包括：①网络覆盖到基层医疗机构和疾病预防控制机构，通过合理利用VPN技术和互联网资源建立"公网专用"的网络系统，将信息采集功能延伸到基层医疗机构，提升传染病监测的覆盖率、准确性和时效性。②实现疫情直报，使医疗机构、基层疾病预防控制机构的传染病监测一线人员能够直接将数据提交到监测系统，最大限度地提高监测的时效性。③实现监测信息网络化采集和管理。④实现集中管理的信息应用。

**2．系统功能** 传染病报告信息管理系统通过报告卡管理、实时统计、定时统计、统计图表、质量统计、编码维护等基本功能模块，实现基于互联网信息采集、分级信息管理、地理信息系统动态展示和监控、模块化统计查询、动态质量评价、即时信息反馈等功能。

**3．应用效果** 截至2012年，传染病报告信息管理系统已覆盖我国大陆地区所有县级及以上疾病预防控制机构、98%的县级以上医疗机构和87%的乡镇卫生院，用户达8万余人，平均每天有7万~8万用户同时在线。该系统的建设应用为及时、准确地获取传染病信息提供了基础条件，形成了疾病预防控制信息采集的网络直报模式。

传染病报告信息管理系统的建设应用提高了传染病监测业务的现代化水平。该系统通过统一的应用系统平台和基于网络的个案直接报告工作模式，实现了疫情报告的源头医疗机构直接报告，减少了人为干预，显著提升了报告的时效性、准确性和完整性。传染病报告信息管理系统的建设应用提高了传染病态势判断和预测、预警能力，使国家可每天动态掌握法定报告的传染病病例个案信息并进行分析，及时发现传染病暴发和扩散苗头，同时也提高了不明原因疾病的发现和监测能力。

## 四、医院信息化

医院信息系统是指应用电子计算机和网络通信设备，为医院及其所属各部门提供患者医疗信息、财务核算分析信息、行政管理信息和决策分析统计信息的收集、存储、处理、提取和数据通信的能力，并能满足所有授权用户对信息的各种功能需求的计算机应用软件系统。

医院信息系统是现代化医院必不可少的基础设施与技术支撑环境。医院信息系统属于迄今世界上现存的企业级信息系统中最为复杂的一类，这是由医院本身的目标、任务和性质决定的。它不仅要和其他所有管理信息系统一样追踪、管理伴随人流、财流、物流所产生的管理信息，从而提高整个系统的运行效率，而且还应该支持以患者医疗信息记录为中心的整个医疗、教学、科研活动。其整体规划情况如图9-5所示。

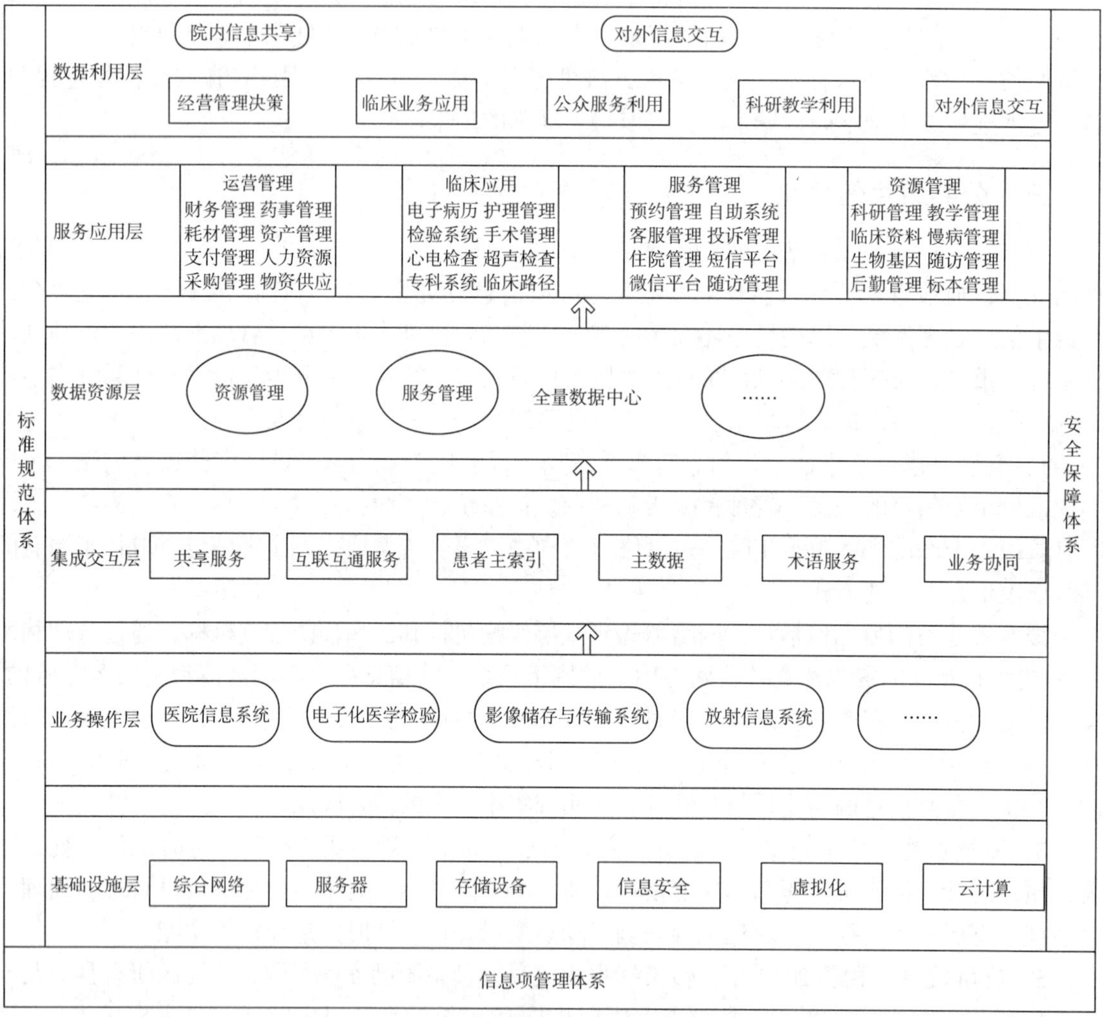

图9-5　医院信息化总体框架

按照处理信息的种类，可将医院信息系统分为管理信息系统与临床信息系统。管理信息系统用于处理以内部管理为主要内容的信息，临床信息系统用于处理患者临床数据，帮助医护人员进行诊治工作。理想的医院信息系统是一个处理医院运行过程中产生的所有信息的计算机系统。按照信息系统的结构模式，医院信息系统可分为集中式医院信息系统和分布式医院信息系统两大类，分布式系统又可分为独立的若干子系统。根据我国医院现行管理模式和管理程序，可将医院信息系统分为以下子系统应用软件：医院门诊和急诊患者挂号软件、医院门诊收费划价和门诊收费管理软件、医院急诊患者管理软件、医院住院处患者登记管理软件、医院病房床位管理软件、医院住院患者收费管理软件、医院住院患者医嘱管理软件、医院病案管理软件、医院药品管理软件、医院财务和会计核算处理软件、医院医疗统计分析软件、医院经济核算和科室核算分配软件、社会医疗保险事业管理软件、医院门诊患者咨询服务软件、医院事务管理软件、医院领导决策分析软件等。医院信息系统的应用软件能实现系统联机网络运行或子系统联机网络运行。

(一) 智慧医院

智慧医院解决方案主要面向二级和三级医院，通过产业聚合，以信息与通信集成为手段，实现医院各级系统的高度感知、互联与智能，医院人力、物力、系统之间进行无障碍沟通与协同，进而使医院成为一个能优化配置医疗资源，持续进行服务创新的高效生态系统。

智慧医院具备6项基本功能：①门诊、出院与入院、转诊系统；②电子化医生工作站；③电子化医学检验、放射信息系统和影像影像存储与传输系统；④数字化药房；⑤数字化手术室管理；⑥信息化医院综合管理（图9-6）。

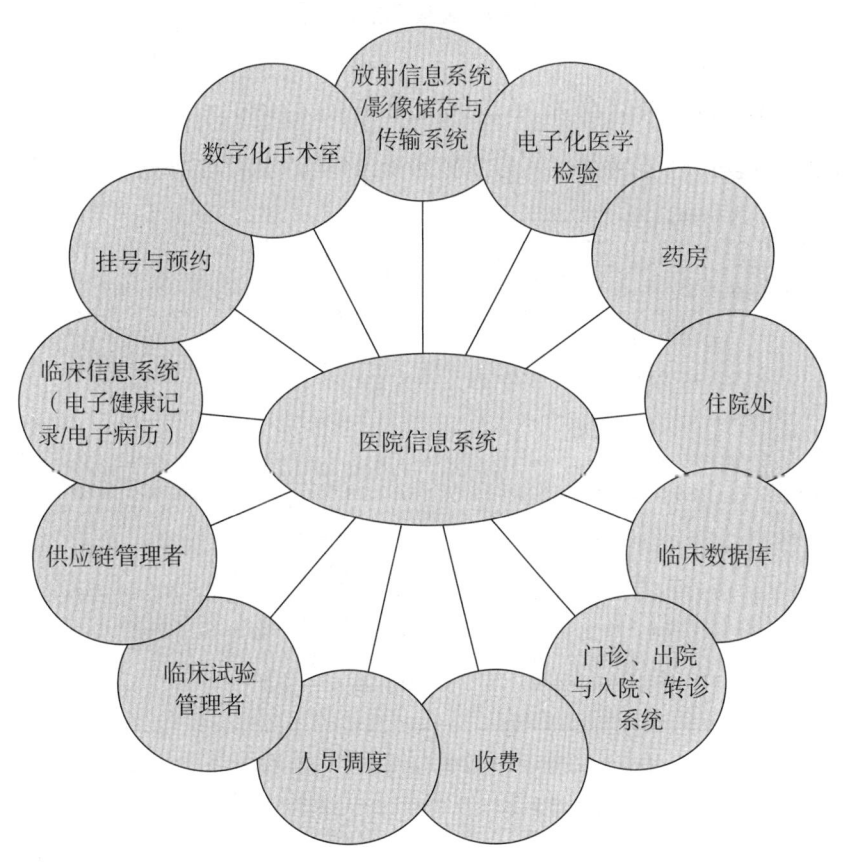

图9-6 智慧医院信息云架构

(1) 门诊、出院与入院、转诊系统：主要包括患者主索引、住院管理/床位管理、门诊管理、病案追踪、病案编码、收费和划账、查询和报告。

(2) 电子病案系统：主要包括电子病历、医生工作站、计算机化医嘱录入、计算机辅助决策支持、护士工作站、ICU生命体征监测。

(3) 数字化实验室：主要包括预约、扫描和标记、结果互联、划价和收费、检验数据云平台。

(4) 放射信息系统和影像影像存储与传输系统（数字化影像）：主要包括登记和预约、结果扫描和储存、结果输出、影像数据云平台。

(5) 数字化药房：主要包括药品登记、储存和管理、处方核实和配药、自动发药机、条形码。

(6) 数字化手术室：主要包括材料管理、预约、临床档案、统计和报告、收费、血库对接。

(7) 医院内数据调用：在全网络环境下，对各种场景可以实现数据即时"秒看"（图9-7）。

图9-7 智慧医院展示图

### （二）县、乡、村一体化的智慧医院信息共享云平台

建设县域医疗健康云平台中心，可以实现转诊、预约、医生工作站、护士工作站、电子病

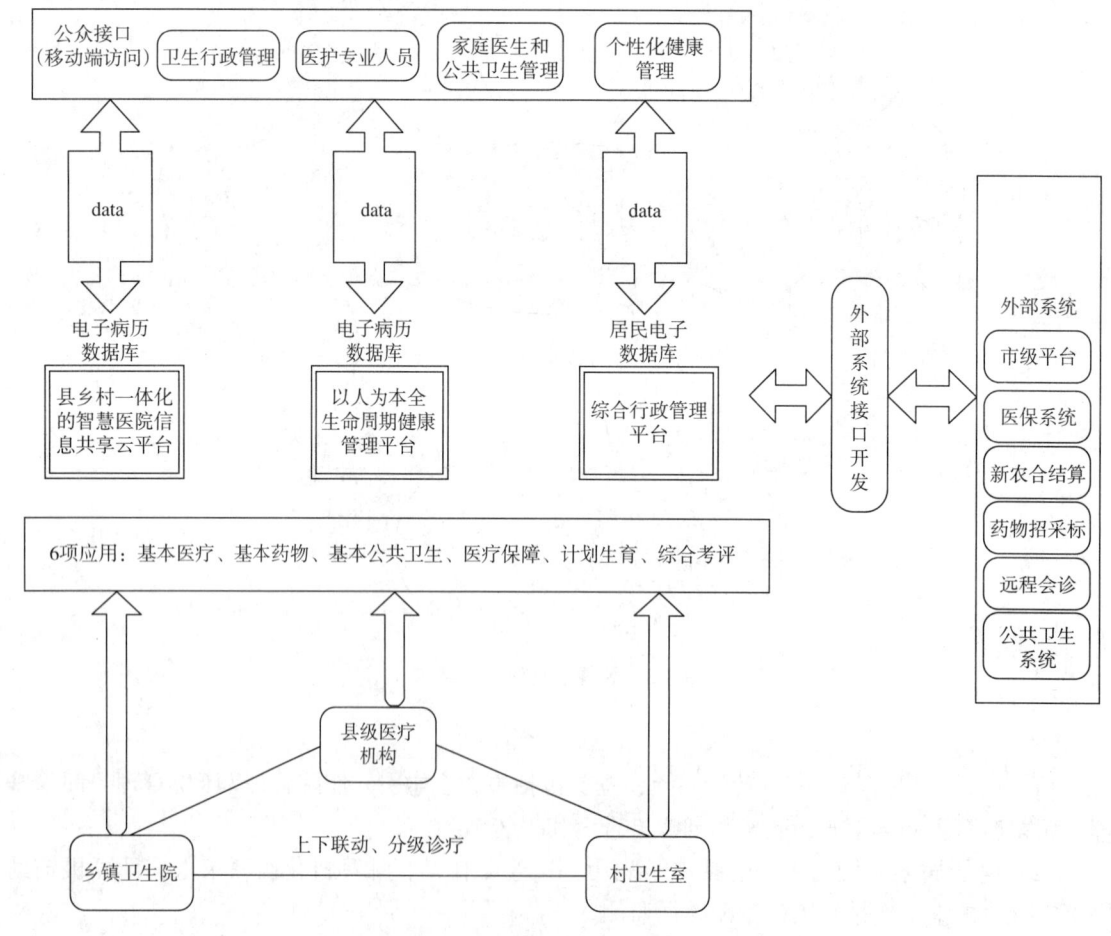

图9-8 县、乡、村三级健康云平台示意图

案、检查共享，实现县、乡、村各级医疗机构之间以及和健康云平台之间的互联互通。通过覆盖县、乡、村的三级卫生信息网络，建成县、乡、村一体化管理的信息共享云平台，可以强化县医院在农村医疗服务中的龙头作用、乡镇卫生院在公共卫生服务中的枢纽作用、村卫生室在基层医疗预防保健中的基础网底作用，实现城乡居民医疗服务同质量、公共卫生服务同质量的目标。

（冯星淋　张耀光）

# 第十章 公共卫生管理

## 第一节 概 述

21世纪,全球公共卫生问题日趋严峻和复杂,社会、经济和环境因素的改变导致我国疾病模式也发生改变。人类在获得和利用公共卫生与医疗服务方面提出了更高要求,只有在正确而有效的疾病控制策略指导下,采取对疾病或健康问题行之有效的一系列必要措施,才能实现健康的预期目标。

### 一、疾病控制的目标和意义

（一）疾病控制的目标

健康是促进人的全面发展的必然要求,是经济社会发展的基础条件,是民族昌盛和国家富强的重要标志,也是广大人民群众的共同追求。通过开展疾病及致病危险因素的预防控制管理,可以创造健康良好的自然环境和社会环境,达到提高人群健康水平和生活质量的目标。

（二）疾病控制的意义

疾病控制对确保人民身体健康,保护劳动力,维护社会稳定,创造良好的社会环境,促进物质文明和精神文明建设,具有重要的现实意义。

### 二、疾病控制的策略和手段

（一）疾病控制的策略

从人群的角度,可以将疾病控制策略分为全人群策略和高危人群策略。另外,还可以从生命历程的视角来诠释疾病控制策略。

**1. 全人群策略** 全人群策略研究的本质是针对疾病的远端病因或根本病因,所采取的策略及措施也是为了改变人群的整体健康状况。远端病因或根本病因,是暴露于感染因素、不良的饮食习惯及其他与不健康有关的决定因素,这些因素与社会学、经济学和政治学密切相关。

（1）健康教育与健康促进：全人群策略的根本办法是通过健康教育与健康促进鼓励或劝说人们改变自身的行为,这是目前应用最广泛的方法。

（2）将健康融入所有政策：对国民健康影响最大的决策不仅来自政府的卫生部门,而且涉及环境、就业、教育、社会安全等多部门,尤其是财政部门。这种结构性、根本性的方法旨在改变个体行为发生的背景环境，而不是行为本身。健康教育的方法或类似的医学措施很重要，但是为保证其实现相应的目的，需要社会和政治的措施才可以解决根本原因，所以全人群策略需要引入更深层次的措施。如定价政策、制定法规、引入新的筹资和服务模式、着重改进初级卫生保健系统等。

（3）健康城市和健康社区：健康城市和健康社区是将健康纳入当地政府的议事日程、制定健康的公共政策和广泛的策略，强调影响健康的社会、环境和经济等因素，通过联合行动使社区的文明程度得以提高，促进社会健康、环境健康和人民健康的发展。

**2. 高危人群策略** 高危人群策略是将工作重点放在最有可能发生疾病的个体中，该策略主要是对疾病风险高的个体，针对致病危险因素采取干预措施，降低其未来发病风险，即通过健康保护来实现。

（1）筛检：筛检是一种发现早期疾病的措施，以便尽早开始治疗，从而获得更好的疗效，或者预防疾病的发展，但筛检的目的是发现疾病的先兆而不是真正的疾病。高危人群已经具有一种或几种慢性病相关的危险因素，针对这一人群最关键的控制措施是阻止这些危险因素进一步暴露并将其消除，防止高危人群转化为患者。

（2）干预：当确定高危人群后，针对高危人群可以采取与全人群策略相同的策略和措施。全人群策略和高危人群策略除对应的人群不同外，并没有明确措施或方法将两者准确区分开来。

**3. 生命历程策略** 生命分为多个阶段，包括胎儿期、婴幼儿期、童年和青少年期、成年期、老年期等。很多慢性病的发生和发展难以用成年期的暴露状态来完全解释，综合的、动态的慢性病生命历程策略越来越受到公共卫生和社会学工作者的重视。

（1）胎儿期：应注意监测胎儿发育及母体环境，包括孕期饮食与营养，定期检查胎儿宫内发育情况，控制妊娠高血压和高血糖等。

（2）婴儿及儿童早期：包括为健康食品提供补贴或为低收入家庭的儿童提供营养干预，以及提倡母乳喂养等。

（3）青少年期期：包括开展学校健康午餐和晚餐项目，监管儿童食品广告，缩短看电视的时间，促进体育活动和业余爱好，禁止向未成年人出售香烟等。

（4）成年期：包括纠正危险因素，如预防吸烟、提供戒烟服务、预防酗酒，发展为人父母的技能和烹饪技巧，提供工作场所健身项目，早期发现、治疗高血压、高血脂和高胰岛素血症等。

（5）老年期：包括纠正危险因素，如预防吸烟、提供戒烟服务、预防酗酒，建立个人自我管理协助小组和"专家型"患者小组等。

（6）生命各阶段：包括每天食用5种蔬菜、水果，每天至少进行30分钟体育锻炼，宣传吸烟及被动吸烟的危害，提供公平、有效的初级卫生保健服务，纠正社会风气和健康认知，使人群的健康选择更容易，促进社区安全等。

（二）疾病控制的手段

在2016年8月召开的全国卫生健康大会上，习近平总书记发表了重要讲话，指出要把人民健康放在优先发展的战略地位，以普及健康生活、优化健康服务、完善健康保障、建设健康环境、发展健康产业为重点，加快推进健康中国建设，努力全方位全周期保障人民健康。中共中央、国务院于2016年10月25日印发《"健康中国2030"规划纲要》，正式将"以基层为重点，以改革创新为动力，预防为主，中西医并重，将健康融入所有政策，人民共建共享"确立为新时期我国卫生与健康工作方针。"预防为主"仍是国家卫生工作方针的重要内容之一。疾病控制的主要手段包括疾病的一级预防、二级预防和三级预防。一级预防（primary

prevention）亦称病因预防，是在疾病尚未发生时针对致病因素（或危险因素）采取的措施，也是预防疾病和消灭疾病的根本措施。WHO 提出的人类健康四大基石"合理膳食、适量运动、戒烟限酒、心理平衡"是一级预防的基本原则。二级预防（secondary prevention）亦称"三早"预防，即早发现、早诊断、早治疗，是在疾病的潜伏期（亚临床期）阻止或减缓疾病发展而采取的措施。三级预防（tertiary prevention）亦称临床预防。三级预防可以防止或减少伤残，促进功能恢复，提高患者的生活质量，延长寿命，降低病死率，主要包括对症治疗和康复治疗措施。

### 三、我国疾病控制管理的需求

#### （一）疾病控制管理的内容

疾病控制最初是针对人群中流行或高发疾病进行限制或调节，以纠正或恢复到正常状态的过程，主要局限于对传染性疾病的控制和消灭工作。随着社会的进步、医学模式的转变及健康概念的拓展，疾病控制理念涵盖的范围也越来越广。凡是与人群健康和生活质量相关的疾病、伤残、生活方式和环境因素，均可纳入疾病控制管理研究的范畴。我国目前的疾病控制管理主要包括传染病控制管理、慢性病控制管理、地方病控制管理，以及对妇幼保健、营养与食品安全、环境与健康相关产品、职业卫生与中毒控制、辐射卫生与核安全等问题的监督、控制和管理。

#### （二）疾病控制管理的紧迫性

我国疾病控制管理面临公共卫生问题全球化、重大突发公共卫生事件频发、农村城镇化、人口老龄化、区域间发展不平衡和公共卫生基础设施不完善等挑战。例如，新型冠状病毒肺炎（corona virus disease 2019，COVID-19）疫情等重大突发公共卫生事件造成全球各国公共危机、慢性病高发、地方病和职业病流行较严重、妇幼卫生发展滞后、疾病负担重、人口老龄化和社会应对不足、"医养结合"刚刚起步、食品安全问题、环境污染问题、核和辐射安全问题等，这些公共卫生问题严重影响着公众健康。因此，加强疾病控制管理，对疾病及危害因素的预防控制，创造健康良好的社会环境和自然环境，提高人群的健康水平和生活质量的需求凸显。

## 第二节　疾病控制与管理

疾病控制与管理是一个国家或地区通过法律法规和相关政策组织卫生资源，对影响人群健康的重大疾病采取有效措施，消除或减少其对居民健康的影响，提高人群健康水平的过程。

疾病控制与管理包括传染病管理、慢性病管理、地方病管理、职业病管理等。本节主要对传染病管理及慢性病管理相关内容进行阐述。

### 一、传染病管理

在人类历史的长河中，传染病曾经是严重危害人类健康和生命的主要疾病。19 世纪以来，人类对传染病的认识逐渐深入，并采取了有效的防控措施，使得历史上许多曾经猖獗一时的传染病得到有效的控制。但 20 世纪 70 年代以来，全球新发传染病不断出现，某些古老的传染病"死灰复燃"。特别是 2019 年 12 月，新型冠状病毒肺炎（corona virus disease 2019，COVID-19）疫情给全球各国公众健康和社会安全造成了巨大的威胁。

#### （一）传染病的概念及流行概况

**1．概念**　传染病（infectious disease，communicable disease）是由病原体引起的，能在人

与人、动物与动物以及人与动物之间相互传播的疾病。

**2．流行概况** 1980年，人类成功地消灭了天花。1988年，全球启动消灭脊髓灰质炎行动。艾滋病、结核病、疟疾的死亡率大幅下降。丝虫病等热带疾病、脊髓灰质炎和麦地那龙线虫病几乎被根除。然而，传染病仍然是危害人类健康的重要因素。据世界卫生组织（WHO）统计，20世纪70年代以来，全球约有40多种新发传染病（emerging infectious disease，EID）（表10-1）。

表10-1　20世纪70年代以来的新发传染病

| 时间/年 | 疾病名称 |
| --- | --- |
| 1972 | 传染性腹泻 |
| 1973 | 婴儿传染性腹泻 |
| 1975 | 甲型肝炎、传染性红斑 |
| 1976 | 埃博拉出血热、急性和慢性传染性腹泻 |
| 1977 | 肾综合征出血热、丁型肝炎、军团病 |
| 1981 | 中毒性休克综合征 |
| 1982 | 出血性结肠炎、莱姆病 |
| 1983 | 艾滋病 |
| 1985 | 顽固性腹泻 |
| 1986 | 婴儿玫瑰疹、人埃立克体病 |
| 1989 | 丙型肝炎、戊型肝炎 |
| 1991 | 委内瑞拉出血热 |
| 1992 | 新型霍乱、猫抓病、细菌性血管瘤病 |
| 1993 | 非典型巴贝虫病、食源性败血症、败血症、脑膜炎、肺综合征出血热 |
| 1994 | 病毒性脑膜炎、巴西出血热 |
| 1995 | 庚型肝炎 |
| 1996 | 新变异型克-雅病 |
| 1997 | 蜱传淋巴结病 |
| 2003 | 严重急性呼吸综合征（SARS） |
| 2006 | 人感染高致病性禽流感 |
| 2008 | 人嗜粒细胞无形体病 |
| 2009 | 甲型流感 |
| 2013 | 中东呼吸综合征 |
| 2014 | 寨卡病毒病 |
| 2019 | 新型冠状病毒肺炎（COVID-19） |

我国坚持预防为主的方针，经过几十年的努力，传染病防治工作已经取得显著成效。目前，我国传染病危害呈现以下特点：

**1. 艾滋病危害严重** 艾滋病病毒感染模式正呈现从高危人群向一般人群播散的变化趋势，报告的死亡人数和死亡率位于传染病前列。

**2. 病毒性肝炎防制形势依然严峻** 多年来报告显示，病毒性肝炎发病数和发病率位居我国法定报告甲类和乙类传染病的前列，控制难度仍然较大。

**3. 结核病卷土重来** 近年来，肺结核发病率和死亡率在法定报告的甲类和乙类传染病中位居前列，且出现耐多药结核病的流行趋势。

**4. 新发和再发传染病频发** 2019年底，COVID-19疫情在全球迅速蔓延。全球40多种新发传染病中，我国有20余种，如SARS、艾滋病、军团病、莱姆病、丙型肝炎、庚型肝炎、戊型肝炎、人感染高致病性禽流感等。

**5.** 手足口病、感染性腹泻、流感等常见传染病发病率仍处于较高水平。

（二）传染病的预防措施

制定和实施传染病的管理策略和措施，使用疫苗进行免疫接种、对传染病实施依法管理等，能够有效地预防传染病的暴发和流行。

**1. 一般预防措施**

（1）开展健康教育：可以通过开展健康教育改变人们的不良卫生习惯和行为方式，切断传染病的传播途径。

（2）改善卫生条件：改善居民的居住环境，保护水源，提供安全饮用水，加强食品卫生监督和管理，加强垃圾、粪便的无害化处理等，有助于避免和减少传染病的发生和传播。

（3）提高人群免疫力：免疫预防是控制传染病发生的重要策略。实践表明，许多传染病（如天花、麻疹、白喉、百日咳、破伤风、乙型肝炎等）都可以通过人群大规模免疫接种来控制流行，降低发病率。

（4）国境卫生检疫：在国家国际通航的港口、机场、陆地边境和国界江河口岸设立国境卫生检疫机关，对进出国境的人员、交通工具、货物、行李和邮件等实施医学检查和必要的卫生处理，能够有效地防止传染病由国外传入和从国内传出。

**2. 针对传染源的措施**

（1）对患者的措施：做到"五早"，即早发现、早诊断、早报告、早隔离、早治疗。患者一旦被诊断为传染病或可疑传染病，就应按照传染病防治法的规定实行分级管理。传染病疑似患者必须接受医学检查、随访和隔离等措施，不得拒绝。

（2）对病原携带者的措施：对病原携带者应做好登记、管理和随访至病原体检测2~3次呈阴性结果后。

（3）对接触者的措施：凡与传染源有过接触并有可能被感染者都应该接受检疫。

（4）对动物传染源的措施：对危害大且经济价值不高的动物传染源，应予以彻底消灭；对危害大的病畜和野生动物，则予以捕杀、焚烧或深埋；对危害不大且有经济价值的病畜，可予以隔离治疗。

**3. 针对传播途径的措施** 疫情发生后，对传染源污染的环境，采取有效措施去除和杀灭病原体。如采取对垃圾、患者排泄物、污水和周围环境等进行消毒处理的措施，以控制肠道传染病通过粪便污染环境；采取空气消毒、通风及个人防护（戴口罩）等措施控制呼吸道传染病的传播；通过健康宣传推荐使用安全套、杜绝吸毒和共用注射器等措施预防艾滋病的传播；通过消毒、杀虫等措施预防虫媒传染病的传播。

**4. 针对易感人群的措施** 在传染病流行前，主要通过预防接种提高机体免疫力，降低人群对传染病的易感性。在传染病流行过程中，可以通过药物预防和一些保护措施，保护易感人群免受病原体侵袭和感染。

## （三）传染病的监测与依法管理

1989年2月，第七届全国人民代表大会常务委员会第六次会议通过并正式颁布了《中华人民共和国传染病防治法》，该法于1989年9月施行，2004年8月第十届全国人民代表大会常务委员会第十一次会议第一次修订，2013年6月第二次修订，成为新中国成立以来第一部有关传染病管理的卫生法律，也标志着我国传染病管理走上了法制化管理的轨道。

> **知识链接**
>
> **我国近20年出台的传染病防控相关法律、法规**
>
> 《中华人民共和国国境卫生检疫法》——1987年5月施行。
>
> 《中华人民共和国传染病防治法》——1989年2月第七届全国人民代表大会常务委员会第六次会议通过，2004年8月第十届全国人民代表大会常务委员会第十一次会议第一次修订，2013年6月第二次修订。
>
> 《中华人民共和国食品卫生法》——1995年10月第八届全国人民代表大会常务委员会第十六次会议通过。
>
> 《中华人民共和国献血法》——1997年12月第八届全国人民代表大会常务委员会第二十九次会议通过。
>
> 《国内交通卫生检疫条例》——1999年3月施行。
>
> 《突发公共卫生事件与传染病疫情监测信息报告管理办法》——2003年11月发布，2006年修订施行。
>
> 《传染性非典型肺炎防治管理办法》——2003年5月原国家卫生部会议讨论通过并发布施行。
>
> 《突发公共卫生事件应急条例》——2003年5月第7次常务会议通过施行。
>
> 《血吸虫病防治条例》——2006年3月国务院第129次常务会议通过，5月施行。
>
> 《可感染人类的高致病性病原微生物菌（毒）种或样本运输管理规定》——2005年1月发布，2006年2月施行。
>
> 《突发公共卫生事件应急预案》——2006年1月国务院第7次常务会议通过施行。
>
> 注：2020年1月20日，国家卫生健康委员会发布2020年第1号公告：将新型冠状病毒感染的肺炎纳入《中华人民共和国传染病防治法》规定的乙类传染病，并采取甲类传染病的预防、控制措施。将新型冠状病毒感染的肺炎纳入《中华人民共和国国境卫生检疫法》规定的检疫传染病管理。

**1. 法定传染病的分类** 我国目前的法定传染病分为三类。

（1）甲类传染病：包括鼠疫、霍乱。

（2）乙类传染病：包括新型冠状病毒肺炎、传染性非典型肺炎、艾滋病、病毒性肝炎、脊髓灰质炎、人感染高致病性禽流感、甲型H1N1流感、麻疹、流行性出血热、狂犬病、流行性乙型脑炎、登革热、炭疽、细菌性和阿米巴性痢疾、肺结核、伤寒和副伤寒、流行性脑脊髓膜炎、百日咳、白喉、新生儿破伤风、猩红热、布鲁氏菌病、淋病、梅毒、钩端螺旋体病、血吸虫病、疟疾。

（3）丙类传染病：包括流行性感冒（流感）、流行性腮腺炎、风疹、急性出血性结膜炎、麻风病、流行性和地方性斑疹伤寒、黑热病、棘球蚴病、丝虫病、除霍乱、细菌性和阿米巴性

痢疾、伤寒和副伤寒以外的感染性腹泻病、手足口病。

**2. 责任报告单位及报告人** 《传染病信息报告管理规范（2016年版）》规定：各级各类医疗机构、疾病预防控制机构、采血与供血机构均为责任报告单位；其执行职务的人员和乡村医生、个体执业医师均为责任报告人。

**3. 诊断与分类** 责任报告人应按照传染病诊断标准及时对传染病患者或疑似患者进行诊断。诊断分为疑似病例、临床诊断病例、实验室确诊病例、病原携带者和阳性检测结果者（仅采血、供血机构填写）五类。

**4. 登记与报告** 首诊医生在诊疗过程中发现传染病患者、疑似患者和规定报告的病原携带者后，应按照要求规范填写《中华人民共和国传染病报告卡》或通过电子病历、电子健康档案自动抽取符合交换文档标准的电子传染病报告卡。

**5. 报告程序与方式** 传染病报告实行属地化管理。传染病报告卡由首诊医生或者其他执行职务的人员负责填写。现场调查时发现的传染病病例，由属地疾病预防控制机构的现场调查人员填写报告卡；采血、供血机构发现 HIV 两次初筛阳性检测结果也应填写报告卡。传染病疫情信息报告方式实行网络直报。没有条件实行网络直报的医疗机构，在规定的时间内将传染病报告卡报告属地县级疾病预防控制机构。

**6. 报告时限** 责任报告单位和责任疫情报告人发现甲类传染病和乙类传染病中的肺炭疽、传染性非典型肺炎等按照甲类管理的传染病患者或疑似患者时，或发现其他传染病和不明原因疾病暴发时，应于2小时内将传染病报告卡通过网络形式上报。对其他乙类传染病和丙类传染病患者、疑似患者和规定报告的传染病病原携带者，实行网络直报的责任报告单位应于病理诊断后24小时内进行网络直报。不具备网络直报条件的医疗机构应及时向属地乡镇卫生院、城市社区卫生服务中心或县级疾病预防控制机构报告，并于24小时内寄送出传染病报告卡至代报单位。我国建立了传染病预警制度，国务院卫生行政部门和省、自治区、直辖市人民政府根据传染病发生、流行趋势的预测，及时发出传染病预测和警报，并根据情况予以公布。

## 二、慢性病管理

近十几年来，慢性非传染性疾病已经成为导致我国人群死亡和疾病负担增加的重要公共卫生问题，同时也对社会经济的可持续发展构成了威胁。

（一）慢性非传染性疾病的概念及全球慢性病流行病学概况

**1. 慢性非传染性疾病的概念** 慢性非传染性疾病（non-communicable chronic disease, NCD）简称慢性病，是长期的、不能治愈和几乎不能完全治愈的疾病。当前，备受关注的慢性病主要包括心血管疾病、恶性肿瘤、慢性阻塞性肺疾病、代谢异常、精神异常与精神病、慢性职业病和遗传性疾病等。

**2. 全球慢性病流行病学概况**

（1）地区分布：居民的主要死亡原因与所在国家或地区的发展程度密切相关。在高收入国家，居民主要死于心血管疾病、慢性阻塞性肺疾病、恶性肿瘤、糖尿病等慢性病。而在低收入国家，居民主要死于传染病，如肺部感染、感染性腹泻、艾滋病、结核病和疟疾等。虽然在非洲国家传染病患者死亡人数仍高于慢性病患者死亡人数，但这些地区的慢性病患病率正呈现迅速增高的趋势。

（2）时间分布：与传染性疾病不同，非传染性慢性疾病很少存在短期波动或暴发现象，因此较多关注其长期趋势。目前，全球慢性病患病率和死亡率持续上升，危害日趋严重。预计在未来20年内，全球每年死于心血管疾病的人数会增加约600万人，每年死于癌症的人数会增加约400万人。

(3) 人群分布：慢性病死亡率存在性别差异，在不同国家，这种性别差异也不同。以恶性肿瘤为例，在高收入国家，因恶性肿瘤死亡的主要原因男性为肺癌，女性为乳腺癌；在中、低收入国家，死亡原因则根据主要危险因素的变化而有所变化，如在撒哈拉沙漠以南的非洲国家，宫颈癌是导致女性死亡最主要的恶性肿瘤。

(二) 慢性病的预防措施及对策

**1. 三级预防措施** 国内外大量研究和长期实践证明，慢性病防制必须以公共卫生系统为主导，坚持一级预防为主，一级、二级、三级预防相结合的原则。

> **知识链接**
>
> **三级预防**
>
> 一级预防（primary prevention）：又称病因预防或初级预防，是在疾病尚未发生时针对致病因素、可疑致病因素或相关因素所采取的措施，是预防疾病发生和消灭疾病的根本措施。
>
> 二级预防（secondary prevention）：又称"三早"预防，包括早期发现、早期诊断和早期治疗，是在疾病发生的潜伏期（亚临床期），为了阻止或减缓疾病的发展而采取的措施。
>
> 三级预防（tertiary prevention）：又称临床预防，是在疾病的临床期（发病期）为了减少疾病危害所采取的措施。

一级预防措施是预防和控制慢性病的发生，主要包括健康促进及针对特异疾病采取措施。二级预防措施主要是进行规范化的定期健康检查，可以根据受检对象的年龄、性别、职业等特点设置健康体检的频率和内容。三级预防措施包括提倡患者进行自我管理，建立社区卫生服务中心（站）与医院之间的双向转诊制度，使晚期患者能够得到规范化的康复指导、医疗照顾和临终关怀等。

**2. 慢性病预防对策** 慢性病的防治是一项巨大的社会系统工程。预防对策包括以下几方面：第一，加强慢性病防治机构建设是有效防治慢性病的有力保障，行政部门领导应更新观念和提高重视程度，号召全社会积极参与，加大医务人员力量的投入。第二，实施综合规划，提倡健康的生活方式，对同一病因导致的疾病应一同处理。第三，加强慢性病病因流行病学调查，寻找慢性病危险因素及保护因素，阐明确切病因和疾病形成模式，以明确预防对象和预防方式。第四，通过健康教育降低危险因素的干预策略，以健康教育为主导，使各国实现人人享有卫生保健的战略目标。第五，依靠城乡三级医疗预防保健网，发挥其在健康教育、基线调查、干预措施的实施、信息管理、治疗、康复等多方面的作用。第六，实施社区预防和高危人群预防策略，使社区全体居民或高危人群的危险因素得到控制，改变不健康生活方式。

### 三、疾病控制与管理的挑战及展望

随着国际交流的日益频繁，疾病控制与管理也面临着日益严峻的挑战。需要各国加强国际合作，共同应对疾病对人类造成的危害。

### (一) 疾病控制与管理面临的挑战

**1．经济发展与全球化** 世界全球化发展推动了各国经济与文化的交流，在缩短国家与国家之间距离的同时，传染病在国际间快速传播的可能性越来越大。同时，随着经济发展，吸烟、饮酒，以及高脂肪、高盐和高糖饮食摄入也将随着国民生产总值的升高而增多，慢性病发病率也会相应增高。

**2．老龄化与城市化** 全球步入老龄化社会，人口老龄化是慢性病流行的重要决定因素。同时，老年人群的生理特点是机体免疫力低下，容易导致病原微生物感染。城市化速度进程加快导致居住集中，基础设施及卫生设施完善滞后，也容易引起传染病的传播和慢性病的流行。

**3．生态环境变化** 大规模农田改造、森林砍伐、大型工程建设导致自然生态环境改变，全球变暖，气候异常，自然灾害频发，中间媒介等生活习性发生变化，极易引起传染病的暴发流行。

### (二) 疾病控制与管理的展望

**1．完善公共卫生体系** 2020年6月2日，习近平总书记主持专家学者座谈会时强调："构建起强大的公共卫生体系，为维护人民健康提供有力保障。"要在理顺疾病预防控制体制机制、明确功能定位、提升专业能力等方面加大改革力度。要把增强早期监测、预警能力作为健全公共卫生体系的当务之急。要统筹应急状态下医疗卫生机构动员响应、区域联动、人员调集，建立健全分级、分层、分流的重大疫情救治机制。要全面改善人群居住环境，加强公共卫生环境基础设施建设，推进城乡环境卫生整治，推进卫生城镇创建。要加强中医药服务体系建设，提高中医院应急和救治能力。要深化科研人才发展体制机制改革，完善战略科学家和创新型科技人才发现、培养、激励机制。

**2．建立国际合作机制** 世界全球化使疾病控制与管理工作不再是个别国家的问题，而是关系到全球的问题，只有跨越国界，彼此合作，才能有效地遏制疾病对人类的威胁，通过国际间合作才能对疾病进行积极、主动的防控。要继续积极履行国际义务，密切同世界卫生组织和相关国家的友好合作，加强政策协调，建立相应的组织机构、法规和规则，共同商讨疾病控制与管理问题。

**3．发挥民间组织的作用** 民间组织的参与是推动全球公共卫生合作不可缺少的中坚力量。除WHO外，世界贸易组织、世界银行、联合国开发计划署、世界动物卫生组织、联合国教科文组织等国际组织在疾病防控中也占据着重要地位。

**4．依靠城乡三级医疗预防保健网** 城乡三级医疗预防保健网在防治疾病、保障人民健康方面发挥了巨大作用。在慢性病防治过程中，无论是一级预防、二级预防，还是三级预防，都必须紧紧依靠三级医疗预防保健网，发挥其在健康教育、基线调查、干预措施的实践、信息管理、治疗、康复等多方面的作用。

**5．社区预防和高危人群预防** 社区预防是对全体居民的预防，高危人群预防是对危险性高的人员、家庭和集体进行重点预防。社区干预的策略主要在于减少社区人群普遍存在的危险因素。只有使全人群或绝大部分人群的危险因素得到控制，整个社区的患病人数才能大幅减少。

## 第三节 卫生应急管理

2003年突如其来的SARS疫情，以及之后的甲型H1N1流感疫情、甲型H7N9流感疫情、COVID-19疫情等一系列突发公共卫生事件的暴发，使我国甚至世界卫生应急管理体系面临严峻的考验，同时也在不断发展与完善。

## 一、卫生应急工作的范畴与特点

### (一) 卫生应急的概念

卫生应急是指为预防和减少突发公共卫生事件的发生,控制、减轻和消除突发公共卫生事件引起的严重社会危害而采取的全过程的应急管理行为和活动,同时也是控制和消除其他突发公共事件所引发的严重公共卫生和社会危害而采取紧急医学救援和卫生学处理的行为。

### (二) 卫生应急工作的基本内涵

卫生应急工作的基本内涵有狭义和广义之分。狭义的卫生应急工作主要是指突发公共卫生事件发生后,人们所采取的紧急响应、处置和控制措施。广义的卫生应急工作既包括突发公共卫生事件发生后的紧急应对行为,也包括对突发公共卫生事件以及由其他自然灾难、事故灾难、社会安全事件所引发的公共卫生和社会危害事件所采取的事前、事中、事后预防,响应处置,以及恢复重建等全部活动。

卫生应急肩负着突发公共卫生事件应对和其他突发事件紧急医学救援的双重使命,承担了最为基本和必需的国家公共卫生安全职责。卫生应急工作是常规管理工作与非常规管理工作的有机结合,是专业技术应对与管理应对的有机整合,是多元主体参与、多种治理手段相结合的系统管理工作(图 10-1)。

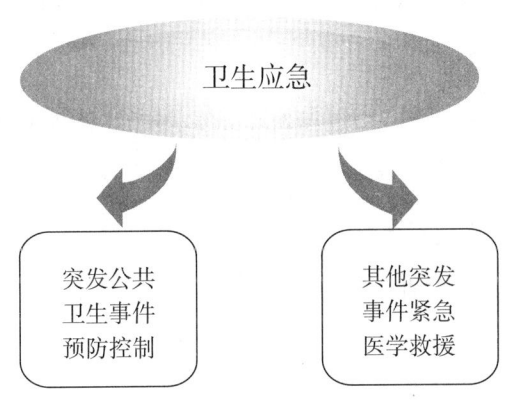

图 10-1 我国卫生应急工作基本内涵示意图

### (三) 卫生应急工作的基本特征

突发公共卫生事件具有危害性、突发性、紧迫性、不确定性、复杂性、群体性、公共性、快速播散性和全球性的特点。针对突发公共卫生事件的特点,卫生应急工作有其自身的基本特征。

**1. 系统性和协调性** 卫生应急工作的过程是一项复杂的系统工程,需要政府部门、医疗机构、公共卫生部门、武警部队等多个部门及社会公众的良好配合与协作,要通过明确职责,调动多种资源,加强信息交流,建立和完善多部门协调联防互动机制。

**2. 动态性** 突发公共卫生事件随着时间的推移会不断发生变化,卫生应急工作过程中应采取灵活多变的应对措施,运用权变管理和动态管理手段来开展卫生应急工作。

**3. 不确定性** 突发公共卫生事件具有许多不确定性,卫生应急工作过程中也具有不确定性,应对事态进行全面、客观的分析和判断,并不断调整决策。

**4. 非程序化** 卫生应急工作力求提供一套完整的可以参照执行的行动方案，但实际情况的动态性和不确定性使得卫生应急工作过程中必须具体情况具体分析，灵活应变，做出最合适的决策。

## 二、卫生应急工作的基本原则

针对突发公共卫生事件的特点，卫生应急工作在管理过程中应遵循以下基本原则：

### （一）预防为主，常备不懈

提高全社会对突发公共卫生事件的防范意识，落实各项防范措施，做好人员、技术、物资和设备的储备工作。

### （二）统一领导，分级负责

根据突发公共卫生事件的范围、性质和危害程度，各级人民政府负责突发公共卫生事件应急处理的统一领导和指挥，各有关部门按照预案规定，在各自的职责范围内做好突发公共卫生事件应急处理有关工作。

### （三）依法依规，措施果断

地方各级人民政府和卫生行政部门要按照相关法律、法规和规章的规定，完善突发公共卫生事件应急预案，规范突发公共卫生事件应急处理工作制度，对突发公共卫生事件和可能发生的突发公共卫生事件做出快速反应，及时、有效地开展监测、报告和处理工作。

### （四）依靠科学，加强合作

充分尊重和依靠科学，重视开展防范和处理突发公共卫生事件的科研和培训，为突发公共卫生事件应急处理提供科技保障。

## 三、我国卫生应急工作的沿革

从新中国成立至今，我国政府不断总结经验、及时改进，全面启动了我国卫生应急体系建设。

### （一）1949—2001 年的卫生应急工作概况

中华人民共和国成立初期，我国政府就已开展卫生应急工作，注重卫生体系的建设。中央政府设置了卫生部，各省、地（市）、县级政府设置卫生行政部门，设立医政、药政、卫生防疫等部门，负责管理辖区内的卫生工作。在成立卫生行政管理部门的同时，各省、市陆续开始建立防疫站。1953 年 1 月，中央人民政府政务院（即 1954 年后的"国务院"）第 167 次会议正式批准省、市、县建立各级卫生防疫站。卫生防疫站的任务是应用预防医学理论、技术，进行卫生防疫的监测、监督、科研和培训工作。1949—2001 年，各级卫生行政部门、卫生防疫技术机构和医疗机构几乎都没有设置专门的卫生应急部门或机构，也没有专职负责卫生应急管理的人员队伍和专家咨询委员会。各级卫生行政机构的疾病预防控制、医政、卫生监督、药政处室（科、股）等部门都是卫生应急的相关责任部门，各级卫生防疫站的防疫科、消杀科、流行病科、食品卫生科、环境卫生科、放射防护科、计划免疫科等业务科室是卫生应急的责任部门。各级各类医疗机构的医务处（科）、急诊室等部门是医疗救援的责任部门。这些部门的人员平时都从事各自业务范围的日常工作，没有专门设置卫生应急部门和岗位，没有独立、完整的卫生应急工作体系。一旦出现突发公共卫生事件，根据初步情况，相关部门立即投入力量进行处置。卫生行政部门和业务技术机构的行政（业务）办公室是卫生应急工作的协调管理部门，在相关领导的指挥下，组织各有关部门应对突发公共卫生事件。

（二）2001—2003年的疾病预防控制机构改革

进入21世纪，经过50年特别是改革开放后20多年的发展，我国的公共卫生事业取得了举世瞩目的成就。绝大部分传染病得到了很好的控制，人民健康水平有了显著提高。但是，随着全球化、工业化、城市化和人口老龄化进程加快，我国的公共卫生事业不仅面临着原有传染病的挑战，还面临新发传染病、意外伤害、食品安全、环境污染等问题的多重挑战。尤其是美国发生"9·11"事件后，许多国家生物化学恐怖事件频发，多起突发事件已严重危害人类健康和生命安全，造成公众对生物恐怖活动产生极大恐慌，防范生物化学恐怖活动迫在眉睫，卫生应急工作任务更加艰巨。2002年，原国家卫生部在中国预防医学科学院、卫生部工业卫生实验所、中国健康教育研究所和中国农村改水技术中心的基础上进行整合，组建成立中国疾病预防控制中心。新成立的中国疾病预防控制中心设立了疾病预防与卫生应急的专业部门。该部门负责传染病监测控制与卫生应急技术准备与响应，同时承担相关业务工作的组织协调。在此前后，部分省、市也在新成立的疾病预防控制中心设置卫生应急处置部门。

（三）2003年SARS疫情与我国卫生应急体系短板的体现

2003年，突如其来的SARS疫情在我国暴发，当时我国公共卫生应急系统尚不完善。第一，SARS疫情来势汹汹，但我国疾病预防控制机构改革尚未全面铺开。第二，事发突然，卫生应急处理较为谨慎，疫情参照涉密信息进行管理，在早期报告不够及时，导致公众产生恐慌心理，社会秩序也受到一定影响。第三，当时，我国尚缺乏卫生应急相关法律制度和法律体系。第四，我国应对重大突发公共卫生事件的专业队伍和应急物资储备不充足，卫生应急统一调度指挥的机制尚不完善。第五，当时缺乏突发公共卫生事件发生时的心理援助，公众应对危机情况的心理承受能力、反应能力和实际应对能力较差。SARS疫情使我国政府从此充分认识到卫生应急工作的紧迫性和必要性，这场硬仗也锻炼了公共卫生应急队伍、积累了公共卫生应急经验，我国的卫生应急体系由此进入发展的快车道。

（四）2003年后我国卫生应急事业的建设和快速发展

2003年SARS疫情后，我国政府按照应急预案、应急体制、应急机制、应急法制的次序，循序渐进地开展"一案三制"的综合应急管理体系建设。必须从根本上改善防止疾病疫情发生的卫生环境，加快推进卫生体制改革步伐，实行治疗与预防相结合，建立疾病防治的快速反应机制。

之后，我国初步建立了突发公共卫生事件卫生应急体系，卫生应急工作逐步实现了十个转变：组织管理体系从无到有，管理体制从分散到集中，管理方式从经验管理到依法科学管理，工作重点从重处置到预防与处置相结合，应急机制从单一部门应对到跨部门协调联动，法制体系从无序零散到有序完善，预案体系从经验主义到规范制订，基础建设从被动应对到主动准备，能力水平从无形描述到有形量化，形象影响从国内范围到国际范围。具体表现为：

**1. 卫生应急指挥决策系统建设步伐加快** 自2005年以来，在中央财政支持下，先后启动了省、市两级突发公共卫生事件应急指挥决策系统的建设，为实现统一、协调、高效运转提供了重要的保障。

**2. 突发公共卫生事件监测预警能力建设加强** 全国县级及县级以上医疗机构传染病疫情和突发公共卫生事件网络直报率大幅提升，极大地提高了突发公共卫生事件的预警能力，为传染病等突发公共卫生事件的早期调查、科学评估和及时应对奠定了良好的基础。

**3. 卫生应急队伍建设强化** 原国家卫生部先后成立国家突发事件卫生应急专家咨询委员

会和国家级突发公共卫生事件应急专家库，充分发挥专家的咨询决策和技术指导作用，组建了紧急医学救援、传染病防控、中毒事件控制、核辐射事件应急医学四类国家卫生应急队伍，各省、市、县三级卫生部门也分别建立了紧急医学救援、突发公共卫生事件应急处置的卫生应急队伍，开展各种形式的培训与演练，不断提升队伍的实战能力。

**4. 基层卫生应急能力建设得到加强** 2011年，全国启动了卫生应急综合示范县（市、区）的创建工作，通过以评促建、以点带面的方式提升基层卫生应急能力。

**5. 卫生应急科研工作得到加强** 推进突发公共卫生事件实验室网络建设，提高快速检测、鉴定能力，组织开展卫生应急处置、关键技术和实践应用等研究。

**6. 卫生应急法制体系基本建立** 近年来，国家出台了《中华人民共和国传染病防治法》《中华人民共和国国境卫生检疫法》《中华人民共和国突发事件应对法》等相关法律，以及《突发公共卫生事件应急条例》等行政法规。同时，国家卫生健康委员会发布了一系列卫生应急技术规范和操作指南，初步形成了覆盖法律法规、行业规章、规范标准和管理操作四个层面的法制体系（见图10-2）。

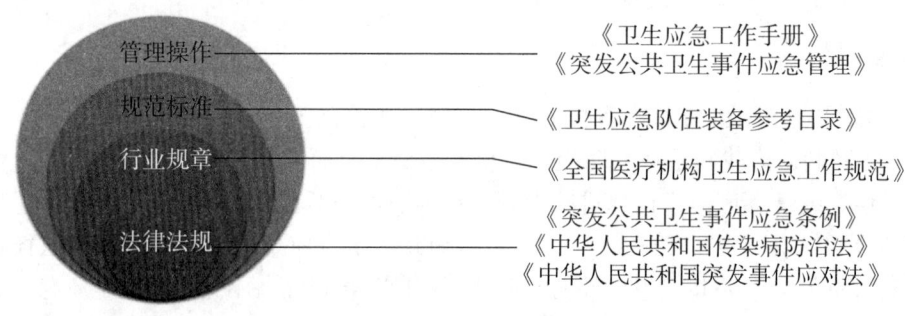

**图10-2 我国卫生应急法制体系示意图**

**7. 管理体制初步形成** 目前，我国31个省级卫生行政部门都设置了卫生应急办公室，大部分专业技术机构内也设立（或指定）了应急处置协调部门，卫生应急工作已形成一个比较完整的组织网络，实现了对卫生应急职能和资源的集中管理与全面整合。

**8. 机制建设全面优化** 在国务院统一领导下，建立了国家卫生健康委员会牵头、多部门参与的突发急性传染病联防联控工作机制；与军队、武警卫勤部门共同建立和完善了突发公共卫生事件军警地联防联控机制；分别与香港、澳门和台湾地区建立了三地合作以及两岸合作机制。我国履行《国际卫生条例》承诺，与WHO和相关国家建立了信息通报、病原样本共享和技术交流机制。特别值得一提的是，在国家卫生健康委员会指导下，京津冀、沪苏浙皖、两广等省针对区域共同面临的公共卫生风险，加强跨区域应急管理合作，建立了突发急性传染病防控的区域联防联控机制。这些联防联控工作机制对于加强应急联动协作、信息资源共享具有十分重要的作用（图10-3）。

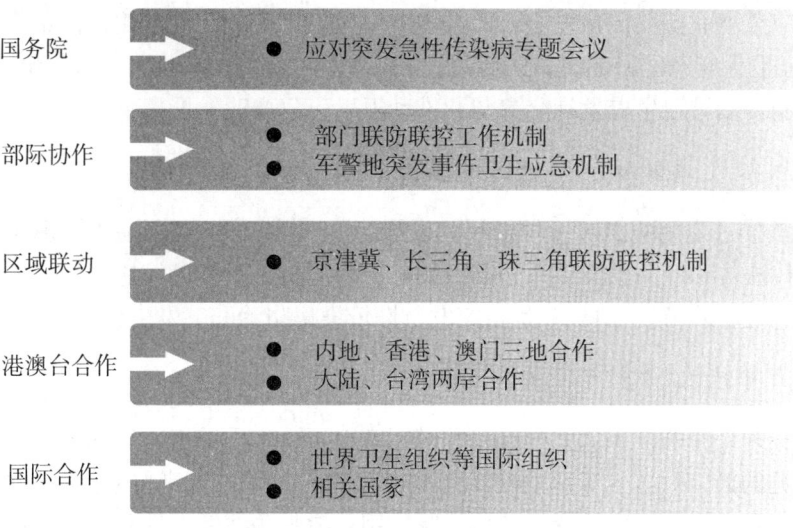

图 10-3 我国卫生应急机制图解

（五）2018年以来中央和国家机构改革对我国卫生行政部门卫生应急职能分工的进一步定位

2018年3月17日，第十三届全国人民代表大会第一次会议批准《国务院机构改革方案》，正式组建国家应急管理部。这次中央和国家机构改革中，国家卫生健康委员会仍负责卫生应急工作，组织指导突发公共卫生事件的预防控制和各类突发公共事件的医疗卫生救援。国家卫生健康委员会卫生应急办公室承担卫生应急和紧急医学救援工作，组织编制专项预案，承担预案演练的组织实施和指导监督工作，指导卫生应急体系和能力建设，发布突发公共卫生事件应急处置信息。与2018年以前不同的是，国家卫生健康委员会卫生应急工作与有关部门的职责分工更加明确，特别是与新组建的国家应急管理部的协调配合工作逐步展开，使我国应对处理自然灾害和事故灾难引发的突发公共卫生事件迈向了新的台阶。

（六）2020年中央对健全国家公共卫生应急管理体系的进一步部署

2020年2月14日，中央全面深化改革委员会第十二次会议召开。会议指出，2019年12月暴发的COVID-19疫情，是对国家治理体系和治理能力的一次大考，确保人民群众生命安全和身体健康，是党治国理政的一项重大任务。中央对健全国家公共卫生应急管理体系做了进一步部署：第一，强化公共卫生法治保障；第二，改革完善疾病预防控制体系；第三，改革完善重大疫情防控救治体系；第四，健全重大疾病医疗保险和救助制度；第五，健全统一的应急物资保障体系。未来将完善重大疫情防控体制机制，健全国家公共卫生应急管理体系。

## 四、我国卫生应急管理的发展与展望

十多年来，我国卫生应急工作取得了很大的进展，但仍然存在诸多亟待解决的问题：第一，卫生应急体系建设基础还比较薄弱，整体推进的力度需要加强，速度需要加快，尤其是核心能力还需大幅提升。第二，卫生应急无论是在管理还是在技术方面，专业化建设还有待全面提升，信息化、协同化、国际化工作需要快速推进。

（一）基于"十三五"战略任务完成情况，确定持续优化发展的"十四五"战略目标

未来卫生应急工作将基于"十三五"战略任务完成情况，围绕"十四五"战略目标推进工

作,加速卫生应急事业持续优化发展,即推进卫生应急规范化、专业化、信息化、协同化、国际化建设;加强卫生应急学科建设,队伍建设;完善卫生应急指挥协调、监测预警、应急处置、综合保障等机制;倡导卫生应急社会参与,推动卫生应急产业发展。

### (二)重点推进卫生应急"一体两翼"发展

未来将重点推进卫生应急"一体两翼"发展。"一体"是指卫生应急体系和能力,重点是形成健全的法律法规和应急预案体系,高效的指挥协调机制,准确、快捷的信息报告系统,专业、高效的应急处置队伍。"两翼"是指突发急性传染病防治和突发事件紧急医学救援。

### (三)重点推进九项重点任务

按照应急管理工作的核心能力建设以及《国家卫生计生委关于印发加强卫生应急工作规范化建设指导意见的通知》国卫应急发〔2016〕68号文件要求,未来要重点推进九项重点任务:即夯实组织管理基础、发挥联防联控工作机制作用、增强预案针对性和可操作性、强化突发公共卫生事件监测预警管理、提升突发公共卫生事件处置效能、推进紧急医学救援建设有序发展、加强队伍建设和物资技术储备、注重培训演练和公众宣传实效、提高突发事件总结评估工作的科学性。

### (四)持续部署突发急性传染病防治及突发事件紧急医学救援"十四五"规划重点项目

2016年7月和2016年8月,国家卫生健康委员会印发了《突发急性传染病防治"十三五"规划(2016—2020年)》《突发事件紧急医学救援"十三五"规划(2016—2020年)》,明确规划设计了重点项目,未来将持续部署"十四五"突发急性传染病防治工作及突发事件紧急医学救援工作的目标、任务和措施,全面推动和完善突发急性传染病防治体系和突发事件紧急医学救援体系建设。

### (五)健全国家公共卫生应急管理体系,提升卫生应急核心能力

2019年12月暴发的COVID-19疫情在全球各国迅速蔓延,暴露了全球各个国家公共卫生应急管理体系及卫生应急核心能力的脆弱性。应始终把人民群众生命安全和身体健康放在第一位,从立法、执法、司法、守法各环节发力,切实推进依法防控、科学防控、联防联控。要强化公共卫生法制保障,改革完善疾病预防控制体系,改革完善重大疫情防控救治体系,健全重大疾病医疗保险和救助制度,健全统一的应急物资保障体系。全面提高依法防控和依法治理能力,健全国家公共卫生应急管理体系,提升卫生应急核心能力,对保障人民群众生命安全和身体健康,维护国家公共安全具有重要的现实意义。

## 第四节 卫生监督管理

党的十九大提出"坚持依法治国、依法执政、依法行政共同推进,打造共建共治共享的社会治理格局。"卫生监督是依法推进健康中国建设、保障医药卫生体制改革、促进法律法规的有效实施、维护人民健康权益的有力保障。

### 一、卫生监督工作的范畴与特点

#### (一)卫生监督工作的概念

卫生监督(health supervision)是卫生行政部门执行国家卫生法律、法规,维护公共卫生

和医疗服务秩序，保护人民群众健康权益的行政执法活动。

（二）卫生监督工作的基本内涵

卫生监督是依据卫生法律、法规和规章制度的规定，对涉及人民群众健康的各种行为或活动所实施的卫生行政执法行为。卫生监督的主体必须是卫生行政部门，或由法律授权的卫生监督机关。卫生监督的监督对象是特定的公民、法人或者其他组织；监督责任是对违法行为承担法律责任；监督手段是行政许可、执法检查、行政处罚、行政强制。

（三）卫生监督的基本特点

**1．行政性与专业性** 卫生监督的根本属性是行政性。卫生监督要求监督人员必须是专业的，具体表现为这些人员能够综合运用自然科学技术和相应的社会科学知识、综合运用预防医学技术和卫生行政手段。

**2．健康权益与合法权益的保护性** 卫生监督正是使卫生立法目标得以实现的执行过程，只要公民或有关组织的健康权益以及有关健康卫生的合法权益遭到侵犯，卫生行政机关便以强制手段予以保护。

**3．监督范围和手段的合法性** 从法律意义上讲，卫生监督是卫生行政机关为管理社会公共卫生事务，保障人民健康，正确行使卫生管理权力的过程。卫生监督必须严格按照国家法律、法规的规定来进行。卫生行政执法主体的资格产生，也必须经过最高权力机关的批准。

**4．监督范围的广泛性和准确性** 由于健康影响因素广泛存在，所以卫生监督的范围被最大限度地扩大，这决定了卫生监督行为的广泛性。为保证卫生监督行政执法更加有力，卫生监督行政部门必须根据卫生专业和法律专业知识对卫生监督的职权进行明确，以确保其行政执法力度和有效性。

## 二、卫生监督工作的基本手段

（一）专业技术手段

专业技术手段包括卫生监督专业技术功能（具体分为制约、规范、预防、促进四种监督功能），卫生执法监督的专业和内容，流行病学三种。

（二）法律手段

卫生监督执法过程中必须依靠卫生法律、法规对其责任人进行处理，因此，法律手段是卫生监督管理的必要行为工具。

（三）行政管理手段

行政管理手段具有很强的社会性、系统性、政策性、群体性，必须依靠行政职权部门行使其行政权力加以规范和管理，辅以科学的决策，才能更好地发挥其效力。

## 三、我国卫生监督工作的沿革

新中国成立以来，卫生监督始终作为一项重要的卫生防疫职能，伴随着国家卫生法制体系的不断完善，经历了循序渐进、较为曲折的发展过程。

（一）1949—1957年卫生监督的形成阶段

从新中国成立至1957年，是我国卫生监督的形成阶段。基于近代历届政府公共卫生工作的经验，以及其他国家的经验，国家于1949年11月成立卫生部，下设公共卫生局，主管传染

病和卫生保健方面的工作。

1950年8月召开的第一届全国卫生工作会议确立了"面向工农兵、预防为主、团结中西医"的三大方针，与后来增加的"卫生工作与群众运动相结合"并称为四大方针。其中，"预防为主"成为我国公共卫生立法和卫生监督的指导原则。1950年10月，中央人民政府政务院发布《关于发动秋季种痘的指示》，同年11月，原卫生部经政务院批准颁布《管理麻醉药品暂行条例》及实施细则，另外还颁布了《厂矿职工伤亡报告办法》《工厂卫生暂行条例》。为了有效地控制传染病由国外传入或由国内传出，1950年11月，由中央人民政府政务院发出《关于进出口船舶船员旅客行李检查暂行规则的通令》，同年12月，原卫生部公布《交通检疫暂行办法》，1951年2月公布《民用航空检疫暂行办法》。这些法规性文件对控制传染病的流行，防止疾病的传出与传入，以及制止麻醉药品的乱用、滥用等，均起到了良好的保障作用。1953年，原卫生部成立了卫生监督室，将保健防疫局改称为卫生防疫司。同年，经政务院167次政务会议决定：在全国建立各级卫生防疫站，按照国家行政区划和产业系统进行设置，并分省、市、县三级，由此初步在组织机构上为卫生法规的实施提供了保证。1954年2月，中央人民政府政务院会议批准的《第三届全国卫生行政会议决议》明确提出"为了加强对工业的卫生监督，应逐步建立国家卫生监督制度"。1956年4月和10月，原卫生部、国家建设委员会分别联合颁布了《工业企业设计暂行卫生标准》和《饮用水水质标准》，同年5月，国务院发布《工厂安全卫生规程》《防止厂、矿企业中矽尘危害的决定》等。1957年，原卫生部又增设卫生监督局。之后，国家陆续颁布了《关于改善各级学校学生健康状况的决定》《传染病管理办法》（1955年版）、《职业病范围和职业病患者处理办法的规定》（1957年版）以及《中华人民共和国国境卫生检疫条例》等。从此，我国卫生监督制度成为国家的法定制度。

### （二）1958—1977年卫生监督的调整阶段

1958年后，国家卫生部撤销卫生监督局，将其合并到卫生防疫司。20世纪60年代初，在中央"调整、巩固、充实、提高"的方针指导下，全国范围内整体调整了各方面的工作，卫生法制建设有所回升，甚至卫生监督工作也一度有了新的起色。较为突出的是放射卫生防护监督工作得到加强。国家卫生部于1958年7月成立射线防护处，同时在全国有16个省、自治区、直辖市卫生厅（局）成立了放射卫生防护科、处和专业机构，并开展了相关工作。1960年，经国务院批准发布了我国第一部专门性的放射卫生防护法规《放射性工作卫生防护暂行规定》。据此，卫生部、国家科委又联合制定并颁布了《电离辐射的最大容许量标准》《放射性同位素工作的卫生防护细则》《放射性工作人员的健康检查须知》，从而为我国的放射卫生防护管理奠定了法制管理的基础。同年，经国务院批准，卫生部又成立了工业卫生局，负责全国放射卫生防护的监督管理工作。1964年2月，卫生部、国家科委又联合颁布《放射性同位素工作卫生防护管理办法》，进一步在全国建立健全了"许可登记制度"，强化了放射卫生防护的监督工作。20世纪60年代开始，我国又逐步实行食品卫生监督制度，先后制定了若干食品卫生标准及管理办法，如1964年国务院转发的《食品卫生管理试行条例》等。1966年后的十余年间，我国处于"文革"时期，立法步伐放慢甚至停滞。

### （三）1978—1990年卫生监督的发展阶段

我国的卫生法制建设和卫生监督工作的迅速发展，是在1978年12月召开党的十一届三中全会以后的十多年间。主要表现在以下几方面：

**1. 卫生行政法律、法规建设加强** 截至1990年，由全国人民代表大会常务委员会颁布的卫生单行法律就有四部：

（1）1982年11月19日五届第全国人民代表大会常务委员会第25次会议通过并发布的

《中华人民共和国食品卫生法（试行）》，从1983年7月1日起施行；并与1995年10月30日第八届全国人民代表大会常务委员会第16次会议上修订通过《中华人民共和国食品卫生法》，由中华人民共和国第59号令发布，从1995年10月30日起施行。

（2）1984年9月20日第六届全国人民代表大会常务委员会第7次会议通过并发布《中华人民共和国药品管理法》，从1985年7月1日起施行。

（3）1986年12月2日第六届全国人民代表大会常务委员会第18次会议通过并发布《中华人民共和国国境卫生检疫法》，从1987年5月1日起施行。

（4）1989年2月21日第七届全国人民代表大会常务委员会第6次会议通过并发布《中华人民共和国传染病防治法》，从1989年9月1日起施行。与保护人群健康和卫生行政管理有关的由全国人民代表大会常务委员会颁布的相关法律，还有《中华人民共和国环境保护法》《中华人民共和国水法》《中华人民共和国水污染防治法》《中华人民共和国海洋环境保护法》《中华人民共和国土地管理法》《中华人民共和国草原法》《中华人民共和国森林法》《中华人民共和国矿产资源法》等。

由国务院颁布的与卫生行政执法或卫生监督相关的行政法规主要有：1987年颁布的《中华人民共和国尘肺病防治条例》；1987年颁布的《公共场所卫生管理条例》；1989年颁布的《放射性同位素与射线装置放射防护条例》；1989年颁布的《化妆品卫生监督条例》；1990年颁布的《学校卫生工作条例》；1990年颁布的《艾滋病监测管理的若干规定》等。由原国家卫生部颁布的卫生行政规章，根据其对象和内容，大致可分为补充性卫生规章和自主性卫生规章两大类。属于补充性规章的，是依照国家单行卫生法律或国务院卫生行政法规的授权或委托制定的，如《化妆品卫生监督条例实施细则》《公共场所卫生管理条例实施细则》《性病防治管理办法》《保健食品管理办法》等。属于自主性规章的，是由于暂时尚未制定高层次的卫生法律或行政法规，卫生行政执法过程中又需要制定由卫生部发布的行政规章，如《乡镇企业安全生产和工业卫生管理规定》《结核病防治管理办法》《卫生监督员管理办法》等。此外，各省、市、自治区根据各地情况，还制定并颁布了大量的地方性法规和规章。

**2. 卫生监督队伍有了发展**　随着卫生法制建设的发展，国家卫生监督制度的确立，我国已经形成一支专职的卫生监督队伍，分布在中央、省、市、县各层次，遍布各个专业领域。之后又形成了一支药品监督力量，传染病防治监督队伍也在形成。为了贯彻落实对外开放的方针政策，国境卫生检疫机构和队伍也有了很大的发展。目前，我国基本建立了劳动卫生、食品卫生、环境卫生、学校卫生、放射卫生、药品及传染病的监督监测网络，其中，食品卫生监督队伍发展最快。

**3. 开展了大量卫生监督执法活动**　首先，把住预防性卫生监督关，对新建、改建、扩建的工矿企业，食品生产经营企业，公共场所，放射性工作场所等工程的选址和设计进行卫生审查和竣工验收，对生产经营部门和企业核发卫生许可证。其次，通过定期监测、不定期抽检、巡回检查等多种方式开展了大量经常性卫生监督工作，如食品样品卫生检验、从业人员体检等。通过卫生监督，同时进行违反卫生法律法规的行政处罚，如警告并限期改进、吊销卫生许可证等。

**4. 卫生监督取得了较好的社会效益和经济效益**　卫生监督的社会、经济效益体现在公众卫生知识的增加，法律意识的增强，生产、劳动、工作、学习、生活环境及饮食卫生状况的改善，发病率的降低，健康水平的提高和直接挽回经济损失等诸多方面。实施《食品卫生法（试行）》的7年间（1983—1990年），食品卫生合格率从1982年的61.5%逐年上升到1989年的80.3%；通过对食品从业人员进行体检，每年发现传染病患者近20万人，90%以上调离了接触直接入口食品的工作岗位，显著减少了因从业人员患病而传播疾病的机会；进口食品药品卫生监督使国内消费者的安全得到保障，同时使国家获得了数额巨大的经济索赔，仅1989年

药品监督就挽回2873万美元；生产场所有害因素监测点的合格率也有所提升，从1986年的50.7%上升到1989年的62.3%。1990年5月，新中国成立后召开的第一次全国卫生监督工作会议提出进一步深化改革，强化国家监督，开创我国卫生监督工作新局面的任务。我国的卫生监督工作进入了一个综合管理、系统管理和科学化管理，以及强化国家监督、行政执法的新的历史时期。

（四）1991—1996年卫生监督的法制管理阶段

自1990年召开全国卫生监督工作会议以后，我国卫生监督工作进入了一个新的法制管理和行政执法阶段，主要表现为以下几方面：

**1. 行政法律法规体系初步形成**

（1）行政法制建设不断完善：1994年10月9日，《国务院关于修改"行政复议条例"的决定》重新修订并发布。它对维护和监督国家行政机关依法行使职权，防止和纠正违法或不当的具体行政行为，保护公民、法人和其他组织的合法权益，具有积极作用。1994年5月12日，全国人民代表大会常务委员会第7次会议通过并颁布了《中华人民共和国国家赔偿法》，其中专门规定了行政赔偿的有关内容。1996年3月17日第八届全国人民代表大会第四次会议通过，并于1996年10月1日起实施《中华人民共和国行政处罚法》，它对于规范行政机关行为，促进依法行政，改进行政管理工作，加强廉政建设，维护社会秩序和公共利益，保护公民、法人和其他组织的合法权益，都具有重要意义。卫生行政部门作为具有行政处罚权的行政机关。该法的颁布和施行对卫生立法和卫生行政执法都提出新的更高要求。

（2）卫生监督法律体系初步形成：1995年10月，第八届全国人民代表大会常务委员会第16次会议通过的《中华人民共和国食品卫生法》，是我国公共卫生领域立法体系初步形成的主要标志。至此，《中华人民共和国食品卫生法》《中华人民共和国传染病防治法》《中华人民共和国国境卫生检疫法》以及由国务院颁布的《公共场所卫生管理条例》《化妆品卫生监督条例》《放射性同位素与射线装置放射防护条例》《学校卫生工作条例》《传染病防治法实施办法》和《食盐加碘消除碘缺乏危害管理条例》共三部法律、六部行政法规和与之配套的大量卫生行政规章和规范性文件，已经覆盖公共卫生管理的大部分领域。与此同时，很多省、自治区和直辖市，也结合当地实际情况，分别制定了卫生监督工作急需的地方性法规和行政规章，如《职业病防治监督条例》和《流动人口卫生防疫管理暂行规定》等。总之，从全局来看，我国公共卫生管理领域的法律、法规和标准体系框架已基本形成。

**2. 卫生监督力量发展壮大** 根据《食品卫生法（试行）》及其他公共卫生监督法律、法规，在公共卫生领域被授予执法职权的有县级以上地方人民政府卫生行政部门和各级卫生防疫机构，形成了一支自上而下的覆盖较为全面的公共卫生监督机构网络。1995年底的统计数据显示，全国已有各级各类卫生监督员近10万人，分为食品、传染病、劳动卫生、公共场所、化妆品、学校、放射防护和消毒共八类，同时有检验和实验室技术人员近3万人。此外，在乡镇、街道的派出机构或卫生院中还有许多卫生监督员或卫生检查员协助工作，成为这支队伍的补充力量。根据国家廉政建设要求，在全国还建立了三个"卫生监督职业道德建设示范点"，并在全国开展"优秀卫生监督员"评选活动。与此同时，各地还有计划地对卫生监督、监测机构配备了取证工具和交通工具，改善了监督手段。针对公共卫生执法专业多、法规多的特点，统一了卫生监督执法公文，建立了统一的统计报告制度，开展了实验室认证管理工作，这些举措有效地壮大了监督队伍力量。

**3. 卫生监督执法工作全面展开** 1991年以来，卫生执法监督工作主要从以下三个方面展开：

（1）把住预防性卫生监督关，对新建、改建、扩建、续建的工业企业、食品生产经营企业、公共场所、放射工作场所和学校等工程选址和设计进行设计审查和竣工验收,对生产经营企业核发卫生许可证。

(2) 通过定期监测、不定期抽检及巡回检查等多种方式,开展经常性的卫生监督工作。

(3) 对从业职工进行预防性体格检查和卫生知识培训。

**4. 卫生监督工作取得良好的社会效益** 卫生监督工作不仅可以通过维护公众的健康而促进生产力发展,间接为经济建设贡献力量,而且还可以直接对经济建设、市场体制的形成起到规范、促进作用。例如,通过卫生许可及加强对生产、经营过程的卫生监督等卫生监督制度实施规范企业(业主)的行为;通过罚款、停业整顿、吊销营许可证等行政处罚手段纠正和惩治不法生产、经营者;通过没收或销毁不符合卫生要求的食品、化妆品等产品打击假冒伪劣商品活动,直接发挥治理市场的作用;通过打击卫生违法活动和控制某些疾病流行,提高公共卫生水平,进而改善投资环境;通过监督检测提高食品等产品质量,促成名牌产品的出现,促进我国对外贸易等。

### (五) 1997年以来卫生监督体制改革阶段和体系建设发展阶段

1997年,《中共中央、国务院关于卫生改革与发展的决定》明确提出:"各级卫生行政部门是卫生执法监督的主体,各级政府要支持和维护卫生行政部门统一行使卫生监督权,改革完善卫生执法监督体制"。2000年,原国家卫生部发布的《关于卫生监督体制改革的意见》,要求"将原来由各卫生事业单位承担的各项卫生监督职能集中,根据实际情况,对原有机构适当加以精简、归并、调整,组建卫生监督所,专职承担卫生监督任务。卫生监督所是统计卫生行政部门在其辖区内,依照国家法律、法规行使卫生监督职责的执行机构"。2001年,原国家卫生部发布《关于卫生监督体制改革实施的若干意见》,明确"卫生监督所(局)在同级卫生行政部门领导下,依法在公共卫生、医疗保健领域,包括对健康相关产品、卫生机构(包括医疗、预防和采供血机构等)和卫生执业人员许可,开展综合性卫生监督工作"。2002年1月,中国疾病预防控制中心和卫生部卫生监督中心成立,"两项体制改革"得以全面开展。2003年,抗击"非典"疫情后,中央明确提出争取用3年时间,建立健全突发公共卫生事件应急机制、疾病预防控制体系和卫生执法监督体系。2004年,原国家卫生部设立卫生执法监督司,负责公共卫生和医疗服务监督。2005年,原国家卫生部印发《关于卫生监督体系建设的若干规定》《关于疾病预防控制体系建设的若干规定》,推进卫生监督体制、疾病预防控制改革和体系建设。2006年,原国家卫生部组建疾病预防控制局和卫生监督局,使卫生监督机构建设加强。2006年底,全国各省、自治区、直辖市都已建立省级卫生监督机构。2013年,原国家卫生部、国家计划生育委员会合并为国家卫生和计划生育委员会。2013年,国家卫生和计划生育委员会印发《关于切实加强综合监督执法工作的指导意见》(国卫监督发〔2013〕40号)。2015年,国家卫生和计划生育委员会、中央机构编制委员会办公室等六部门联合印发《关于进一步加强卫生计生综合监督行政执法工作的意见》(国卫监督发〔2015〕91号),明确了卫生和计划生育监督机构的性质。2016年8月,全国卫生与健康大会在北京胜利召开。习近平总书记在大会上强调,"把人民健康放在优先发展战略地位,努力全方位全周期保障人民健康"。2016年,中共中央办公厅、国务院办公厅印发《专业技术类公务员管理规定(试行)》和《行政执法类公务员管理规定(试行)》。

目前,我国从中央到县级卫生行政部门覆盖农村地区的卫生监督体系框架已基本形成(图10-4)。

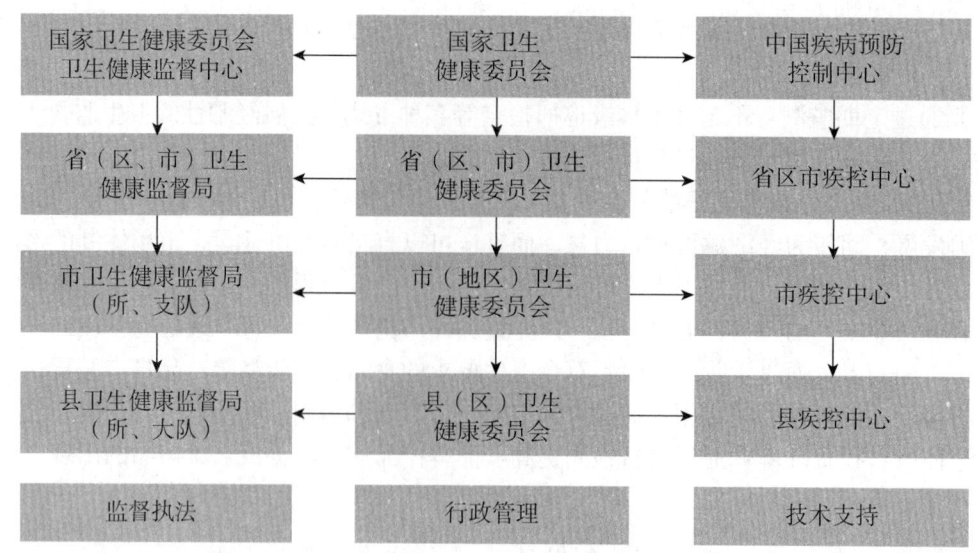

图10-4 我国卫生监督体系建设示意图

### 四、卫生监督管理的发展与展望

目前,我国卫生执法监督迎来了发展的机遇,但也面临着挑战。卫生监督体系建设滞后,监督执法涉及法规多、覆盖面广、技术性强、工作量大、任务艰巨;群众高度关心,往往会成为舆论的焦点和热点;能力不足,矛盾突出。

#### (一) 转变理念和行为,主动适应外部局势

监督理念由事后处罚方式向关口前移、事前预警、风险防控、加强事中及事后监管方式转变;监督任务由公共卫生为主向卫生健康综合监督执法转变;监督模式由运动式监督向科学、规范、公正、文明监督执法转变;监督手段由验证检验处罚向信息化、智能化、实时、动态监管转变。

#### (二) 顺势而为,乘势而上,有为才有位

要全面落实党的十九大和十九届二中、三中、四中全会精神,深入贯彻执行国务院办公厅印发的《关于改革完善医疗卫生综合监管制度的指导意见》,从重点监管公立医疗卫生机构转向全行业监管,从注重事前审批转向事中及事后全流程监管,从主要运用行政手段转向统筹运用行政、法律、经济和信息等多种手段,提高监管能力和水平。

#### (三) 改革创新,提高监督执法能力

一要认真落实"双随机"制度、"放管服"制度和公示承诺制度;二要加强规范化培训,建立高素质监督执法队伍;三要运用和完善全过程执法记录制度,科学执法、公正执法、严格执法;四要推进信息化建设,利用大数据提升监管能力,利用诚信体系建设建立惩戒机制。

#### (四) 注重传承,弘扬优秀传统文化

注重学习并传承优秀传统文化。用敬业奉献的赤诚,坚守岗位的执着,守土有责的信念,守土尽责的承诺,践行社会主义核心价值观。

## （五）通过信息化建设助力卫生监督事业发展

构建国家卫生监督信息系统，建设国家和省级两级平台，覆盖四级业务应用。实现行政许可、日常监督和行政处罚信息化（图10-5）。

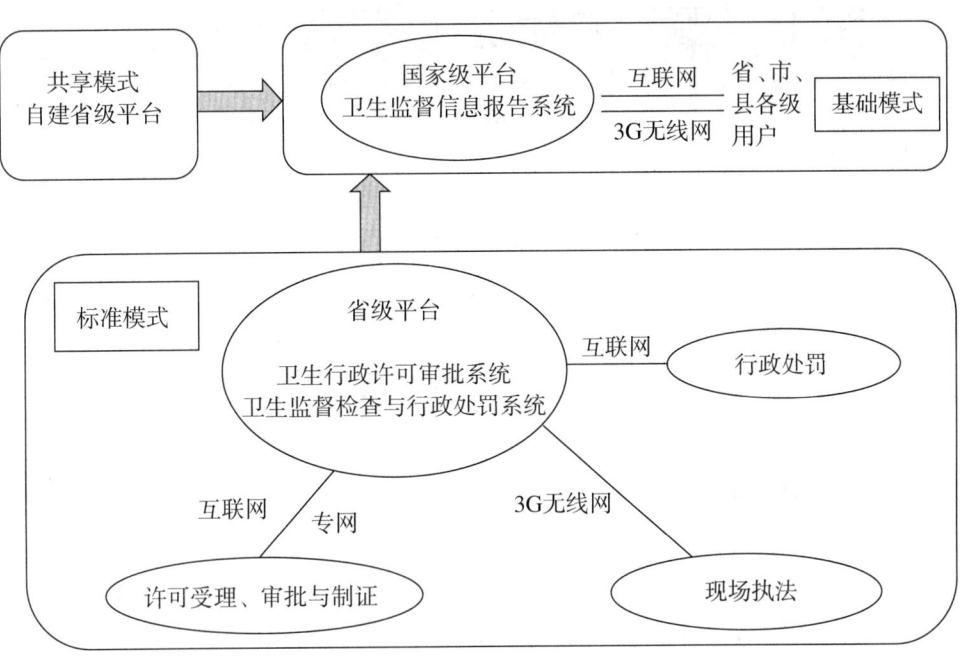

图 10-5　国家级卫生监督信息系统应用软件运行模式图

（王志锋　王　佳）

# 第十一章 妇幼卫生管理

## 第一节 概 述

### 一、妇幼卫生工作的意义

妇女和儿童占总人口的 2/3，婴儿死亡率、平均期望寿命和孕产妇死亡率是衡量国民健康水平的重要指标，也是反映社会经济和文化综合协调发展的敏感指标。妇幼卫生工作的水平和质量对上述三个指标具有重要作用。因此，做好妇幼卫生工作，对促进社会和经济发展，提高人民群众的健康水平至关重要。

#### （一）妇幼卫生工作是卫生工作的重要组成部分

妇幼卫生工作是社会卫生工作的重要组成部分，妇幼保健机构在卫生体系中具有不可替代的作用。妇幼卫生事业是与医疗、防疫事业相并行的我国医疗卫生事业的重要组成部分。妇幼卫生工作是社区卫生服务的重点，是初级卫生保健的重要组成部分。

《中国妇女发展纲要（2011—2020年）》《中国儿童发展纲要（2011—2020年）》中明确指出："保障妇女平等享有基本医疗卫生服务，生命质量和健康水平明显提高。完善覆盖城乡儿童的基本医疗卫生制度，提高儿童身心健康水平"。中共中央、国务院办公厅发布的《"健康中国2030"规划纲要》和国家有关部委制定的各项配套文件中，均将妇幼保健与疾病控制放在社会主义公共卫生事业中同等重要的位置上。

#### （二）妇女、儿童人群的特殊性决定了妇幼卫生工作的重要性

妇女的特殊生理特点决定了必须予以其特殊的卫生保健服务。除青春期和更年期外，妇女一生还有孕期、产期、哺乳期、围绝经期等，这些时期都需要得到特殊的保健。在我国，妇女是社会发展的重要生产力，是经济建设不可缺少的力量。母亲的健康不仅关系到自身，而且是保护儿童健康的基础和保证。儿童尤其是婴幼儿，抵抗力低，易受疾病侵害，必须对其提供有效的保健、预防疾病、合理营养。儿童是祖国的未来和希望，其身体素质状况，决定着社会发展和进步的趋势，对世界的未来具有不可估量的作用。因此，对妇女、儿童，只有在不同时期提供系统的卫生保健，才能保证妇女健康和儿童茁壮成长。

#### （三）妇幼卫生工作是我国卫生工作对外的重要窗口

20世纪80年代初期，我国与联合国儿童基金会、联合国人口基金会和世界卫生组织在妇幼卫生领域进行了多项合作，采用围产医学的新技术、仪器和流行病学监测方法，对母婴实行

统一管理，降低了婴儿死亡率和伤残率，提高了出生人口素质。"八五"期间，我国卫生领域接受国际援助最大的项目是妇幼卫生合作项目，"九五"期间，对此项目又进行了扩展。1998年，我国政府与联合国人口基金会合作的"生殖健康/计划生育服务"项目，在22个省实施。另外，还有一些世界银行卫生贷款项目，均与妇女、儿童卫生保健工作有密切关系。自1993年以来，我国政府积极响应全球性倡议，在全国开展的创建爱婴医院活动也取得了举世瞩目的成效。通过各类外援项目，增进了我国政府与国际社会间的合作与交流，也扩大了我国妇幼卫生工作在国际上的影响。2017年《"一带一路"卫生合作暨"健康丝绸之路"北京公报》在北京发布，指出我国在"一带一路"国家实施妇幼健康工程，推广儿科及妇产科适宜技术，提升相关国家妇幼健康与救治服务能力，增进其妇女、儿童健康水平，对提升"一带一路"各国妇幼健康水平，对促进社会持续发展具有重要意义。

（四）妇幼卫生发展水平已经成为社会发展的标志

20世纪90年代以来，"母亲安全，儿童优先"成为全世界认同的准则。1990年，世界儿童首脑会议通过了"儿童生存、保护和发展世界宣言"及"九十年代行动计划"。1991年3月，原国家总理李鹏代表中国政府签署了上述两个文件。1992年，我国制定了"九十年代中国儿童发展规划纲要"。1989—1991年，每年召开的世界卫生大会上都有关于妇女、儿童健康和保健的决议。2000年，联合国提出，到2015年的发展目标（即联合国千年发展目标），其中两项目标（降低儿童死亡率、降低孕产妇死亡率）与妇幼卫生工作直接相关。《"健康中国2020"战略研究报告》提到，1990—2005年，我国平均期望寿命提高4.4岁，其中有48%归因于5岁以下儿童死亡率的下降。做好妇幼卫生工作，改善妇幼卫生指标，对于提高卫生绩效、提高卫生事业社会效益、体现卫生改革与发展成果，具有全局性的重要作用。

（五）妇幼卫生工作是计划生育工作的重要组成部分

向孕产妇提供覆盖生育全过程的基本医疗保健服务，实行生育登记服务制度，加强出生人口监测、预测，继续实施免费孕前优生健康检查，落实国家规定的计划生育基本技术服务，对于进一步降低婴幼儿死亡率、提高出生人口素质具有极为重要的意义。

## 二、妇幼卫生工作的方针和基本内容

（一）妇幼卫生工作的方针

妇幼卫生工作方针的突出特点是以保健为中心，以预防为主。新中国成立初期，妇幼卫生工作坚持"预防为主"，以推广新法接生和妇科疾病普查、普治为主要工作内容。20世纪60年代后期，妇幼保健机构逐步恢复并建立健全，服务功能不断完善。20世纪80年代，形成了"以预防保健为中心，指导基层为重点，保健与临床相结合"的工作方针。20世纪90年代，妇幼卫生工作在预防为主的基础上，强化管理，将保健与临床有机地结合，进一步发展完善为"以保健为中心，以保障生殖健康为目的，保健与临床相结合，面向群体，面向基层和预防为主"的工作方针。

（二）妇幼卫生工作的基本内容

**1. 生殖健康服务** 回顾几十年来妇幼卫生工作的进展，大致可以分为以下几个阶段：20世纪70年代，以计划生育为主，控制人口数量为主要任务，重点在避孕节育方面的研究、开发、推广。20世纪80年代，鉴于孕产妇死亡的严重性，提出母亲安全，重点在孕产妇保健。进入20世纪90年代，从提高妇女地位、维护妇女权益出发，要求在生育调节和为妇女提供保

健服务的同时,应该充分尊重和保障妇女的生殖权利和生殖健康。世界卫生组织首先采用生殖健康这一具有跨世纪意义的名词。1994年召开的国际人口与发展大会强调了妇女全面平等参与发展,将生殖健康列入今后20年的行动纲领,把控制人口的重心从生育率转向综合措施,把计划生育与生殖健康相结合。

　　WHO对生殖健康的定义是,生殖健康不仅仅是生殖过程没有疾病与不适,而是在躯体、心理与社会生活方面的完好状态下完成生殖过程。根据这一概念,生殖健康涉及生命各阶段的生殖过程、功能。生殖健康意味着人们能够进行负责、满意和安全的性生活,有生育能力,能自主决定性生活和生育的时间与次数。同时,男性和女性都有权知道、获得和选择安全、有效、负担得起和可接受的生育调节方法,并有权获得适当的保健服务,能够安全地妊娠、分娩并娩出健康婴儿。生殖健康也包含性健康内容、生殖与性传播疾病防治。由此可知,生殖健康至少应包括生育调节、母亲与婴幼儿健康、生殖疾病防治及性与性病防治四个方面。

　　**2. 婚前保健**　婚前保健服务是对准备结婚的男女双方在婚姻登记前进行的健康保健服务,包括婚前医学检查、婚前卫生指导和婚前卫生咨询服务。结婚是男女双方组建家庭的开始,也是男女青年从单身生活到两性共同生活的转变,之后还要负担起抚育下一代的社会职能。因此,婚姻保健工作关系到男女双方的身体健康、子女的身体素质和未来家庭的幸福,是实现优生、优育的第一关,也是妇幼卫生保健的龙头工作。

　　婚前保健的主要目的是了解男女双方及其家庭成员是否有遗传病史,对某些明显影响下一代智力发育或致残的遗传病,提出医学意见。婚前医学检查单位应向接受医学检查的当事人出具《婚前医学检查证明》,并在"医学意见"栏内注明:①双方为直系血亲、三代以内旁系血亲关系,以及医学上认为不宜结婚的疾病,如发现一方或双方患有重度、极重度智力低下,不具有婚姻意识能力;重型精神病,在病情发作期有攻击危害行为的,注明"建议不宜结婚"。②发现医学上不宜生育的严重遗传病或其他重要脏器疾病,以及医学上认为不宜生育的疾病的,注明"建议不宜生育"。③发现指定传染病在传染期内、有关精神病在发病期内或其他医学上认为应该暂缓结婚的疾病时,注明"建议暂缓结婚";对于婚前医学检查发现的可能会终生传染的不在发病期的传染病患者或病原体携带者,在出具婚前医学意见时,应向受检者说明情况,提出预防、治疗及采取其他医学措施的意见。若受检者坚持结婚,应充分尊重受检双方的意愿,注明"建议采取医学措施,尊重受检者意愿"。④未发现上述三类情况,为婚前医学检查时允许结婚的情形,注明"未发现医学上不宜结婚的情形"。

　　婚前卫生指导是对准备结婚的男女双方进行的以生殖健康为核心,与结婚和生育有关的保健知识的宣传教育。婚前卫生咨询是医生针对婚前医学检查结果发现的异常情况以及服务对象提出的具体问题进行解答,交换意见,并提供信息,帮助受检对象在知情的基础上做出适宜的决定。

　　**3. 妇女保健**　女性一生分为儿童期、青春期、孕期、产期、哺乳期以及围绝经期和老年期等。在各个不同的时期,都需要针对不同的生理特点提供不同的卫生保健服务,重点是要加强对孕产期及产时的保健系统管理。同时,还要做好女职工"五期"劳动保护,定期进行妇科病普查和普治,防治妇女常见病、多发病。

　　(1) 孕前保健:通过询问病史及进行体格检查,了解夫妻双方的一般健康状况以及心理社会状况。双方患有疾病的均应考虑是否适合妊娠,尤其女方如果患有心脏病、高血压、肾病等,则应考虑能否承受孕产全过程。另外,还要注意男女双方的职业问题(应无长期有害物质接触史)以及生活方面的问题,如孕前应尽量戒烟、戒酒,口服避孕药时间较久者,应于停药后数月(半年为宜)再妊娠,其间可改用工具避孕等。

　　(2) 孕期保健:由于妊娠不同阶段有不同特点,因此也必须针对各阶段特点提供不同的保健服务。临床上将妊娠(从闭经开始)全过程共40周分为三个阶段。妊娠12周末以前称为早期妊娠（或早孕期），第 13～27 周末称为中期妊娠（或中孕期），第 28 周及其后称为晚期妊娠（或孕晚期）。通过孕期保健，对孕妇进行体格检查以及必要的实验室检查，并进行孕期指导，保证孕妇营养，防治孕期合并症，及时发现高危状况，保证母婴安全。

（3）产时保健：分娩是指孕 28 周以后的胎儿以及其附属物自母体娩出的整个过程。分娩过程中，产妇体力消耗很大，生理和心理负担很重，身心容易受到创伤。胎儿要经受产道的挤压并开始独立生活，也将发生重大的变化。孕产妇死亡和围产儿死亡大部分发生在产时和产后 24 小时之内，所以产时保健是围产保健中极为重要的时期。了解分娩过程对母婴的影响，正确处理分娩各阶段，是保障母儿安全的重要环节。

（4）产褥期保健：产妇自分娩到生殖器官恢复至非妊娠状态的一段时间，称为产褥期，通常为 6～8 周。产褥期是母体各系统特别是生殖器官复旧的过程，为了保证母亲的身心健康，同时也为了保证新生儿健康，仔细观察产褥期生理恢复过程的临床表现，主动进行卫生宣传教育和指导，积极预防和处理各种异常情况，是必要的保健措施。

**4. 儿童保健** 儿童保健工作的目的是降低儿童发病率和死亡率，增强儿童身体素质，提高儿童健康水平。儿童保健工作是实行以优育为中心，优生、优育并重的系统保健工作。其任务是努力降低围产儿、新生儿、婴幼儿、学龄前儿童的发病率和死亡率，具体任务是做好各年龄段的系统保健。儿童保健的主要内容包括散居儿童保健、集体儿童保健、儿童常见病防治和儿童传染病防治。

儿童期分为围产儿期、新生儿期、婴儿期、幼儿期、学龄前期。围产儿期是指孕满 28 周至产后 7 天，此期胎儿生长发育迅速，各组织、器官功能不断完善，尤以脑组织发育最快。新生儿是指出生到满 28 天的婴儿。在新生儿出生后，要进行新生儿疾病筛查，进行新生儿护理。婴儿是指出生到不满 1 周岁的儿童，幼儿是指满 1 周岁到不满 3 周岁的儿童，学龄前儿童是指满 3 周岁到不满 7 周岁的儿童。从婴儿期开始，要进行婴幼儿保健的系统管理，免疫接种，防治肺炎、腹泻等常见病、多发病，开展口腔、眼、听力、心理卫生等保健；推广科学育儿，创建爱婴医院，提高母乳喂养率；做好传染病防治和管理；做好托、幼园所的卫生保健指导；逐步推广儿童疾病的综合管理。

**5. 健康教育** 健康教育是卫生工作实现由技术服务拓展到知识服务，由个体治疗拓展到群体预防，由部门行为转变为社会行为的重要措施。要充分利用群众喜闻乐见的多种宣传教育形式，如通过家长学校、孕妇学校、宣传册、宣传栏、广播、电视、报纸等，把卫生保健知识宣传到广大群众，使全社会逐步认识优生、优育，生殖健康，孕产期保健，母乳喂养，儿童肺炎、腹泻的防治，性传播疾病的预防等保健知识。

## 第二节　妇幼卫生行政和业务管理

要依据部门职能分工和科学的学科分类方法，明确界定妇幼保健的业务范围、服务内容和项目，实施行业准入服务。要制订并完善有关标准，包括技术质量服务标准、人员准入标准、机构设立标准。要适应网络经济发展的需要，建立完善的信息服务网，完善妇幼保健信息网络，定期发布妇女、儿童健康的主要指标信息。

### 一、妇幼卫生行政管理机构网络

中央级是在国务院领导下的国家卫生健康委员会妇幼保健司，下设综合处、妇女卫生处、儿童卫生处、出生缺陷防治处；在省、自治区、直辖市级卫健委设妇幼健康处；地（市、州、盟）级卫健委内设妇幼健康处，县（旗、自治县、区）级卫健局内设基层卫生与妇幼健康科（股）；乡政府内设分管卫生的官员，全面负责全乡的妇幼保健、防疫和医疗工作。

## 二、各级妇幼卫生行政管理机构的职能

各级妇幼卫生行政机构的职责范围是在各级政府卫生行政部门的统一领导下，负责本地区妇幼保健工作组织领导。

（1）根据国家卫生工作方针、政策，制订妇幼卫生标准和规范，结合本地区妇幼卫生现状，制订妇幼卫生工作计划；同时负责布置、督促、检查和总结等工作，为此，应掌握必要的数据，及时向上级请示汇报。

（2）协助制订本地区妇幼卫生事业的规划，包括机构的设置、队伍的建设以及业务工作开展的目标，推进妇幼健康服务体系建设。

（3）与有关部门共同组织本地区内各级妇幼保健专业机构与综合医院妇产科、儿科开展有关妇幼保健的医疗、预防、教学及科学研究工作，并督促检查其质量，协助解决某些困难。指导妇幼卫生、出生缺陷防治、婴幼儿早期发展、人类辅助生殖技术管理和生育技术服务工作。

（4）拟订基层卫生健康政策、标准和规范并组织实施，依据目前妇幼卫生队伍素质较差、专业水平不高的现状，有计划地组织培训、进修，并协助有关部门制订培养妇幼保健高、中级人员的教学计划，对妇幼卫生人员的奖惩、任免及提升、晋级等工作提出办法和建议。指导全市乡村医生管理工作。进行行政管理的同时，运用各种经济手段进行有效管理，通过争取实施适度的财政政策、价格政策、税收政策和投资政策，对妇幼保健各类机构的发展方向、规模、速度和节奏进行有效调节。推进基层公共卫生服务均等化、普惠化、便捷化。

根据卫生部规定的各种业务管理规范，例如婚前保健工作规范、母婴保健医学技术鉴定管理办法、全国城市围产保健管理办法（试行）、城乡儿童保健工作要求等，对妇幼保健工作进行业务管理。

## 三、妇幼卫生业务机构网络

妇幼卫生业务机构包括妇幼保健院、所（站），妇幼保健所（院），儿童保健所，计划生育指导站，妇产医院，儿童医院以及妇幼卫生研究机构等。这些机构受同级卫生行政部门领导和上一级妇幼保健业务机构的业务领导。

在省、市、自治区、县都设有妇幼保健机构，一般妇幼保健院为既有临床部又有保健部，没有病房只有门诊设施的为所，只有管理部门的为站。街道、区或乡卫生院设妇幼保健组或防保组，妇幼保健组在业务上接受县（区）妇幼保健院（所、站）的领导以及县（区）医院妇产科、儿科的指导。村至少有一名医生或接生员负责妇幼保健工作。

## 四、各级妇幼卫生业务机构的职能

### （一）省级妇幼保健院的职责

（1）全面掌握全省妇女、儿童的健康状况，主要的健康问题、常见疾病以及妇女和儿童群体的多发病，孕产妇死亡、围产儿死亡、婴儿及5岁以下儿童死亡情况及主要致死原因，计划生育技术服务需求和服务质量，出生人口质量及影响妇女、儿童群体健康的主要生物、心理、社会、环境因素，协助卫生行政部门制订全省的妇幼保健规划和支持性规划。省级妇幼保健院作为业务的牵头单位，参与规划的具体实施。

（2）掌握全省妇幼卫生专业队伍数量、知识和技术水平。根据妇幼卫生工作的实际需要，协助卫生行政部门制订在职人员及基层妇幼卫生人员的培训规划，并具体组织实施。要有计划地培训妇幼保健方面的短缺专科人才，以满足妇幼保健工作的重要。

(3) 能承担国家、省级科研课题和进行国际合作。针对本省妇女、儿童身心健康的主要问题和重点疾病，开展应用性研究工作，并负责科研成果的推广、应用。

(4) 负责服务、整理、分析、储存全省妇女和儿童健康指标、计划生育技术服务及人口出生质量、各项妇幼卫生工作指标及妇幼卫生资源转入等数据资料，按规定时间上报省卫生行政部门，同时反馈给市（地）级卫生行政部门和妇幼保健院。负责对危害妇女、儿童健康的主要疾病的流行病学调查并开展防治工作，承担国家的监测任务。

(5) 接受下级妇幼保健院的会诊、转诊，坚持双向转诊制度，为市（地）、县妇幼保健院提供产前诊断、遗传咨询、围产期检测技术等方面的技术支持。

（二）市（地）级妇幼保健院的职责

(1) 市（地）级妇幼保健院以提高本地区妇女、儿童群体的健康水平和人口质量为目标，以妇女保健、儿童保健、计划生育技术指导、优生优育为中心任务，指导基层的重点保健与临床相结合的业务，肩负着本地区妇女、儿童健康规划的实施与监测任务。

(2) 提供全面、系统、连续的妇女保健，儿童保健，计划生育技术，优生优育及妇产科、儿科的保健医疗服务，解决本地区会诊和治疗，承担所辖县的会诊、转诊任务，并执行双向转诊制度。

(3) 掌握本地区妇女、儿童的健康状况、健康问题、主要疾病，孕产妇和婴儿死亡情况及主要死因，协助卫生行政部门制订妇幼卫生发展规划以及防治计划，并牵头实施。

(4) 承担基层医疗保健单位妇幼卫生人员的专业进修、本院人员的在职教育，并全面掌握本地区妇幼卫生技术人员的现状，协助卫生行政部门制订培训规划并组织实施。

(5) 负责本地区妇幼卫生常规报告、抽样调查、监测点的数据收集、整理、分析、存储，并按规定时间上报卫生行政部门及上一级妇幼保健院。

(6) 经常深入基层调查研究，建立实验地段，在地段内承担妇女、儿童的系统保健，常见病、多发病的防治，计划生育技术服务和健康教育等各项工作，并不断总结经验。

(7) 承担必要的科研课题和国际合作项目。

（三）县级妇幼保健院的职责

1. 提供计划生育技术服务，掌握全县计划生育技术服务的质量、存在的问题、并发症及其发生甚至转归情况，负责开展婚前医学检查、优生咨询工作，掌握人口质量，为提高人口素质服务。

2. 负责全县妇幼卫生常规报告等统计信息的收集、整理、分析、评价工作，为县卫生行政部门提供决策依据，并同时报上一级妇幼保健院。

3. 正确指导农村的新法接生，努力创造条件，提高乡卫生院产科助产水平，改善产科住院及接生条件，提高住院分娩率，降低农村孕产妇死亡率。负责乡卫生院、中心乡卫生院产科的技术指导，开展产科质量、孕产妇死亡、儿童生长发育监测、计划生育技术事故的审评工作。

4. 负责县、乡镇儿童的入托、入学前健康体检及托幼机构保健人员的培训考核工作。

5. 负责培训计划的制订，根据本县妇幼卫生人员的实际业务水平和工作需要，开展岗位培训。

（四）乡（镇）级妇幼保健工作的主要任务

1. 掌握全乡（镇）孕产妇保健和儿童保健工作的基本情况，包括0～6岁儿童数量、出生人数、死亡人数，以及各年龄组儿童系统管理数、孕产妇总数、孕产妇系统管理数、孕产妇

死亡人数及出生缺陷数等，并按要求及时上报。

2．定期参加县级例会并召开村级例会，布置、实施和落实孕产妇保健和儿童保健工作。定期召开例会并进行业务培训，掌握村级工作情况，布置、督促、检查村级儿童保健系统管理工作的进展情况。指导村级接生工作，乡镇卫生院协助卫生局加强对接生员的管理，监督检查接生员的接生质量以及产包配备、消毒使用情况，指导和解决接生过程中的疑难问题。定期培训村级卫生人员，指导、检查、督促村级卫生人员完成正常产妇的产后访视工作。

3．对本乡（镇）的孕产妇实行系统保健管理，包括早孕（3个月内）建册（卡）和初查，定期进行产前检查（不少于5次），孕妇健康管理册（卡）的回收、总结和分析，定期上报县妇幼保健机构。进行高危孕妇筛查，并进行专册登记和重点管理。对高危妊娠者及时转上级医疗保健机构。建立健全设施齐全、布局合理的妇产科，开展住院接生，严格执行产科工作操作

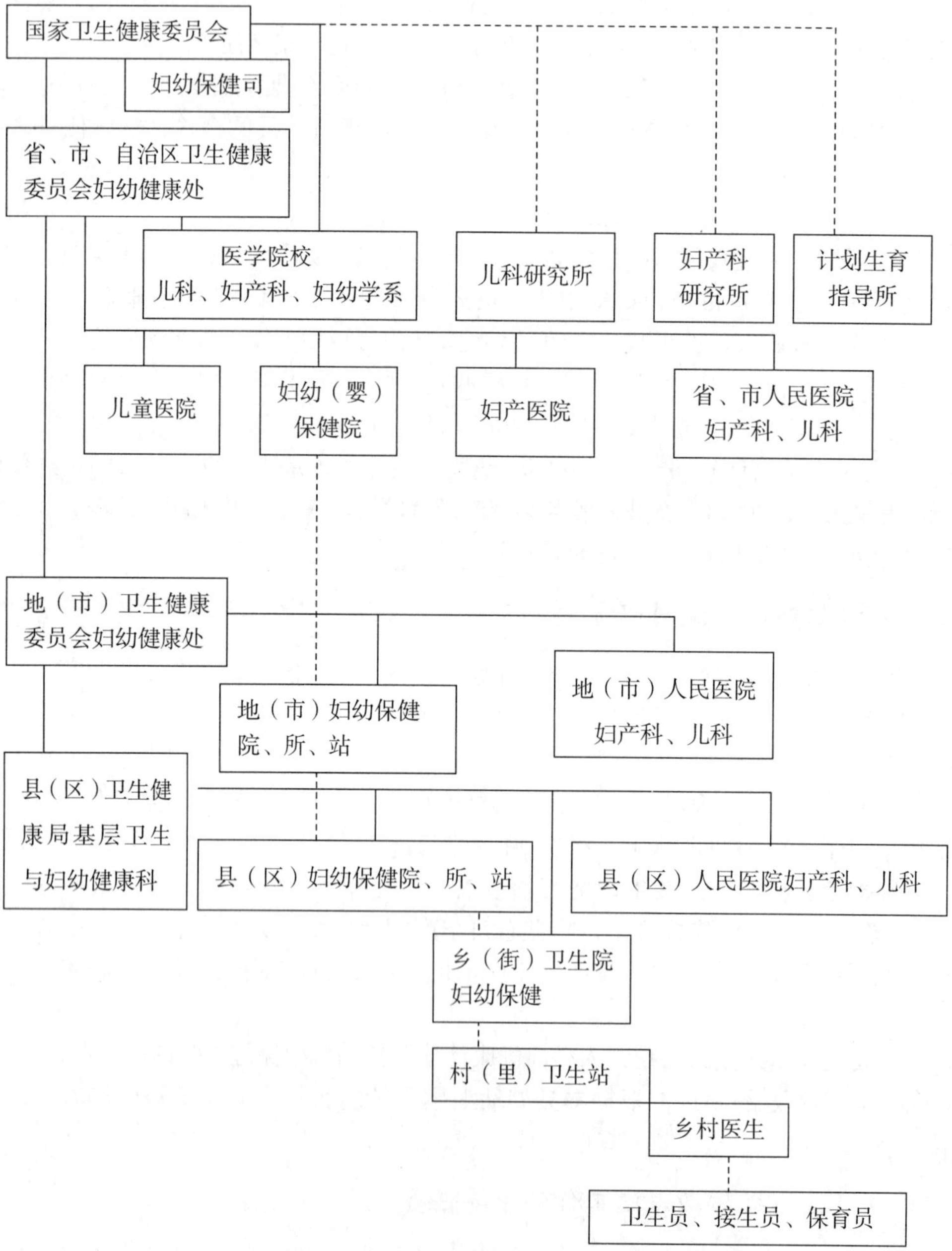

图 11-1　我国妇幼卫生组织示意图

注：——表示行政隶属关系；┄┄┄┄表示业务指导关系

规程，积极创建爱婴卫生院，提高母乳喂养率。承担高危孕产妇和难产产妇的产后访视。负责产后 42～56 天的健康检查。

4. 承担一定地段范围内的儿童保健系统管理工作，对体弱儿童、高危儿童进行专案管理，并根据情况给予特殊指导，增加访视次数。开设儿科门诊，积极开展小儿常见病和多发病的防治，尤其是儿童肺炎、腹泻的防治工作。提供村级卫生人员实习基地。开设儿童保健门诊，定期进行儿童体检和生长发育监测，根据情况开展儿童眼保健和口腔保健工作。定期总结儿童保健管理工作，汇总分析有关资料，反馈指导工作并上报县妇幼保健机构。

## 第三节　妇幼卫生工作的法律管理

依法管理、依法行政，是市场经济条件下政府履行管理职能的主要手段，也是保证社会竞争有序的根本措施。实施法制管理是实现妇幼卫生全行业管理，促进妇女、儿童健康发展最重要的措施。1994 年 10 月 27 日，第八届全国人民代表大会常务委员会第十次会议通过了《中华人民共和国母婴保健法》（以下简称《母婴保健法》），并于 1994 年 10 月 27 日中华人民共和国主席令第三十三号发布，自 1995 年 6 月 1 日起施行。2017 年 11 月 4 日，第十二届全国人民代表大会常务委员会第三十次会议通过《中华人民共和国母婴保健法》第二次修订。修订的《母婴保健法》是实现《"健康中国 2030"规划纲要》和实现《中国妇女发展纲要（2011—2020 年）》《中国儿童发展纲要（2011—2020 年）》发展目标的内在要求。

### 一、《母婴保健法》的意义

**1. 《母婴保健法》体现了我国对基本人权的法律保护**　健康权、生育权是基本人权的重要内容之一。生育健康的后代是每个公民、每对夫妇、每个家庭甚至每个民族的共同愿望。《母婴保健法》规定医疗保健机构"应当为公民提供婚前保健服务""应当为育龄妇女和孕产妇提供孕产期保健服务"等内容，都是为了维护人权、保障人权。《母婴保健法》的立法宗旨——保护母亲和婴儿健康，提高出生人口素质，表明了国家对公民基本人权的尊重和保护。

**2. 颁布实施《母婴保健法》是与国际有关立法的成功接轨**　《母婴保健法》所要解决的提高出生人口素质的问题，是国际社会十分关注的热点。全球许多国家已经制定了保护母婴健康的法律，如韩国、日本的《母子保健法》，法国、德国、新加坡等国对人工终止妊娠问题制定的《流产法》，其他法律中也有相应的规定。《母婴保健法》的诞生，为我国在社会公共事务立法方面与国际惯例接轨提供了宝贵的成功经验。

**3. 《母婴保健法》是实现我国对国际社会庄严承诺的法律保障**　1991 年 3 月，原国家总理李鹏代表中国政府关于《儿童生存、保护和发展世界宣言》及《九十年代行动计划》向国际社会做出了承诺：实现反映妇女、儿童健康水平的一系列指标。这些指标的完成，必须依靠法律、经济、技术等手段，实行综合治理。《母婴保健法》的颁布实施，无疑使健康指标的实现有了法律保障，也体现了我国信守国际承诺的决心。

### 二、加强妇幼卫生工作的执法和监督

1. 《母婴保健法》实施以来，在全国人民代表大会教育科学文化卫生委员会、全国人民代表大会常务委员会法制工作委员会和原国务院法制办公室的支持与指导下，原国家卫生部制定下发了一系列配套规章和文件。全国普遍开展了婚前医学检查、孕产期保健、助产技术等母婴保健专项技术的考核以及许可证的审发工作。目前，全国各省、自治区、直辖市已相应建立了各级母婴保健执法监督队伍，为维护法律的权威性和严肃性起到了重要作用。

2. 《母婴保健法》以法律条文规范和明确了各级政府、卫生行政部门、政府相关职能部

门和妇幼保健机构在母婴保健工作中的职责，实现了母婴保健工作由政策管理向依法管理的转变。各地在实施本法的过程中，把母婴保健工作纳入政府工作日程，实行目标管理，将孕产妇死亡率、婴儿死亡率这两项重要指标列入社会发展规划目标中，使之成为政府管理社会的一项重要内容。另外，依法行政也是执法工作得以顺利开展的有力保证。作为执法主体的卫生行政部门，按照国家卫生健康委员会和地方卫生行政部门制定的标准严格考核和审批，对符合条件的医疗保健机构发给许可证，允许其提供母婴保健专项技术服务。

近几年来，虽然在全国范围内广泛开展《母婴保健法》的执法活动已经形成一定的声势和规模，但也发现仍然存在一些问题，执法力度总体而言还不够强。例如，部分地方政府及有关部门对实施《母婴保健法》的重要意义认识不足，经费投入不足，制约了妇幼保健事业的发展；基层妇幼保健人员业务水平与《母婴保健法》的要求还有一定差距；受文化水平和经济条件等因素的制约，农村群众的法律意识还没有达到相应水平，给执法工作带来一定困难；卫生部门执法监督的力度不够，目前部分省的执法工作还仅限于核发许可证、合格证，真正的监督执法工作还没有开展起来。此外，相关部门之间在执法问题上的认识不够一致，还需进一步协调与配合。"依法治国"已经成为我国的一项基本方略，同时也为贯彻实施《母婴保健法》、严格依法行政提出了更高的要求。

3. 要在完善《母婴保健法》配套法规的基础上，通过国家与省级立法途径，规定公民和社会实体的责任和义务；对优生、优育方面的科学技术开发、推广和普及做出程序性规定，明确各级管理权限；按照《中华人民共和国保险法》及建立社会保障制度的要求，尽快制定妇女、儿童保健保险法规，从根本上解决保健经费筹资及风险化解的问题；完善妇幼保健机构、人员、技术、产品和服务项目的市场准入规定。加强现行《母婴保健法》《女职工劳动保护特别规定》《中华人民共和国执业医师法》和《医疗机构管理条例》等法律、法规的执法工作，坚决打击非法行医等违法行为，保护合法服务，维护妇幼保健市场的竞争秩序。

## 第四节 妇幼卫生工作的信息管理

### 一、信息在妇幼卫生管理中的作用

信息是人类社会生存和发展的基本资源。在人类社会发展的历史长河中，材料、能源、信息从来都是人类生存和发展不可缺少的基本资源。信息成为一种资源，是人类社会发展到一定阶段的结果。信息是经过分析、处理的，并且对于使用者而言是具有使用价值的消息数据、文件、情报和资料的总称。

妇幼卫生信息包括保健信息、医疗信息和管理信息。妇幼卫生工作者只有收集到现有的妇幼卫生方面的信息，如婴儿死亡率、围产儿死亡率、孕产妇死亡率等，以及关于妇幼卫生服务方面的信息，才能针对现有的状况做出应有的决策。因此，信息对于评价和选择行动方案是必需的。

信息在妇幼卫生工作中的作用主要体现在以下几方面：

#### （一）信息是妇幼卫生机构制订计划和决策的依据

要使计划和决策符合客观实际，必须以必要的信息作为依据。

对于妇幼卫生行业的管理者和决策者而言，三种类型的信息是必须知道的：

1. 必须知道所辖地区妇女、儿童的健康状况、疾病结构、卫生需求，当前主要的卫生问题及其优先级。

2. 必须知道众多的预防、诊断、治疗、保健及干预措施中哪一种是适宜、经济且有效的。

3．必须知道哪些是妇幼卫生服务的决定或影响因素，确定经济、有效的干预措施，以改善妇女、儿童的健康状况。

由于我国社会、经济发展存在不平衡，各地卫生状况、人群健康水平差异很大，所面临的社会卫生问题不尽相同，所以探讨和研究各地社会、经济发展不平衡及其相关影响因素所造成的妇幼卫生状况的明显差异，了解不同类型地区卫生保健事业的发展水平，妇幼卫生资源的分布、结构及其利用情况，以及不同类型地区妇女、儿童对卫生服务的需要，评价卫生资源的合理开发、利用和布局，掌握不同类型地区卫生状况的差异特征和主要的社会卫生问题，是卫生事业宏观管理和科学决策的基本出发点。

（二）信息的沟通与联络作用

妇幼卫生系统是一个涉及很多部门的组织结构，它要求每个成员都有沟通情报的技能。信息不仅是由最高主管人员发出，其他人接收，也不仅是下级发出信息，上级主管部门听取信息。事实上，组织中的每个成员既是信息的发出者，又是信息的接收者，信息沟通需要上、下级之间的联系，以及不同部门之间的联络，以便于各部门及时了解和掌握信息，有的放矢地做好妇幼保健工作。

（三）信息是监督、评价妇幼卫生规划实施进展的依据

决策与规划（计划）的制订需要以可靠、有效的信息为依据。为了实现规划（计划）的预期目标，必须对规划的执行过程进行科学管理，即实行控制、监督和评价，这也必须有信息的支持。所谓监督、评价，就是判断预定卫生目标取得的数量、进展和价值的过程，包括完善卫生目标，阐明目标取得的进展，测量与判断目标取得的效果，衡量达到目标获得的社会意义，通过监督、评价对今后的工作提出建议五个方面。例如，2011年，根据我国政府承诺的《儿童权利公约》及联合国千年发展目标，结合本国实际，我国制定了《中国儿童发展纲要（2011—2020年）》（简称《纲要》）。自2010年以来，我国政府和社会各方面为实施这一《纲要》付出了极大的努力。为了解《纲要》实施的进展情况，分析实现目标存在的困难和原因，明确到2020年达标的工作重点和策略，国家于2018年组织了一次对《纲要》实施情况的监督、评价。通过收集一系列的数据、信息反馈，在《纲要》涉及的健康、教育、福利、环境和法律保护五个领域中，反映健康的目标项目共15项，我国有7项已经或即将实现，即全国婴儿死亡率/5岁以下儿童死亡率为、儿童低出生体重发生率、0~6个月婴儿纯母乳喂养率、5岁以下儿童贫血患病率、生长迟缓率和低体重率、适龄儿童各种国家免疫规划疫苗报告接种率、儿童伤害死亡率稳步下降。其余8项目暂无数据，包括出生缺陷发生率、儿童常见疾病和重大传染性疾病发病率、新生儿破伤风发病率、《国家学生体质健康标准》达标率、儿童心理行为问题发生率和儿童精神疾病患病率、适龄儿童性与生殖健康知识普及率、环境污染对儿童的伤害情况、0~3岁儿童的早期教育情况。总体评价是经过8年来《纲要》的实施，反映儿童基本状况的主要指标取得了明显的效果，婴儿死亡率、5岁以下儿童死亡率分别从2010年的13.1‰和16.4‰下降到2018年的6.1‰和8.4‰；儿童伤害死亡率稳步下降，2018年为11.74/10万，较2010年下降47.6%；儿童生存、保护和发展的环境得到明显改善。但作为人口众多的国家，我国仍然面临许多挑战，为提高儿童发展的整体水平，进一步优化儿童生存环境，缩小区域间的差异，消除贫困等，更好地维护妇女权益，提高妇女素质，加快实现男女平等的进程，应认真贯彻执行《中国妇女发展纲要（2011—2020年）》和《中国儿童发展纲要（2011—2020年）》，争取早日实现其目标要求。

### （四）信息是对妇幼卫生工作进行有效控制的工具

可以通过基层妇幼卫生工作的信息反馈来调节和控制妇幼卫生系统的发展速度和规模，使其具有灵活性、稳定性，保持趋向于目标的运行。

## 二、妇幼卫生信息的分类

**1．人口学信息** 如总人口数、活产数、孕产妇人数、1~4岁儿童数量、育龄妇女数量等。

**2．人群健康信息** 包括死亡资料和疾病资料。

（1）死亡资料：如婴儿死亡率、5岁以下儿童死亡率、孕产妇死亡率等。

（2）疾病资料：如发病人数和患病人数等。

**3．卫生服务信息**

（1）孕产妇保健服务信息：如产前检查人数、产后访视人数、住院分娩产妇人数等。

（2）儿童保健服务信息：如婴幼儿系统管理人数等。

（3）计划生育服务信息：如人工流产人数等。

**4．卫生资源信息** 卫生资源信息包括妇幼卫生人员、房屋、设备、经费等信息。

## 三、妇幼卫生信息的资料来源

### （一）经常性资料

**1．日常工作记录** 包括两种：①日常医疗卫生工作的原始记录，如门诊、住院、接生、实验室检查、健康检查等的记录。②专项内容的报告单，如出生、死亡等情况的报告单。

**2．统计报表** 统计报表是在日常工作记录的基础上，根据国家规定的报告制度，由医疗或卫生保健机构定期整理和统计后逐级上报的。我国目前已经制订了统一使用的妇幼卫生和其他卫生统计报表。此外，其他与妇女卫生有关的经济、文化、交通、环境、人口等情况的资料也可以为妇幼保健服务。统计报表是定期取得的、系统的、全面的统计资料的主要形式，是各级卫生和其他有关部门了解情况、制定政策和检查工作效果的重要科学依据。目前使用的妇幼卫生常规统计报表有五种，即7岁以下儿童保健工作年报表、孕产妇保健年报表、妇女疾病查治工作年报表、节育手术数量和质量年报表、婚前医学检查报表。这五种报表是由原国家卫生部和国家统计局制订的全国统一使用的统计报表，均为年报汇总表。为了方便工作，部分地方结合当地实际，制订了简单、方便的月报表、季报表和半年报表，供乡村填报后再汇总上报。其中，婚前医学检查报表只在婚前医学检查单位填报。

**3．妇幼卫生监测** 我国妇幼卫生监测系统包括孕产妇死亡监测、儿童死亡监测、出生缺陷监测、儿童营养与健康监测和危重孕产妇监测系统。

（1）孕产妇死亡监测：全国孕产妇死亡监测于1989—1995年在全国247个监测点进行，初步摸清了我国孕产妇死亡的基本情况。1996年，全国孕产妇死亡监测网与中国5岁以下儿童死亡监测及出生缺陷网实行"三网合一"。2006年，全国监测点调整到334个区县，其中，城市为124个，农村为210个。城市以全区为单位，农村以全县为单位进行监测。

孕产妇死亡检测是以人群为基础的监测，其监测对象是在监测区内有正式户口的孕产妇，从妊娠开始至产后42天，不区分计划内、外生育者，也不区分妊娠各期和部位，凡与妊娠有关或因妊娠病情加重及治疗原因而造成的死亡，均属于监测对象。妊娠各期的意外死亡者则除外。

监测报表包括：监测点活产数和孕产妇死亡季报表、育龄妇女死亡登记表、孕产妇死亡报告卡、监测区县基本情况年报表，以及孕产妇死亡监测质量调查表。

(2) 儿童死亡监测：全国 5 岁以下儿童死亡率监测开始于 1991 年。在 1996 年前，其监测网选取 81 个监测点。1996 年正式实施中国妇幼卫生监测"三网合一"方案后，本着以最小样本量满足儿童死亡率、孕产妇死亡率、出生缺陷监测均能反映全国水平的原则，在原 5 岁以下儿童死亡监测的基础上，综合考虑孕产妇死亡和出生缺陷的情况，确定了全国 31 省、市、自治区的 116 个监测市、县作为全国实施"三网合一"的监测点。在全国 31 个省（区、市）范围内，抽选 334 个县区的部分地区作为监测地区，将监测地区所有 5 岁以下儿童作为监测对象，包括居住在该地区 1 年以上的流动人口中 0～4 岁的儿童。监测该地区内孕满 28 周，娩出后有心搏、呼吸、脐带搏动、随意肌缩动四项生命指标，然后死亡的 5 岁以下儿童，均报告死亡情况和死因。监测报表包括 5 岁以下儿童花名册、儿童死亡报告卡、5 岁以下儿童死亡监测表，均采用纸质报告和网络直报并行的方式。

(3) 出生缺陷监测：出生缺陷监测是指在某一地区（或全国范围内），选择有一定代表性的医院或人群，对围产儿进行长期、持续的动态观察，将监测期内的出生缺陷发生率与事先设置的标准（基线率）进行比较、评估，及时获得某些出生缺陷突然增加或发生新型出生缺陷的信息，分析其消长的原因，以利于尽快发现和消除致畸因素，促进提高人口素质。

我国在 20 世纪 70 年代后期就有出生缺陷的报告，但是仅局限于一些细胞遗传学和遗传病以及少数畸形的个案报告。20 世纪 80 年代初期，全国陆续出现了部分省份或部分地区有关出生缺陷的回顾性调查和现状调查。其中，肖坤则教授 1982 年在成都开展的为期 1 年的以医院为基础的出生缺陷监测影响最大。1985 年，四川省被纳入国际出生缺陷监测情报所成员。原国家卫生部于 1986 年 10 月—1987 年 9 月组织了 29 个省（市、自治区）945 所医院参与全国出生缺陷监测，通过为期 1 年的监测，共监测围产儿 1 243 284 例，发现畸形儿 16 172 例，初步摸清了我国围产儿的素质现状，查明了我国先天畸形的种类、发生率顺位以及地域分布情况，建立了一个初具规模的出生缺陷监测网，填补了我国在该领域的空白。为进一步掌握全国出生缺陷的情况，我国从 1988 年起，实行全国出生缺陷监测工作进行持续、长期的动态监测。1996 年将全国出生缺陷、孕产妇死亡监测和 5 岁以下儿童死亡监测实行"三网合一"，全国 450 所医院参加监测，每年监测 40 余万围产儿。该监测方案在 2000 年、2006 年和 2012 年经过调整、优化后，更加符合我国的实际情况。

出生缺陷的监测是以医院为基础的监测，对象是在监测医院分娩的孕满 28 周至出生后 7 天的围产儿，包括死胎、死产和 7 天内死亡的新生儿。监测网抽取县级或以上医院为监测医院，在全国 31 个省（区、市）范围内，抽取了 334 个区县和 15 个省会城市作为监测点。监测报表包括围产儿数季报表和出生缺陷儿登记卡。

以人群为基础的出生缺陷监测，可以比较全面地了解某地区出生缺陷的发生情况。2003 年，天津市城区、辽宁省北宁市、福建省建瓯市、河南省巩义市和湖北省罗田县实施了出生缺陷人群监测试点项目。中美合作预防神经管畸形国际项目亦在全国 32 个区县建立了人群出生缺陷监测系统，积累了丰富的经验。2006 年，原国家卫生部妇幼保健与社区卫生司决定，在现有工作基础上，在全国 30 个省（区、市）选择 64 个区县开展人群出生缺陷监测。2012 年，进一步调整、优化了监测表卡和报告流程，形成了更加完善、具体的方案。该监测系统是一种独特的出生缺陷监测系统。其主要目的是获得准确、可靠的并能反映监测地区实际状况的主要出生缺陷基本信息，动态观察主要出生缺陷的发生情况，为制订出生缺陷的预防措施及评价干预效果提供依据，为政府部门制订预防出生缺陷的卫生决策提供依据。其特点的以人群为基础和以体表照片为数据及诊断依据。该系统具有完整的质量控制手段，其监测结果已用于分析性研究及监测报告。目前，该监测系统已实现电子化，使用方便，操作简单，大部分数据可通过点击鼠标或由计算机自动赋值。数据的远距离传输主要采用远程拨号的方式进行，采用中心存储器，以保存主数据库。对采集到的数据可即时整理、汇总和统计，并按照各级保健、医疗单位

和人员的工作需要反馈，还可直接打印出各类报表，从而确保实时、准确，减轻了医务工作者繁重的工作量。

（4）儿童营养与健康监测：自2011年10月1日起，为了获得反映我国5岁以下儿童营养与健康水平和发展趋势的客观信息，为全国儿童卫生工作的规划、管理、决策和科学研究提供依据，分析影响儿童营养与健康状况的相关因素，提出适宜、有效的策略和措施，原国家卫生和计划生育委员会在全国范围内抽取了80个具有代表性的监测区县，在全国开展5岁以下儿童营养与健康监测。在每个监测区县抽取4个乡镇（街道），按照每个乡镇（街道）监测5岁以下儿童500名左右样本量的原则，在每个乡镇（街道）抽取部分或全部行政村（居）委会。村卫生室、社区卫生服务机构或区县妇幼保健机构按照《0～6岁儿童健康管理服务规范》的要求对相应年龄段的儿童进行新生儿家庭访视、健康检查，进行相应年龄段的问卷调查，完成相应年龄段报表（报告卡）的填写和数据网络直报。

（5）危重孕产妇监测：危重孕产妇是指在妊娠、分娩或产后42天内濒临死亡，但被成功抢救或由于偶然因素而继续存活的孕产妇病例。世界卫生组织（WHO）于2009年制定了统一的、较为实用的危重孕产妇判定标准以及一套用于产科质量评价的科学指标体系。目前，我国孕产妇死亡率在发展中国家已处于较低水平，但我国孕产妇死亡绝对人数仍位居世界前列。要保持孕产妇死亡率持续下降，必须以产科质量为突破口，以产科合并症或并发症为重点，以危重孕产妇为难点，早发现、早治疗，减少危重孕产妇，提高救治比例。尤其在我国实施农村医疗改革，农村孕产妇住院分娩补助，住院分娩率大幅提高的情况下，产科质量成为决定孕产妇生死的关键因素。

1）监测方法：采用以医院为基础的监测方法，在全国妇幼卫生监测网络内，共有418所区、县级及以上医疗保健机构参加。

2）监测对象：监测期限内，在医疗保健机构产科入院的（若妇科、产科未分开，则为在妇产科入院的）或进入ICU的孕产妇以及院内所有科室死亡的孕产妇。

3）监测时限：监测时限从孕产妇入院之日开始至出院之日结束。

（二）一时性资料

一时性资料是指通过专门组织的调查而获得的资料，如调查孕产妇死亡的危险因素，仅靠经常性的医疗卫生日常记录和有限的报表是远远不够的，必须组织专门的调查来收集资料。

（罗文丽　郭　岩）

# 第十二章 医疗服务管理

## 第一节 医疗服务的特征和管理任务

### 一、医疗服务的特征

(一) 信息的高度不对称

医疗服务的信息不对称主要是指由于医学技术壁垒高，患者对罹患疾病的认识和理解远远不及医生；对于疾病而言，医生掌握的信息比患者多得多。于是，人们购买医疗服务与购买一般商品存在很大的差异。人们购买一般商品时，对于购买什么样的产品、购买多少量，通常都会有比较明确的认知和需求。但是，当个体罹患疾病寻求医疗服务时，则往往不知道自己究竟需要什么样的服务。此时，人们需要向医生咨询，以便确定需要购买的服务。医生利用自身掌握的专业知识和技能诊断患者的病情，然后开具处方，即为患者需要购买服务的清单。患者根据处方来购买医疗服务。另一方面，由于这种信息不对称的存在，患者对医疗服务质量也缺乏判断能力。

(二) 医生的双重角色

医生在建议患者购买医疗服务（开具处方）的同时，也为患者提供（部分）医疗服务。如果多提供服务可以给医生带来更多的收益，医生便会存在给患者多提供服务的倾向。同时，由于医生相对于患者具有明显的信息优势，所以医生很容易诱导患者购买更多的诊疗服务（以及消费更多药品和医用耗材）。这种情况称为需求诱导。如果出现需求诱导现象，则会造成医疗资源的浪费，甚至有损患者的健康。

(三) 深层次的健康伦理问题

健康被视为一项基本人权。医疗服务是保障健康的重要环节。人们对医疗服务的安排有着比其他商品和服务更多属于伦理层面的期许，包括公平、公正、无伤害、尊重，甚至对生命的敬畏。人们利用医疗服务时不是完全理性的，在评价医疗服务的绩效时也不仅仅是看经济效益。这就导致无论是医疗服务的微观管理，还是宏观政策，都呈现目标的多元化，而目标的多元化又难免会导致不同管理模式之间和不同政策安排之间的冲突。

(四) 需求弹性偏低和质量偏好

需求弹性是一个经济学概念，是指需求量随价格等因素的变化而发生的变化程度。需求弹性低意味着价格变动对需求量的影响小。与一般商品相比，医疗服务的需求弹性较低，尤其是

当罹患急危重症时，人们为了尽快恢复健康或挽救生命，往往不得不支付高额医疗费用。事实上，在一个缺乏医疗保障体系的社会，因病致贫和因病返贫的情况比比皆是。

为了能够恢复健康，患者在预算约束下会倾向于高质量的医疗服务。为了获得高质量的医疗服务，患者往往愿意加倍花费金钱和时间。这也可以解释为什么很多病情不严重的患者愿意到价格更高、路程更远、排队时间更长的大型医院就医。

### 知识链接

#### 医疗军备竞赛

医疗军备竞赛是指医院通过购买价格高昂的医疗设备来吸引更多患者的博弈行为。

由于医疗领域存在信息不对称，患者及其家属无法直接评判医院的医疗质量，但医院的医疗设备是看得见的，因此在现实中他们更倾向于通过医院的设施、设备来做出判断。这样，在按服务项目支付的模式下，医院不可避免地陷入争相购买更昂贵的医疗设备以吸引更多患者的博弈困境中。如同各国通过研发或购买高精尖的武器来达到制衡的目的一样，医院追求昂贵医疗设备的博弈行为称为医疗军备竞赛。

然而，医疗军备竞赛的代价大多通过需求诱导转嫁到了患者身上，如提供大量不必要的检查或医疗服务。

#### （五）个性化服务

相对于公共卫生服务面向群体的特点而言，医疗服务是医生面向患者提供的"一对一"服务，试图解决的是患者个体的健康问题。即使是同类疾病，由于患者的个体差异，所以医生的诊疗方案也可能有显著的差别。根据患者的个体特征选择适宜的诊疗方案，根据患者的病情变化调整治疗方案，这些都是医疗服务的难点。正因为如此，记录患者个体情况、病情变化、诊疗过程等信息的病案数据就十分重要。

## 二、医疗服务管理的任务

### （一）保障医疗服务的质量和安全

健康被认为是一项基本人权。医疗服务在伦理上以"不伤害"为底线。从医学生学习医学知识并接受训练开始，在技术上就强调严谨、求实，在伦理上便注重对健康和生命的珍视，从而塑造医学特有的职业操守。全世界各式各样医学流派都是如此，政府部门和医学专业组织（如学会）都会参与当地医疗服务的管理，尽管在不同国家，两者的分工可能有所不同。医学专业组织出台医疗服务的规范、标准、指南及技术方案，倡导甚至要求医务人员按照规范的流程和准则提供医疗服务。行业组织甚至政府部门建立医疗服务提供者的准入制度，只批准受过严格专业训练且专业技能过硬的人员提供医疗服务。此外，政府部门和行业组织还倡导改善医疗质量，监测医疗质量，甚至惩处医疗质量不良的行为。

### （二）激励医疗服务提供者提供适宜的服务

医生提供的医疗服务与其收益相关。医生在为患者选择医疗服务的类型和数量时，除了考虑患者病情的需要外，可能还会同时考虑提供这些医疗服务给其自身带来的收益。由于医生拥有信息优势，加之患者及其家属在期盼恢复健康和挽救生命时对医疗服务需求弹性低，所以医生"诱导"患者过度购买高费用的医疗服务是比较容易的。与此同时，医生为了控制医疗成本而过度"压缩"患者的医疗服务需求也是有可能的。因此，有必要建立有效的激励和约束机制，确保医生能够根据患者的需要提供适宜的医疗服务。世界各国都在此方面进行了探索，既采用经济措施（如宏观层面的医疗保险支付制度及微观层面的绩效考核），又有职业精神教育（如强化医德、医风）；既有正向的激励，又有负向的约束。

### （三）降低患者的疾病经济负担

对于个体而言，疾病的发生是难以预测的。罹患疾病后，不仅要支付医疗费用，还会影响工作和收入。医疗费用上涨、因患病导致的收入下降，给患者造成严重的经济负担。能否降低患者及其家庭因患病带来的财务风险，是卫生系统绩效的一个重要指标。建立医疗保障制度是世界各国通用的降低患者疾病经济负担的措施。我国用较短的时间使公民医疗保险覆盖率超过98%，被认为是我国医疗改革最突出的成就。然而，从数据上看，尽管我国绝大多数公民都享有医疗保险，但疾病经济负担依然沉重。其中一个最重要的原因仍然是医疗费用的过快增长。因此，控制医疗费用与提升医疗保险待遇水平需要双管齐下，才能有效地降低患者的疾病经济负担。

**知识链接**

#### 灾难性卫生支出

灾难性卫生支出（catastrophic health expenditure）是指医疗支出超过家庭总支出中非食品支出部分的40%。

当一个家庭必须在一段时间内减少基本支出以应对医疗成本时，医疗支出就会被认为是灾难性的。但是关于家庭支出的最低比例问题还存在分歧，目前普遍认可的是2003年《柳叶刀》（The Lancet）杂志刊登的一篇研究。该研究指出的最低支付额至少是家庭支付能力的40%。家庭的支付能力是指基本生活需要得到满足后剩余的有效收入，因此需要减去食品支出。而这里的收入可以是家庭的总消费支出，因为许多国家的研究表明，支出比家庭调查报告的收入更能准确地反映购买力。

## 第二节 医疗准入管理

### 一、医疗准入制度的含义及意义

认识准入制度可以从就业准入制度入手。根据《中华人民共和国劳动法》（简称《劳动法》）和《中华人民共和国职业教育法》的有关规定，对从事技术复杂、通用性广，涉及国家财产、人民生命安全和消费者利益的职业（工种）的劳动者，只要从事国家规定的技术工种（职业）工作，就必须取得相应的职业资格证书，方可就业上岗的制度。《劳动法》指出，就业准入制度的目的是提高劳动者技能水平，增强其就业能力和适应职业变化的能力。医生这一职业需要具备的技术复杂，并且关乎人民生命安全。世界各国都实行医生准入制度，即从医者必须先获得执业医师执照。没有执业医师执照而行医的行为称为非法行医，要追究法律责任。医疗准入制度被视为保障医疗服务质量和安全性的重要举措。颁发执业医师执照的部门可以是政府，也可以是经过法律赋权的权威组织。

医疗准入制度的实施可以限制医疗资源的投入量。事实上，医疗服务提供者准入门槛的高低直接影响进入医疗行业的卫生人力数量。传统上认为,医生在提供医疗服务过程中的信息优势使得医生拥有需求诱导的能力。有学者认为,医生的数量增加,使医疗市场竞争激烈,可导致医生的收入下降到其目标收入以下,从而导致医生通过需求诱导增加患者对医疗服务的消费,从而实现保障自身收入的目的。而由此导致的额外增加的医疗服务消费是不必要的浪费,所以需要消除,消除的办法之一就是限制医生的数量。从这个角度来看,医生准入制度的实施除了考虑医疗质量及其安全性以外,还考虑其经济目的。

医疗行业除了对卫生人力有准入制度外,对于医疗设施和硬件设备同样也有准入制度。我国实行区域卫生规划制度,该制度的基本依据是根据当地医疗服务的需要量来规划当地的医疗资源投入量。当医疗资源已经达到规划的要求时,就需要通过审批制度限制新增资源的进入。这种准入制度主要是从减少资源浪费的经济目的出发的。

综上所述,在医疗行业,卫生人力、物力和财力的投入都可能受到市场以外的制度限制。这种限制既有出于保障医疗服务质量和安全性的考虑,也有防止资源过度投入而造成浪费的考虑。

## 二、医生和医疗机构的准入

### (一)医生的准入

医生准入制度在世界各国都有相同之处。"准入"的基本模式是对符合行医资格者颁发执业医师执照。获得执业医师执照的基本条件有两个:一是接受过严格、规范的医学教育和培训的经历;二是通过专门的执业资格考试。获得执业医师执照的医生到指定部门登记、注册,并接受相关部门的监管(图12-1)。

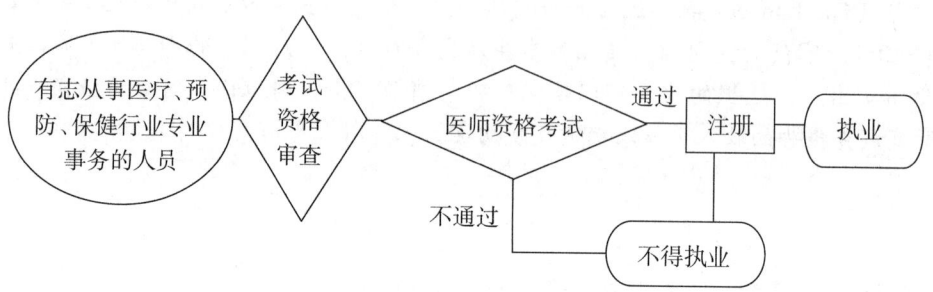

图12-1 医生准入制度的基本框架示意图

《中华人民共和国执业医师法》(以下简称《执业医师法》)规定,国家实行医师资格考试制度,医师资格考试由省级以上人民政府卫生行政部门组织实施。同时,《执业医师法》规定了参加医师资格考试的条件,即:具有高等学校医学专业本科以上学历,在执业医师指导下,在医疗、预防、保健机构中试用期满一年的;或取得执业助理医师执业证书后,具有高等学校医学专科学历,在医疗、预防、保健机构中工作满二年的;具有中等专业学校医学专业学历,在医疗、预防、保健机构中工作满五年的;或具有高等学校医学专科学历或者中等专业学校医学专业学历,在执业医师指导下,在医疗、预防、保健机构中试用期满一年的;或以师承方式学习传统医学满三年或者经多年实践医术确有专长的,经县级以上人民政府卫生行政部门确定的传统医学专业组织或者医疗、预防、保健机构考核合格并推荐者。

## (二) 医疗机构的准入

医疗机构的登记、注册制度与一般组织的差别主要是申请者的身份。如果是个体执业的诊所，申请者的执业资格就是最基本的要求。另外，中华人民共和国《医疗机构管理条例》及《医疗机构管理条例实施细则》规定，在职、因病退休和停薪留职的医生不能申请举办医疗机构。

我国的医疗机构准入制度还有一个显著特点，即实行区域卫生规划制度。《医疗机构管理条例实施细则》规定，各省、自治区、直辖市应当按照当地《医疗机构设置规划》合理配置和合理利用医疗资源；医疗机构不分类别、所有制形式、隶属关系、服务对象，其设置必须符合当地《医疗机构设置规划》；医疗机构的床位在100张以上者，设置审批权限的划分由省、自治区、直辖市卫生行政部门规定；其他医疗机构的设置，由县级卫生行政部门负责审批。1999年，原国家计划委员会、财政部、卫生部联合制定的《关于开展区域卫生规划工作的指导意见》再次强调，"区域卫生规划由政府负责制订并组织实施。区域内各部门、各行业以及军队对地方开放的卫生资源全部纳入规划范围，个体行医以及其他所有制形式的卫生资源配置，必须服从规划的总体要求"。

### 三、关于准入制度的主要争议

准入制度能够保障医疗服务的质量和安全性，这一点在业界早已形成共识。但是，关于目前我国医生的准入门槛是过高还是过低，仍然有很大的争议。偏远地区相当一部分土生土长的乡村医生未能通过医师资格考试拿到执业医师执照，但当地医疗卫生一线工作又离不开这些乡村医生。因此，有学者主张对偏远地区降低医生职业资格的门槛。

争议更大的是以准入制度限制医疗资源进入的做法。持"准入门槛过高"观点的学者强调，准入制度过于严格会导致医疗资源动员不足，进而造成"看病难、看病贵"的问题，证据是"1978—2005年，我国居民个人现金卫生支出增加了199.75倍，但同期全国医院和诊所、床位、医护人员等，最多也不过增加了2倍多"。

但是，2005年以后的医疗状况调查数据显示，医疗资源的增量速度比过去快（只用了10年时间，每千人口床位数就翻了1倍），但医疗费用的增长速度没有减慢，反而更快（图12-2）。另外，这一时期我国居民的门诊服务利用和住院服务利用逐渐超过了正常水平。2015年，我国每年人均门、急诊就诊5.45次，每100人中有15.3人次住院（15.3%）（图12-3）。这表明，医疗服务供给增加以后，如果需求没有得到控制，"看病难、看病贵"的问题就没有得到有效解决。

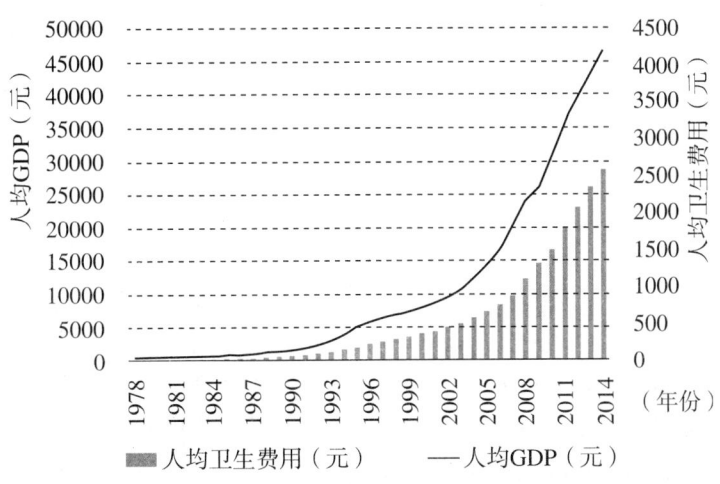

图12-2　1978—2014年我国人均卫生费用和人均GDP的变化趋势

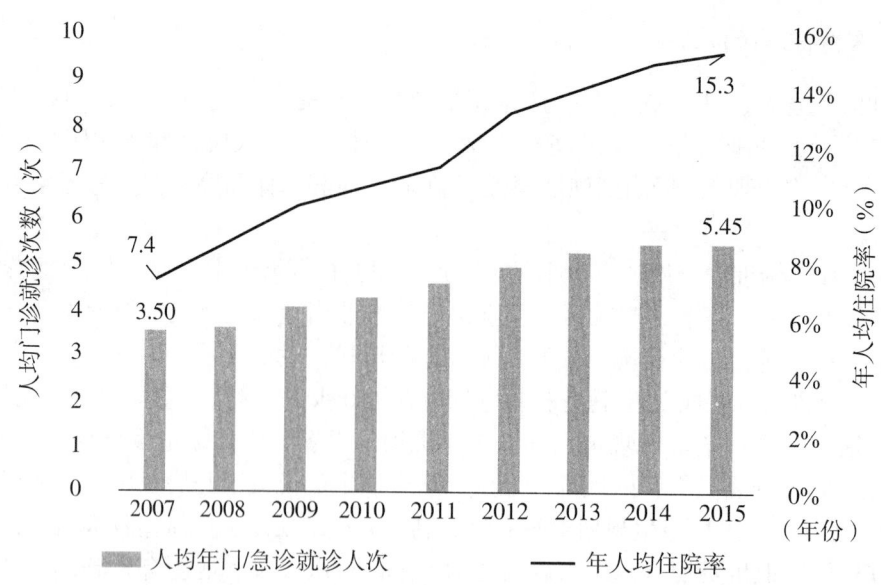

图12-3 2007—2015年我国人均门诊服务和住院服务利用的变化趋势

## 第三节 医疗服务价格管理

价格是商品或服务的价值的货币表现形式。价格影响着供需双方的行为。管理者可以通过对价格的调控,使不同商品或服务之间的比价关系发生改变,进而改变供需双方的行为。

### 一、定价方式

在市场经济条件下,商品和服务的供求关系决定其价格。除了供求关系能够决定价格外,公共部门或社会组织往往也会对市场价格进行干预,包括公共定价、限价、指导价和协商定价等。以供求关系定价和公共定价,是两种截然不同的方式,其他定价方式可以被看成是介于市场定价和公共定价之间的"中间状态"。限价通常更接近公共定价;协商定价则更接近市场定价。

**1. 市场定价**  根据西方经济学的概念,市场价格是提供方提供商品或服务的边际成本。在市场经济条件下,价格由供求关系决定。

**2. 公共定价**  公共定价是指政府价格部门直接给定商品和服务的价格,这些商品和服务只能按照给定的价格进行交易。目前,我国的燃油、水、电以及医疗服务等都采用这种方式定价。公共定价的基本逻辑是:市场定价的依据是生产该商品的边际成本;对于某些自然垄断(固定投入特别大)的特殊商品,从社会需求量而言,如果其边际成本在平均成本以下,提供者便会亏损,于是市场提供不足的情况下,转而就需要公共部门来提供。公共部门提供这些特殊商品时,为了盈亏平衡,就需要根据生产该商品的平均成本来定价。

**3. 限价**  限价是通过公共部门或法定的组织出台相关规定,影响价格的制定。例如,《中华人民共和国劳动合同法》对企业雇佣员工设定最低工资,要求企业在聘用员工时支付的薪资在最低工资以上;我国部分地区实行"单病种"限价制度,对某些病种住院治疗按照"一次住院"定价,并设定价格上限,医院收取这些住院费用时不得超过该价格上限。限价措施的本意是保护交易中的弱势群体,通过外部的干预重新调配交易双方的收益分布。但是,秉持"市场配置资源"观点的学者一直质疑这种措施的有效性。

**4. 指导价**  这里说的指导价,是指有关部门和组织出于信息披露的目的,按照合理的方法计量商品或服务的成本，提出的一个合理价格，供消费者参考。医疗服务的其中一个特点是，医生比个体患者往往具有信息优势。政府部门或专业组织利用其信息和（或）专业优势提出的合理价格有助于患者选择医疗服务提供者，同时也给医疗服务提供者一定的压力，减少其利用医疗服务需求方需求弹性低的特点过度利用医疗资源。

**5. 协商定价** 从理论上讲，商品交易总是有一个询价和议价的过程。然而，由于医疗服务的"交易"双方中，医生占有明显的优势，所以患者与医生议价被认为是明显处于弱势的。于是，一种可以选择的处理方法是让一个拥有强大购买力的支付方（如政府或者保险机构）与医疗服务提供者协商定价，以平衡交易双方的谈判能力，协商出一个相对合理的医疗服务价格。

## 二、定价单元和支付方式

**1. 定价单元** 定价单元是影响供需双方行为的关键因素。在医疗服务中，常见的定价单元包括医疗服务项目、住院床日、单次住院、人头以及医疗服务总量。

**2. 医疗服务项目** 医疗服务项目是医生在提供医疗服务过程中有明确起止界限的各项操作。以医疗服务项目为定价单元时，每一项医疗服务项目都有一个对应的价格。患者就诊或住院需要支付的医疗费用，即为就诊或住院过程中各项服务价格的累积值，这种支付方式称为按服务项目付费（fee for service）。我国长期以来实行按医疗服务项目定价以及按服务项目付费制度。

**3. 住院床日** 住院患者在医院接受治疗通常需要经历多个住院日。当以住院日为定价单元时，患者单次住院需要支付的费用即为每天的价格乘以住院天数，这种支付方式称为按床日付费（per-diem payment）。部分国家和地区对于长期住院的患者（如精神病患者）实行按床日付费。

**4. 单次住院** 对于住院患者的医疗费用进行计价时，可以把该次住院作为一个整体计价，这种支付方式称为按单次住院付费（case payment）。按单次住院付费又可分化为多种方式，其中一种最为典型的就是按诊断分组（diagnosis-related groups，DRGs）付费。

**5. 人头** 以每个服务对象每一周期（如一年）整体的医疗保健费用为定价单元，这种支付方式称为按人头付费（capitation）。英国国家卫生服务（NHS）向全科医师支付时，即实行按人头付费。美国部分管理保健组织（Managed Care Organization）也采用按人头付费制度。

**6. 医疗服务总量** 以一个医疗服务机构每一周期（如一年）提供医疗服务总量为定价单元，这种支付方式称为总额预付（globe budget）。2012年以来，我国也有部分地区推行这种支付方式。

> **知识链接**
>
> ### 按诊断分组（DRGs）付费
>
> 按诊断分组（diagnosis-related groups，DRGs）是一种住院患者分类系统，以患者的疾病诊断和治疗方式作为主要分类依据，结合患者的年龄、合并症、并发症等因素，把住院患者分为若干个组，目的是使同类患者的临床过程相似、医疗资源消耗相近。DRGs这种分类系统有两个突出的特点：一是这种分类系统原则上涵盖所有的疾病诊断和治疗操作（其他分类系统大部分是诊断部分特定的疾病或症状）；二是这种分类系统在分类技术上采取"双轴"分类方法，一个轴是临床过程，另一个轴是资源消耗。"双轴"分类方法一方面使患者分类更为精细，另一方面则可以满足管理的需要。

DRGs 广泛应用于医疗服务绩效分析和医疗保险费用的支付。1983 年，美国 Medicare 开始使用 DRGs 付费，即把每个诊断分组看成是一类医疗服务产出，对同组患者给付相同的补偿，对不同分组的患者根据资源消耗的差别给予不同的价格，按单次住院进行结算。这种支付方式后来被多个国家引入。

不同的支付方式对医疗服务提供者可产生不同的激励。采用按服务项目付费的支付方式，对医疗服务提供者有提供更多服务的激励，所有的成本都可以得到补偿，几乎不用承担财务风险。按服务项目付费所有使用的定价单元，几乎是各类定价单元中最小的，按服务项目付费与制造业中的"计件制"有相通之处。当采用其他比医疗服务项目更大的定价单元（如住院床日、单次住院、人头、医疗服务总量等）时，通常称为"打包"付费。按服务项目付费与打包付费的区别在于，财务风险在服务提供方和支付方之间的分布不同。采用按服务项目付费时，支付方几乎承担所有的财务风险；当转变为打包付费时，财务风险则向医疗服务提供方转移。"包"打得越大，服务提供方承担的财务风险就越大。当服务提供方承担财务风险时，便会主动地控制成本，以规避风险。因此，当医疗费用快速上涨时，支付方都会考虑进行支付制度改革，采用"打包"付费的支付方式可以促使服务提供方控制医疗成本（图 12-4）。

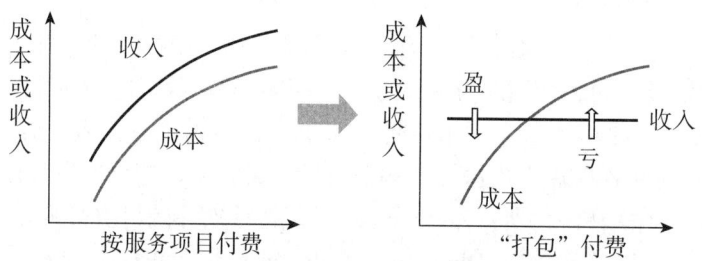

图 12-4　支付制度与财务风险的关系示意图

但是，没有一种支付方式是完美的，任何一种支付方式都有其缺点，因此，支付方式改革需要审慎决策。如果实行按床日付费，则医疗服务提供方会主动控制单个床日的成本，但有延长住院时间的倾向；如果实行按单次住院付费，则医疗服务提供者有减少住院天数、提供较少服务和收治更多患者的动机，也更加关注"有利可图"的患者，如接收同一病种或病组中病情较轻的患者；如果实行按人头付费，则大部分的财务风险会转移给医疗服务提供者，他们会倾向于选择性地接收健康人和轻症患者。

### 三、我国医疗服务价格管理模式及改革与展望

#### （一）我国传统的医疗服务定价模式

到目前为止，我国大陆地区的医疗服务价格采用公共定价的模式，定价单元为医疗服务项目。具体而言，国家颁布的《全国医疗服务价格项目规范目录》提出了可以收费的服务项目。地方价格部门根据这个目录，按照社会平均成本的计量原则制定本地区各项医疗服务的价格。当地的公立医疗机构被要求执行此价格，不得自行定价。

我国对医疗服务的公共定价，倾向于将医疗价格划归至法规的范畴。正是由于法规具有稳定性的特征，所以我国医疗服务价格往往长期稳定不变，也不容易根据医疗技术发展及相关环境的变化做出调整。为了跟上医疗技术的发展速度，物价部门又允许医疗服务提供者对新的医

疗服务项目单独提出定价申请。对这些"新项目"的价格，在成本测算时按照当前的情况进行计量。这样便会出现"新项目新价格，老项目老价格"的情况。"老项目"的价格往往跟不上医疗服务成本的变化速度，"新项目"的价格对于服务提供者则往往是"有利可图"的，于是便出现"基本服务销声匿迹，昂贵检验、检查异军突起"的尴尬局面。这种定价制度与"以药补医"的政策组合起来，又成为"大处方"的催化剂。

### 知识链接

#### 我国公立医院的补偿机制

在新一轮医药卫生体制改革之前，我国公立医院的补偿渠道主要有三个方面：一是财政补贴，二是有偿服务所得，三是药品和医疗耗材的批零差价。由于政府财政能力有限，所以公立医院获得的财政补贴往往只占其收入的小部分。同时，医疗服务的价格受政府公共定价制度的限制，医务人员技术劳务价格偏低，导致医疗相关服务得到的补偿也不足以弥补其成本。销售药品和医疗耗材的收入所得，反而成为公立医院收入的主体，一度达到公立医院收入的70%甚至更高。

新一轮医药卫生体制改革中，公立医院改革是重点，改变公立医院的补偿机制又是重中之重。补偿机制的改革首先是取消药品的批零差价。同时，调整医疗服务价格，并且增加政府补贴。改革者希望通过这样的方式，激励公立医院回到"公益性"的轨道上来。

### （二）改革方向与展望

长期以来，我国的医疗服务价格由价格部门制定，而医疗费用的支付随着医疗保险覆盖面的扩大，很大一部分由医疗保险基金支付。各地医疗保险基金管理部门在和医疗机构进行结算时，对按床日、按单次住院、按人头付费甚至总额预付的支付方式都进行的试点，与价格部门的定价政策形成了实质上的差异。

2018年，我国政府将国家人力资源和社会保障部的城镇职工和城镇居民基本医疗保险、生育保险职责，国家卫生和健康委员会的新型农村合作医疗职责，国家发展和改革委员会的药品和医疗服务价格管理职责，以及民政部的医疗救助职责进行整合，组建了国家医疗保障局。至此，国家对医疗服务公共定价和医疗保险费用支付的主体实现了整合，国家医疗保障局成为我国医疗服务价格管理（以及医疗费用支付制度改革）的主体。

从我国医药卫生体制改革的发展趋向来看，按服务项目支付制度将会逐步被取代。从国家医疗保障局的部署来看，最先改革是急性住院服务，按项目付费将会转变为DRGs付费。国家医疗保障局制订了一个中长期计划以推进此项改革，一方面是建立并完善国家统一的按诊断分组系统，另一方面是选择30个城市用至少三年时间来探索改革之路。可以预计，我国在未来10年将逐步推广DRGs付费制度。当然，实行DRGs付费制度并非最有效的医疗费用控制方法。未来应用DRGs付费的选择，更多可能是在总额预付制度下把DRGs作为一个分配资源的工具。也就是说，当医疗保险机构在制订好整个统筹地区急性住院的总预算后，按照DRGs权重计算每个医疗机构年度总工作量，再通过跟进工作量来分配预算。

更长远的预期是走向以区域人群为基础的（population-based）包干付费。具体来说，将一个区域内人群的医疗保健服务总费用，以按人头付费的方式包干给一个医疗集团，该集团内有提供各级、各类医疗保健服务的提供者，负责向当地人群提供服务，结余留用，超支不补。在

集团内部分配经费时，根据服务性质不同，可以选择不同的分配方式。例如，对于急性住院病例，可以采用DRGs付费方式。按医疗服务项目付费方式也将被保留，用于医生工作报酬的计量单元。

## 第四节 医疗质量管理

原国家卫生和计划生育委员会于2016年发布的《医疗质量管理办法》对医疗质量的定义是："在现有医疗技术水平及能力、条件下，医疗机构及其医务人员在临床诊断及治疗过程中，按照职业道德及诊疗规范要求，给予患者医疗照顾的程度"。《医疗质量管理办法》对医疗质量管理的表述是"按照医疗质量形成的规律和有关法律、法规要求，运用现代科学管理方法，对医疗服务的要素、过程和结果进行管理与控制，以实现医疗质量系统改进并持续改进的过程"。医疗质量是医疗服务管理中与健康产出直接相关的变量，医疗质量管理是保证医疗服务价值的重要举措。

### 一、质量管理的基本原理

质量管理系统源自工业管理。质量管理的目标是避免不良产品。早期质量管理的主要手段是对结果进行检测，发现不良产品后回溯导致其质量不良的原因，然后进行改进。生产力提升后，产量快速增加，结果检测的手段不能覆盖所有产品，于是抽样检测的方法随之产生。之后，成熟的产品有了标准的生产流程和技术规范，甚至对用料和生产者的技能标准都有了规范，质量管控就"前移"到对投入和生产过程的监管，这样就不再是等不良产品出现时再回溯原因，而是对质量不良进行"预防"。在质量管理发展过程中，人们也不断积累了多种用于质量管理的方法，称为质量管理工具（如直方图、鱼骨图等）。

现代质量管理仍然会关注投入是否符合要求、结果是否符合预期。但是，管理的重点更多地集中在推动一线操作者按照规范的业务流程和操作方法进行作业。这其中至少包含两个基本模块：一是标准、规范和指南等的形成，作为一线工作人员的行动依据，是良好产出——质量的基本保证；二是标准、规范和指南的落实，即把行动规范真正转化为产品质量。这两个基本模块有多方面的延伸和演化。

对标准、规范、指南而言，制订的主体是首要的关注点。通常，权威的专业组织是制订标准、规范和指南的主体。具体到医疗服务的临床指南和操作规范，基本上都由医学会制订。同时，医学会通常还有权颁布行业标准。另一个值得关注的问题是对标准、规范和指南的持续更新，即标准、规范和指南不是一成不变的，而是随着研究和实践的深入，不断产生新的证据。标准、规范和指南的主体对这些新的证据进行识别和吸纳，形成新的标准、规范和指南条款。质量随着标准、规范和指南的持续维护更新而不断改善，称为质量的持续改进。

为了推动标准、规范和指南的落实，往往需要卫生行政部门与专业组织协同努力。专业组织通过行业会议等平台向行业广泛传播其出台的标准、规范和指南，通过组织培训班提升并更新一线人员的专业知识、操作习惯甚至管理者的观念。另外，专业组织还通过学术的权威力量，认同符合标准、规范和指南的做法，反对不符合标准、规范和指南的做法，从而推动行业共识的形成。行政力量对标准、规范和指南的认同，是推动其落实的另一股重要力量。具体方式可能是行政力量在医疗机构的准入、审核、评级时以是否遵循及其依从标准、规范和指南的程度作为条件，或者在政府举办的公立医院直接推行标准、规范和指南，或者在给付财政补贴时以标准、规范和指南约定的内容作为衡量补贴额度的指标等。

## 二、医疗质量的测量

### (一) 测量质量的维度

没有测量就没有改善。要保障质量并改善质量,前提就是要准确地测量质量。从哪些方面来测量质量?这是质量维度的问题。

20世纪80年代,Donabedian对质量提出"结构—过程—结果"的分析框架,被质量管理界广泛使用。在这个分析框架中,结构主要是指投入。如前所述,医务人员的准入制度是保障医疗质量的重要条件,这就是从质量的"结构"维度出发的。过程通常是指工作流程和操作步骤,测量的是医疗服务提供者是否按照标准、规范和指南来实施诊治。结果则是指患者直接接触和感受到的医疗服务品质。

其他学术机构和组织随后也从不同的角度提出了医疗质量的测量维度,并对Donabedian的分析框架进行了拓展。2001年,美国医学研究院(Institute of Medicine,IOM)提出了医疗质量的六个维度:①安全性,避免患者受到伤害;②有效性,根据科学知识提供服务,避免医疗不足和医疗过度;③以患者为中心,尊重并提供满足患者个体需求的医疗,确保患者参与所有临床决策;④及时性,减少患者的等待时间;⑤高效性,避免浪费;⑥公平性,提供的医疗服务不因个人或群体不同而存在质量差异。世界卫生组织质量工作小组提出的医疗服务质量包括四个方面:服务过程的有效性与舒适性(技术质量)、资源的利用效率(经济效益)、危险管理(发现和避免与医疗服务相关的损害、伤害和疾病)和患者的满意程度。这些也是得到广泛应用的质量分析维度。

### (二) 医疗质量指标

医疗质量指标是质量管理目标的具体体现,也是评价质量的依据。有效的医疗质量指标通常具备三个特点:①直接与患者健康结局密切相关,这是医疗质量特点的体现;②有可靠的信息来源;③信息采集过程中不能过度干扰医疗服务提供者的正常工作。后者是因为信息采集本身需要成本,而且,如果采集的信息对于采集者而言比较敏感,则可能会使采集者有修改数据的倾向。

按照上述质量测量的维度,可以对医疗质量指标进行分类。此外,常见的医疗质量指标还可分为两个类型:一般性指标和病种特定指标。一般性指标是指没有针对特定病种而设定的指标。例如,住院患者死亡率、30天非计划再入院率、24小时重返手术室概率等结果层面的指标,或者每位护士看护的住院患者人数,甚至是本科以上学历的护士占比等结构层面的指标,或者呼吸机相关肺炎发生率、导尿管相关尿路感染发生率、患者跌倒或坠床发生率等体现患者安全的指标。

病种特定的指标,顾名思义,是指选择部分特定病种,然后根据病种的诊疗特点,选定这些病种的质量指标。被选定的病种,通常是发病率高、对健康危害大、临床诊疗过程明确的病种。无论是国外还是国外,急性心肌梗死相关的质量指标是最为常见的病种特定指标。这些指标通常包括:①患者入院后即刻接受阿司匹林治疗的概率;②患者入院后马上即刻β受体阻滞剂治疗的比例;③ST段抬高型心肌梗死患者入院后30分钟内接受溶栓治疗的概率;④ST段抬高型心肌梗死患者入院后90分钟内施行支架置入术的比例;⑤出院患者继续接受阿司匹林治疗的概率;⑥出院患者接受他汀类药物治疗的概率;⑦住院患者死亡率;⑧患者发病后30天内死亡概率;⑨患者30天非计划再入院概率。可以看出,指标①~⑥均为过程指标,是根据急性心肌梗死的临床指南找到影响患者预后的关键节点;指标⑦~⑨为结果指标。

### （三）推进质量改善的宏观政策

推动医疗服务质量控制和改善的宏观政策主要包括以下四种：

**1. 政府组织的倡导和管控**　世界卫生组织（WHO）作为卫生领域最具权威的国际组织，一直倡导世界各国重视医疗质量。在第五十五届世界卫生大会上，WHO提出所有卫生系统的基本原则是促进患者安全，并敦促所有成员国"对患者安全问题给予最密切的关注"，建立和加强提高患者安全及卫生保健质量所需的系统，包括对药物、医疗设备和医疗技术的监控。世界各国政府也都强调保证患者安全和医疗质量。比利时、德国、爱尔兰、意大利、瑞典等国家都有关于改善医疗质量的国家策略。英国卫生部也专门设立规制和质量改善局（RQIA），负责监管医疗质量。在我国，国家卫生健康委员会下设医政医管局，设立有医疗质量与评价处，履行全国医疗质量监管和相关政策制定的职能。

**2. 专业组织提供技术支持**　世界各国开展医疗质量管理都需要专业组织的技术支持。美国国家质量论坛（National Quality Forum，NQF）在美国医疗质量改进的宏观决策制定方面扮演着重要的角色。英国国家健康与临床卓越研究所（National Institute for Health and Care Excellence，NICE）一直致力于研究各类疾病的最佳治疗方案，为英国国家卫生服务体系购买最具成本-效果的服务提供了直接依据。除上述专门从事质量研究的机构，各国医学会在医疗质量管理中均扮演着重要的角色，一方面通过行业规范和技术标准影响医务人员的执业行为，另一方面，它们又是医疗质量管理相关政策制定过程中重要且话语权很大的技术支持方及利益相关者。

**3. 评审制度**　许多国家都把对医院进行评级作为管控医疗质量的重要手段。美国有多套医疗评价体系，如"医院星级评价""百佳医院"等。每个评价体系均把医疗质量和患者安全作为最重要的评价维度。国际上常用的第三方医院评价体系（如JCI）也都用不同的表达方式强调医疗质量。我国实行医疗机构的等级评审制度。2011年以来采用的评价细则中，特别强调医疗质量，并且采用了比较明确的通用性质量指标和病种质量评价指标。

**4. 绩效付费制度**　绩效付费制度是近20年来逐渐兴起的评价模式，即在医疗费用支付制度中嵌入绩效指标。当绩效指标合格时，医疗服务提供者才能得到满额的补偿；绩效指标优秀时，可能得到额外的补偿作为奖励。在设计绩效指标时，医疗质量往往是最为重要的部分。医疗费用支付方希望通过这样的设计，购买优质的、有价值的医疗服务。近年来，我国也实行了绩效付费制度的试点。例如，宁夏回族自治区、贵州省的部分农村地区在试点改革支付制度时，就曾把医疗质量作为绩效指标，采取绩效付费制度。北京等地在进行政府对公立医院的财政补贴制度改革时，也把公立医院的绩效指标（包括医疗质量维度）作为财政补贴额度的标准。

### （四）我国建立完善医疗质量管理制度的进展

我国为了改善卫生系统的绩效，进行过多轮改革。以往改革的关注点集中在卫生系统的效率层面。2011年以来，医药卫生体制卫生改革的目标中加入了越来越多的医疗质量元素，关于医疗质量的政策举措也越来越密集。例如，《三级综合医院评审标准（2011年版）》明确设立了医疗质量的评价指标；《医疗质量安全事件报告暂行规定》明确了医疗机构记录和报告不良事件的责任和流程；《关于"十二五"期间推进临床路径管理工作的指导意见》强调了医疗服务提供者必须依从临床指南和路径。2016年9月，原国家卫生和计划生育委员会发布《医疗质量管理办法》，提出"医疗质量管理是医疗管理的核心，各级、各类医疗机构是医疗质量管理的第一责任主体，应当全面加强医疗质量管理，持续改善医疗质量，保障医疗安全"。在2016年召开的全国卫生与健康大会上，习近平总书记直接指出，我国卫生系统的改革方向是"坚持医疗卫生事业的公益性,不断完善制度、扩展服务、提高质量"。同年,国务院发布《"健康中国2030"规划纲要》,明确提出改善医疗质量是未来20年的重要战略目标。

近年来,我国逐步搭建起国家层面的多维度质量管理体系。国家卫生健康委员会设立专门的医疗质量管理部门,并授权不同的单位建立各个医学专业的国家质量控制中心,如国家呼吸疾病医疗质量控制中心、国家神经内科医疗质量控制中心、国家肾脏病医疗质量控制中心和国家护理质量控制中心等。这些质量控制中心既有本专业内开展质量及质量管理研究的任务,也被赋予部分开展质量管理的行政职权,例如,得到卫生行政部门的授权向各医疗机构采集质量相关数据;开展质量测量、监测和指导改善;为卫生行政部门的质量管理相关决策提供支持等。2013年,我国启动了胸痛中心认证体系,并成立胸痛中心认证工作委员会和认证监督委员会,使技术过硬、诊疗规范的单位进入胸疼中心的行列,从而推动对心肌梗死的规范治疗。同时,卫生行政部门也在加强与学会的合作,鼓励学会出台和修订临床规范和指南。卫生行政部门牵头、专业组织提供技术支持、政府授权的半行政组织推动落实质量管理事务的医疗质量管理体系开始逐步形成并运转。

但值得注意的是,我国医疗质量的研究和管理实践还处于起步阶段,积累的证据和管理经验尚不足。从2009年我国新一轮医药卫生体制改革启动以来,我国医疗质量是否有显著改善,尚未有定论。综合各种来源的数据,分析结果莫衷一是。一项针对我国多家大型综合医院急性心肌梗死等四种疾病医疗质量的调查研究显示,2012—2017年,医疗质量的改变并不明显,与发达国家相同的医疗质量指标相比,我国仍然有很大的改善空间。

未来,我国除了继续完善医疗质量管理的组织框架外,还至少需要在质量数据和激励机制上下工夫。目前,我国卫生系统中的常规数据远不能满足医疗质量管理的需求,绝大部分的医疗质量管理工作都需要专门的数据采集(通常由各个医疗治疗控制中心负责)。这样,数据采集的口径不同,也难以汇总和共享。我国未来应该考虑利用好医疗保险的明细数据,因为医疗保险明细数据中包含患者就诊过程中使用的各种诊疗手段及其施行的时间,这对于捕捉过程质量指标至关重要。打破卫生行政部门和医疗保险部门之间的藩篱,实现数据共享,是改善我国医疗质量管理效能的关键。另外,还需要推动我国的医疗费用支付制度改革向"按绩效付费"迈进,并且把质量指标作为绩效指标最重要的部分。通过这样的制度设计,能够提供高质量的医疗服务提供者将获得较高的报酬,从而形成行政管理以外另一种强有力的激励机制。只有在技术层面和制度层面共同努力,才能使医疗质量得以有效控制,并得到逐步改善。

(简伟研)

# 第十三章 卫生系统的国际比较

卫生系统的绩效与卫生系统的架构和内部运行制度密切相关。比较不同卫生系统的架构和制度安排，可以识别架构、制度对于提升卫生系统绩效起到的关键作用。这是开展不同国家卫生系统比较的价值所在。

世界上所有国家的卫生系统都各具特色。对卫生系统进行分类，是开展比较的第一步。对于卫生系统的分类，常用的方法是根据筹资模式。每个国家的卫生筹资都是多种渠道并存的。按筹资模式分类，是关注不同国家的卫生系统以何种筹资渠道为主体。比较受关注的卫生系统包括以下三类：以税收筹资为主体的卫生系统（以英国为代表）、以社会医疗保险为筹资主体的卫生系统（以德国为代表）、以私人医疗保险为筹资主体的卫生系统（以美国为代表）等。

本章对英国、德国和美国三个典型国家的卫生系统进行了分析阐述，在此基础上，比较了我国现行卫生系统与这三个国家的异同。

## 第一节 英国的卫生系统

### 一、英国卫生系统概况

英国约6500万人口（其中，65岁以上人口所占比例超过16%）的卫生支出占GDP的比例为9%左右，人均健康支出约为3800美元。这个健康支出水平，在OECD国家中排在中间位置，而英国的健康指标，一直有着较好的表现。目前，英国男性期望寿命为80岁，女性为83岁，5岁以下儿童死亡率为4‰，孕产妇死亡率8/10万。高血压和高血糖人群所占的比例也比欧洲地区的平均水平要低。

英国医疗保障体系的主体是英国政府通过税收制度建立的国家卫生服务（National Health Service，NHS）体系。这个系统覆盖了所有英国公民，原则上，在这个系统内，所有英国公民如果有需要，都可以获得基本的医疗保健服务，获取服务时仅负担很低的费用。支持这个系统运行的费用占英国卫生总费用的85%左右。对于那些NHS不能满足的医疗服务需求，英国公民可以通过选择购买私人医疗保险来解决。通过私人医疗保险支付的医疗费用约占英国卫生总费用的10%左右。另外，老年人长期护理、精神卫生服务等针对"弱势人群"的服务也被纳入相应的医疗救助计划。

图13-1显示了2000—2017年英国卫生总费用的构成。公共健康支出一直是应该卫生总费用最重要的组成部分。2004—2012年，英国公共财政投入占卫生总费用的比例一直维持在80%左右，个人卫生支出占比一直控制在10%左右。2013年以后，个人卫生支出的占比有所提升，但公共财政支出占比依然高达75%。

英国每万人口中的医生数量是28人，略低于欧洲国家的平均水平（每万人口33人）；每

万人口中的护士数量是 101 人,明显高于欧洲地区的平均水平(每万人口 65 人)。70%以上的医生和护士在 NHS 系统工作。

慢性病非传染性疾病是对英国公民威胁最大的疾病类型。从 2008 年英国的死亡原因统计数据来看,造成英国公民死亡的原因 89%为慢性非传染性疾病,8%为传染病,3%为意外伤害。

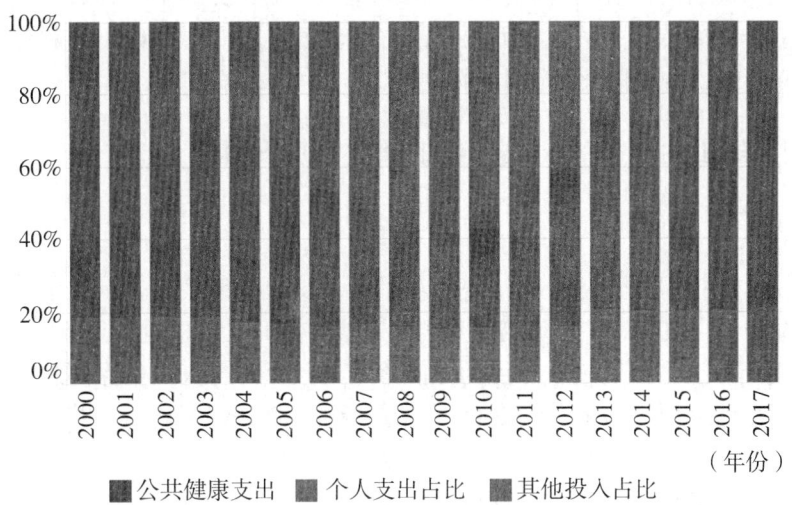

图 13-1　2000—2017 年英国卫生总费用的构成及其变化

注:按 WHO 的统计口径,政府财政投入和社会医疗保险支出均包含在公共健康支出内。

## 二、英国国家卫生服务体系的架构

NHS 由国家提供资金,为全国 6000 多万人口提供免费医疗服务,可以说是全球最大规模的公立医疗系统。NHS 体系雇员达 150 万人,其中包括 9 万名医院医生、3.6 万名家庭医生、40 万名护士和 1.6 万名急救人员。NHS 体系中有 5 个关键的角色,分别是:①英国卫生部,主管整个国家的卫生系统;② NHS England,英国卫生部下属负责 NHS 运营管理的专门机构;③临床执业联盟(clinical commissioning group,CCG),负责为辖区居民购买二级和三级保健服务;④全科医生(general practitioner,GP),受雇于 NHS 体系,是为居民提供初级保健服务的主体;⑤信托组织,是 NHS 定点医院集团,为居民提供二级和三级保健服务。

英国 NHS 的运行模式如图 13-2 所示。英国财政部每年按照既定预算把经费拨付给英国卫

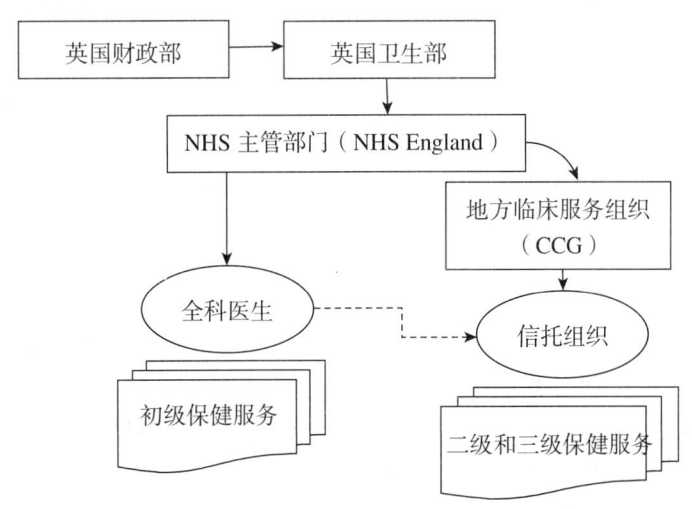

图 13-2　英国 NHS 的资金流向和保健服务购买模式图

(注:→ 表示资金流向;--→ 表示转诊方向)

生部。近 90% 的经费都流向 NHS，其中 30%~40% 由 NHS England 直接管控，用于购买初级保健服务（以及少量全科医生提供的专科医疗服务、军队的医疗服务、监狱和其他收容所等提供的医疗服务），60% 以上经费拨付给各个地区的 CCG，用于购买二级和三级保健服务（以及精神卫生和康复服务）。提供初级保健服务的全科医生与 NHS 签订服务合约，提供初级保健服务。由医院组成的信托组织与 CCG 签订服务合约，提供二级和三级保健服务。全科医生与医院之间建立严格的转诊关系，其不能处置的复杂病例，通过 NHS 的转诊制度把患者转诊至专科医生。必要时，由专科医生安排住院治疗。

### 三、英国国家卫生服务（NHS）中的重要制度安排

#### （一）税收筹资与免费医疗

英国的 NHS 体系主要通过税收（超过 3/4 的筹资比例）筹集资金。在国家层面，财政预算以 3 年为一个周期，议会确定每年的卫生预算以及 3 年的卫生总预算，财政部每年按照预算向卫生部拨付费用。卫生部确定本年度的医院诊疗总预算和初级卫生保健总预算，并根据资源分配工作组提供的模型（考虑人口数量、年龄、死亡率等各种指标），将总预算划拨给各个地区。

英国公民以及在英国长期居住者都可以申请加入 NHS。加入 NHS 后，初级保健和二级、三级保健服务都是免费的。初级保健服务的费用由 NHS 直接支付给全科医生；二级和三级保健服务的费用由 NHS 通过 CCG 支付给定点医疗机构。由全科医师开具的每张处方，患者都需要支付少量的定额处方费给药店的药剂师，其余的费用由 NHS 下设的处方定价管理局（prescription pricing authority）支付给药店。

#### （二）家庭医生"守门人"制度

自 20 世纪 40 年代英国建立 NHS 以来，就以法律的形式规定 NHS 的受益者必须执行严格的"守门人"制度。每个参加 NHS 的人都需要找一位全科医生登记（签约），患病时首诊必须就诊相应的全科医生。只有经过对应全科医生的转诊，患者才能获得医院的专科服务。在 NHS 系统内，平均每名全科医师负责为 1800 名左右居民提供初级卫生保健服务。从卫生系统的角度来看，这样的全科医生承担了所谓"守门人"的职责，识别患者的疾病严重程度，提供基础诊治，安排专科服务，在患者就医过程中把守第一道关口。

"守门人"制度赋予了全科医生重要的职权。为了激励全科医生提供良好的服务，NHS 设置了这样的激励机制：居民自由选择全科医生，调换全科医生不受限制；全科医生的收入主体是"人头费"，即 NHS 按照全科医生签约的人数给全科医生计酬。这样，全科医生便有动力提供良好的服务，树立良好的口碑，以吸引更多居民签约。

#### （三）以初级保健为主体的整合医疗

地方临床服务组织（CCG）是英国 NHS 中极为重要的组成部分，这一设置进一步强化了初级保健提供者的角色。掌握 60% 以上 NHS 资金的 CCG 由各个片区（每个片区的服务范围约为 25 万人口）的全科医生组成，故 CCG 又称全科医师联盟。这样的全科医师组织替本地居民向信托组织购买二级和三级保健服务。在 NHS 的体系框架下，CCG 这样的全科医师组织是二级和三级保健服务的主要购买方，拥有较强的谈判能力，能够向信托组织提出二级和三级服务的数量、类型以及提供方式的要求。

由此可见，初级保健服务提供者是卫生系统的主导，是医疗卫生服务的"设计者"，不仅可以决定向患者提供初级保健服务的类型，而且可以在很大程度上决定患者能否获得二级、三

级保健服务及其类型。

### 知识链接

#### 英国 NHS 中专科服务轮候时间长的问题

英国 NHS 系统有一个显著的特点，即初级保健服务的可及性高，但二级保健服务的轮候时间较长，平均时长达 4 个月。英国 NHS 改革似乎也从提供二级保健服务的效率及资源配置方面不断尝试，但这个问题仍然存在。

英国 NHS 通过税收筹资，在累进制的税收制度下，富人在 NHS 的"投入"明显高于穷人。同时，又因为富人有较强的支付能力，轮候的"耐心"较差。为了不用轮候较长的时间，富人往往会

选择购买私人保险（私人保险二级保健的轮候时间较短）。于是，轮候时间长的问题导致另外一个"利贫"效应，即富人在 NHS 投资较多，服务利用率却较低；穷人投资少，服务利用率却较高。那么，轮候时间长究竟是不得已，还是有意为之呢？

## 第二节 德国的卫生系统

### 一、德国卫生系统概况

德国被公认为是第一个引入国家社会医疗保障制度的国家，其卫生保健系统绩效同样得到普遍认可。目前，德国约有 8200 万人口，其中，65 岁以上人口所占比例超过 20.5%。2017 年，德国的卫生总费用占 GDP 的比例为 11.2%，人均健康支出为 5033 美元左右。如图 13-3 所示，德国的卫生总费用中公共健康支出的占比一直在 75% 以上，个人卫生支出占比一直控制在 15% 以下。

德国每万人口中的医生人数超过 42 人，每万人口中的护士数约为 111 人。目前，德国男性期望寿命为 79 岁，女性为 83 岁，5 岁以下儿童死亡率为 4‰，孕产妇死亡率为 7/100 000。高血压和高血糖人群所占的比例也比欧洲国家的平均水平低。

德国社会医疗保障体系的主体具有强制性的法定医疗保险。年收入高于规定水平的居民可以选择不参加法定医疗保险而选择加入其他保险。法定医疗保险约覆盖 85% 的人群，另外 10% 左右的人群加入私人医疗保险，其余部分特殊人群（如士兵、警察等）则被纳入特殊的保障计划。法定医疗保险涵盖预防服务、住院和门诊服务，包括医师服务、精神卫生、口腔保健、处方药、康复、疾病误工补助等一系列服务。

### 二、德国社会医疗保障体系的架构

德国通过强制性社会医疗保险费用筹集资金。筹资及基金管理工作基本上是由政府批准的疾病基金会（类似于非营利性保险公司）负责的。德国各个州都有多个疾病基金会，每个疾病

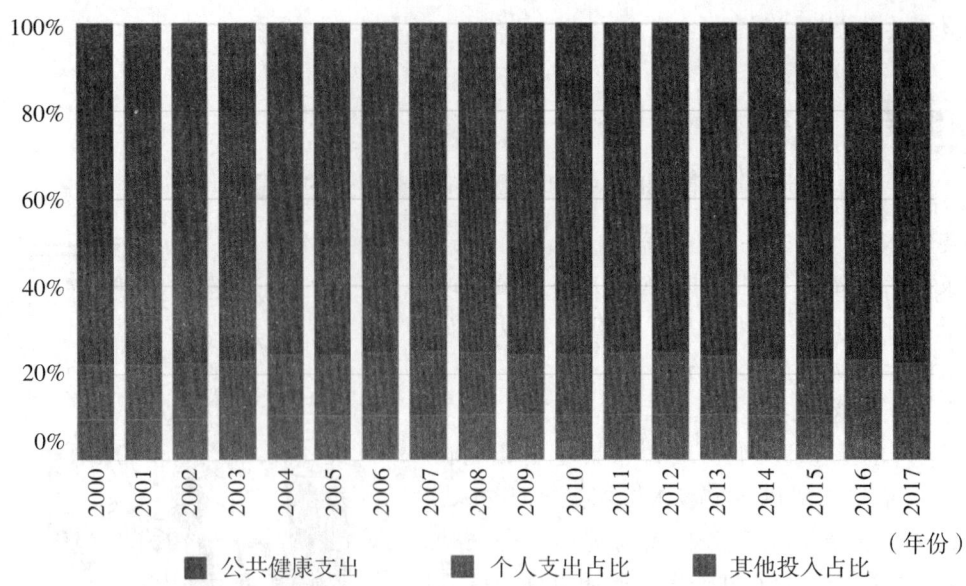

图 13-3　2000—2017 年德国卫生总费用的构成及其变化

注：按 WHO 的统计口径，政府财政投入和社会医疗保险支出均包含在公共健康支出内

基金会覆盖一部分人群。社会医疗保险费用由雇员和雇主缴纳给所在的疾病基金会，形成资金池，为被保险者支付门诊及住院服务费用。

在德国，对门诊服务和住院服务有严格的区分。通常，执业医师只提供门诊诊疗服务，不在医院提供住院诊疗服务；驻院医师只提供住院诊疗服务，不在医院以外提供门诊诊疗服务。住院服务需要经过执业医师的转诊。无论是执业医师，还是医院及康复、护理机构，收入都只来自诊疗服务所得收入，与药品收入无关。所有药品费用，除了患者自费部分以外，都由保险机构直接与药店进行结算。

州是德国基本的行政区域单位。在州一级，执业医师和疾病基金会都有各自的协会。州执业医师协会与州疾病基金会共同协商本州执业医师的服务补偿细则。疾病基金会按照协商的结果，给予本地执业医师门诊服务的报酬。患者凭借执业医师开具的处方，可到本地药店购药。购药时需要支付其个人负担的少量处方费用，其余的药品费用由疾病基金会支付。同时，疾病基金会选择本地的医院签订定点合约，为被保险人购买住院服务（图 13-4）。

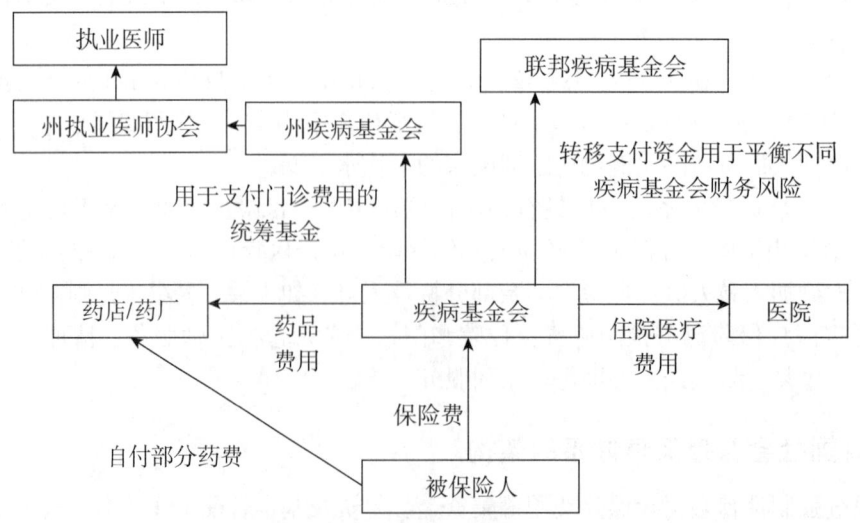

图 13-4　德国社会医疗保险体系的基本框架

不同的州经济发展水平不同，当地筹资能力也不同。为了保证全国被保险人的保障待遇相同，按照德国法律，筹资能力较强的疾病基金会需要提供转移支付资金，由联邦疾病基金会统筹支配，补贴筹资能力较弱的地区，以平衡不同疾病基金会的财务风险。

### 三、德国社会医疗保障体系中的重要制度安排

#### （一）"自我监管"的运行模式

"自我监管"是德国卫生系统颇具特色的管理模式。具体而言，在德国，政府和议会无论是在联邦层面，还是在州层面，通常都不直接参与卫生系统的具体政策监管。无论是医疗服务提供者（医生和医院），还是筹资者（法定医疗保险组织），都有相应的行业组织（联合会）。联合会内部按照代表式民主制进行管理，处理大部分本行业的监管事务；行业之间的关系，大多数通过对应级别（州层面或联邦层面）的联合会进行协商解决。

在州层面，医生的"自我监管"组织是有两个：医生联合会和法定医疗保险签约医师协会；前者的监管对象是本州所有医生；后者的监管对象则是本州所有法定医疗保险机构的签约医生。医生"自我监管"组织显著的特点是，组织成员的构成虽然是医生，但是他们在工作任务中既代表医生的声音，又代表公众的声音，还承担着协调会员之间关系的职责。医生联合会一方面负责医生的注册、登记，监督医疗服务质量，另一方面负责维护医生群体执业过程中的合法利益。另外，医生联合会还负责规范和促进医生毕业后教育和执业后继续教育。法定医疗保险签约医生协会的职能包括：①负责法定医疗保险签约医生的登记、注册；②确保门诊服务的提供，并监管服务质量；③代表医生与保险机构谈判，协商门诊服务的补偿；④协调门诊医生之间的关系，避免医生之间的恶性竞争。

17个州的医生联合会在联邦层面由其代表组成德国医疗协会（German Medical Association，GMA）。德国医疗协会的主要职责是沟通与协调不同地区的医生组织，使不同地区的医生最大限度地理解和遵循中央的决策。德国医生的行业规范、教育准则等大都由德国医疗协会制订。另外，德国医疗协会还参与所有医疗相关的决策讨论。

#### （二）执业医师和点数法计酬

在德国的法律框架下，患者可以自由选择执业医师提供门诊服务。而更普遍的情况是，执业医师的门诊服务也是"划片"管理的，即患者在一定的区域内全天24小时都可以得到医疗服务；而如果患者要寻求该区域以外的执业医师就诊，则可以预约。执业医师无固定工资，其收入来自门诊诊疗服务费用和患者自付费用。执业医师不能自行对门诊服务项目进行定价，服务项目和项目的相对价值（点数）均由联邦共同委员会确定的医疗服务项目收费目录决定。

门诊实行以点数法为基础的按服务项目付费制度。在德国国家层面，联邦医师协会与全国主要七个联邦疾病基金会共同协商确定本国年度门诊总费用和每个门诊服务项目的点数；在州级层面，由各州的医师协会与疾病基金会共同商定本州年度门诊总费用，并由州内各疾病基金会支付门诊费用给州医师协会。州医疗保险联合会与执业医师联合会共同协商门诊费用年度总额。每一项门诊服务都有对应的点数，整个州所有执业医师全年工作的总点数，除去年度门诊费用总额，即可得出每一点的货币价值。每个执业医师的收入即为该医师的服务点数与每一点数货币价值的乘积。

在总额预算固定的情况下，服务量越大，点数越多，则点值越低。契约式收费标准下补偿机制的特点是，每个执业医师事先并不知道各类服务项目对应的点数。就医师总体而言，在一定预算约束的情况下，提供的服务量增多，而收入却不一定能增加，是一种约束过度提供服务的机制。

执业医师想要获得社会医疗保险的补偿，就需要在为被保险人提供门诊服务之前向州医师协会提出申请并获得批准。执业医师隶属于各自的州执业医师联合会。每个月，各州的执业医师可以从本州的医师协会领取部分补偿资金；每个季度，执业医师将本季度内所开展的所有门诊服务项目记录单上交到州医师协会，医师协会根据该医师本季度的服务量向其进行补偿。

### （三）按诊断分组（DRGs）付费

在德国社会医疗保障制度框架下，疾病基金会对医院住院服务的补偿采用按诊断分组（DRGs）付费制度。通过德国的DRGs系统，每个出院患者都被分到一个特定的DRG。DRGs付费制度一般遵循以下原则：

从属于某个DRGs的病例支付额 = 基础费率 × 权重 × 调整因子

基础费率相当于单位医疗服务产出的价格，对于所有DRGs都是一致的。每个DRG都有其特定的权重。权重通常是不同DRGs中患者平均诊疗成本的体现。若某个DRG的权重是1.0，另一个是1.5，则意味着后者的诊疗成本是前者的1.5倍。在德国，DRGs的基础费率和权重由联邦医院协会和联邦疾病基金会共同协商确定。某个地区的可支配收入、是否将教学医院作为"调整因子"，收治同类疾病患者等因素决定了获得医疗补偿的多少，收入水平较高的地区和教学医院可以获得较高的补偿。

德国的DRGs付费方式是有医疗保险基金给付到医院，包含患者住院过程中产生的所有费用（包括给医生的报酬）。德国通过控制住院费用的总预算来控制医疗费用的增长，通过DRGs付费方式可以设定不同疾病诊断分组诊治的相对价格（权重），以调控医疗服务提供者的行为。

> **知识链接**
>
> **DRGs付费制度的运作方式**
>
>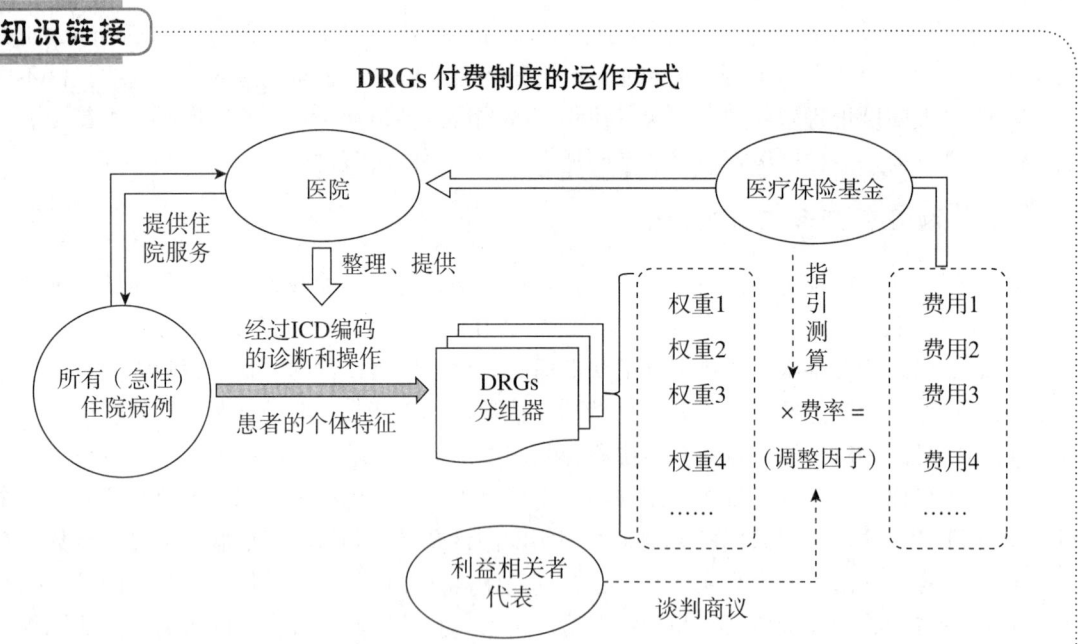
>
> DRGs的支付范围一般是急性住院患者。实行DRGs付费制度的医院在急性住院患者出院时，将包含其诊断、治疗操作和DRGs所需的其他变量汇总成为"理赔数据"（类似我国的病案首页），并传输到医疗保险部门的DRGs分组器。DRGs分组器将每一个患者分到相应的DRG。每一个DRG都有对应的权重。权重与费率相乘，结合调整因子，即可得出每一个患者的医疗费用。

## 第三节 美国的卫生系统

### 一、美国卫生系统概况

美国的卫生系统大概是世界上最"豪华"的,其卫生经费的支出无论是绝对值,还是占GDP的比例,一直位居世界前列。美国约有3.2亿人口,其中,65岁以上人口占比超过15%。2017年,美国卫生总费用占GDP的比例为17.1%,人均健康支出为10 246美元左右。美国每万人口中的医生人数约为26人,每万人口中的护士人数约为85人。

与其他工业化国家相比,美国健康指标的表现并不突出。目前,美国男性期望寿命为76岁,女性为81岁,5岁以下儿童死亡率为6‰,孕产妇死亡率18/10万。男性高血压人群所占的比例较美洲国家的平均水平略高,女性人群中中高血压和高血糖人群所占的比例比美洲国家的平均水平要低。

美国医疗保障体系以私有机构管理和运行的私人医疗保险为主体。其联邦政府和州政府联合对保险业进行管理,并由州政府制定具体的医疗保险政策以及医疗服务和医疗保险必须覆盖的特殊项目。美国政府通过公共医疗保险项目覆盖老人、贫困人群等特殊人群。

自2000年以来,美国公共健康支出不断增加,然而到2017年,公共健康支出占卫生总费用的比例仅为50%左右,私人医疗保险支出的占比一直维持在40%左右。个人直接卫生支出近年来控制在10%左右。

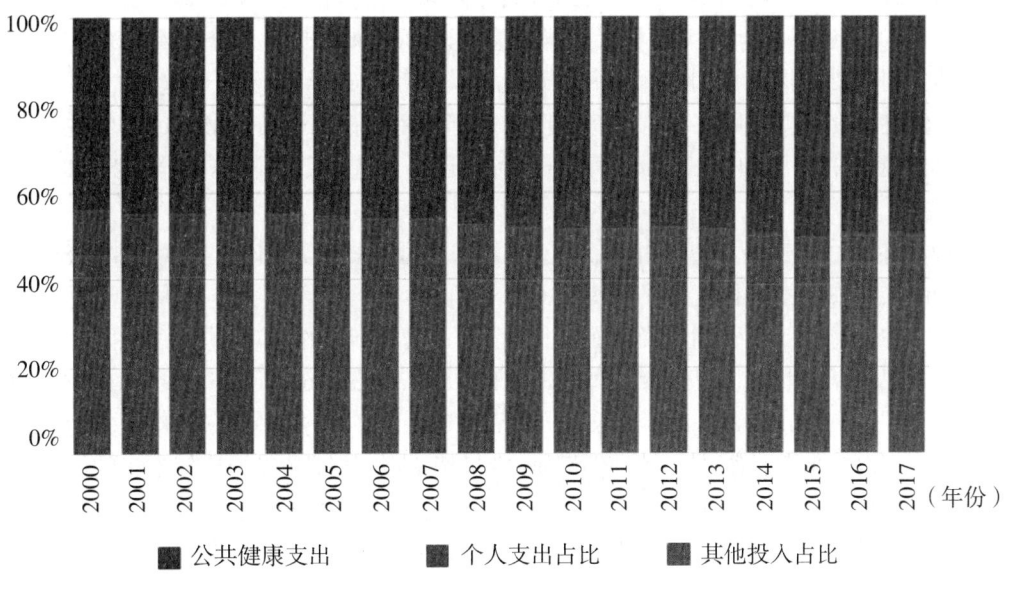

**图13-5 2000—2017年美国卫生总费用的构成及其变化**

注:按WHO的统计口径,政府财政投入和社会医疗保险支出均包含在公共健康支出内。

### 二、美国医疗保障体系

美国目前没有全国统一的医疗保险,私人保险和公共保险各司其职。公共医疗保险只覆盖联邦雇员、军人和土著人等特殊群体以及老人、残疾人、失业者等弱势群体(图13-6)。这部分医疗保险覆盖美国人口的25%左右。超过65%的美国公民通过购买私人医疗保险获得保障。另外,还有2500万左右美国公民没有任何医疗保险。

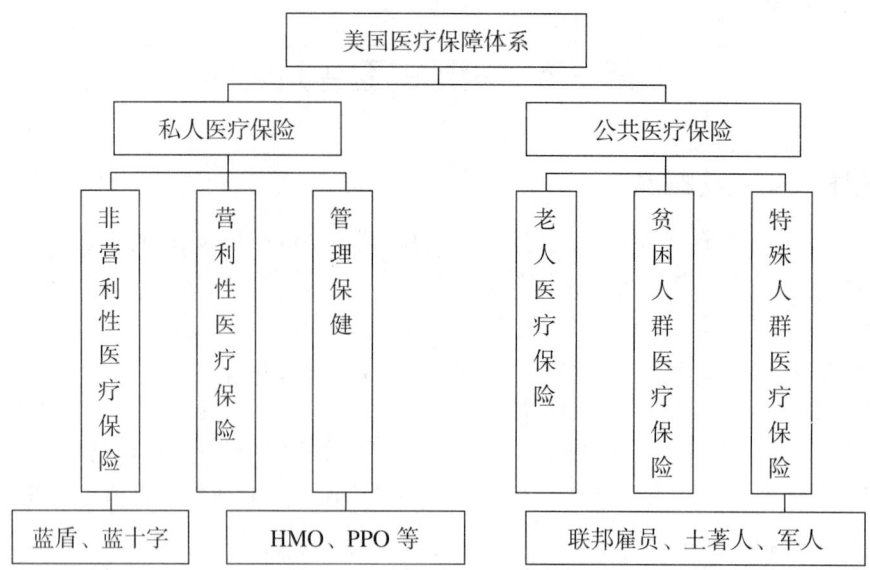

图 13-6　美国医疗保障体系框架

注：健康维护组织（Health Maintenance Organization，HMO）、优先服务提供者组织（Preferred Provider Organization，PPO）

**1. 公共保险计划**　老年医疗保险（Medicare）和医疗救助制度（Medicaid）是美国两大公共医疗保险计划。这两个计划是 20 世纪 60 年代中后期建立起来的，通过税收和（对工作人群的）强制性医疗保险费用来筹资，有美国人类与健康服务部管理。Medicare 的保障对象是三类人群：65 岁以上老年人、残疾人和末期肾病患者。Medicare 的资金分为 A、B、C、D 四个部分，A 部分用于支付保健机构、医院和护理院的费用，B 部分用于支付医生的费用，C 部分用于协助被保险人在必要时购买私人医疗保险，D 部分用于报销药费。Medicaid 的主要保障对象是身处贫困家庭的儿童和孕妇。此外，美国各州还可以选定部分特殊人群作为 Medicaid 的补助对象。

**2. 私人保险计划**　私人医疗保险主要包括三种类型：一是营利性的医疗保险公司，如蓝盾（Blue Shield）保险公司和蓝十字（Blue Cross）保险公司，因其为非营利性，所以在税收方面享受国家的优惠；二是营利性商业医疗保险公司，为个人和团体提供医疗保险；三是管理保健（managed care）组织，如健康维护组织（Health Maintenance Organization，HMO）、优先服务提供者组织（Preferred Provider Organization，PPO）等，是集保险和医疗服务为一体的组织。在各种私人医疗保险计划中，管理保健是 20 世纪 70 年代以来美国比较推崇的一种，目前已覆盖大量的公司雇员。它既是筹资方、支付方，又是服务提供方，这种特点促使其有强大的动力提供高质量的保健服务，以吸引投保客户，同时还必须想办法控制医疗费用（否则会导致收不抵支）。

**3. 美国医疗保障资金的来源和支出**　在 Medicare 和 Medicaid 建立早期，公共医疗保险筹资能力很有限。如图图 13-7 所示，1970 年，Medicare 和 Medicaid 筹集到的经费在总体医疗保障筹资中的占比分别为 10% 和 7%。该比例到 2012 年分别上升至 20% 和 15%。1970 年，自费占比达 33%，到 2012 年则降至 12%。当然，这一比例的下降也得益于私人医疗覆盖面的扩大（从 21% 增加至 33%）。从资金去向看，支付给医院和医生的费用一直是主要的支出项。变化较为明显的是长期照护的支出费用占比，从 1970 年的 8% 增加到 2012 年的 13%。

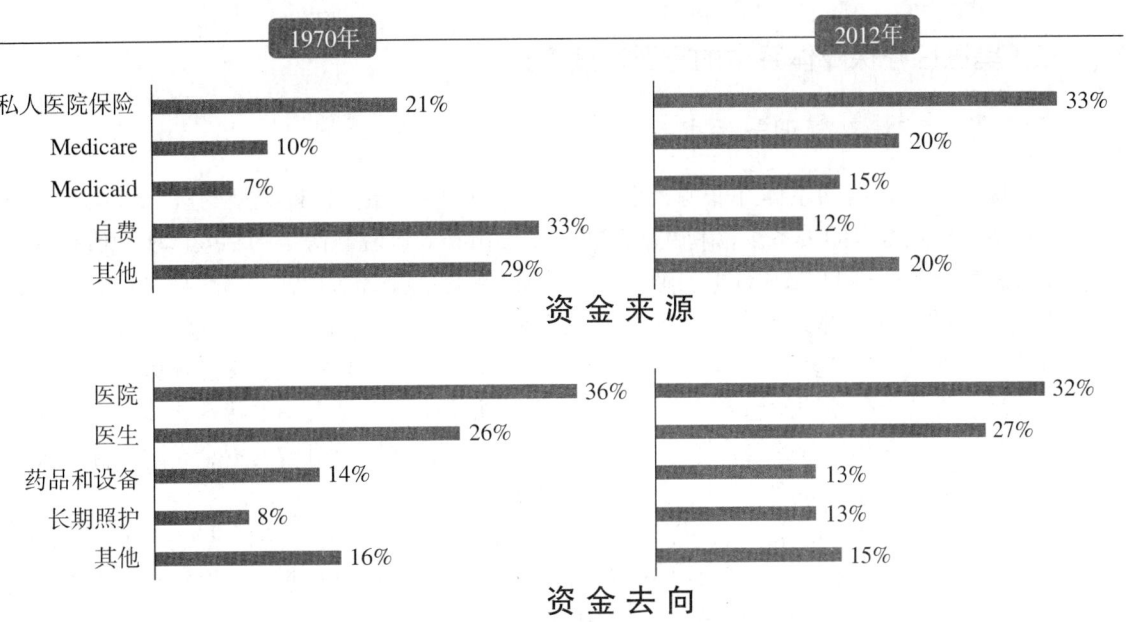

图 13-7 美国公共保险计划和私人保险计划的筹资与支出构成

(资料来源：美国医疗保险和医疗补助服务中心)

### 知识链接

#### 奥巴马医改（Obama Care）计划

患者保护与平价医疗法案（Patient Protection and Affordable Care Act，PPACA）又称奥巴马医改（Obama Care）计划，是第四十四任美国总统奥巴马积极推动的重大改革。奥巴马医改的重要目标之一是，给那些没有医疗保险的人提供医疗保险，扩大医疗保险的覆盖面。新的医疗保险计划要求，医疗保险对于每一位美国公民而言，既是权利，也是责任。对于那些还没有得到医疗保险保障的人，政府将创建一个新的保险市场，使个人和小企业能够以有竞争力的价格购买医疗保险，并且不会因为失业或更换工作而失去医疗保险。另外，改革还要促成通过专门立法，对保险公司的合同行为进行严格约束。按照新的改革方案，保险公司不得因为投保人存在既往病史而拒绝承担赔付责任；不得因为投保人患病而取消其保险计划；不得因为投保人存在既往病史或发生疾病而限制其保障范围等。

2010年，美国国会通过了由美国时任总统奥巴马提出的医疗改革法案，这项医改法案使美国政府在之后10年内投入9400亿美元，将3200万没有保险的美国民众纳入医疗保险的保障范围。在新法案下，美国医疗保险覆盖率将从85%提升至95%，接近全民覆盖。然而，美国第四十五任总统特朗普上任后，提出废止奥巴马医改计划。2017年5月4日，美国国会众议院以217票对213票通过取消奥巴马医改计划的动议，这项医改法案也随之宣告失败。目前，美国仍然有2000多万人没有被医疗保险覆盖。

### 三、美国医疗保障体系中的重要制度安排

#### （一）依靠市场机制调节供求关系

美国医疗服务供给的主体并非源于政府，而是由市场主导。各种类型的医疗机构在医疗服务市场中是相互竞争的关系。营利性医疗机构主要由私立医院和医生的私人诊所构成，其数量占美国医疗服务机构的70%以上。通常，这些机构的服务比较周到，医疗收费也比较高昂。某些规模较大的私立医院具有先进、齐全的设备和仪器，主要承担综合性治疗和医学研究任务。另外，美国还存在许多私人诊所，多由医生投资兴办，他们除提供基本医疗服务外，还接纳经医院治疗后处于康复期的患者。美国的公立医疗机构主要向社会中的特殊群体（如贫困人群和老人等）提供一些免费的医疗服务。但由于政府投入公立医疗机构的资金有限，导致公立医疗机构的数量和医疗服务质量均不及私立医疗机构。

市场竞争带来了美国单体医院的高效率。美国急性住院患者平均住院日已缩短为2～3天。然而，由于医疗资源的配置主要取决于市场力量，所以美国医疗保健服务的供给与需求不一致的情况仍然持续存在。例如，2010年，美国就已发现在农村地区平均每10万人中有68名初级保健医生，城市地区则每10万人中有84名。这个差距到目前仍然没有明显改变。

#### （二）医生身份独立的执业模式

美国大部分医生（60%以上，主要是全科医生、内科医生、妇产科医生以及精神科医生）属于"自我雇佣（self-employed）"或者自我执业，或者与其他医生合伙经营，他们在所在的工作机构有全部或部分剩余索取权。约有1/3的医生属于医疗相关机构的雇员，另外还有少量医生（占4%左右）属于独立签约人，他们不属于医院的正式员工，医院按合同向其支付报酬，但不提供与正式员工同等的福利待遇。

美国医生"自我雇佣"的形式也多种多样：一部分医生是个人独立执业，另外一部分则是由多个医生合伙经营；某些诊所是单一的专科诊所，某些诊所是由多个不同专科的医生联合起来提供多个专业的医疗服务。很多资深的专科医生都有自己的诊所，同时还在医院任职，并且与许多初级保健医生保持联系。美国医学会（American Medical Association，AMA）认为，这样的执业模式有利于向患者提供全面和全程的医疗服务。

在美国，大部分医院和医生的经济关系相对独立。医院是提供服务的场所，医生则是被允许进入该医院并且能够为患者提供医疗服务的独立个体。另外，一般情况下，为患者提供医疗服务的医生不仅在医院内向患者提供服务，患者住院期间外出检查、转院和出院后的随访等工作，通常也都由该医生负责。

患者在医院接受住院治疗后，医疗费用账单中的医院和医生所得也是分开计费的。患者或第三方分别支付给医院费用和医生报酬。尽管近几十年美国医疗系统有过重要的制度变迁，但医院与医生之间依然保持着这种相对独立的经济关系。例如，美国Medicare在20世纪80年代初期对医院的支付方式从"以成本为基础补偿"转变为DRGs付费，但到目前为止，Medicare对绝大多数住院患者的医疗费用仍然采用按医院和医生分开支付的方式。目前，Medicare对医院的支付方式是按单次住院为支付单元，按次支付给医院，对不同DRG类型的患者有不同支付标准；而对医生的支付则是按服务项目支付。Medicare对医生的支付方式是采用AMA的提出的按服务项目支付；每一个支付的服务项目都有对应的相对值（又称点数），点数的多少反映服务项目之间的比价关系。

> **知识链接**
>
> **以资源为基础的相对值表（RBRVS）**
>
> 自20世纪80年代起，美国的政策制定者便积极寻求确定医生报酬的合理依据，哈佛大学的萧庆轮团队基于此研发了以资源为基础的相对值表（Resource-Based Relative value scale，RBRVS）。相关研究起始于1979年，并于1986年正式开展测评工作，1992年正式用于Medicare的医师费用定价体系。RBRVS以美国医学会公布的《医学信息标准》（第4版）（CPT-4）为编码体系，对具有代表性的医疗服务项目进行了资源成本测量，并将其转为具体的付费金额。
>
> 资源成本的计算公式为：RBRV=TW+PC+AST。其中，TW为医师工作量，主要包括工作时间、技能及体力消耗、临床判断及脑力消耗，以及其承担的医疗风险。PC为营业成本，包括专业医疗事故险。AST为专业培训的机会成本，即因专业培训导致无法赚取收入而形成的机会成本在整个行医过程中的分期补偿。哈佛大学的研究团队通过抽取全国样本进行各专业服务项目相对成本的量度估计，并经由交叉专家组形成各专业的评价制度，进而获得通用于各临床专业的点数量表。

## 第四节　国内、外卫生系统的比较

本节内容将我国的卫生系统与英国、德国、美国的卫生系统进行对比、分析，并总结可供借鉴的经验。

### 一、筹资方式和医疗服务制度

从卫生系统的筹资方式来看，英国卫生系统的主体NHS以税收筹资为主，私人保险所占的比重很低。而在美国，私人保险筹资比重较大，公共筹资部分只覆盖"弱势群体"、印第安人、军人和联邦雇员。德国则是以社会保险作为医疗系统筹资的主体，但值得注意的是，履行筹资职能的并非德国政府的分支机构，而是被政府授权的非营利性医疗保险公司。我国目前是按人群划分医疗保障体系，将城镇职工、城镇居民和农村居民分别纳入城镇职工医疗保险（简称城镇职工医保）、城镇居民医疗保险（简称居民医保）和新型农村合作医疗（简称新农合）。2016年以后，居民医保和新农合逐渐合并为城乡居民基本医疗保险（简称城乡居民医保），城镇职工医保是强制性的社会医疗保险，城乡居民医保原则上是自愿参加的。我国公共财政在医疗保障系统中的作用主要体现在补贴城乡居民医保，即居民医保和新农合，使无业者和农村居民能够被纳入医疗保障体系当中。

从医疗服务制度来看，英国实行严格的"守门人"制度，即每个英国公民都有一名登记签约的全科医生，首诊必须由该全科医生诊治，转诊必须通过此家庭医生。美国也有类似的制度，但没有英国那样严格。德国则允许全科医生和专科医生独立执业提供门诊服务，另一部分专科医生在医院供职，形成门诊和住院分开管理的模式。而在我国，医生执业的主要模式是受雇于某个医疗机构而非独立执业。大多数具有住院服务功能的医院，同时提供门诊服务，因此，在这些机构工作的医生往往同时提供门诊和住院医疗服务。

从卫生系统的管理模式来看，英国的NHS更多地体现政府的职能：资金由联邦层面的卫生部门分配给地方层面信托基金组织；信托基金组织为当地民众购买医疗服务。美国则更多地依靠市场机制对支付方和服务提供方进行约束，政府只主管特殊人群医疗服务的筹资与费用支

付。德国则实行行业组织"自我管理"制度,服务提供者组织和筹资组织的行业组织形成自由博弈,政府在外围进行宏观调控。我国的卫生系统在医疗服务提供方的基础建设和准入管理方面,主要依靠政府部门完成。在卫生服务的购买方面,我国政府的干预方式主要是实行价格管制。医疗服务的购买和费用的支付,主要是保险机构和(或)患者与医疗服务提供者之间的"市场行为"。

表13-1 我国与英国、美国和德国卫生系统的比较

| | 筹资方式 | 医疗服务制度 | 管理模式 |
| --- | --- | --- | --- |
| 英国 | 以税收为主,私人医疗保险为辅 | 实行严格的全科医生"守门人"制度 | 政府统管筹资和费用支付 |
| 美国 | 私人医疗保险筹资占比较大,公共筹资负责管理"特殊"群体 | 实行较为宽松的"守门人"制度 | 政府主管特殊人群医疗服务的筹资与费用支付;其他方面更多依靠市场机制调控 |
| 德国 | 以社会保险为主,私人保险为辅 | 执业医师提供门诊服务;医院医生提供住院服务 | 行业组织"自我管理",政府宏观调控 |
| 中国 | 社会医疗保险(城镇职工)+公共财政补贴(城镇居民和农村居民) | 无严格的"守门人"制度;政府投办的公立医院是服务提供的主体,但政府对公立医院的直接补贴占比很低 | 政府主管医院和医生的准入,并对医疗服务价格进行管控;医疗保障制度的主体架构也以政府为主导 |

## 二、医生的培养模式、准入制度和执业方式

### (一)培养模式和准入制度

在医生的培养模式方面,英国、美国和德国医学院的"门槛"都比较高,只有在入学考试中排名前1/5的人才能获得录取资格。有所不同的是,在申请医学院时,英国要求申请者完成医学预科学习,而美国则要求申请者事先完成本科学习并获得学士学位。相比之下,我国的医学在校培训兼有中等教育(中专)培养和高等教育(大专、本科、研究生)的性质。事实上,在我国这样幅员辽阔、人口众多的发展中国家,中专学历的医生所占比例依然较大,尤其是基层医疗机构。

英国、美国和德国的医生分为全科医生和专科医生两类。这三个国家医学培养模式有相似之处,在获得执业医师资格前必须经过系统医学基本理论知识和临床专业知识的学习,获得执业医师资格后要接受执业后继续教育。有所不同的是,在继续教育方面,德国最为严格,医生如果没有拿到相应的继续教育学分,不仅会影响其收入,而且可能会影响行医资格。相比而言,英国在这方面的要求尚未上升到"条例"层面。而美国则更倾向于以正向激励的方式鼓励医生接受继续教育,即经过特定课程培训后的医生可以获得相应的认证,而获得较多认证的医生往往容易争取到良好的工作条件和较高的薪水。

相比之下,我国长期以来一直走专科医生培养路线,系统全科医生式培养模式尚处于起步阶段。目前对常见病和多发病提供全科医疗服务的医生,在村医中较为多见;在城市地区以全科医生身份提供医疗服务的医生中,大多是从专科医生接受短期的全科培训后转向全科医学业务的。另外,由于受到人力和物力的限制,无论是我国的住院医师规范化培训,还是继续医学教育,覆盖面、专业化和规范化程度都有待提升。

在医生准入制度方面,无论是英国、美国和德国,还是中国,都要求行医者必须获得相应

的医师执照。而要获取医师执照，就必须有系统医学培养的教育背景和临床实习经历，并通过统一的考核。略有不同的是，英国医生的医师执照是全国性的，获得医师执照的医生可以在英国各地行医；而美国和德国的医师执照则由医生所在地（省或州）的主管机构颁发，只在当地有效，如果医生要跨省（州）行医，则需要向目标省（或州）提出申请。我国对医师执业的限制更为严格。我国医生在县（或市）级卫生行政部门注册，注册时需要注明工作单位，通常工作单位是医生固定的执业地点。如果变更工作单位，需要向卫生行政部门申请变更注册的执业地点。同时受雇于两个不同医疗机构的医生，也需要在注册时特别说明。

表13-2 我国与英国、美国和德国医师培养模式和准入制度的比较

| | 医生培养模式 | 医生准入制度 |
| --- | --- | --- |
| 相同点 | • 就读医学院的录取"门槛"较高<br>• 培养模式均为基础学习—专科学习—继续教育 | • 医生行医必须获得相应的执业资格<br>• 获取执业资格要求有相应的教育背景，并通过统一考核 |
| 不同点 | • 在申请医学院时，英国要求完成申请者预科学习，美国则要求申请者事先完成本科学习获得学士学位<br>• 在继续教育方面，德国要求最为严格，英国次之，美国则较为宽松 | • 英国医生的医师执照是全国性的；而美国和德国医生获得医师执照后，执业资格仅限于所在的州，跨地区行医或变更执业地点时需要向相关组织提出申请 |

## （二）执业方式

与医学教育模式相一致，英国、美国和德国的医生基本分为全科医生和专科医生两类。全科医生提供初级保健服务，为急、慢性疾病，以及各个年龄段和不同性别的患者进行诊治，并提供预防保健和健康教育服务，他们能够对同时存在多种健康问题和合并症的患者进行初步处理。专科医生是在外科、内科等某个医学专科从事专门临床医学工作并提供专科医疗服务的医生。

全科医生基本上都是独立执业，以个人或合伙形式开设诊所提供医疗服务。而专科医生在西方英国、美国和德国的执业方式差异较大。英国的专科医生大部分受雇于医院，其职业发展路径为一般医生—资深医生—咨询医生。

德国的部分专科医生独立执业（作为执业医师），为患者提供专科门诊服务；另一部分专科医生在医院供职，职业发展路径与英国医院专科医生相似。德国允许在医院供职的医生在外兼职。对于这些兼职医生，医生组织和保险组织成立专门的评估组织，定期评估其工作质量，没有通过评估的医生会被取消兼职资格。

美国的专科医生则大都以独立身份执业行医，很多专科医生都有自己的诊所。即便是在医院行医的专科医生，也并非完全是医院的雇员，他们的身份被描述为"允许进入医院提供临床服务的人"。

相比之下，我国的医生中独立执业行医者所占的比例较小，尤其是经过系统的高等医学教育并获得执业医师执照的医生，绝大多数都受雇于医疗机构。许多医生在病房和门诊之间轮转，既提供门诊服务，也提供住院服务。一直以来，我国医生的执业地点通常较为固定。2009年以来，我国开始从制度上着手解决医生多点执业的问题。2011年，原国家卫生部下发文件，要求开展医生多点执业的试点工作。但是包括法律责任在内的一些关键性制度问题尚未理顺，促进卫生人力资源合理配置的工作仍需继续努力。

## 三、医疗服务提供者之间的关系

英国、美国和德国在医生培养模式方面，一直遵循全科医生和专科医生两个方向，于是在医疗服务市场上便形成按照疾病严重程度和诊疗难易程度分为两个相互关联的"亚市场"：全科医生提供初级保健服务，专科医生提供二级和三级保健服务。由于初级保健与二级、三级保健之间并不存在技术上的重叠，因此，这两个"亚市场"之间并不存在（明显的）"竞争"关系。转诊制度的存在，则为全科医生和专科医生搭建了"纵向合作"的桥梁。同类医生之间（全科医生与全科医生之间、专科医生与专科医生之间）的服务市场有所重叠，竞争关系也较为明显（图13-8）。

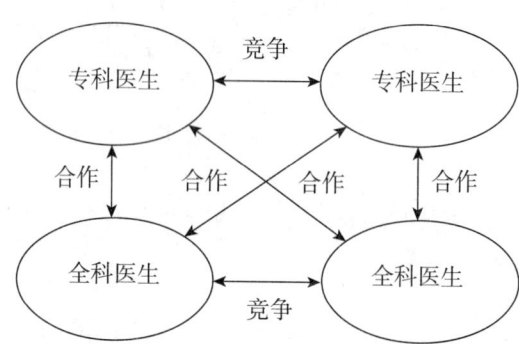

**图13-8 全科医生与专科医生之间的"横向竞争、纵向合作"模式图**

专科医疗服务的竞争是否有利于医疗服务的产出，对此一直存在争议。反对者认为，由于专科医疗服务技术壁垒高，竞争的结果将会是使医疗服务提供者之间形成"医疗军备竞赛"，最终将导致医疗资源的过度利用和浪费。目前实行的区域卫生规划、医疗机构执业审批、大型医疗设备购置审批等政策，其实就是为了限制医疗服务提供者之间的过度竞争而设置的。

在初级保健服务提供者之间引入竞争关系，则受到大多数学者的认可。这是因为：一方面，初级保健服务技术壁垒相对较低，需方对供方进行质量评价相对容易；另一方面，即使单次服务的优劣难以评价，由于是常见病和多发病，需方与其全科医生经过多次合作，对供方的评价也会容易得多（这就形成所谓的"重复博弈"）。事实上，初级保健提供者之间的竞争是激烈的。即使在英国NHS体系内，初级保健提供者——全科医生也是居民可以自由选择的。兼职全科医生的收入直接与签约登记的服务人群数量挂钩，使得全科医生要想获得高收入，就必须努力赢得良好口碑，以吸引更多的患者。

在我国，医院同时提供门诊服务和住院服务，这在很大程度上导致初级保健提供者（基层卫生服务机构）与二级、三级保健提供者（医院）形成"纵向竞争"（而"非纵向合作"）关系。在医疗市场中，当服务内容有重叠时，基层医疗机构在竞争关系中的劣势就难以避免。这样便会造成基层医疗机构的恶性循环：竞争劣势——就诊患者少——能力更弱——更处于弱势。最终的结果是目前出现"大医院人满为患、小医院门可罗雀"的现象。

我国一直希望通过"分流患者"，使得"小病不出社区"，避免大医院人满为患，从而缓解"看病难"的问题。这需要从医疗服务的组织模式着眼，配合对应的支付制度作为激励，才能从根本上解决问题。"横向竞争、纵向合作"，是英国、美国和德国在医疗服务组织模式方面给予我国的重要启示之一。

## 四、医疗服务价格制度

尽管英国、美国和德国在医疗管理制度方面存在很大的差异，但通过谈判协商来平衡支付方和服务提供方的利益的这种方式仍然是相通的，合约始终是这三个国家医生管理制度中的关键词。简而言之，医疗价格（有些时候直接反映为医生的收益）是通过支付方和服务提供方（或其代表）定期通过共同协商的方式进行调控的。

谈判协商和合约机制是法律、法规将一定的协商空间留给了支付方和服务提供方。法律、法规是一种相对稳定的约束机制，一旦确定，法律所涉及的利益分配在较长的一段时期内就不容易改变。而合约则较为灵活，双方定期（如每年协商一次）协商调整合约，调整后的合约或许更适应环境变化的要求。

我国医疗服务采用公共定价模式，更倾向于将医疗价格划归至"法规"的范畴。由于法规的稳定性，我国医疗服务价格往往长年不变，也不容易根据医疗技术发展及相关环境的变化做出调整。为了跟上医疗技术的发展速度，物价部门又允许医疗服务提供者对新的医疗服务项目单独提出定价申请。这些"新项目"的价格在成本测算时通常按照当前的情况进行计量。这样便会出现"新项目新价格，老项目老价格"的情况。"老项目"的价格往往跟不上医疗服务成本的变化，"新项目"的价格对于服务提供者则往往是"有利可图"的，于是便导致"基本服务销声匿迹，昂贵检查异军突起"的尴尬局面。当然，这种定价制度以往与"以药补医"的政策组合起来，又成为"大处方"的催化剂。

我国的"大处方"、医疗费用增长过快、医疗资源浪费等问题出现的原因，往往归结与医疗费用的支付方式，即我国医疗服务实行按服务项目支付的方式。然而，医疗费用控制相对好的德国，按服务项目支付一直是其重要的支付制度。与我国不同的是，德国按服务项目支付的模式是作为支付方和服务提供方合约的一部分来实行的。支付方可以根据筹资渠道的变化，通过谈判协商的方式及时调整医疗服务项目的价格；服务提供方也在谈判协商的过程中维护自身权益，而非在被动接受相关的规定后，通过"钻空子"寻求交叉补贴。更重要的是，合约条款是结构性的，也就是说，医疗服务价格并非是单一条款，而是受合约中其他条款的影响和约束。例如，对德国的执业医师虽然是按服务项目支付医疗费用，但其计费方式是基于医疗服务的相对值，因此，医生的实际收入与当地门诊总预算直接相关联。其他一些国家（如加拿大），在实行按服务项目支付制度的同时，有费用上限、服务量增长上限、服务恰当性同行评价等配套的约束制度。医生的行为以及由此产生的对医疗费用和医疗质量的影响，是合约中所有条款综合作用的结果。

由此可见，合约机制至少包括两个优点：一是相对灵活，二是结构化条款可以更为"立体"地平衡合约双方的利益。在医疗服务定价过程中引入支付方和医疗服务提供方的谈判协商机制，采用结构性合约规范服务提供方的行为，有助于平衡医疗服务提供方和筹资方的利益和风险，进而有助于医疗市场的平稳运行，可能有助于我国建立更为有效的医疗价格调控机制。这是从英国、美国和德国医生管理制度方面得到的重要启示之一。

（简伟研）

# 主要参考文献

[1] 谢明. 公共政策导论. 北京：中国人民大学出版社，2020.

[2] 李立明，姜庆五. 中国公共卫生理论与实践. 北京：人民卫生出版社，2016.

[3] 郝模. 卫生政策学. 北京：人民卫生出版社，2013.

[4] 郭岩. 卫生事业管理. 北京：北京大学医学出版社，2011.

[5] 简伟研，熊先军，李静湖，丁扬，王丽莉，郭岩. 医师管理制度的国际比较. 北京大学学报（医学版），2011，43：320-3.

[6] L.S. Plank. Governmental Oversight of Prescribing Medications：History of the US Food and Drug Administration and Prescriptive Authority. Journal of Midwifery &Women's Health，2011，56（3）.

[7] Marc J.Roberts，Wiliam Hsiao，PeterBerman，Michael R.Reich. 通向正确的卫生改革之路——提高卫生改革绩效和公平性的指南. 任明辉，译. 北京：北京大学医学出版社，2010.

[8] 林光汶，郭岩，David Legge，吴群红. 中国卫生政策. 北京：北京大学医学出版社，2010.

[9] 李鲁，郭岩. 卫生事业管理. 北京：中国人民大学出版社，2006.

[10] 胡宁生. 现代公共政策研究. 北京：中国社会科学出版社，2000.

[11] R.A. Merrill. Regulation of Drugs and Devices：An Evolution. Health Affairs，1994，13（3）：47-69.

[12] 詹姆斯·E·安德森. 公共决策. 唐亮，译. 北京：华夏出版社，1990.